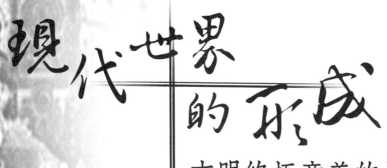

現代世界的形成

文明終極意義的探求

王世宗　著

三民書局

獻　給

所有為追尋生命意義而受苦的靈魂

自 序

　　這本書是一個歷史觀點的現代化問題討論。但它的目的並不是要說明何謂歷史學，也不是要補充社會學者探討現代化問題的缺失，而是要追尋文明終極的意義。

What a dream!

　　作者原先的撰寫念頭只是要把一些學思心得呈現出來，一為自我實現，二為文明的進展盡棉薄之力，三為與同道心靈交通，因此這本書的最高成就「不過是」「藏諸名山」——其實恐怕只是「束之高閣」。然而在寫作過程中，因為幾次與一些教育有心人的接觸，使作者感慨社會巨變有如衰世亂離，德不孤亦無鄰，而上達者苦無上進之階，同時因為討論文明發展取向不可能作置身事外的觀察，而不持淑世的關懷，於是為蒼生著述的想法乃逐漸與成書進度一齊成長，篇幅也因此增加，文中長註的出現更常反映作者這個心路歷程。

　　如此，這本書是一個偉大的企圖，和一個卑微的成果。它是一個歷史解釋之作，但其解釋歷史的正確性作者無法肯定；本書在知識性方面竊以為勉強可稱妥當，然在真理的掌握上我仍深感茫然。若說這本書是為拋磚引玉，這是妄語，因為文明意義的掌握恐不是「站在巨人肩膀上」的俯瞰，也不是「從錯誤中學習」的結果，何況本書不如磚頭的擲地有聲。這本書只是一個讀史者對現代性的看法，和現代性可能的永恆價值的觀感。它可為讀者參考，也可為讀者罵；它若無貢獻，也可能是一種刺激，這是作者敢於書中大言的緣故。

　　作者於二十年前糊裡糊塗進了歷史系，其後因為無志可改以

致不改其志地繼續完成學業，然後若有所思教了幾年書，寫了一
點東西，終於有了糊裡糊塗進了歷史系的領悟。在這期間我的師
長、朋友、與學生——尤其在臺灣大學者——都給我極大的啟示
和鼓勵，令我感銘至深，這本書雖未必為他們而作，但它是我的
敬意與謝忱的代表。我也要藉此感謝已過世的父母，他們給我的
最大支持是關心孩子卻從不問「你念歷史要幹什麼」——這個問
題我至今都還不能回答。不過這個問題因為我苦思不得其解，而
開始由一種困惑轉變成一種意境——原來理想可能昇華為使命。

序於臺北花園新城挹塵樓

現代世界的形成
——文明終極意義的探求

第四部　現代文明氣象：現代性與文明終極意義的關聯

第一章

導論：

東西觀念的發展與現代世界的形成

伊瑟斯會戰 *(The Battle of Issus)*　奧多佛 (Albrecht Altdorfer) 作 (1529) 西元前 333 年亞歷山大在小亞細亞的伊瑟斯擊潰大流士三世 (Darius III) 所領的波斯大軍，佔領地中海東岸，這是繼波希戰爭 (492–479 B.C.) 之後，又一次東西大對抗。此次西方反攻的勝利改變了東西對立形勢，希臘文化開始向東挺進；畫中破雲而出的陽光與孤懸夜空的月亮，乃在暗示東西盛衰興替的變局。在此畫中奧多佛根據古書記載企圖精確地重現當年戰況，這包括確實描繪與戰者的人數與軍隊種類，為此其構圖不得不為鳥瞰式的景象，而雙方主將身影乃淹沒在人叢中，這與古代相似題材的雕刻或壁畫之表現型態──凸顯將領角色──大異其趣，反英雄主義的人本主義精神在此獲得更多的強調。此外，圖中將士的盔甲與戰場背景的城堡其實皆是十六世紀時的形式，而山川景色乃阿爾卑斯山脈的風光，這使得此畫主題更令人費解；若非畫裡正上方的文字說明，觀者實無法確知此為亞歷山大東征的戰事，但這也可說是該畫作富於想像力的表現。又圖中上半部的偉大天地氣象與下半部的芸芸眾生鬥爭相，形成強烈對照，引人萌生「究天人之際」的歷史感懷與宗教情操。奧多佛此作開闢了戰爭畫的新蹊徑，人物的地位退讓於戰場──山河大地──由此更能發人深省文明的意義，而不沉湎於世俗功業的成就。

老爹 *(Old Father)*
英國《龐趣》*(The Punch)* 雜誌 1900–1901 年鑑封面
於此可見在十九、二十世紀之交，時光老者（如桌上有翼的沙漏所暗示）轉動幸運(或命運)輪盤，各國（由圖中各色人物所象徵）的前途尚在未定之數，鹿死誰手仍不可知。其實此時西方的勢力正如日中天，其進步觀精神達於全盛，意氣風發的表現隨處可見，對二十世紀充滿著樂觀的期待；不過時代迅速變遷至此雖使西方人深信文明進步的定命，然此驚異之感亦使其不禁揣度，東方世界在未來未必不能經歷類似近代西方的快速變化，而有異軍突起、顛覆國際現狀的潛能。圖中中國人的位置特為顯著，它反映西方對這個東方古老大國未來發展的高度關注。事實上此時西方確曾預言，中國將在二十世紀復興壯大，進而反攻侵入歐洲。這個想法現在看來顯然過於樂觀，或過於悲觀。

東西觀念的發展與現代世界的形成

東西觀念若僅出於地理上的相對性，本無足稱述，但若兼有文化上的對立意涵，則值得深入探究。例如歐亞界線向較其他洲界為模糊，若以自然地理為區隔，則一般皆以烏拉山 (the Ural Mountains) 為準；然烏拉山區低矮而寬闊，並非良好的地形疆界，更重要的是烏拉山所在的俄國，橫跨歐亞，它並不承認烏拉山為歐亞的分界，而同樣的，西歐在文化認同上亦不視烏拉山為「歐洲」之東界。以歐亞非世界而論，俄國所定義的「西方」顯較英法所認定的「西方」大得多，但不論如何，其所謂「西方」即是「歐洲」。易言之，「歐洲」並非地理意義上的一塊大陸，而是歐人自覺其「有別於亞、非」的一個文化概念 (cultural conception) 1 。總之，歷史不是依據洲界或天然地理而運行，文化史尤不應以政治地理界線作為討論範圍。學者常將世界文明概略區分為東西二部，此說雖嫌籠統，然實其來有自，起源甚早，且就說明文化的差異性而言，其法亦有某種程度的有效性，只是論者所言之東西（未必涵蓋全世界，而可能只是指稱某一文化區），其地理界線甚不一致，或常忽略不同期中此界之變遷問題。東西世界分隔的界線變遷多、爭議多，然東方世界的北、東、南界線，與西方世界的北、西、南界線，顯然甚為固定而少爭議——大致言之它們正是亞洲與歐洲臨海的自然疆界。這個問題容或仍有斟酌商榷之餘地，尤其是事涉世界史的古代與現在部分，但不

---

1. R. R. Palmer and Joel Colton, *A History of the Modern World* (New York: McGraw-Hill, 1992), p. 2.

　　論如何，結合地理因素與文化因素的東西觀念，對於理解與詮釋世界歷史的發展以及現代世界的形成，具有高度的重要性。

　　在西洋歷史中，東西觀念清楚的展現當始於古典時代的希臘。緣於西元前 1300 年多利安人 (Dorians) 入侵前，希臘本有朝向由邁錫尼 (Mycenae) 一統的趨勢，但希臘黑暗時期 (1100–800 B.C.) 中，希臘已形成小國分立的局面，邁諾亞 (Minoa) 與邁錫尼文明相繼毀滅，愛琴海地區 (the Aegean) 與近東文明的交通連繫幾乎斷絕，甚至希臘內部的交流亦大為消歇，物質與精神文明盡皆衰退。然由此黑暗時代產生的希臘文明，卻與其先前文明和近東上古文明在本質上有極大的差異，建立了獨特的西方式文化。

　　相對於上古近東（包括埃及）文明，古典希臘文化展現相當高程度的人本精神 (humanism)、理性主義 (rationalism)、世俗性 (secularism)，它重視個人自由、平等精神，富有多樣化、多元性、溫和樂觀的表現。此種文化特徵不僅為後世學者所重視，亦是古代希臘人所自覺自許。波希之戰 (492–479 B.C.) 正是東西對立的具體呈現與強化力量，它常被時人（如希羅多德 Herodotus, c. 484–425 B.C.）與後人解為自由與奴役、民主與專制（所謂「東方式專制」Oriental Despotism）之抗爭。此戰雖有促進希臘與近東歷史匯流之效，然西方之文化優越感亦由此而生 2；希臘之屹立不敗，振興了希臘人的精神與自信。先前東方的繁榮強盛與文化成就甚令希臘人欽羨敬畏，而今希臘竟能以寡擊眾，令希臘人

---

2. 前此，希臘人雖自覺與非希臘人 (non-Hellenes) 不同，但並不富於自尊或鄙視異族之心。他們稱外族為 "barbarians"，並非指「野蠻人」之意，而是指一群與希臘人語言不通，聽來像是只會發出「巴巴聲」("bar-bar") 的人。

觀感一新，以為其「勝利」不僅由於戰力，且因其整個生活方式（城邦體制）較東方為優秀。此外，在古希臘的海外拓殖移民活動中，西方是遠較其他地區重要的發展方向。這種擴張並非近世「殖民地」之屬，而是文化的傳輸與新生地的建設，其地文化經濟成就又往往超過母國，這不是希臘在東方的殖民區所常見的現象，可見古希臘文化的傳播與傳承已隱然有西向的發展趨勢。不論如何，殖民活動強化了希臘人面對非希臘人時的自覺意識及其以「歐洲」為本位（相對於亞洲、非洲）的天下觀。

　　希臘化 (Hellenistic) 時代亞歷山大 (Alexander) 融合東西的努力未能成功，東西對立的趨勢乃繼續發展。原來亞歷山大之父腓力普 (Philip) 雖攻滅希臘，然他自命為希臘正統的繼承者與文化的保護者，組織「希臘聯盟」(the Hellenic League)，準備東征波斯以「解放」小亞細亞上的希臘城邦，並為昔日希臘所受波斯侵略復仇，頗有表示東西對決之勢。然此雄圖未展，而腓力普已先死。亞歷山大繼為馬其頓王，於西元前 334 年以希臘聯軍統帥之名，出師東征，小亞細亞與兩河流域相繼落入其手。西元前 331 年波斯皇帝大流士三世 (Darius III) 為大夏 (Bactria) 君主貝色斯 (Bessus) 所弒，亞歷山大竟以為波斯皇室討逆為名出兵，擊潰叛臣，收服四方。事後且以波斯傳統禮制厚葬大流士，優遇其皇室遺族，亞歷山大並引用當地神權體系，採用東方服飾、朝儀與制度治理波斯故土。此種「入境問俗」的作風顯示亞歷山大欲以波斯正統繼承者自居，藉以贏得東方民族的接納與擁戴。至此，腓力普的希臘帝國主義 (Greek imperialism) 若非放棄，即已收藏。亞歷山大帝國的大同世界觀 (cosmopolitanism) 或許是因襲波斯政策而來，然亞歷山大本人的主動性與積極性確是不可忽視。在文化上，亞歷山大顯然懷著西方優越（乃至本位）意識，故其文

化政策旨在推廣與宣揚希臘文化至近東世界，此舉固帶有「教化任務」(civilizing mission) 之想，但在政治作為上亞歷山大並不強制遠人歸化。他的帝國與波斯、羅馬政權一樣，均富有「世界性」的色彩，但與此二者不同的是，它鮮有帝國主義的霸氣與壓迫性 3。亞歷山大對東方世界的「西化」政策，顯然是漸進而溫和的，如其選送東方少年至希臘受教，鼓勵東西交通、聯姻、與移民，建立新城（所建七十餘城中十多個皆名為亞歷山大城 Alexandria）以為政教推展基地等，凡此皆不似近代西方帝國的同化手段；而他立都於巴比倫 (Babylon) 與選擇波斯公主為妃的作法，更顯示亞歷山大親近東方的善意與混同東西的用心。

亞歷山大放棄希臘人自視為文明、而鄙視東方為野蠻的傳統觀念，堅持全人類平等與族群融合的立場。（此大同觀 universalism 甚且表現在希臘化時代最重要的兩個哲學人生觀流派上──斯多噶學派 [Stoicism] 與伊比鳩魯學派 [Epicureanism] 均否認希臘人在本質上與外邦人的差異。）但此政策在其在世時，即遭部屬的反對與抵制，而亞歷山大死後，更遭拋棄。或許是意識到其融合東西之困難，亞歷山大臨死前並未指定政權繼承人，灰心之餘僅表示帝國前途由強者自行裁度。其結果是在二十年間龐大的帝國即為眾將領裂土割據，而分立之諸王國版圖大致上即是原來的傳統文化區，如希臘（馬其頓王國 [Kingdom of Macedonia]）、埃及（托勒密王國 [Kingdom of the Ptolemies]）、波斯（塞流卡斯王國 [Kingdom of the Seleucids]）等，此正說明東西整合的困難，與亞歷山大一統政策的失敗。

---

3. P. L. Ralph et al., *World Civilizations* (New York: Norton, 1997), vol. I, p. 217.

　　亞歷山大雖欲推廣希臘文化，然在其帝國內，希臘的城邦民主政治卻逐漸沒落，區域性國家聯盟（如 the Achaean League, the Aetolian League） 在巴爾幹半島上興起，而近東地區內東方式的專制盛行；希臘時代藝術的中庸典雅簡樸之風，淪為希臘化時期的繁複誇張與煽情激揚；昔日的人文（人本）精神消退，希臘文化成就代表的文學與哲學，在希臘化時代已乏可稱述的成績，而宗教信仰（轉趨於反現世精神的救贖觀念）乃至迷信，以及悲觀宿命的生命態度，卻逐漸轉濃。同時，著重物質享受、財富追求、實用功利的人生觀也開始盛行，此與希臘人的小康知足、不重物慾之精神，大異其趣。顯然地，在推廣希臘文化以為立國之本的亞歷山大帝國時期，東西融合不僅不盡理想，希臘文化反而經歷了一個被簡化與單一化 (simplification and unification) 的過程，此誠希臘本身之不幸，然東方文化卻也同時受到壓抑與扭曲。此種情勢至羅馬帝國時代，仍具體而微地呈現於東地中海世界，直到羅馬帝國後期政治控制力漸弱而綱維崩解時，東方的反動 (Oriental reaction) 便應勢而起。亞歷山大以來三百年間，以西方領導東方的文治路線，終究未能融合東西，它只製造了一個「親」西方、卻非西方亦非東方的希臘式 (Greek-like or Hellenistic [4]) 文明，而東西對立仍在歷史伏流中繼續發展。

　　羅馬帝國時期西方政權所統治的東方地區雖減少，但西方的基地卻有所擴大。如果希臘文化相對於西亞與埃及文化，是「西方式」的，則這個「西方」文化的鞏固壯大及其地理上的西進運動，是在羅馬時期確定的。亞歷山大推展希臘文化至東方的成就並不持久，而繼承希臘文化的羅馬卻決定了西方文化向西發展的

---

4. 此詞乃十九世紀學者所造。

方向（至近代才又東輪），同時東西文明的地理界線亦往西移。早
在希臘化時代，希臘本土已喪失其作為學術文化與政治中心的地
位（埃及的亞歷山大城與兩河流域的巴比倫成為帝國的文化重鎮
與政治重心），而羅馬帝國時代更以義大利為中心，逐步發展出重
西輕東的政策。（羅馬征服地中海世界乃自西部起始，而其對東方
本無永久佔領或統治之意，後因考量帝國安全，為防東方民族之
反側，乃有併吞之舉。）　至羅馬帝國後期以亞德里亞海 (the
Adriatic Sea) 為線，分裂國土為東西二部。此後二者各自發展，
交流漸少，對峙之勢日劇，至二十世紀初，西方人的東西觀念約
略即是以此為界。

　　羅馬時期的東西對立發展有幾個重要的階段，首先是布尼克
戰爭 (the Punic Wars, 264–146 B.C.) 所致新局。此戰乃羅馬與腓尼
基人 (Phoenicians) 在北非的殖民地迦太基 (Carthage) 之爭霸
戰 5，從某一角度看，它類似波希之戰，是一個東（腓尼基）西
（羅馬）對立的抗爭。第二次布尼克戰爭後 (201 B.C.) 羅馬取得
迦太基的殖民地西班牙，更開啟了羅馬的西進政策。（羅馬的東進
運動興起較晚，在西元前 146 年至 30 年間，幾乎所有東方希臘化
世界均落入羅馬的控制中。）其次，羅馬在第一次三人執政 (The
First Triumvirate) 時，龐貝 (Pompey) 與克雷色斯 (Crassus) 均致力
於經營東方，而凱撒 (Caesar) 則獨具慧眼，體認西北歐的重大潛
力，而西征高盧 (Gaul)，其後他更使高盧與西班牙人獲得公民權，
提升了帝國西部的法權地位。第二次三人執政 (The Second
Triumvirate) 時，屋大維 (Octavian) 領有帝國西部（義大利與西班
牙），與統有東方省份的安東尼 (Mark Antony) 漸成對峙之局。為

---

5. Punic 一詞乃拉丁文之 Phoenician。

贏取羅馬人心（屋大維在義大利的公正執政本已獲得義大利人的相當支持），屋大維宣稱他是為維護羅馬（希臘）傳統而對抗安東尼的東方式專制王權，再度掀起東西文化對抗的意識。而屋大維的勝利（先前已自雷比得 [Lepidus] 手中取得高盧與北非，至此又佔有西亞與埃及）對羅馬人而言，正象徵西方的價值觀戰勝東方的理念，希臘式的觀念與西方的生活方式因而得以延續；同時，羅馬帝國重歐（西）輕亞（東）的政策亦於是形成，對後來西方文化的發展影響甚鉅 。 凡斯柏西 (Vespasian, 69–79 A.D.) 主政時出兵佔據不列顛島，強化了羅馬的西進政策。稍後的羅馬皇帝圖拉真 (Trajan, 98–117 A.D.) 出生於西班牙 ， 而哈德林 (Hadrian, 117–138 A.D.) 與奧理略 (Marcus Aurelius, 161–180 A.D.) 是西班牙人，這顯示西部漸成帝國重鎮，義大利本身已不能獨領風騷。當羅馬帝國擴張時，為統治之便，將義大利半島和海外領地分設成許多自治區 (civitates or municipalities)。在帝國東部，這些自治區多沿襲古代東方的城邦規模而置，故其自治傳統與地方認同和效忠仍得延續；而在帝國西部，因多新闢之地，故其自治區之設置乃屬新政，富於人為的規劃設計，其法即是組織一些部落與聚落以為自治區，然後建一新城為其首邑，而這些新建的都城即是以羅馬城為模範來興築。至西元第二世紀時，羅馬帝國已形成城市聯盟的規模，帝國西部的城市組織結構劃一，而帝國東部的城市則因發展較早，各有傳統，差異較大。文化上羅馬帝國亦以亞德里亞海為界，分成兩個世界，東方是希臘化的 (Hellenistic)，西方是羅馬式的 (Roman)。（故羅馬文明遺產亦分成兩部，而非單一整體之文化。） 至羅馬後期，亂局中帝國東部逐漸取得自主權，解脫西方的控制 ， 而與西方再成對立之勢 。 西元 212 年 (*Constitutio Antoniniana*) 帝國內所有自由民皆獲公民權 ， 它提升

了東部省區的法權地位，終於得與西部平等並立（西元第一、二世紀時西部省民已取得公民權）。此時東方波斯對羅馬的威脅日漸嚴重，一個東方的反動正在醞釀中。

羅馬帝國後期皇帝戴奧克里先 (Diocletian, 284–305 A.D.) 是出生於東部達馬西亞（Dalmatia，今 Split，位於亞德里亞海東岸）的專制君王，在其執政時帝國西部城市在百年的軍人亂政 (180–284 A.D.) 之後，已漸衰微，相對地東部的經濟卻顯繁榮。戴奧克里先將帝國以亞德里亞海為界裂土分治，他長期駐守於尼可米底亞 （Nicomedia， 在小亞細亞境內），並另選代理人 （即 Maximian）常駐米蘭，帝國在名義上雖仍為統一，然實質上已呈分裂，至少戴氏已為中古時期東西歐對抗埋下伏因。在帝國政治重心東移之時，羅馬統治型態亦漸東方化。其東方式專制仿效波斯宮廷之制，神權風格日濃，羅馬帝國中的公民 (citizen) 概念與權利日削，人民淪為臣民 (subject)，共和面貌漸失，地方自治減低，甚至羅馬城也失去國都的地位。於是羅馬帝國越來越少羅馬精神，而越來越多帝國氣息，這正是前述東方反動的一種效應。戴氏之後君士坦丁 （Constantine, 306–337 A.D.， 出生於東部 Naissus，今 Nis，位於巴爾幹半島中部）建東部新都君士坦丁堡 (Constantinople)，號稱「新羅馬」(New Rome)，與西部爭輝。什奧多西 (Theodosius, 379–395 A.D.) 晚年雖統一了帝國東西二部，但死前卻又將帝國二分傳子， 東西羅馬帝國的分裂至此已成定局 6，而東西對立的形勢亦於焉確定。

---

6. 雖然，在理論上這種分割只為行政與統治上的便利，名義上羅馬帝國仍是單一的政權；它是統一的，只是由兩個地位平等的皇帝來治理，而當時的羅馬人民也不認為他們的國家已經分裂為二。

　　中古以後東西對立表現在日耳曼王國（西歐）與拜占庭帝國的對峙、和基督教世界與回教世界的對抗上，由是中國誠屬「遠東」，幾與西方無涉。拜占庭雖自命繼承羅馬正統（拜占庭人自稱羅馬人），但其文化富於東方特徵（拜占庭文化源自東方希臘化文化），拉丁文雖訂為官方語文，然民間則流行希臘文，宮廷朝儀中東方風格多於羅馬形式，其皇帝為波斯式元首，而宗教亦深染異教色彩。拜占庭之稱呼正顯示西方學者並不肯定其圖謀正統的努力，蓋史家不稱其為東羅馬帝國，而改稱之為拜占庭帝國（The Byzantine Empire，君士坦丁堡建於古代希臘 Byzantium 上），表示西方人認為它不夠「羅馬」(Roman) 或「西方」(Western)。相對於此，或相對於古典時代，「希臘的」(Greek) 至此已被視為「東方式的」(Eastern)（故而有所謂「希東式」[Hellenistic-Oriental] 的說法），這是希臘文化西傳與希臘本土「東方化」的結果。儘管如此，拜占庭史的一大課題正是羅馬正統傳承的強調與爭取，尤其是查士丁尼大帝 (Justinian I) 在位時 (527–565 A.D.)。為此，查士丁尼編法典，以強調其繼承羅馬法統；為此，查士丁尼西征，光復羅馬故土；為此，拜占庭的文化政策與體制作風守舊保守，並極力保存和研究古典（希臘羅馬）學術文化，以強調其繼承羅馬道統；為此，拜占庭敵視強調繼承羅馬正統的西方政權（如查理曼帝國與神聖羅馬帝國）；為此，拜占庭（政教合一，反教皇體制，重《聖經》權威）與西方教會對立，並推行破除偶像崇拜運動（iconoclasm，由 Leo III [717–741 A.D.] 發起，其子 Constantine V [741–775 A.D.] 強力推動），以爭信仰正統 7。查士

---

7. 第八世紀以前羅馬教廷與東正教關係尚佳，而偶像破除運動使教皇與君士坦丁堡決裂，轉與西歐法蘭克王國結盟，以與東方教會抗

丁尼以 「一神、一國、一教」 (One God, One Empire, One Religion) 為目標，推展其復國大業，他採東守西攻政策，不惜代價與波斯講和，而全力向西發展。在其在位之年，拜占庭的武功顯赫，然實過度耗費國力，令人民不堪負荷。(為了維持西征軍力，查士丁尼政府大量提高國內賦稅，甚至對被「解放」的義大利、北非等地，亦課以重稅。此外，為向四方宣揚和誇耀其為羅馬帝國皇帝之尊貴威嚴，耗費亦多。) 查士丁尼去世後，帝國從此日漸衰微，西征所得更逐一放棄，此因無力固守故也。且由於專注西方，疏於東顧，波斯為患日亟，終使拜占庭後繼皇帝必須放棄西方，專力對付東方威脅。此一局面正說明東 (拜占庭) 西 (廣義的西歐) 的對立分治與各自發展，已是無可回天的趨勢。正如史家佛格森 (W. K. Ferguson) 所評 ， 拜占庭之西征乃是一個「錯誤」，「如果查士丁尼致力於鞏固帝國在東方的權勢，則他的歷史評價當更高 8 。」

在另一方面，日耳曼王國亦圖宣示其繼承 (西) 羅馬帝國的正統，以合理化其政權，並與東方拜占庭爭霸。除了所謂「卡洛琳文藝復興」 (Carolingian Renaissance) 代表文化道統的追求外，在政治上依卡洛琳王朝的說法，西元 476 年西羅馬帝國皇帝羅慕路思 (Romulus Augustulus, 475–476 A.D.) 的遜位，是表示羅馬帝國政權的中斷，而非滅亡。(日耳曼將領奧多瓦克 Odovacar 罷黜羅慕路思後，即握有義大利統治權，但令皇位懸虛不補，而名義上則承認東羅馬皇帝之至上權威，故理論上此時羅馬帝國又再度

爭。

8. W. K. Ferguson & Geoffrey Bruun, *A Survey of European Civilization* (New York: Houghton Mifflin, 1969), p. 117.

統一在一個皇帝之下。）以此，查理曼政府便可宣稱其繼承羅馬政治統緒的合法性。拜占庭政府視查理曼在西元 800 年的加冕稱帝為僭越，對於主持（乃至說策劃）加冕禮的羅馬教皇李奧三世 (Leo III) 自亦痛恨有加。查理曼的稱帝固象徵西歐自信與獨立自主地位的提升，然終查理曼餘年，他一直努力尋求拜占庭政府的認同，這說明中古前期東歐在文化與政治地位上的優越性。查理曼加冕前，拜占庭藐視他為西方的一個小國君，其後，則不得不承認他具有西方帝國君王之尊榮地位。查理曼之加冕使他在西羅馬故土的統治權取得合法的效力，但同時查理曼政府亦不得不於此放棄其繼續擴張與吞併東方的宏圖。自此拜占庭與西歐正統之爭逐漸平息，經過數年的擾攘紛爭與談判，西元 812 年時拜占庭皇帝邁可一世 (Michael I, 811–813 A.D.) 終於承認查理曼帝國的政權地位，而另一方面查理曼則被迫拋棄其對威尼斯 (Venice)，愛思翠 (Istria) 與達馬西亞 (Dalmatia) 等地的主權。這也注定了其後的神聖羅馬帝國 (Holy Roman Empire, est. 962) 充其量僅得為一西方帝國，而不能發展至古羅馬帝國橫跨東西的規模。東西的分裂分治於此再次確定，1054 年東西教會的分裂（其近因是該年羅馬教廷堅稱對東方教會具有領導權），只是此種局勢的又一表現而已。

　　至十一世紀以後，西歐日漸復興，而拜占庭則日見疲態，西歐人反成東方之外患，「西方的興起」成為此下歷史研究的重要問題意識。來自南義大利的諾曼人（Normans，1071 年佔領了拜占庭在南義大利最後的據點），來自西歐的十字軍（1204 年十字軍劫掠君士坦丁堡，嚴重惡化東西關係），與來自義大利城市的商利投機客，皆成拜占庭之禍害，甚至羅馬教會對東方教會的政策與神學教義立場，亦展開嚴厲攻擊。拜占庭人與西歐人彼此的厭惡

與反感向來有增無減，尤其在十一世紀後期十字軍東來之後，雙方普遍的仇意更形惡化，十二世紀末起武力的衝突即不斷出現，1204 年西歐人之掠奪君士坦丁堡只是其尤著者。1204 年至 1261年之間，為了解脫西歐人囂張跋扈的勢力，拜占庭政府甚至不得不遷都以為對策。此法雖為有效，但西方人對拜占庭的影響力，對君士坦丁堡政府而言，仍是揮之不去的夢魘。東西對立的情勢，至此轉成西強東弱之局。十字軍運動代表東西聯合在羅馬教廷（西方）的領導下，共同打擊亞洲（更東方）的異端，這是近代西方崛起的前兆。由於西歐在軍力與經濟實力上的優勢，拜占庭皇帝為保國家的生存，在 1274 年與 1439 年與羅馬教廷達成了聯盟的協議，但皆因國內人民的反對而作罷。拜占庭帝國在亡國前三、四百年間的命運，簡直是操控在西歐人手中，故美國著名史家布林頓 (Crane Brinton, 1898–1968) 指出，東羅馬之亡，與其說是亡於土耳其人，無寧說是亡於西歐人，此乃兄弟鬩牆之禍也 9。

　　然拜占庭終究不是亡於西方，而是亡於更「東方」的回教帝國。西元 1453 年拜占庭被土耳其人攻滅後，深受拜占庭影響的俄羅斯 10，慨然負起接續東羅馬命脈的使命。於此莫斯科以「第三羅馬」(The Third Rome) 自居，儼然成為希臘正教的信仰中心，而俄國元首「沙」皇 (Czar，源自 Caesar 一詞) 稱號之引用（伊凡四世 [Ivan IV or Ivan the Terrible, 1530–1584] 是第一個正式採用此銜的俄皇），也明白宣示俄羅斯為羅馬傳人的身分，這對後來

---

9. Crane Brinton et al., *A History of Civilization* (Englewood Cliffs, New Jersey: Prentice-Hall, 1962), vol. I, p. 362.

10. 俄國的歷史文化表現與西歐甚不相同，而其最相似的乃是古典文化，然俄國承繼自拜占庭的古典文化與西歐承繼自羅馬的古典文化，實大不相同。

俄羅斯帝國主義 (Russian Imperialism) 在東歐地區爭霸與擴張的傳統，影響至深。而在另一方面，土耳其人滅亡拜占庭後，入主君士坦丁堡，以它為帝國新都，其蘇丹仿效拜占庭皇帝的權威與風格統治，大量採用拜占庭的政治制度，穆罕默德二世 (Mohammed II, 1451–1481) 更自稱為基督徒的保護者，頒布寬容法令，鄂圖曼帝國似乎成了拜占庭帝國的繼承者。(回教帝國本來即深受拜占庭文化的影響。) 三代以後土耳其人與希臘人的混同，更提高鄂圖曼帝國對這個傳承的訴求力量，而東正教徒也大致接受了土耳其蘇丹為拜占庭政權的繼承人。如此，兩個「東方」傳統於是出現，俄羅斯帝國與鄂圖曼帝國二者在東歐黑海地區長久的對抗，不僅是為帝國利益，亦可解為文化道統之爭。

　　然而俄羅斯終究較鄂圖曼帝國更為「西方」，且它在十七世紀以後積極尋求西化與歐洲人的認同，其爭取作為西方世界成員的一個表示，即是採取與歐洲人一致的政治與文化立場，其中一大「使命」正是反攻回教徒，光復東羅馬故土。俄國是西方列強中最早且最積極主張瓜分土耳其帝國者，俄國對土耳其的戰爭自十八世紀後期以來，幾乎是每一世代均有 (1768–74, 1787–92, 1806–12, 1828–29, 1853–54, 1877–78, 1914–17)。俄國向西方靠攏更明顯的例子，是俄皇亞歷山大一世（Alexander I, 1801–25 在位）在1815 年 9 月所號召建立的「神聖同盟」(The Holy Alliance)。為對付拿破崙，英普奧俄四強原已組成「四國同盟」(The Quadruple Alliance)，稍後俄國又發起「神聖同盟」，亞歷山大的動機與居心難免令人猜疑，因其功能和目的與「四國同盟」類似，二者常為人們所混淆。此舉實為俄國企圖融入歐洲國際社會的表現，卻為西歐大國英（甚表不齒）、法（自命基督教世界盟主）所排斥。在建構此盟的聲明中，俄普奧三國領導人共同呼籲歐洲各國發揮基

督徒的信與愛，團結合作，和平共處；其訴求是「堅信同屬單一而一致的基督王國，受命於上帝而治理本屬一家的三個分室，既然同為基督世界的一分子，必以唯一的真主威權為上帝11。」這個與現實的外交政治格格不入的宣言，是俄皇試圖泯除東西對立關係的表現，其號召是基督徒的「大同小異」立場（與列國對於法國大革命的共同反感），此誠可謂 1054 年東西教會分裂以來，繼十字軍運動之後，最大一次整合基督教世界的努力，同時它也是東西羅馬帝國分裂以來，一系列恢復一統歐洲帝國的企圖之一（也可謂最後一次）。這個想法和作法在此時顯是一種「時代錯誤」(anachronism)，它不僅不合時宜 (untimely)，而且是過氣的 (obsolete)，乃至不能有唐吉訶德式的 (Quixotic) 浪漫情調；它簡言之只是一個不切實際的夢想，既是夢想，故無成敗可言。正因為它是不切實際的夢想，所以歐洲各國政府率皆不憚於連署「支持」（因其為無意義且無義務之滋生）；因為它是不切實際的夢想，故英國不屑隨風起舞，其外相卡斯里（R. W. Castlereagh, 1812–22 在位）譏之為「意味深長，而不知所云」(a piece of sublime mysticism and nonsense) 12。因為東西之復合至此已無可能，故羅馬教皇庇護七世（Pope Pius VII, 1800–23 在位）不支持此案（此時西歐基督教信仰復興的盛況顯示東西基督教世界隔閡之深），而普奧之贊助也只是出於外交謀略和手段，其目的是為交好東方強鄰，而非視俄國為歐洲之內的兄弟邦，故梅特涅亦稱此盟約為贅詞無物。由此可見，俄國只能在列強考量國家利益和勢力均衡

---

11. 引文見 David Thomson, *Europe Since Napoleon* (New York: Alfred A. Knopf, 1965), p. 76.

12. Ibid.

(balance of power) 時，才被西方國家接納為歐洲國際社會之一員，至論文化認同，則俄國終難突破西歐藩籬。故「四國同盟」（英普奧俄）能運作良好，而「神聖同盟」竟像歐洲外交丑劇，只教眾人一笑置之。（第一次世界大戰時英法俄結為「三國協約」The Triple Entente，第二次世界大戰時英美俄等共組同盟國對抗軸心國家，這都是「事急且相隨」的權宜作法，不代表西方國家之接納俄國。）然另一方面因為俄國在面對回教世界時，自況為西方社會成員之心理傾向，使亞歷山大在推動神聖同盟時，完全排除邀請土耳其蘇丹（統有甚多基督教臣民）「共襄盛舉」之想。如此，俄國與鄂圖曼帝國的對抗，又可解為東西對立的另一表現。

但諷刺的是，地接歐洲東緣而具亞洲文化特徵的俄國，始終難以獲得西歐的認同，常被西人視為「東方」或「半亞洲式的」(Semi-Asiatic) [13] 國度。（同樣與歐洲大陸歷史發展有相當隔閡與歧異而為「半歐洲式」Semi-European 國家的英國，卻高度被歐洲國際社會所接納，且常居主流之地位。）十九世紀之前西歐人頗覺俄國為野蠻 (barbaric) 之地，且對其所知甚少。例如法王路易十四 (Louis XIV, 1643–1715) 曾經寄送一封信給俄皇，而渾然不知收信人辭世已十二載矣。儘管十七世紀末葉以來俄國與奧國（以及波蘭和威尼斯）一同竭力對抗與反攻土耳其，但這個同志關係仍未能使俄國與聞歐洲事務的角色與分量有所增進。「北方大戰」(the Great Northern War, 1700–21) 時，俄國與丹麥和薩克森尼 (Saxony) 一齊對抗瑞典。當俄國戰勝瑞典的消息傳到維也納時，

---

13. 關於俄國為何不被列入「西方世界」(The Western World) 的問題，詳見 Alfred Weber (trans. R. F. C. Hull), *Farewell to European History* (Westport, Connecticut: Greenwood Press, 1977), pp. 2–7.

俄駐奧京的大使回報：「人們恐懼瑞典的心，已為恐懼俄國的心所取代14。」俄國在西方不受信任之情於此充分顯現。俄國與西歐之間的差異性與對立性，在十九世紀以後日形尖銳。具有強烈自覺意識的「歐洲」觀念或「歐洲性」(Europeanness) 概念隨著法國大革命而萌生，並日漸高張，東西對立的行動在地理上的歐洲乃愈演愈烈15，而十九世紀自由主義者強調的東西歐差異，對此更有推波助瀾之效。俄國與歐洲的軍事對抗，自拿破崙侵俄 (1812)以後，至二次大戰後的冷戰對峙時期，一直不斷。(1854–56 年，克里米亞戰爭中英法聯合抗俄；1916–18 年，第一次世界大戰後期德國東侵俄國；1919–20 年，一次大戰後西歐盟軍進逼歐俄；1941–44 年，第二次世界大戰期間德國再度進攻俄國。) 而這一系列衝突自然更令俄國對歐疏離，乃至仇視。例如克里米亞戰爭後，敗戰的俄國其歐洲政策轉為保守，代表東歐本位主義的泛斯拉夫運動 (Pan-Slavism) 轉趨強烈。泛斯拉夫主義強調東歐斯拉夫文明與西歐日耳曼文明的差別，其倡導人波格丁 (Michael Pogodin, 1800–75) 在克里米亞戰爭初起之際即宣告：「我們必須知道：西是西，東是東16。」顯然所謂東西在泛斯拉夫主義者口中

14. John Merriman, *A History of Modern Europe* (New York: Norton, 1996), vol. I, p. 315.

15. Pim den Boer, "Europe to 1914: The Making of an Idea", in Kevin Wilson and Jan van der Dussen eds., *The History of the Idea of Europe* (London: Routledge, 1995), pp. 13, 65–67.

16. Quoted in Victor Roudometof and Roland Robertson, "Globalization, World-System Theory, and the Comparative Study of Civilizations: Issues of Theoretical, Logic in World-Historical Sociology", in S. K. Sanderson ed., *Civilizations and World Systems* (London: Altamira,

並非地理名詞，而是文化圈。(二十世紀後期以來，回教的基本教
義派亦持類似觀點和立場。) 克里米亞戰爭之後俄國因西進政策
受挫，乃轉而向東發展，在中亞與遠東加強帝國控制力與領土擴
張；二十年之間俄國在亞洲所兼併的土地已超過它在歐洲二百年
來之所獲，俄國的「東方性」因而大增。俄國與歐洲之間的緊張
性，可視為東西對立的又一章，而傳統西方對俄國的敵視態度，
並不因其在二十世紀的共產革命及國家改造而有所改變 17。由此
看來二十世紀初年的日俄戰爭 (the Russo-Japanese War, 1904–5)
是否可解為「東西之戰」，實有待商榷。俄國是一個地接西方的東
方式國家，而日本是一個位居東方的西化新秀，日本與俄國之戰
可謂地理位置上的東西對抗，但就文化意義而言，若以日俄戰爭
為東西之戰，則何為「西方」、何為「東方」，實大有斟酌餘地。

　　中東地區素來被學者視為一個與西方世界迥異的歷史、文化、
和地理單元 18，尤其第七世紀之後回教帝國的建立與擴張，以及
十五世紀中葉時兼併拜占庭帝國，更使得這個與西歐對峙的東方
世界，形成一個大規模而單一的政治體與文化圈；它包含東歐巴
爾幹地區、小亞細亞、北非、伊朗與阿拉伯半島，整個古代近東
文明區至此再度被統一起來。這將東西對立的地理範圍擴大，使
東西文化的對比性加深，東西對抗的緊張性亦以此加劇，這乃是

1995), p. 289.

17. Gottfried Niedhart, "Western Attitudes toward the Soviet Union:
Perceptions and Misperceptions", in M. D. Intriligator and Hans-Adolf
Jacobsen eds., *East-West Conflict: Elite Perceptions and Political
Options* (London: Westview Press, 1988), pp. 6–7.

18. 詳見 Bernard Lewis, *The Middle East and the West* (New York:
Harper & Row, 1966), pp. 9–27.

回教文化的傳布以及回教世界與西方世界之間的緩衝國拜占庭被消滅的結果。當 1453 年回教帝國攻滅拜占庭時，鄂圖曼蘇丹穆罕默德二世為宣示東歐基督教政權時代的終結，將查士丁尼所建的著名大教堂聖索菲亞 (Santa Sophia) 改裝為回教清真寺。同時，許多東正教信徒為不淪為土耳其臣民，乃往西遷徙至義大利，他們攜帶最珍貴的希臘文獻西去，傳揚古典學術於西歐。此外，羅馬教廷在拜占庭滅亡後亦不斷呼籲西歐君主再組十字軍東征，然因各國忙於內爭互鬥，無暇東顧，他們雖不吝於聲討「東賊」，但終無實際行動。凡此皆顯示回教世界與基督教世界的東西對抗情勢，將較昔日拜占庭與西歐的東西對立關係，更為冷峻。回教帝國建立的初期歷史與西向擴張事蹟，學者研究甚為深入而詳細，其間所涉及的宗教信仰衝突問題，尤為人所重視；反觀有關基督教的建立與傳布之研究，則不若前者之精詳，君士坦丁大帝皈依基督教之後基督教發展的情況，後人的研究仍嫌粗略，其中宗教信仰衝突問題，常為人所忽視 19。這個現象的產生除了因為學術研究本身的偏失之外，它反映的事實是在回教的建立與傳布過程中，東西對立衝突的嚴重性甚高於第四世紀後基督教勢力擴張的時代。由於回教與基督教在信仰對象上一致 20，而在神意與禮法教

---

19. 參見 Fred Dallmayr, *Beyond Orientalism: Essays on Cross-Cultural Encounter* (New York: State University of New York Press, 1996), p. 10.

20. 穆罕默德自信其所傳之教義乃猶太教與基督教信仰的完美總結，亦即是神意至理，適合所有人。他認為亞當 (Adam)、諾亞 (Noah)、亞伯拉罕 (Abraham)、摩西 (Moses)、以至耶穌 (Jesus) 皆是 (或僅是) 古之先知 (prophet)，而他自己乃是此一先知系列中的最後一個，得神最後與完整之啟示。以故《聖經》(*the Bible*，意為 the

規的認知上則甚歧異，以致「正信」之爭尤烈，其摩擦較南轅北轍的不同宗教之間的情況，嚴重甚多。正如史上猶太教徒（東）與基督教徒（西）之對立，以及希臘正教（東）與羅馬公教（西）之對立，回教世界與基督教世界的緊張關係，亦可解釋為西方信仰傳統中的東西對立表現。

　　雖然回教徒對於基督徒與猶太教徒大體上仍能寬容，但在其所征服的領土上，他們畢竟大力推動回教徒信仰與文化，而對非回教徒構成不小壓力。為了維持其信仰與文化的純淨，阿拉伯政府禁止回教徒與外人通婚（《可蘭經》教義已明白規範回教徒不得與非信徒或異教徒結婚），對於文化交流亦不鼓勵；反之，對於皈依回教的人，則以稅賦優待為獎勵。歐洲在其東界（東歐）、西界（西班牙）、與地中海世界（從第七世紀末至十一世紀中地中海直如回教帝國之內海），處處為回教徒所侵襲，因此歐洲人對回教徒戒慎恐懼之心特為深重。而回教帝國向西擴張之時，正當歐洲步入中古衰退之期，這使得西方的困頓更雪上加霜，幾陷於封閉孤立的絕境。然也正由於此種困阨的環境，使得西歐的改造與復興，被賦與一種自力更生與絕地逢生的新契機，而能在中古後期發展出一個與傳統和東方迥異的文化[21]。這個文化是融合日耳曼與希

Book）被回教徒承認為《可蘭經》（the Koran，意為 the Book）之前驅，亦屬受神啟示之經典 (divinely inspired books)；而猶太信徒與基督徒亦被回教徒認同為「真理信眾」("people of the Book")，在他們眼中非此信仰傳統中的人均為異教徒 (the heathen or pagan)。

21. 西歐何時形成一個一致、自主、而獨特的文化圈，學者各有不同觀點，西元 1000 年是一個常見的答案，無疑地它只是一個便利和概略的說法，西元 1050 年是美國史家 E. M. Burns 進一步探討後所提

臘羅馬傳統、以及基督教西方教會觀點的新生命，它與東方拜占庭文明差異甚大，與南歐地中海世界所傳遞的東方文化亦不相似 22。中古歐洲從「黑暗時代」(the Dark Ages) 浴火重生的經驗，與古代希臘在其「黑暗時代」之後的新生（見前），如出一轍。由是東西的對立性 (opposition) 更加升高，東西的對比性 (contrast) 更為加深，這恐不是當時的回教政府所預料或樂見的事。

回教帝國愈往後發展，其與西歐在文化上的差異與對立愈深，換言之，回教世界愈來愈「東方化」。早期阿拉伯世界深受拜占庭文化影響，然第八世紀中葉阿拔西王朝 (The Abbasid Dynasty, 750–1258 A.D.) 建立後，回教文化獨受拜占庭影響的時代已成過去，此後巴格達政權吸收越來越多東方波斯文化；同時阿拉伯人的政治盛期隨第十世紀而逝去，其政權逐漸落入來自更東方的土耳其人手中，回教世界愈來愈多東方性成分。1055 年土耳其人取得巴格達政權，此後直到 1258 年蒙古人入主當地為止，其哈里發 (Caliph) 僅為土耳其人之傀儡。其後鄂圖曼帝國的發展趨向，也只有更加深回教世界的東方色彩與對西方的敵視，早期回教徒——尤其是「傳統主義者」(traditionalists) 的素尼派（the Sunnites，相對於「基本教義派」fundamentalists 的什葉派 the Shiites）——在文化政策上的包容性此後也逐漸減少。

第七世紀哈里發烏瑪 (Umar) 奪下耶路撒冷後，對西來的朝聖者並不妨礙，自十一世紀初哈里發哈金 (Hakim) 則開始迫害聖地

出的觀點。見 E. M. Burns et al., *Western Civilizations* (New York: Norton, 1980), pp. 285–86.

22. A. M. Craig et al., *The Heritage of World Civilizations* (New York: Macmillan, 1994), p. 394.

中的基督徒；至 1071 年塞爾柱土耳其人 (Seljuk Turks) 自埃及王朝手中奪下耶路撒冷後，其政策愈加仇外，十字軍東征 (1096–1291 A.D.) 乃是此種東西關係惡化的發展結果。十字軍運動的同時，西歐基督徒亦加強其對西班牙回教勢力的反攻，以及對東歐與東北歐斯拉夫人的攻擊，而「清理」出一個單純且更廣大的基督教世界 (Christendom)。而在十字軍東征的時期中，回教世界也在擴張，其方向是往阿富汗、印度等地發展。雖然攻佔聖地的十字軍久留之後，大多因對回教徒瞭解漸深而變得寬容許多，但一波波新到東方的十字軍仍是又激情又凶殘。第一次十字軍在地中海東岸的佔領區，被西人依歐洲當時盛行的封建制度建立起一個拉丁王國 （主要包含四區：The Latin Kingdom of Jerusalem, County of Tripoli, Principality of Antioch, and County of Edessa），其統治者一副殖民官的姿態，與當地回教信徒極不能融洽相處，顯見東西對立的緊張性。其時回教徒將所有東來的西方人皆一概指為法蘭克人 (Franks)，這說明東西雙方相互認識之淺薄。東西的相斥性亦可由十字軍時期文化交流的問題探知。當時佔領聖地的西方人極少有人願意入境問俗，學習阿拉伯文或回教文化，而回教徒亦少有人藉此研究西學。雙方交流成果最豐的地區，反而是位於歐洲邊緣──或說文化意義上的東西世界中間地帶──的西班牙與西西里 (Sicily)。十四、十五世紀時，西方對抗鄂圖曼帝國的行動，往往假託十字軍之名以為號召，而土耳其人也加強其對拜占庭殘存國土的攻擊，可見雙方敵意在十字軍時代之後仍持續不減。

　　此外，第八世紀後回教帝國分裂，其各自領土亦依傳統文明區的疆界而劃定，在阿拉伯地區、西班牙、與北非埃及分立三大國 (The Caliphate of the Abbasids, 750–1258; the Caliphate of

Cordoba, 756–1031; the Caliphate of the Fatimids, 969–1171)，而其他敵對的回教小王朝也在波斯、敘利亞及東方舊有政權故土上出現。此情此景令人聯想到亞歷山大帝國之分裂，它再次說明東西整合的困難。（雖然在政治以外的文化、宗教、社會與經濟各方面，回教世界呈現出相當高的調合性和統一性，這在對比於基督教世界時尤其明顯23。）從某一角度看來，回教帝國政治上之分裂乃因非阿拉伯人的信徒（如波斯人、土耳其人、北非人等）之增加，以及異族文化的摻入，這可視為更廣義的東西對立之表現。第八至第九世紀回教帝國盛世時期所控制的地區，其中除了地中海中的島嶼及西班牙 (1492) 在往後幾個世紀間被基督徒收復之外（阿拉伯帝國勢力式微的原因之一是西方人在十一、十二世紀後控制了地中海），近東與北非世界即長期（至十九、二十世紀）在回教政權統治之下。此種局面表現出羅馬帝國後期以來傳統的東西對立形勢（不論是文化的或地理的意義），尤其是十四至十六世紀間鄂圖曼帝國兼併小亞細亞、巴爾幹半島與東南歐地區後，其勢更明。諷刺的是，正如希臘化時代的東方政權與拜占庭帝國，回教帝國在歐洲文化衰頹時，大舉保存甚至發揚西方古典文化傳統；因此，在十二世紀以後，經由西西里島與西班牙的回教徒以及東方的希臘人，古典西方學問乃得以又呈現於西歐知識界。在回教帝國興盛時，古代希臘重要的科學著作大都被譯為阿拉伯文（昌明的回教醫學其實正是建立在古希臘的醫學成就上發展起來的），中古時期以後它們又被轉譯為拉丁文，而傳布於西方。此外，藉用希臘哲學所建構的回教神學，對於基督教神學的影響，

---

23. 回教世界 (Islam) 一詞在使用頻率上，以及在文化意義的精確性與有效性方面，顯較基督教世界 (Christendom) 一詞為高。

亦是眾所周知的事。甚至原流行於拜占庭與鄂圖曼帝國的專制政體，在中世紀晚期以後（相當程度是透過十字軍的引介），也開始在中西歐（除英國與波蘭外）建立，而被視為最自然的政府型態。至於十四世紀以後西歐文藝復興學者所憑藉的古典學術著作，正是拜拜占庭與回教學者的保存、翻譯與研究工作之賜，此已無庸贅述。由上述可見，回教文明在打擊西方時，也無意間幫助了西方的復興。

　　總之，回教帝國對東西對立情勢的激化影響甚鉅，它在武力上是西方的一大勁敵，它在文化與信仰上是西方的一大刺激（如果不是啟示的話）。先前的拜占庭帝國因武力不夠強盛，且其文化和信仰與西歐的淵源甚深，故不能造成對西方的重大挑戰或衝擊。以此，西方人常鄙視拜占庭人，但對回教徒卻帶著敬畏之心[24]。回教帝國的壯大，造成對拜占庭的嚴重威脅，尤其是 1071 年曼茲

---

24. P. L. Ralph et al., op. cit., vol. I, p. 392. 中古西歐人對東方拜占庭和回教帝國不同程度的反感，由十四世紀義大利名詩人佩脫拉克 (Petrarch, 1304–74) 下列的文字可見一斑，他說：「到底失去耶路撒冷或佔有拜占庭那一件事比較糟，我實在不知道。在耶路撒冷，耶穌基督並不被人所接受，而在拜占庭基督雖被禮拜，但實不為人們所重視。土耳其人固然是我們（西歐人）的敵人，但另立門戶的希臘（拜占庭）信徒比敵人更壞。土耳其人公然攻擊我們的帝國（西歐），而希臘人（拜占庭人）認羅馬教會為母，自言是孝子，但卻不聽羅馬教皇的指令。土耳其人比較不恨我們，因為他們比較不怕我們；而希臘人則不僅恨我們，也怕我們。」引文見 Crane Brinton, op. cit., vol. I, p. 362. 相對於西歐這種態度，拜占庭的教士在十五世紀時亦曾慨言：寧願在君士坦丁堡看到土耳其人，也不願在此看到一個羅馬公教的紅衣主教。

克特 (Manzikert) 之役以後，君士坦丁堡陷於岌岌不保的困境，這
使得拜占庭與西歐的對立關係緩和，乃至促成二者的合作（十字
軍與廣義的十字軍）而一致對抗回教徒，東西對立的分界線因此
由西（亞德里亞海）往東（黑海海峽）移。然十字軍的失敗與拜
占庭的滅亡，只有更惡化東西對立的情勢，於此東西對峙的界線
又西移至傳統的地帶——亞德里亞海。鄂圖曼帝國在十四至十七
世紀間，一直維持向西攻勢，嚴重威脅著哈布士堡帝國 (the
Hapsburg Empire) 的生存，只是此時西歐國家耽於內政事務，對
這個東方威脅不甚措意。同時，鄂圖曼帝國國力也在諸多內部問
題困擾下，逐漸衰微。十七世紀以後，歐洲反攻勢力首先由哈布
士堡帝國發動，然後俄國亦跟進，二者至 1856 年前恆聯手反制鄂
圖曼勢力。土耳其與西方的長期戰爭在 1699 年〈卡洛維茲條約〉
(*Treaty of Karlowitz*) 簽訂後告一段落，此約使鄂圖曼帝國喪失匈
牙利，從此帝國領土一再被列強侵奪，而且整體回教世界的版圖
同時也在退縮，它代表自中古以來東方長久凌駕西方的威勢之告
終。此後，東西對立關係的課題已轉變成西方帝國主義發展史。
西元 1798 年，法軍登陸東地中海岸，此乃十三世紀以後西歐武力
首度進攻近東 25。1800 年以前歐洲人最多只能據有小型的回教國

---

25. 詳見 M. S. Anderson, *The Eastern Question, 1774–1923: A Study in
International Relations* (London: Macmillan, 1991), pp. 26–27. 此事
亦代表鄂圖曼帝國與歐洲關係全面的惡化，蓋前此法國與鄂圖曼帝
國基於外交利益的考量，在十八世紀裡恆維持友好的邦交。參見
F. M. Gocek, *East Encounters West: France and the Ottoman Empire
in the Eighteenth Century* (New York: Oxford University Press, 1987),
pp. 4–5, 7–9. 然十九世紀以後，西歐的英法雖不致像俄奧一樣與土
耳其正面對抗，但俱採反土耳其的政策，儘管西歐可能因為抵制俄

家為殖民地，但其後回教大國所在的非洲、印度與東南亞，紛紛
淪落為西方人的殖民地，至十九世紀中葉時，西強東弱與歐洲獨
霸全球的局面已明顯出現[26]。西人所謂的「東方問題」(The
Eastern Question, 1774–1923) 成了歐洲列強外交的主題之一，它
的討論焦點是在於如何瓜分土耳其帝國，特別是東歐巴爾幹地區
（即 Turkey-in-Europe）的政治安排問題[27]。西歐壯大後，它自然
也企圖「光復」東歐基督教世界之故土，因此西方人所定義或掌
控的「西方世界」，自然也就涵蓋了東歐巴爾幹地區，儘管在文化
認同的意念上，西方人仍雅不欲視東歐人（含俄人）為其同類[28]。
在克里米亞戰爭中，英法聯合擊敗俄國，它昭示世人西歐——尤
其是法國而非東方的俄國——才是鄂圖曼帝國治下東正教信徒的
保護者，其意表示西方東拓並非欲認同或整合俄國。由於西方列
強對於瓜分土耳其帝國的方式與領土安排難有協議，以致這個十
五世紀以來的東西對立局面，直至第一次世界大戰後因土耳其帝
國的瓦解，才終於破解。無怪乎十九世紀前期奧國外相梅特涅
(Klemens von Metternich, 1809–48) 大歎：亞洲始於維也納
(Vienna) 的東郊[29]。在「東方問題」中，土耳其與歐洲列強的關

國的需要而支持土耳其抗俄。

26. W. H. McNeill, *The Rise of the West* (Chicago: University of Chicago
Press, 1966), pp. 726–28.

27. 關於「東方問題」的定義和問題本質的討論，參見 A. L. Macfie,
The Eastern Question, 1774–1923 (London: Longman, 1991), pp. 1–3.

28. 政治統一或文化一致的歐洲並非歷史事實，故歐洲權傾一時的政治
領袖如十九世紀的俾斯麥 (Otto von Bismarck, 1815–98) 與二十世
紀的戴高樂 (Charles de Gaulle, 1890–1970) 均曾表示歐洲並不存
在。

係，以及俄國與西歐的關係均告惡化 30，東西對立的緊張性難以舒緩。

　　十五世紀後「歐洲」一詞逐漸流行，西方學者開始為文討論歐洲事務，其時「歐洲」大致被視同「基督教世界」(Christendom)。十五世紀至十九世紀間，諸多重大改革運動造成現代歐洲（西方）的興起，如文藝復興（the Renaissance，十四世紀至十七世紀，人文主義的發揚），民族國家建國運動（十五、十六世紀與十九世紀，民族主義的體現），宗教改革（the Reformation，十六至十七世紀，個人主義的興起），知識革命與啟蒙運動（the Intellectual Revolution and the Enlightenment，十七至十八世紀，理性主義的標舉），工業革命（the Industrial Revolution，十八世紀以下，資本主義制度的建立），法國大革命與民主化運動（the French Revolution，十九世紀以下，自由主義的流行）等等，大致而言這些重大的變革在西歐發展的時間較早、程度較高、成就較大，而愈往東歐則愈不及，至於俄國與土耳其治下的東歐地區，更是「春風不度玉門關」的化外景象。由於這些運動對於塑造「現代的」「歐洲」——亦即「現代性」(modernity) 與「西方性」(Occidentalism)——有決定性的影響，因而至十九世紀時，文明層次高低差別甚大的「兩個歐洲」(the two Europes) 已分明可見 31。同時在另一方面，地理大發現、工業革

---

29. David Thomson, op. cit., p. 65.

30. 詳見 J. C. K. Daly, *Russian Seapower and "The Eastern Question", 1827–41* (London: Macmillan, 1991), pp. 191–92.

31. 英國史家 Sir Ernest Barker (et al.) 在 1951 年出版三冊的 *The European Inheritance* (London: Oxford University Press, 1954)，其文末對歐洲史提出全面的省思，「兩個歐洲」由古至今的發展脈絡正

命與帝國主義的殖民擴張運動，均在推展「歐化」，它使得「西方」的範圍擴大而實力增加，「東方」的範圍相對縮小而實力減弱，但這並不意味東西的對立必然惡化。在近代「西方」的範圍由傳統的西歐（包括中歐），擴展至包含東歐、美洲、澳洲、紐西蘭，乃至高度西化的東亞地區，如日本。籠統言之，它雖仍可稱為地理上的西方（由現代的科學知識可知，劃分地球為東西南北方位顯然是相對而不正確的人為之見），但精確地說它是高度文化意義的西方。待全球西化高至「世界一家」的程度時，傳統的東西對立概念自然須加以修正。於是，相對於「東方」的西方文明屬性乃由「歐洲的」(European)，轉為「西方的」(Western)，再進而成為「現代的」(Modern)；而西方所推展的「文明教化」(civilizing mission) 工作，也由「歐化」(Europeanization) 轉為「西化」(Westernization)，再進而被喻為「現代化」(Modernization)。

　　相對於「西方」的擴張，「東方」的範圍固然是縮小了，但其縮小程度其實不多，蓋東歐巴爾幹地區在土耳其帝國瓦解後，是否可歸屬「西方」，仍大有爭議。而且由於科技的進步與歷史演進諸多因素，文化交流與東西接觸愈來愈深入、普遍、快速而直接，在此情形下東西世界的分界愈來愈模糊或失去其作用。西方人到亞洲活動的第一波風潮出現在十六、十七世紀時，雖然其所獲並不多，但在近代歐亞的交通史中，西方人可說「發現」了東方，他們主動積極地尋找直接到達東亞的路線，或為見識新事物，或

是其說重點。參見鍾建閎譯，《近代歐洲文化史》（臺北：教育部，民國四十八年），頁 611-24。冷戰結束乃至 1989 年東歐共產政權紛紛瓦解以來，這兩個歐洲的對談與統合，仍不順利。見 Mary Kaldor, "After the Cold War", in Mary Kaldor ed., *Europe from Below: An East-West Dialogue* (London: Verso, 1991), pp. 38–40.

為追求財富，不論如何皆不願再以阿拉伯人為東西之媒介。傳統東西對立形勢發展至今，其中的東方範圍其實是增加了，因為由西方的立場來說，他們所面對或實質接觸的東方世界較十七世紀以前擴大甚多，在十九世紀時東方已不再僅是「近東」，而是包含中亞、印度、中國、與東南亞等地。廣大的「遠東」（含有西方本位偏見的字眼）在西方的知識中固然早已存在，但在東西對立或東西接觸的歷史中，它實質的出現乃是近二、三百年的事，這是單一世界發展過程中重要的一步。

　　儘管近代「西方」壯大而「東方」擴大（究竟現代西方是興是衰，或東方是強是弱，眾說紛紜而莫衷一是），二者持續對立，但敵對與衝突程度卻未必加劇。正如東來的十字軍對回教徒的仇視，在兩方接觸之後往往不增反減；甫與西方人接觸的印度人或中國人，縱有扞格之感，但若無西方殖民帝國的侵略行動，雙方劇烈或全面的衝突實無從發生。瞭解未必會促成包容、接受或欣賞，但至少能導引出某一相安無事的共處之道，這是東西接觸的歷史經驗所示。理性精神或自由主義所主張的寬容（如啟蒙時代學者強調尊重歐洲以外 [extra-European]——特別是東方世界——的文化觀點），或許不能展現於一般人民的行為上，但只要沒有涉及國家民族的外交衝突，激進而普遍的東西對抗亦不會產生，第二次世界大戰後東西對立關係的緩和，與南北對抗（主要是基於經濟利益因素）的代之而起，正說明此道理。但無論如何，東西對立仍不失為一個解釋世界現代史有效的模式，儘管世界一家已是國際社會所鼓吹的道德立場。

　　共產主義政權的興起造就了一個「非西方」（或「反西方」，但非「東方」）對抗「西方」的新國際情勢32。固然共產主義主張國際主義 (internationalism)，反對國與國、民族與民族、或東方與

西方的對抗，但它追求的新社會關係與新生活方式（或文明型態），乃是非西方式的 (non-Western) 或反西方式的 (anti-Western)。蘇聯共產政權的崛起，代表數世紀以來俄國內部西化與本土化（或「東化」orientalization）二派勢力抗爭的終結與兩敗俱傷，因最後得勢的是一非東非西的第三路線，此即共產主義33；這個反西

---

32. 十九世紀前期的社會主義，或馬克思所謂之「烏托邦社會主義」(Utopian Socialism)，僅是一種西方現代化過程中反現代化的「鄉愁式」(nostalgic) 情結，它追念的是「現代以前的」(Pre-Modern) 的和諧社會（這可能是事實，但更可能只是想像），它反現代化（或簡單說即工業化），但不反西方（正如二十世紀法西斯政權之立場）。因此，它不反「西化」（於此可見「現代化」不盡然等同於「西化」），其所持理念是一種大同觀 (universalism)，相信普遍、一致、善良、平和（而非彼此對立抗爭）的人類本性和社會本質，在此概念之下既無所謂「西化」亦無「東化」，只有「開化」才是切實而有意義的。在此社會主義觀點下，東西對立並不必要，也不重要。

33. 1881 年亞歷山大二世 (Alexander II) 的被刺身亡及其後政府的反動政策，代表俄國西化政策的挫敗，它造成本土化情緒的激昂，然而持本土化立場的傳統守舊人士對於俄國的改革，始終沒有重大的建樹和成就，甚令俄人——尤其是知識分子——絕望，一股虛無主義 (nihilism) 與失敗主義 (defeatism) 之風，由是流行。當時西歐各類思潮與意識型態乘隙湧入俄國，最後一枝獨秀者則是理想性甚高而作法激進的馬克思主義。（關於馬克思主義所以能在俄國興盛的理由，參見 C. E. Black and E. C. Helmreich, *Twentieth Century Europe* (New York: A. A. Knopf, 1972), pp. 191–92.） 1917 年俄國的二月革命與臨時政府的成立，代表西化路線的勝利，不意數月之後，十月革命竟建立起非東非西的共產體制。

方勢力不是出自於傳統的親斯拉夫主義 (Slavophilism)，也不圖整
合東方世界以對抗西方（雖然蘇聯的對外政策仍明顯有重歐輕亞
的態度34），它主張的既不是歷史經驗也非現狀，而是全新的社會

---

34. 事實上早期的馬克思主義信徒可以說皆是持歐洲本位 (Eurocentric)
觀點，因為依據馬克思的說法，社會主義革命只有在資本主義發達
的國家才可能發生，馬克思主義者顯然是以歐洲經驗去看東方世界
未來的文明發展，而相信「歐化」即是進步（此乃歷史的必然性）。
見 R. L. Greaves et al., *Civilizations of the World: The Human
Adventure* (New York: Longman, 1997), p. 974. （韋伯 (Max Weber)
的社會學觀點亦被指為建立在歐洲本位立場上。 見 Albert
Bergesen, "Let's Be Frank about World History", in S. K. Sanderson,
op. cit., p. 203.） 列寧所建立的 「第三國際」（或稱「共產國際」）
(The Third International or The Communist International or The
Comintern, 1919–43) 在 1920 年第二屆大會時公開呼籲 「盡可能結
合西歐共產主義無產階級大眾與東方農民大眾的革命運動」 (the
closest possible union of the Western European communist proletariat
with the revolutionary movement of the peasants in the East) （引文見
Tony Howarth, *Twentieth Century History: The World Since 1900*
(Harlow, Essex: Longman, 1982), p. 83.）。同年九月第三國際召開「東
方民族大會」 (the First Congress of Peoples of the East)，第三國際主
席芝諾耶夫 (G. E. Zinoviev, 1919–26) 在會中又做了一次相同的聲
明。但此會目的實在於利用東方民族對西方帝國主義的仇恨，以便
利蘇聯推動向東方的 「革命輸出」。對於與會的東方民族代表之呼
籲與心聲，蘇共領袖甚表藐視，以致引起東方各國代表嚴重的抗
議。有印度共產主義信徒建言：「歐洲的共產革命能否成功端視東
方國家的共產革命能否成功。」而列寧卻反譏：「雖然印度的無產
階級有五百萬之眾，其佃農更達三千七百萬人，然至今印度的共產
主義信徒都還無法成立一個印度共產黨，可見同志所言差矣。」見

結構和文化，它欲以新式的 (new) 文明——依馬克思觀點乃為「高度的」(advanced) 文明——取代舊有東西對立的格局[35]。然共產世界的興起激使西方世界更加「西化」，無形中使東西對抗更為嚴重。第二次世界大戰後，除了未曾被納粹德軍佔領的英國外，大部分歐洲國家均因戰時共產主義信徒從事抗德（反法西斯）運動，而有共產黨聲勢壯大的現象。為了防止共產黨掌權執政，在法國與義大利等地出現了許多新的天主教政黨，致力於社會改革之推動與西式民主 (Western-style democracy) 的確保，以抵制共產主義的革命。由此例可見，共產主義的興盛確對西方的自我認同有所刺激。共產世界的興起也「創造」了一個「第三世界」，此即既非西方資本主義國家、亦非共產主義國家的舊有東方式「開發中」國家。蘇聯工業化迅速致果的經驗，的確提供了一個非西化取向而現代化有成的典範，對於反西方的東方國家造成極大的震撼與吸引力。第二次世界大戰後，在美蘇霸權的對抗下，「第三世界」（概括言之即東方世界）國家若非主動靠攏即是受兩強收編，這造成全球的兩極化 (bipolarization)，一時之間傳統的東西對立彷彿已經成為過去；其現象之一是關係歐洲安危甚大的國際協定，概由美蘇二強主導與決定，而歐洲竟不能與聞。例如 1960 年代後期至 1970 年代初期的 「戰略武器限制談判」 (Strategic Arms

---

F. Claudin (trans. B. Peasce), *The Communist Movement: From Comintern to Cominform* (New York: Monthly Review Press, 1975), vol. I, pp. 247–48.

35. 英國知名史家湯恩比 (A. J. Toynbee) 在第二次世界大戰後指出，共產俄國之可畏，不在於其軍事力量，而在於其能將西方人的思想轉化為非西方思想。見 A. J. Toynbee, *Civilization on Trial* (New York: Oxford University Press, 1948), p. 221.

Limitation Talks or SALT)，即令歐人憂喜交雜，喜的是它減低歐
洲冷戰對抗的緊張性，憂的是它顯示在兩強對峙之下，歐洲已失
其作為第三勢力的地位，因為此限武談判是「史上東西重大的交
涉事件中，唯一無歐洲置喙餘地的場合36。」當然代表東方的亞
洲國家在此事之中亦無影響力可言。

　　然而1970年代中期冷戰平息以後，東西之間的緊張性立即再
現37。中國共產黨的興起所呈現的共產主義東方化取向，以及
1980年代末期以來共產政權集團的崩解，皆明白顯示世界文明中
的東西對立本質。其指標之一是蘇聯瓦解以後，傳統俄國歷史中
的西化派與本土派（或斯拉夫派 [Slavophiles]）之間的抗爭，又
在俄羅斯聯邦中興起。事實上在第二次世界大戰末期，當盟軍已
勝利在望時，西方盟國即決定不介入巴爾幹地區的戰事，而默許
蘇聯在東歐「行動」上的自由與特權38。這再度呈現傳統歐洲東
西分立的觀念，所謂「一統帝國」或「一統歐洲」的想法，早已
不是針對地理區劃上的歐洲而發。冷戰對立情勢結束以來，歐盟
(the European Union) 所須解決的一大課題，即是界定一條東西分
隔線，以確定該組織以及北大西洋公約組織 (NATO)，在主觀與
主動立場上所欲擴張的地理範圍（東界）。對此歐盟國家所得的共

---

36. John Newhouse, "SALT", *The New Yorker*, 2 June 1973, p. 101.
Quoted in R. O. Paxton, *Europe in the Twentieth Century* (New York:
Harcourt Brace Jovanovich, 1975), p. 627.

37. 詳見 W. R. Keylor, *The Twentieth-Century World: An International
History* (Oxford: Oxford University Press, 1996), ch. 12: "The
Resurgence of East-West Tension (1975–1985)", pp. 382–97.

38. René Albrecht-Carrié, *A Diplomatic History of Europe Since the
Congress of Vienna* (New York: Harper & Row, 1973), p. 588.

識，與尚在盟外的東歐國家所持的觀點與態度，竟甚為吻合，在此可見雙方大致仍保守十五世紀以來，以鄂圖曼帝國及俄國的西界作為東西分界的立場[39]。此線大約沿今日俄國與芬蘭的交界南下，經波羅的海 (Baltic Sea) 三邦以及波蘭、捷克的東界，至羅馬尼亞中心西折，轉接波斯尼亞北界，至亞德里亞海而南行至北非。此線不僅區隔西歐基督教（新教與天主教）與東歐東正教及回教的地理範圍，而且在各國政治制度的差異、文化特徵、與經濟發展的程度上，亦為有效的地理分界，足見東西對立在人類文明發展歷史中的持續軌跡。實際上，在二十世紀前期以前，除了東歐國家以外，歐人周遊於歐洲列國之間並不需要護照為憑，可見東西有別，其由來久矣。但值得注意的是，上述東西界線並非區隔日耳曼人 (Germans) 與斯拉夫人 (Slavs) 的種族分界線。日耳曼人的東進運動與斯拉夫人的西進運動，以及二者的融合，在中古時代早已展開[40]；而屬於斯拉夫民族的捷克，尤早被視為不同於南斯拉夫的先進國度，而列名於西方之邦，可見東西對立觀念主要是基於文化上的差異。

　　無疑的，相對於東方世界包含龐大複雜而多樣的文化（如東正教世界、回教世界、印度文明區、中國文明區等），「西方」是

---

39. 詳見 Samuel P. Huntington, *The Clash of Civilizations and the Remaking of World Order* (New York: Simon & Schuster, 1996), pp. 158–61. 關於西歐整合與東歐之分途發展的討論，參見 D. S. Collier and Kurt Glaser eds., *Western Integration and the Future of Eastern Europe* (Chicago: H. Regnery, 1964).

40. 詳見 Karl Bosl, "Political Relations between East and West", in Geoffrey Barraclough ed., *Eastern and Western Europe in the Middle Ages* (London: H. B. Jovanovich, 1970), pp. 43–82.

一個相當單純而一致的文明區，即使是以廣義的西方而論（包括美洲、紐、澳等廣大地區）亦然，這可能是因為這些非歐洲的西化地方是近代西方帝國的殖（移）民區所致。從歷史觀點來看，東西對立觀念的興起與養成乃是出於西方人，或說源於西方的本位立場與優越意識（參見前文討論希臘時期東西觀念的出現），以故西方人動輒概稱「非西方世界」為「東方」，將複雜多樣的東方文明「一視同仁」。人類史上的文明無一像歐洲文明那般強烈地試圖將其本身的成就與觀點推展至其他社會，以求定於一尊的天下秩序41。「東方研究」（或「東方學」）的興起可溯及十四世紀初期，當時維也納教會為增進對東方的瞭解，設置許多大學教席，從事東方語文與文化的教學和研究。然東方研究的提倡在當時主要不是出於學術因素，而是基於與東方貿易、宗教論辯、以及軍事對抗上的制勝需求42。簡言之，西方人的「東方學」乃至「東方性」概念的出現，非為促進東西諒解或合作，而是為東西抗爭做準備。故其「研究」對象不以學術標準去認定，而是涵蓋所有當時與西歐對抗或對立的非西方世界；如此，所謂「東方」乃包括東歐、北非（東地中海世界），以至東亞，其中尤以與西方抗爭最力的回教世界，為其「研究」的重心。而且西方的「東方學」特別著重呈現東方與西方的差別性，它的終極目的是在闡明西方文明的本質，而不在認知東方世界的特點。而相對於西方人之「東

---

41. Marvin Perry, *Western Civilization* (Boston: Houghton Mifflin, 1997), p. 644.

42. B. S. Turner, *Orientalism, Postmodernism and Globalism* (London: Routledge, 1994), p. 37. Also cf. Ali Behded, *Travelers: Orientalism in the Age of Colonial Dissolution* (London: Duke University Press, 1994), pp. 10–13, 71.

方研究」(Orientalism)，東方人卻對西方沒有相同的「興致」去發展出一套「西方研究」或「西方學」(Occidentalism)，也沒有像西方人研究東方那種態度去研究東方本身[43]。

　　「近東」(the Near East)（包含東南歐與鄂圖曼帝國在亞非的領土）與稍後「中東」(the Middle East)（大致指西南亞洲及北非）等詞的出現，大約是在十九、二十世紀之交（當然此皆西方人的「發明」），而迅速且廣泛地為西方人所採用。其所以如此盛行，原因正是歐洲人一、二千年來，本即習慣地視這些地區為化外的「東方」(the East)[44]。而這些名詞不僅為西方人所用，亦為俄國人、非洲人與印度人所採行，更可怪者，竟為「近東」或「中東」當地人民所好用。但若從長久的東西對立關係發展歷史來看，此種現象實不足為奇，蓋西方人基於歐洲本位立場與文化優越意識，而有「近東」、「中東」、「遠東」等稱呼，乃自然之事；同時，東方人亦自覺其與西方以及其他東方地區不同，故也有自稱「近東」、「中東」、或「遠東」的情形，雖然此種自我認定的方式並不恰當。相對於傳統狹小的西方，「東方」地區甚為廣大，包含不同的民族文化，他們個別引用西方人的「近東」、「中東」、「遠東」等說法自稱，雖嫌缺乏對西方人的文化偏見之警覺，但也反映出他們對自身文化的獨特性之自負。

　　紐澳的白人有時不自覺地稱呼與其相隔不遠的東亞為「遠東」，這顯示東西世界之說所含文化性意義往往高於地理性，或說西方人對東方的看法，常基於一種「自覺」或「自負」——而非「知己知彼」——的意識和習慣。如此，我們可以說「東方是被

---

43. B. S. Turner, op. cit., p. 45.

44. Ibid., p. 10.

西方創造出來的」[45]。當然，這也可能不是道德或價值觀的問題，
而是知識問題，這也就是說，因為西方人對廣大的東方世界所知
不多或認識淺薄，以致西方人不免將相對其自身的異文化，簡化
而單一地稱作東方。近來某些有所警覺的學者習以「非西方世界」
(the non-Western World) 代替「東方」之稱呼，但其態度仍未盡脫
西方本位主義，何況此種說法更嫌籠統含糊，蓋「非西方世界」
可理解為西歐與北美以外的一切地區[46]。習於簡化者，其對文化
的批評易趨於誇大，與動輒對比東西世界之不同，或其優勝劣敗
與成就高下。現代的東方人也難免將非東方文明籠統說成西方，
其害亦類似。值得注意的是，不論東西，人們皆不自覺地稱歐洲
式的文明為西方文明[47]，這頗助長東西對立觀念的發展和流行。
而在這樣的狀況中，可見雙方均習慣性地忽略非洲乃至南美洲文
化區的存在，這又顯然不是因為知識不足所致，而是源於價值判
斷的結果。

---

45. 關於這個論點闡述最深者為巴勒斯坦學者 Edward Said （美國哥倫
比亞大學比較文學教授），見其著 *Orientalism* (Harmondsworth:
Penguin, 1985), esp. p. 321. 事實上「東方性」(Orientalism) 一詞即是
西歐（法國）人在十九世紀初期（1830 年代）的發明。

46. 關於西方人在近代以前對東方認知的狀況，可參見 D. F. Lach, *Asia
in the Making of Europe* (Chicago: University of Chicago Press, 1971),
vol. I, pp. 16–30. 儘管近代西方學者已察覺到東方文化的複雜性，但
仍多相信東方文化有其一致的風格和特質，故其通稱東方的習慣，
依舊不改。 參見 I. R. Siani, *The Challenge of Modernization: The
West's Impact on the Non-Western World* (New York: Norton, 1964),
p. 30.

47. Samuel P. Huntington, op. cit., p. 33.

　　儘管現在人類社會文化漸有單一化的現象48，加上各國經濟的高度互賴，以及全球生態環境保護的問題，促使東西世界的對立性降低，但東西文化的衝突是否能因此消減，仍令人懷疑49。現今左右派學者皆傾向於視文化衝突為二十一世紀人類社會對抗的焦點，而即便全球的一致化為可能實現，它也不代表這必然是東西融合的結果，卻極可能是東西對抗結果一方的全面與最後勝利，如全球西化50。

---

48. 造成文化單一化現象的因素甚夥，其中一個原因是來自於近代西方帝國主義在東方的殖民活動與經濟剝削，它令西方人──尤其是知識分子──面對東方時，產生一種罪惡感，從而促使他們去探求一個全球性的宗教信仰與一套放諸四海皆準的哲學思想，以推進人類文化的包容性與整合性。如此，東西對立的發展隨著人類文明的進化，似可導引出一個良性的結果，這雖不可能是東西融合，至少是雙方的互動、諒解、和尊重。然吾人對此前景恐只能持「審慎的樂觀」(cautious optimism)，因為它的實現在知識界縱有希望，但在民間大眾和政治界則未必可期。

49. 關於當今東西關係的調和與衝突現象，參見 Volker Rittberger and Michael Zurn, "Towards Regulated Anarchy in East-West Relations: Causes and Consequences of East-West Regimes", in Volker Rittberger ed., *International Regimes in East Politics* (London: Pinter, 1990), pp. 9–13.

50. 持此觀點者似勝於相信西方「東化」者。參見 Serge Latouche (trans. Rosemary Morris), *The Westernization of the World: The Significance, Scope and Limits of the Drive towards Global Uniformity* (Cambridge: Polity Press, 1996), pp. 24, 25; and T. H. Von Laue, *The World Revolution of Westernization: The Twentieth Century in Global Perspective* (Oxford: Oxford University Press, 1987), pp. 317–29.

　　所謂「現代世界」指涉的意涵有二：一是現代性 (modernity)，二是單一世界 (one world or the world as one)。現代世界標舉或追求某些文明價值及意識型態——即現代性51——而這些價值觀及意識型態都具有普遍性意義 (universality)，故可（應）為各民族所接受和遵行，實踐這些價值觀與意識型態即能造成現代化的單一世界52。西方自文藝復興以下所提倡的諸多觀

Oswald Spengler 即使暢言西方的沒落，但他探討重點乃在有形世界與無形世界之間的消長（歷史哲學），而非東西衝突與興替，且他對西方的復興仍抱持厚望。見 Oswald Spengler (trans. C. F. Atkinson), *The Decline of the West* (New York: Modern Library, 1962), pp. 35–36, 39–40.

51. 現代性的呈現一般認為在文藝復興之後，現代性與古代性 (antiquity) 的對比成為學者解釋近代歷史的重要概念。見 Mike Featherstone, *Consumer Culture and Postmodernism* (London: Sage, 1991), p. 3; Jurgen Habermas, "Modernity versus Postmodernity", in J. C. Alexander & Steven Seidman eds., *Culture and Society: Contemporary Debates* (Cambridge: Cambridge University Press, 1990), p. 344. 「現代主義」(modernism) 本指藝術的現代風格，「現代化」(modernization) 則原為社會科學術語，但此二者現在與富有哲學概念的「現代性」(modernity) 一詞，已在相當程度上可以互換並用，或指涉同一課題。見 Johan Fornas, *Cultural Theory and Late Modernity* (London: Sage, 1995), pp. 38–39; and Alan Swingewood, *Cultural Theory and the Problem of Modernity* (New York: St. Martin's Press, 1998), pp. 136–38.

52. 故有謂現代性的發展即為全球化 ("Modernity is inherently globalizing.")。見 Anthony Giddens, *The Consequences of Modernity* (Cambridge: Polity Press, 1990), p. 175. Also cf. Roland Robertson,

念，如人本主義（文藝復興）、民族主義（民族建國運動）、個人
主義（宗教改革）、理性主義（科學革命與啟蒙運動）、資本主義
（工業革命）、自由主義（法國大革命與英美民主改革）等，皆具
放諸四海皆準的可行性與價值53，西方人在近一、二百年中，或
以文化宣導方式或以強制手段（帝國主義）將它們推行至東方，
對於現代世界的興起影響甚大。然它是否加速現代世界的形成，
仍待商榷。其實西方有聖人，東方亦有聖人，東西聖人所見略同，
以教化觀點或優勝劣敗的競爭方法推展現代文化價值，未必能速
成而持久。但不論如何，現代文明的標準在精神上已經普遍被認
知與接受，東西文化的對立觀念於此將逐漸被放棄54，現代的單

Globalization: Social Theory and Global Culture (London: Sage, 1992), p. 142; and Stuart Hall & Bram Geiben eds., Formations of Modernity (Oxford: Polity Press, 1992), p. 9.

53. A. Giddens 特別強調西方所發展出的民族主義與資本主義對塑造現代性的貢獻（見 Anthony Giddens, op. cit., p. 174.），另有學者質疑西方在發展自由主義之時，也造就強大的反自由主義勢力（如法西斯主義、保守主義與國家社會主義等），可見現代性的塑造力量未必源於西方。見 Robert Latham, The Liberal Movement: Modernity, Security, and the Making of Postwar International Order (New York: Columbia University Press, 1997), p. 16.

54. 「文化」(Culture) 一詞本是人類學的術語，其定義是「一個社會的生活方式」。它在十九世紀後期為英國人類學者泰勒 (E. B. Tylor, 1832–1917) 率先使用，因為這個概念在學術討論上有其相當大的有效性與便利效果，故迅速被其他社會學科、人文學科，乃至生物科學界所採用。「文明」(Civilization) 簡言之是指「高度的文化」，它至少要具有幾個代表社會進化的條件，此即農業、冶金、相當程度的專業化分工、文字的使用、城市的發展 (Civilization 一字是源於

一世界已被視為可期的目標，雖然其達成之日似仍極遙遠。

討論現代世界的形成必注意兩個層次或層面問題：一是應然或理想問題，此即是現代世界理應是怎樣的世界；二是實然或歷史問題，此即是事實上人類社會在現代的發展狀況為何。換言之，「現代」一詞具有兩個意義，一是概念性的，二是時間性的；前者是指基於普世價值標準（即現代性）的評斷立場，後者是指相對於古代的文化趨勢變遷，也就是說前者屬於絕對性與普遍性的知識觀，而後者是比較性與詮釋性的看法，對一般學者而言這是社會科學與人文學對「現代化」的不同認知。故論本課題須兼顧現代觀念的超越性及其落實的程度。例如「平等」觀念的提出有著眼於歷史與社會的現實需求（如此乃可具體化），也有出於永恆普遍的超文化理想（如此乃難以實現）。在相當高的程度上，「世界史」或「現代世界」觀念的提出恐是先於事實而存在的理想，它有一種「創造時代」的精神和目的，然人類此一自覺與理念對於當代文明的發展確實造成極大的指引效果[55]。只是吾人應保有

拉丁文 civis，其意是「市民」）、國家規模和政府組織等。可見「文化」與「文明」頗為相近，但「文化」的定義顯然較「文明」廣，它可以指任一種「生活方式」，包含初等與高級，而「文明」則僅指複雜高階的生活方式，故任何民族都有「文化」，但並非每一民族都有「文明」。然在中文詞彙使用上，並無如此清晰定義及區隔「文化」與「文明」的習慣，使用者常語意含混模糊，而各行其是，乃多有將「文化」指為「上層或高級的文化」(the high culture) 者，此正將「文化」說成「文明」。

55. 參見王世宗，〈選材與解釋：世界現代史的全貌呈現問題〉，《西洋史與國別史課程教學研討會論文集》（臺北：輔仁大學，1999），頁 67–72。

高度警覺，勿自迷於文明顛峰的想像，其實現代世界並未完整形成，文明仍在發展中，它甚至永無臻於至善的可能。而且，物質文明或可言「進步」或「現代化」，但精神文明則不然，倫理道德、政治、宗教信仰、價值觀念、以及藝術與審美等，俱不能硬稱其有絕對的形式標準或「歷史進化」的過程，雖然關於這些問題的判斷確有高下好壞之別。「現代世界的形成」一題含有甚強的價值判斷色彩，學者若忽略時間意義的現代在此問題中的重要性，便不能解脫後見之明的滯礙，極易陷於以今非古的偏執。

　　現代世界的特質在空間意義上是單一世界，因全球的高度互動互賴，東西對抗的傳統已達改弦更張的時刻；在時間意義上可見新舊衝突嚴重，傳統與現代興替快速，世代的差距（代溝）劇烈，歷史意識深濃；在人與人的關係上，這是一個大眾社會，貴族統治與菁英領導的時代已成過去，階級與階級的關係轉變為多數人 (majority) 與少數人 (minority) 的關係；在人與自然的關係上，這是一個最緊張與不諧和的時代，心物的平衡難覓，人生與科技失去本末主從的定位，文明的危機感首度出現；在人與神的關係上，這是一個天人之際最親近的時代，理性的發揚及其極限的探知，使人自信而不自大，「不知為不知是知也」的體悟，使宗教信仰的重要性大增；在人與歷史的關係上，這是一個文明發展的終結時代，許多價值已達確立的階段，文化的反省多於開創和前瞻；在生活方式上，這是一個定型但充滿變異可能性的時代，工業化、都市化、與民主化的趨勢已難改變，但人的求新動力不減。文明的發展正如人的成長，將經歷「見山是山」的直覺認定，至「見山不是山」的批判反省，再到「見山是山」的安心肯定等階段。這個歷程並非循環，而是不斷朝向某一目的前進（直線史觀 linear view of history 或目的論 teleology 的宇宙觀乃為正確），

　　或說它具有「未來取向」（future-oriented，例如後現代主義可謂醞
釀於現代主義而為現代性的一種呈現），而無停滯僵化的危機與
「落伍」之虞。現代世界或許仍未形成，但現代世界的觀念卻大
致已經出現，人類未來的路途容非平坦，過程或許仍舊曲折，然
其方向卻是確定的。

第二章

文藝復興：

人文主義與人本精神的發揚

維納斯的誕生 *(The Birth of Venus)*　波堤伽力 (Sandro Botticelli) 作
(c. 1480)

基督教興起前的神話傳說成為文藝復興繪畫創作題材，這在波堤伽力
的作品中已充分展現。依傳說，愛神維納斯誕生於海中，波堤伽力除
了表現這個形象外，更加上一層新柏拉圖主義式的神祕寓意，引人遐
想；在此圖中三度空間的實際視覺效果非畫家所重，故其遠近距離感
不清，人物彷彿飄浮於空中，更增觀者幻覺。此作代表文藝復興早期
風格，其非基督教意境、裸體性感、自由動感等特質皆非中古畫風，
然圖中赤裸的維納斯體態羞澀，此與稍後藝術品中大方的裸露表現形
成明顯對比。

雅典學殿 *(The School of Athens)*　拉菲爾 (Raffaelo Sanzio Raphael) 作
(c. 1510)

在這個大殿（有教堂的風格）中拉菲爾將古典時代的偉大學者、哲學家與聖人齊聚一堂，而居中者為柏拉圖與亞理斯多德。柏拉圖一手握《泰米斯對話錄》(*Timaeus*，闡揚靈魂、人世與宇宙的理性關係)，一手指向天，代表探究天理的理想主義企圖；圖中左半部學者聚於阿波羅神像之下，帶有深濃的靈性和感性，表現柏拉圖主義的概念。亞理斯多德則一手持《倫理學》(*Ethics*，強調人的自我實踐)，一手平指向前而手掌朝下，象徵心物合一論與重視現實中庸的立場；右半部學者表現對人類知性活動（如邏輯、文法和幾何學）的熱衷，正是亞理斯多德主義的呈現。此二智者的對談暗示古希臘「究天人之際」的學術精神，整幅壁畫（本圖所示僅為局部）表現對真理追尋的敬意與熱忱。拉菲爾在此也表現出一種「通古今之變」的意氣或「見賢思齊」的孺慕之情：他將柏拉圖繪成達芬奇的模樣，躺臥於臺階上的戴奧傑尼士 (Diogenes，犬儒學派 Cynicism 大師) 也有達芬奇的相貌，柏拉圖右側的學者實為拉菲爾本人的容貌，坐於階前沉思的希拉克萊特 (Heraclitus，強調萬物變動不居的希臘哲學家) 則為米開朗基羅的長相。此圖的對稱與統一性，以及描繪基督教之前的古代文化題材，充分展現出文藝復興的古典主義風格。

騎士、死亡與魔鬼 *(Knight, Death and the Devil)*　　**杜雷** (Albrecht Dürer)
作 (1513)

杜雷這幅版畫常被視為註解文藝復興「人文主義之秀」伊拉斯莫斯名
著《基督鬥士手冊》(1503) 的一個佳作，它表現人文主義者對基督教
信仰將戰勝一切人類惡敵的高度信心，這正可說明人文主義者決非反
基督教的無神論者。畫中騎士沉穩自信的表情直如一座優美威武的雕
像，體現了藝術美感與道德典範。這個戰士奉行其信仰，堅定地朝聖
地耶路撒冷前進，不畏險阻，正如其旁的忠犬追隨主人，稍無遲疑，
並不理會路上的蜥蜴、枯骨等怪物。

書房裡的聖潔若 *(St. Jerome in his Study)* 杜雷 (Albrecht Dürer) 作 (1514)

聖潔若 (c. 347–420) 是杜雷與伊拉斯莫斯極為敬重的基督教學者,他的拉丁文《聖經》譯本在 1546 年為天主教教會頒為正式版本,甚至其中的錯誤都被解為神示之作,且優於《聖經》原意。這幅圖像充滿著寧靜祥和與永恆完滿的氣氛,凶猛的野獸出現在書房裡且完全被馴服(獅子看來有如小貓),而聖人探討的問題為超越性的真理,學者不僅無「老之將至」的憂慮,且有看破生死(如窗前頭骨所象徵)的智慧。

一、大學的建立與學術方法的改變

文藝復興 (the Renaissance, c. 1350–1650) 常被視為西方由中古邁向現代的轉型期 1 。這個轉變的關鍵即在於以神為中心的世界觀被人本精神所取代。簡單來說，個性、自覺意識與世俗性（相對於宗教信仰的「他世性」otherworldliness 強調）的提升，是文藝復興以後現代文明精神與中古時代最大的差異。然這是一個後見之明的歷史觀點，未必是當時人們的見解或認知；它雖有誇大之嫌，但就文明趨勢的轉變而論，則大致是可信的 2 。不過若奢

---

1. 它引發討論十七世紀——文藝復興末期——學術思潮的 「今古之辨」 (quarrel of the Ancients and the Moderns)。詳見 Hans Baron, "The Querelle of the Ancients and the Moderns as a Problem for Renaissance Scholarship", in P. O. Kristeller and P. P. Wiener eds., *Renaissance Essays* (New York: Harper & Row, 1968), pp. 95–104; and Stephen Pumfrey, "The History of Science and the Renaissance Science of History", in Stephen Pumfrey, P. L. Rossi & Maurice Slawinski eds., *Science, Culture and Popular Belief in Renaissance Europe* (Manchester: Manchester University Press, 1991), pp. 48–49.

2. Renaissance 一詞原為法文再生或復興之意，文藝復興被用為歷史名詞是源自瑞士史學家布克哈特 (Jakob Burckhardt, 1818–97) 於 1860 年所著 《義大利文藝復興》 (*The Civilization of the Renaissance in Italy*) 一書。布氏相信每一時代皆有其文化特質，而義大利在十四、十五世紀時，即表現出由中古封建社會過渡到現代文明的特徵（史學顯然為後見之明）。他認為中古的政教衝突造就了一個政治與文化上的空間，致使現代的自主國家與人本精神得以趁隙發展。見 Jakob Burckhardt, *The Civilization of the Renaissance in Italy* (Oxford:

談所謂的「文藝復興精神」，則斷非明智，畢竟文藝復興的精神主要表現在藝文，政治、經濟、宗教各方面並非其成就所在 *3*。然而事實上這種說法確曾在十九、二十世紀之交流傳，它所反映的是當時西方盛行的進步（史）觀與高度自信樂觀的文化態度。這種觀點與態度使得十九世紀的人傾向貶抑中古文化（此所謂 medievalism），而強調現代文明價值（即 modernism），因此他們視十五、十六世紀的文明表現為「復興」（古典文化），且這種復興不止於文藝，而是文明全面的改造。今人對文藝復興成就的保留看法，不僅表現學術研究的客觀成績，也顯示現代人對文明進步觀與現代化的批判態度。不論如何，文藝復興對於現代世界的形成主要的貢獻是在於現代性的提出（概念），而不在於單一世界的促成（事實）。文藝復興同時期的東方文明（如回教世界、印度與中國）並未發生類似西歐的深刻變革，也未受到西方此文化潮流的衝擊 *4*，故文藝復興的影響原是歐洲式的。

Phaidon, 1981), pp. 81–87. 此說顯然誇張了文藝復興對現代性發展的貢獻，現代學者對此多有批判。參見 W. K. Ferguson, *The Renaissance in Historical Thought: Five Centuries of Interpretation* (New York: The Riverside Press, 1948), pp. 290–95, 329–31; Denys Hay, "Historians and the Renaissance during the Last 25 Years", in André Chastel et al., *The Renaissance: Essays in Interpretation* (London: Methuen, 1982), pp. 1–8; and Peter Burke, *The Renaissance* (London: Macmillan, 1992), pp. 1–5.

3. 若以 1350 年至 1650 年為「文藝復興時期」，而說此時政治（民族國家的建立）、經濟（新航路新大陸的發現與商業革命）、宗教（宗教改革與宗教戰爭）各方面的變革，皆是文藝復興精神的表現，這顯然是比附過當。

　　文藝復興是求知精神的體現，它的興起與歐洲活版印刷術的發明（by Johann Gutenberg，1440 年）及新大陸的發現（1492年）有密切關係。換言之，文藝復興是一個探索與發現時代 (Age of Exploration and Discovery) 的產物，它是人在知識與眼界大開之後自我的發現。文藝復興的成就主要表現在三方面，此即是學術研究取向與方法（由 scholasticism 轉向 humanism，詳後）、文藝創作（由地方文學 vernacular literature 轉向民族或國家文學 national literature，由雅典式的古典主義轉向佛羅倫斯式的新古典主義）、以及科學探討（由獨尊人文轉向兼重科學）。在精神上，文藝復興講求的是通識（因博學 general knowledge 而有常識 common sense），中古時代的「三文」(Trivium：文法、修辭、邏輯）與「四藝」(Quadrivium：算術、幾何、天文、音樂）教育體系，至此轉變成講求宏觀而非專業技能的「人文學」(Liberal Arts) 教案，它要塑造的是「君子不器」的儒雅通才 (universal man)，博學多聞、有批判力、而具淑世關懷。而這樣的理想他們在希臘羅馬文化中找到典範，賦予新精神則是他們的任務。所謂「現代」便這樣被定義出：反對中古，發揚古典，創造新時代。

　　文藝復興是一個學術文化活動，它的萌生有賴大學的建立，但它的成就須靠克服與超越中古大學教育格局。教育在文藝復興學者的思想中，佔有極為重要的地位。此因文藝復興學者所欲塑造的新人格，本須憑藉自小的教育培養之，故此時學者所倡導的教育理論與教育事業甚多。事實上，所謂「人文主義」(humanism) 其原意本是「人文教育」，可見教育在人文主義者心

---

4. 東方的社會穩定性高，且無類似西歐的「黑暗時代」或「中古性」(medievalism) 有待其掙脫與克服，其歷史演變的過程中缺乏挑戰。

中的重要性。中古後期大學的建立，對文藝復興而言是奠基生根
的一步 5 。大學的建立是近代教育制度確立的初步，蓋貴族時代
首獲當權者所關心的教育，自是培養領導階級的高等教育，平民
大眾的教育（國民義務教育）遲至十九世紀後期，才因民主化的
推展而（不得不）興辦。大學的建立顯示許多文藝復興時期較中
古「進步」的文化狀況，這包括學術活動量的大增、專業化程度
的提升 6 、世界觀的擴大等 7 。

　　文藝復興所欲培養的通識與自覺反省能力，並非中古的教育
理念或目標，文藝復興的精神是在大學的教學方法有所更張後，

---

5. 歐洲北部大學（如法國 University of Paris, est. 1150）學術以神學著
   稱，歐洲南部大學（如義大利 University of Bologna, est. 1158）則
   以法學見長。其他早期成立的大學包括義大利 University of Naples
   (est. 1224)、英國 University of Oxford (est. 1249) 與 University of
   Cambridge (est. 1284)、西班牙 University of Seville (est. 1254)、與葡
   萄牙 University of Lisbon (est. 1290) 等。據估計十五世紀時歐洲大
   約有八十所大學。

6. 關於這點大學出版社的建立可以為證。大學出版社專印學術性專業
   書籍，此種「正經的書」(serious books) 讀者本極少，而大學出版
   社仍得維持，或願意不惜成本發行之，這正顯示專業化程度高或專
   業化精神強。英語世界中最早的大學出版社始見於十六世紀末英國
   的牛津 (Oxford) 與劍橋 (Cambridge) 大學。（美國最早的大學出版社
   出現在 Cornell University，它成立於 1869 年。）

7. 歐洲人文學研究的主要對象是希臘羅馬古典學術，這有賴回教世界
   阿拉伯文編譯的古代西方經典之轉譯為拉丁文（自十二世紀始），
   以及東方學者的西遊（遷）講學（尤其在 1453 年拜占庭帝國滅亡
   後）。這種「禮失求諸野」的努力與東西文化交流，拓展了西方學
   者的眼界，使大學教育能塑造超歐洲 (extra-European) 的世界觀。

才得以養成的。也就是說須待人文學 (humanism) 取代經院學
(Scholasticism)，現代的人本精神方能發展。所謂經院學原非一種
思想體系，而是中古教會學校的教與學方法，其主要的作法即是
以希臘哲學（尤其是亞理斯多德哲學）詮釋基督教教義。也就是
說經院學的內容主要是神學，而神學正是中古大學最重要的科目。
經院學的研究過程先是讀經，再作摘要，然後加以辯難，最後歸
納結論。經院學派最常從事的學術工作正是替經典註釋，與撰述
經典問答一類的文章。其代表作即是巴黎大學神學家阿奎納
(Thomas Aquinas, 1227–74) 的《神學總論》(Summa Theologica)。
這套方法背後的根本理念是認為真理已經存在，不必更圖發掘，
只待將其組織、系統化、與闡明發揚。為此，邏輯與辯證法成為
此派學者教與學最重要的科目。原本為學術方法的經院學，至此
乃轉化為一種哲學觀念或人生觀，而成為所謂的「經院哲學」；它
認為信仰的地位高於理性，但理性與信仰是一致而並容的，理性
知識的價值雖低於信仰，然而它可以增進人們對其信仰的瞭解。
例如阿奎納說：「我們無法確知上帝是什麼（按：故須憑信仰領
略），但我們可以確知什麼不是上帝，以及其他與上帝相關之事的
道理（按：此有賴理性的掌握）8。」此說便在整合信仰與理性。
經院學的目的顯然在調和希臘哲學與基督教信仰，藉此肯定與強
化人們既有的信仰以及教義權威；理性知識於此僅為工具，沒有

---

8. Thomas Aquinas, Summa contra Gentiles, I, XXX: "We cannot grasp
what God is, but only what he is not, and how other things are related
to him." 以後見之明來看，在這個宗教信仰深濃的時代裡，阿奎納
區別神喻的 (revealed) 真與自然的 (natural) 真，標示了神學與哲學
的分途，使得理性知識可自信仰啟示中別立門戶，因而有助於哲學
和科學相當獨立的發展。

它本身的價值。這樣的教育自然只能教人遵從舊傳統，不能使人因求知而產生新的世界觀。

正如經院學是由一個治學方法轉化為一個方法論與世界觀——即經院哲學（或士林哲學）——人文學亦經歷同樣的過程，而成為人文主義乃至人本精神（可知手段與目的在人事問題中未可斷然二分）；同時，人文學不僅取代經院學，人文主義亦取代了經院哲學。與經院學一樣，人文學本是一個教育的計畫或方案(educational programme)，其重點是在古典學術（尤其是希臘羅馬文學）的研究9。相對於經院學為研究神學而重視邏輯與辯證法的技能，人文學為探討人事真相著重的是文法、修辭、詩學、史學、倫理學與嚴謹的治學方法。由於人文學者不甘如經院學派一般，只作些摘要與比較的功課，他們力求文字精確，直探事物本原與歷史真相，希冀有所發明與創見，故對傳統觀點往往嚴加批判檢視，以致動搖傳統權威如教會，馬丁路德最早的支持者即是這些年輕的人文主義學者。簡言之，經院學派的附和權威作法，已遭摒棄，新學者的學習目的是自省與應用，企求建立新典範。再者，由於古典學乃是基督教興起前的異說(pre-Christian and pagan)，人本精神濃烈（希臘羅馬的宗教雖具多神的形式卻含無神的本質），因此研習結果常使學者拋卻基督教的道德觀與世界觀，而轉趨追求現世成就、品賞人生的興味與抒發個人特質；然而他們大多仍保持基督教的信仰，所謂「基督教人文主義」(Christian humanism) 其實正是結合上帝信仰與人本精神的新生

---

9. 當代學者 Paul O. Kristeller 對此觀點申辯最力，而佛羅倫斯學者布魯尼 (Leonardo Bruni, 1374–1444) 是第一個使用人文學 (humanitas or humanity) 指稱此種術業的人。

命觀。從但丁 (Alighieri Dante, 1265–1321) 的《神曲》(*Divine Comedy*) 至薄伽丘 (Giovanni Boccaccio, 1313–75)《十日談》（*Decameron*，人稱「人曲」）之作，正可看出這個由重視天命改為強調人事的轉變趨勢 10。於是人文學便轉化為人文主義或人本精神，進一步推衍而言，原為學術性理念的人文學至此已轉變成帶有政治性意味的人本主張，而文藝復興的現代文明精神也於焉展露。

二、人文主義的興起與人本精神的發揚

人文主義是一個以人——相對於神與天地萬物——為中心的思想體系 (man-centered philosophy)，它強調人的價值與尊嚴，深信人為萬物之靈，肯定人的自由意志 (free will) 11 與善性 12，並主

10.《神曲》描述作者遊歷地獄、煉獄與天堂的情節，其觀點充分表現中古時代的世界觀，它顯示上帝所造的宇宙永恆不改，暗示神會逐步啟示朝聖求道之人，並討論罪惡、信仰的虔誠度、得救命定等宗教觀乃至傳統的哲學問題。《十日談》以黑死病流行的悲慘時代為背景，記述一百個表現世人巧智與邪念的故事，它描繪紅塵俗世中凡夫俗子的人生百態，展現人的情慾、蠻性、貪念、怯懦、與荒誕不經。自《十日談》之後，中古文學的正經教化之風逐漸讓步於早期現代社會的人本文風。

11. 文藝復興的人文主義者多是基督徒，其討論的自由意志乃指上帝所造與安排的世界中，人是否具有真正自主的選擇與行為能力問題。中國文化中「義不食周粟」或「不吃嗟來食」的道德觀，乃是人的「尊嚴」主張（有無神論取向），非關西方思想中的自由意志問題。關於文藝復興與宗教改革時期自由意志問題的討論可見 Charles Trinkaus, "The Problem of Free Will in the Renaissance and the

張神許人為衡量萬事萬物的基準 ("Man is made the measure of all things.")。它的世俗性 (secularity) 及個人主義 (individualism) 色彩，與中古時代深濃的來生關懷和集體主義制度，形成強烈對比。文藝復興著名學者如佩脫拉克 (Petrarch or Francesco Petrarca, 1304–74)、薄伽丘、馬基維利 (Niccolo Machiavelli, 1469–1527)、莫爾 (Thomas More, 1476–1535)、伊拉斯莫斯 (Desiderius Erasmus, 1466?–1536)、蒙田 (Montaigne, 1533–92) 等人，他們的風格與志業雖頗不同，但皆表現這個取向。人文主義的不斷推展，可能形成世俗化的人本精神，它在近代甚至傾向無神信仰的態度，強調人有能力且必須自行解決其人生問題。人文主義發展至此已超越其原始的教育理念、及其連帶的政治主張，而成為一種廣義的文明精神，持反中古與非基督教 (unchristian) 的立場13。出於強烈的自覺與高度的成就感，某些人文主義學者竟稱其所處的時代與古典文明之間，是一個「黑暗的中古時期」。由於人文主義的現代性表現普為世人所肯定，近世基督教神學家與學者，不論新舊教派，均急於證明基督教信仰中本寓有人文主義的精神14。事

Reformation", in P. O. Kristeller and P. P. Wiener, op. cit., pp. 187–98.
12. 解人之危的「良心傘」、任人自付自取的報紙販售箱、與公共廁所免費提供衛生紙等作法，皆肯定人的善性，而不防小人的侵佔與多取，可說是人本主義精神的表現。反之，公共廁所不供應衛生紙而設置定額定量的自動販賣機，可說是「趁人之危」，顯示社會的薄情寡義，缺乏溫情與善意，甚違人本主義精神。
13. 人文主義至文藝復興晚期以後即開始經歷許多變化轉型，而得以因其新義的提出而有長久的生命與影響。見 C. G. Nauert, Jr., *Humanism and the Culture of Renaissance Europe* (Cambridge: Cambridge University Press, 1995), pp. 194–95, 214–15.

實上，某些羅馬教皇在文藝復興時期即已扮演新文藝的贊助者，而不顧這些作品的非宗教性特質；強調人本立場與世俗價值的文藝復興，被認為對宗教改革的產生有所影響，這是不無道理的 15。

---

14. 反對布克哈特對文藝復興觀點的學者，其最重要的論述也是在強調基督教本具有人文主義特質。不過，文藝復興雖未必反基督教 (anti-Christian)，但確是具有非基督教 (unchristian) 的特質。事實上，文藝復興所以能在義大利與西北歐地區流行，正與當地基督教信仰較無保守固執的情形有關。十五世紀以前的西北歐，無活絡的文藝復興表現，當此之時該地哥德式文化尚富有活力，而人們的宗教信仰虔誠刻板，仍無求新求變的跡象。另一方面，西班牙雖是十六世紀歐洲強國，但西班牙的文藝復興成績並不佳，僅在繪畫與文學上稍有可觀的表現。這可能與西班牙人因長期與莫爾人（Moors，回教徒）鬥爭所培養的宗教熱情及獨斷態度有關。西班牙的基督教教會權威崇高而穩定，十五世紀末期又因信仰差異驅逐猶太人出境，凡此皆使文藝復興精神無由得生。再者，十六世紀中期以後，義大利文藝復興逐漸式微，部分原因是在於羅馬教會強力推行抵制新教發展的宗教改革政策，禁書目錄與異端裁判一出，文藝復興自然受到重挫。

15. 人文主義者講自由意志、人性本善、教化與包容，而新教改革者強調得救命定（反對自由意志說）、原罪惡性、與信仰一致性，二者本無相得互通之理。但文藝復興學者追本溯源的問學態度，與對原典和古代語文的重視（尤其是希臘文與希伯來文），對於新教改革者直探《聖經》原文原意，與恢復原始教義教會的主張，顯然啟發甚多。例如人稱「人文主義之秀」(Prince of the Humanists) 的伊拉斯莫斯，其《論自由意志》(*The Freedom of the Will*, 1524) 一書立場雖與宗教改革領袖馬丁路德（著《意志的枷鎖》*The Bondage of the Will*, 1525 反伊氏之說）觀念相左，但其《希臘文新約》(*Greek New Testament*, 1516)、《愚人頌》(*In Praise of Folly*, 1509)、與《基督鬥

不過，文藝復興講究人格理性，宗教改革注重神格信仰，二者的精神與目的終究不同，經此二運動之後西方文化中理性 (reason) 與信仰 (faith) 二立場逐漸分途發展，結合理性與信仰而置信仰於理性之上的中古世界觀終於消滅。

此外，值得注意的是，文藝復興時代的人文主義本質上不同於古希臘的人本主義。文藝復興乃是基督教時代的文明，其人文主義並不是要推翻對上帝的信仰，而是要以「盡人事而後聽天命」的觀點，重新釐定人神關係，從而因「仁民而愛物」的思想調整人與萬物的關係（人既圖從神的控制中稍得解脫，故亦願萬物自人的控制中稍獲解放）。希臘文化則生於「前基督教」(pre-Christian) 時期，它雖具多神信仰的形式但實有無神信仰的態度，故其人文主義絕對而主觀，完全以人為本，追求「完人」典範，講人與萬物的關係而不講人神關係，充滿「未知生，焉知死」的現世精神16。如此，文藝復興的人文主義相對而客觀，它超越希

士手冊》(*The Christian Soldier's Handbook*, 1503) 諸書，均寓有改革基督教教會的深意，並對新教改革運動具有啟發。至於文藝復興所引發的批判精神本身，對宗教改革自有另一番啟示作用。值得注意的是，宗教改革發生之時，義大利文藝復興已趨於沒落，而西北歐的文藝復興運動則正在蓬勃發展中；此時希臘文研究熱潮在義大利早已消退，而西北歐地區學者則正積極從事之，人文學科更是從此成為西北歐地區教育的主要課程。由此看來，宗教改革不發生在義大利，而發生在西北歐，當非偶然。

16. 中國文化與古希臘文化一樣充滿人本精神而無超越性宗教信仰，因此亦無理性與信仰的緊張性及其分途發展的問題。儒家對道德高標準之堅持，使仁義禮智的價值被提升至信仰般的層次，至高無上而無法進一步討論其由來。例如「義」一詞被解為「正當」，不能再

臘人天真樂觀的自信（「見山是山」的第一階段），挑戰中古人們
自我否定的卑微人性觀點（「見山不是山」的第二階段），進而對
人的能力與價值更有深沉的反省與批判，因得以建立不亢不卑的
人生觀（「見山是山」的第三階段）。

在學術流派上，文藝復興學者特愛柏拉圖學說，這一方面是
為反對中古學者偏重亞理斯多德的學風，另一方面則是人文主義
精神強調的結果17。這是因為柏拉圖思想中對人的善性有較高的
肯定（亞理斯多德的學說則僅主張人有不同於禽獸的理性思考特
質），文藝復興學者相信，在柏拉圖所區別的永恆理想世界與有限
物質世界中，人類雖處於後者，但人的理性與良心則歸屬於前者
（人對數學與道德的認知可以為證），這表示人的本質本性是高貴
合理而具有超越性取向的（柏拉圖主義下的天人交戰問題正是文
藝復興人文主義的思想課題）。在藝術風格上，文藝復興所反映的

議，以故「就義」即為「殉道」，高貴而悲壯，「含笑九泉」一說即
顯示此種淒美格調。在「智者不惑、仁者不憂、勇者不懼」的絕對
人本主義理念下，君子只能反求諸己，不能祈求天助與神恩，因此
常陷於孤苦的絕境與無奈的悲情，以致「知其不可為而為」的壯行
常只造就悲劇英雄，而無補於事，難以義利兩全。為提振世道人
心，執政者乃以世俗的封賞褒揚之道（如貞節牌坊與追贈勳爵），
獎勵與安慰志士仁人或其遺族。然此種政治性與功利性的勸善，反
而有損人文主義的格調，且易使人性扭曲。反觀在基督教思想之下
「真」「善」「美」合一，是真的就是善的，也就是美的；行善殉道
有得救永生可期，乃能高貴而不淒美，壯而不悲。

17. For further see P. O. Kristeller, *Renaissance Thought: the Classic,
Scholastic, and Humanist Strains* (New York: Haper Torchbooks,
1961), pp. 57–59.

人文主義更為明顯。藝術是義大利文藝復興中最有成就的一項，藝術中的人文主義表現，當可說明這個時代的文化精神。文藝復興藝術的人文主義精神大略表現在人本性與世俗性的強調上。此時藝術在題材上已擴至非宗教範疇，教會已不是唯一的藝術贊助者，《聖經》故事的取材不似中古時期之盛，裸體人像再次成為藝術創作對象。此外，人像畫開始流行，描述個人或群體豐功偉業的雕刻（如〈大衛像〉）與繪畫成為新寵，仿古（如羅馬萬神廟）或創新設計的私人宅第與宮廷豪門華麗建築（如羅浮宮）競相出現，這些都顯示人們對千秋萬世名的熱切追求，與對人間世俗成就的肯定。事實上，此時雕刻與繪畫脫離建築（通常是教堂）而獨立，更有助於藝術家在其創作中展現世俗性的觀點。即便是教堂也捨棄追高重威的哥德式建築，而轉向講究平衡對稱與天人和諧的羅馬式建築（如聖彼得教堂）。尤其是文藝復興藝術家雖仿希臘羅馬藝術，重視寫實與自然主義風格 18，但他們並不似古代藝術家圖求人體之理想完美展現（因為理想美化 idealized 故不自然 unnatural），或像中古藝術家以信仰觀點塑造人物（因圖神聖超凡故不寫實），而能不亢不卑地描繪現實人生且加以肯定，掃除求好心切所造成的「自慚形穢」感 19，此誠人本精神在藝術的最高表

---

18. 文藝復興藝術家注重自然實相的呈現，對細微處常求精確表現，並強調人為自然的一部分（故人像畫常以山水為背景）。為求精確表現，藝術家引用解剖學與直線透視法 (linear perspective) 的知識構圖造型，畫家對光影明暗對比 (chiaroscuro) 極為注意，而油畫的發明更使畫家可以慢工出細活，力求逼真。

19. 古希臘無神信仰下的人文主義使人產生「完人」理想，其藝術乃有「理想化寫實」(idealized realism) 的風格；文藝復興的基督徒藝術家認知人的原罪與缺陷，自然不圖將人美化至理想境界，其人文主

現。總之，文藝復興的藝術家亦如文藝復興的文學家和學者，皆表現由「重視永生」轉為「關懷現世」的時代精神。

　　人文主義所含的自我負責與君子自重觀點本可推論至人權與自由的主張，有助於政治社會的改革20，此即是說人文主義可為現代的政治意識型態鋪路；更重要的是，在概念演進的脈絡中，人文主義的提出是個人主義與自由主義發展的前提（必先肯定人的價值，然後才能主張個人的特質，最後方能發覺在人際之間自我實現之道）21，故文藝復興可謂現代化的前驅。文藝復興期間地方文學之優越者，常被推廣為民族文學，各國國文終於形成，這對於近世民族主義的發展影響至鉅。再者，文藝復興的通才理念（有「文藝科學家」artist-scientist 典範形象之塑造）反對分工孤陋的格局，突破中古封建社會的封閉性，此與現代尋求科際整合、建立通識的文化體認相似。此外，文藝復興建立新古典主義藝術的風格，且促進宗教改革的發展，影響層面廣大。上述種種皆是文藝復興所表現的現代性或現代化活力。然而文藝復興這些成就僅是邁向現代的初步，文藝復興時期仍屬「現代早期」(early modern)，它所啟發的是一般文化與人格的改良或提升，現代化的

義精神表現在藝術上止於肯定人的自信尊嚴與有限價值，故為「榮耀的寫實」(glorified realism) 風格。

20. 文藝復興前期（十四至十五世紀）人文學者並無重要的政治哲學著作，但他們卻已改造了學術風格，引領新思潮的興起，從而有利於政治思想的革新，此在十六世紀之後尤為明顯。見 James Hankins, "Humanism and the Origins of Modern Political Thought", in Jill Kraye ed., *The Cambridge Companion to Renaissance Humanism* (Cambridge: Cambridge University Press, 1996), p. 118.

21. 詳見第八章第一節「革命的時代及其本質」。

具體與深刻作為，仍有待十七世紀以後各項改革運動推展之。

三、科學的再發現

　　人文學與自然科學的關係正如信仰與理性的關係，其變化為現代文明發展的重要課題。古代文明中明顯有重人文而輕物理的現象。對物質利用與物質享受的偏重是古代性 (antiquity) 而非現代性的表現，蓋求生為文明初始時人類主要的關懷。然而不論人們是否能在物質需求上得到滿足，其對物理知識的興趣總遠低於對物質享用的慾望，這表示科技的發明乃出於人性的要求，人文觀點或人本立場重於科學研究的發現，此為歷史中的常態。而另一方面，當役使人力可獲致與開發物力相同的效果時，人的權力慾望或虛榮心更將使人著重對人的控制（如奴隸制度），而輕忽對物的利用　（即發展科技）；科技的發明可以為人省力 (labour-saving)，但擁奴眾多的權貴並不在意勞作費力的程度22，故其對物理知識與科學研究多無興味，自亦不會積極加以提倡。學者指出古代中國與羅馬帝國征服異族的武功顯赫，但其科學研究與科技發明則甚無成就，道理就在此，這是人文重於物理的傳統精神表現。另外，不重物質享受而講天人合一的自然主義者（如古希臘的犬儒派 Cynics 與中國的道家），其實重視人的程度勝於重視天，他們同樣重視人文而輕視物理，或根本是以人文為物理；追求解脫與得救的宗教信徒亦強調心在物之上，「玩物喪志」成為所有修身求道者謹防的偏失，對他們而言人文當然也重於物理。

---

22. 例如四人抬一轎或四馬拉一車，或乘馬車而不乘汽車出巡，乃是王
　　公貴族的排場，不是非如此不能行動。

　　人文藝術常表現區域性的特色，科學工藝則有超國界的普世
性質，這兩者在文藝復興時皆有高度的呈現。在科學史上，文藝
復興時期是一個近代科學發展的準備或起步階段。古希臘學術的
發展是由科學轉向人文，文藝復興運動卻是由專注人文轉向兼顧
科學，這對人文與科學的素質皆有所助益。原本文藝復興並不利
於科學研究，這是因為人文主義學者所重在於人文學，他們對於
自然物理之學的研究即使不指為玩物喪志，亦總視為無關心靈涵
養的活動23。何況希臘羅馬的學術文化本來就是以文藝為最主要
成就，科學研究本非重點，因而文藝復興學者在鍾情於「古學」
(ancient learning) 的探討時，自不免忽略科學。此外，文藝復興學
者尊古之情，常使其對於古代科學觀點信守不疑，未能進一步思
辨，例如他們認為托勒密 (Ptolemy, 85–165) 的天文學已臻完備，
並無修改或補正之必要。如此，文藝復興時期的大科學家多非人
文主義學者之流，這是不足為怪的事。

　　然而至文藝復興後期時，科學研究終能有所建樹，這一方面
是因為科學家的觀念改變所致，另一方面則與文藝復興人文主義
精神的發揚關係密切24。在文藝復興時期再度流行的「新柏拉圖
主義」(neo-Platonism)，引發科學家重新檢討中古科學觀（主要為
亞理斯多德物理觀） 的興致， 造成新的研究風氣， 哥白尼

---

23. Charles Trinkaus, *The Scope of Renaissance of Humanism* (Ann Arbor,
　　Michigan: University of Michigan Press, 1985), pp. 144–45.

24. 見 Anthony Grafton, "Humanism, Magic and Science", in Anthony
　　Goodman and Angus MacKay eds., *The Impact of Humanism on
　　Western Europe* (London: Longman, 1990), pp. 102–4; Anthony
　　Grafton, "The New Science and the Traditions of Humanism", in Jill
　　Kraye, op. cit., pp. 205, 214–15.

(Nicolaus Copernicus, 1473-1543)、克普勒 (Johannes Kepler, 1571-1630) 諸人便受此風影響而有新思想。機械性宇宙觀 (mechanistic view of the universe，來自希臘化時代科學家阿基米德 Archimedes 的影響) 在新柏拉圖主義之後而流行 (機械論 mechanism 反對目的論的宇宙觀，故在新柏拉圖主義式微後才有興盛的機會 25)，導引學者去探求物理世界中可觀察可測量的因果道理，這是現代科學的主流取向，伽利略 (Galileo Galilei, 1564-1642) 即是這個觀念的信徒。據此，當克普勒以數學理論支持哥白尼的太陽中心論觀點時，伽利略則是以許多天文證據強化這個說法。此外，十五世紀以後學術理論與應用結合的趨勢漸強 26，一反中古時代將二者截然分離的學風，使科學研究更富於實用價值與可靠性。事實上，文藝復興的藝術家便整合理論與應用，從事寫實的創作，而不自我封閉於想像的世界中。於此，人文主義已顯露其對科學研究的

---

25. 唯心論與唯物論為相反的世界觀，卻皆有利於科學研究，這證明精神在物質之上 (唯物論亦是一種精神主張)；或可謂精神觀念的不同只是對物質的態度有別，然皆可以為探究物質的思想根據 (尤其是初級的科學問題)。物質是物，物質主義則是心，以心治物是理所當然，故物質主義可為科學研究的立場 (經驗主義是科學所持的知識論基礎)；唯心主義或理想主義亦可為科學研究的立場，因為這本是精神對物質的認識之道或處理之方。

26. 十二世紀造紙術與十五世紀印刷術的引進，使西方工藝傳承自此不必再憑口耳相傳，而可形諸於文字記錄，這使得工匠階層與上流學者之間的心理距離縮小而互動增加，間接促進科學理論與應用的整合。哥倫布 (Christopher Columbus, 1451-1506) 與麥哲倫 (Ferdinand Magellan, 1480?-1521) 的航海事業，即可說是為驗證地圓理論 (文藝復興時期又開始流傳) 的實際行動；人體解剖與物理學和光學實驗的興起，也是科學理論與應用整合之風發展的表現。

有利作用。文藝復興的藝術家在通才的理想與精確創作的要求下，常也涉獵科學而成為發明家、工程師、技師等，達芬奇 (Leonardo da Vinci, 1452–1519) 即是這樣的全才典範，完人的取向使得科學開始受到人文主義者的重視27。人文學者對古學的目光，一開始雖放在希臘羅馬的文藝之學，但他們對古代文化的興趣終究使其研究範圍擴大至古代科學；文藝復興學者校訂並出版了許多希臘羅馬科學家的著作，對於古代科學觀念的介紹貢獻不小。本來人文學不必與科學相斥，人文學者探索人生之義時，亦常求兼通自然物理，或圖以天道應證人道28。文藝復興學者的世界觀自然、具體而不抽象，他們將人視為自然的一部分，企求天人合一的境界29。其實，人文學者的人本精神與現世關懷，相對於中古基督教信徒對來世永生的重視，更為符合或更具有科學的精神（講究

27. 追求完人的觀念對於中古文化及基督教教會，顯然是一個反動。蓋中古封建貴族只知從征作戰，其餘甚無所知；中古修士的工作僅限於勞動與讀經祈禱，不重行為實踐；中古經院派學者的思想與知識只限於一固定範疇，極少據實際經驗建立新知。相反地，文藝復興學者少有只作一行專家的念頭，多才多藝是他們的理想，多采多姿是他們的人生。

28. 孔子說「讀詩可以多識鳥獸草木之名」，又說「依於仁，游於藝」、「仁民而愛物」，凡此皆指示一個由人文通達物理的為學精神。由此亦可知現代保護野生動物及自然生態的觀念，並不需要另外發明一個理論或主義來倡導之；人文主義雖視人類為萬物之靈，但在人本精神發揚下，人類並不會成為生物界中的霸主，而是充滿慈悲心的自然衛士。換言之，所謂環境保護主義 (environmentalism)，其本質或基礎應是人文主義。

29. 文藝復興的人物畫常將人置於大自然的背景上，這即是「天人合一」觀點的表現。

實現效用與服務人生的目的、抱持現實有限的物質世界觀），甚有
利於科學研究。即是在這個風氣下，文藝復興後期中上階級所熱
中的煉金術 (alchemy) 和占星學 (astrology)，在方法與觀念上雖不
科學 (unscientific)，但在期望或價值觀上卻頗為「科學」，故而二
者直接的目的雖不能達成，但在知識的開拓（尤其是化學與天文
學）乃至道德的教化（一分耕耘一分收穫的觀念）上，卻有與科
學研究類似的成果。

　　文藝復興科學成就的代表是「哥白尼革命」 (Copernican
Revolution)。哥白尼的觀點以今日科學知識檢視之，仍不正確，
但哥白尼革命的意義不在於提出正確的宇宙觀（今日的科學家亦
不能自信發現了宇宙真相），而在於根據理性（而非信仰）提出科
學理論。如前所述，文藝復興只是近代科學發展的起步，它的貢
獻主要是在建立一個合理的對物態度與科學觀念，矯正中古偏見，
區別信仰 (faith) 與理性 (reason) 或上帝 (God) 與自然 (Nature) 的
不同，反對非學術性的權威左右知識判斷（但不是要提倡理性高
於信仰的價值觀）。中古後期以來，以阿奎納為首的神學家，仍視
科學理論為哲學或神學的分支和延伸。哥白尼此番挑戰雖未必立
即成功，但以理性實證建立科學知識的立場，此後逐漸成為知識
分子的新信仰。此外，哥白尼所以反對中古以來流行的地球中心
論 (geocentric theory)，即因為它無法合理解釋許多天文現象，於
是他以太陽中心論 (heliocentric theory) 完全取代之，並對宇宙作
整體解釋；這展現了孔恩 (Thomas Khun) 所謂的現代科學革命結
構變化之義，以新典範 (paradigm) 替代舊型態[30]，而不是細部枝

---

30. 參見 Thomas Khun, *The Copernican Revolution* (Cambridge, Mass.:
　　 Harvard University Press, 1957).

節的觀點修改。而在哥白尼向科學界提出其異說之後，學者開始
以更精確的測量與直接的觀察探討物理世界，科學研究的理性實
證之風由是大為興盛，改變了中古以來執著傳統理念型態（乃至
為神祕主義）的科學觀31。如此，文藝復興的科學觀已表現出不
同於中古的現代性，因而常被視為現代科學發展的開端。

---

31. For further see Thomas Goldstein, *Dawn of Modern Science: From the
　　Ancient Greeks to the Renaissance* (New York: Da Capo Press, 1995),
　　pp. 191–92. 當然科學觀與世界觀的改變並非在 1543 年哥白尼出版
　　其大作後隨即造成，而是一個漸進的歷程。參見 Herbert
　　Butterfield, *The Origins of Modern Science* (New York: The Free
　　Press, 1997), p. 67 & ff.; A. R. Hall, *The Revolution in Science 1500–
　　1750* (London: Longman, 1989), pp. 40–41.

第三章

民族國家……

民族主義與建國運動的發展

日耳曼帝國成立的宣布 *(William of Prussia Proclaimed Emperor of Germany)* 　威納 (Anton von Werner) 作 (1877)

1871 年 1 月 18 日，早在〈法蘭克福和約〉簽訂（1871 年 5 月 10 日）之前，威廉一世於普法戰爭勝利後即在法國凡爾賽宮的鏡廳 (Hall of Mirrors，在此法王路易十四曾召見來朝的普魯士君主)，接受日耳曼各邦親王奉上的皇帝 (Kaiser) 封號，德意志帝國正式成立，一統大業告成，此舉一方面表現民族主義的崇高精神，另一方面則顯示民族主義的征服霸氣。事實上在這個建國典禮中，僅有貴族統治者代表與高階軍人參與，民間自由主義者渺無蹤影，「以德服人」的精神顯然不可見於德國的建立過程中。「新帝國主義」與歐洲列強的對抗形勢在德國建國完成之後隨即出現，此正說明民族主義為禍的可能性。

加里波底與維克多・伊曼紐二世：義大利統一的兩種說法

1860 年南義大利與薩丁尼亞王國合併，義大利王國於次年正式成立。然南義大利控制者加里波底如何與薩丁尼亞國王維克多・伊曼紐二世達成協議，而願奉上自己打下的大片江山，促成國家統一，其原委一直費人猜疑。義大利官方自然極力強調加里波底的愛國情操，與宣傳其獻土報國的赤忱，加里波底與維克多・伊曼紐二世的「英雄會」便成為政府美化此事的重要課題，此類圖像（上列僅為其一）均富於浪漫色彩，表現君子一言興邦的無私氣概。但另一方面歐洲其他國家與史學家多不相信此種政治神話，而企圖探討這個政治協商內幕中的現實利害問題。英國的《龐趣》雜誌在當時即以數幅諷刺性漫畫，披露此二當事人之間的高度緊張關係。此處所錄插畫題為「所有者」(The Man in Possession)，意指加里波底為義大利南部的真正統治者，而來叩門有事相求者為薩丁尼亞國王，圖中顯示前者為應否開門相見而陷於苦思，後者則對能否獲得接納甚感疑慮。稍對歷史探究者皆知民族主義常是近代施政者利用的工具，而以政治為題的美麗畫作多乏真實性，前舉二圖像何者較接近真相已不言可喻。

民族主義的覺醒 (The Awakening of Nationalism)　納克服斯 (H. Knackfuss) 作 (1895)

天使向身著盔甲的眾民族女神說：「歐洲人民啊，讓我們堅持我們神聖的信念。」這個神聖的信念自然是基督教，而其所要對抗的是象徵東方信仰的佛教。此圖所傳達的訊息甚為錯亂，一方面圖中佛像代表著十九世紀末東方殖民地人民反抗西方帝國主義的運動勢力，另一方面天使向列強民族女神的號召，則在呼籲西方國家面對東方人挑戰時須堅定自身文化立場，此二者俱為民族主義的表現，卻互相衝突，是非難斷。由此可知民族主義未必是光明的力量，而可能是一個惡勢力；它有賴情感的訴求以造成風潮，卻常禁不起理性的批判。

悲痛的獅子　瑞士盧森

這個雕於岩壁上的石刻獅子，是為紀念 1792 年法國大革命時為保護路
易十六皇室而死難的瑞士傭兵。美國文學家馬克吐溫曾讚頌其為世上
最哀傷而感人的石雕作品。萬獸之王的獅子背上插著一把斷箭，哀痛
莫名，令人深感無論如何勇猛壯碩的生命，均可能有落難無助的卑微
時刻。此種對生命本質的反省與對眾生的悲憫具有普世性的感動力，
民族主義的觀點在此已顯得了無意義而且幼稚。異族傭兵可能為善盡
職責與維護生命而為他國君主犧牲自己性命，此表示道德勇氣和人性
（或天性）的高貴與個人血統或國籍無關。此作品不訴諸仇恨，不歸
咎任一國家民族，而以反映人類共同困境激發覺醒與同情，乃能啟示
民胞物與的終極意義。

一、民族主義的起源及民族國家的建立

民族主義問題研究專家、美國歷史學者卡爾頓海思 (Carlton J. H. Hayes, 1882–1964) 常謂：民族情感與愛國情緒均非新事，然民族主義則為晚近之建構 1 。誠然，民族情感雖可說是與生俱來且自古有之，但民族國家是中古時期以後慢慢形成的，而民族主義理論更是十九世紀起才被完整提出。其所以如此，乃因民族主義不單靠人的情感即可造就，它也需要政治、經濟、社會與文化各方面條件的配合方能建立；而這些條件直到十九世紀後才見成熟，因此民族主義不是在人們具有民族情感時就能產生。塑造民族主義的要素包括血統、語言、文化風俗或生活方式、宗教信仰、歷史傳統等，然僵化的形式條件難以造就一個民族，人民的認知與素養才是民族主義得以成長的關鍵 2 ，因此民族情感為古代性

1. C. J. H. Hayes, *The Historical Evolution of Modern Nationalism* (New York: Macmillan, 1955), pp. 1–2.
2. 義大利民族主義革命家馬志尼對於民族構成要素的解釋，極為強調民主政治的觀念與民族使命的信念，他在 1835 年為文說：「民族的基本要素包括共同的觀念、共同的原則和共同的目標。民族是由具有共同語言、歷史背景與地理條件的人所組成的群體；這個群體擁護共同的原則，遵守共同的一套法律，為共同的目標奮鬥。民族的生命就存在於人民為其確定不移的目標所付出的心血，人民須為此同心協力，竭盡其所能，勇往直前。然而民族之義尚不止於此。民族的造成還須有一致的使命感，他們必須共同堅信上帝交付了他們一個在人間追求的偉大理想。就是因為他們相信此任務，所以他們在人類社群中，具有一個特殊的地位。……這個神聖性是一個民族

表現，民族主義卻是現代性特徵。

　　民族主義的思想或可溯及古代希伯來人與希臘人的民族觀點和立場，這與二者特有的歷史地位關係甚大。希伯來人的猶太教信仰使其自信為上帝特別眷顧而可望得救的「選民」(the chosen people)，希臘人對於自己的文明成就極感自負，而視其他族類為野蠻人，然此種民族本位意識 (ethnocentrism) 或文化優越感，實與近代的民族主義精神不盡相同。其後的羅馬帝國追求一統天下的霸權，而中古時期掌握統治大權的基督教教會，則主張超越民族與國家的一統信仰與精神領域，這兩種態度都是大同世界觀

　　能否存在的關鍵。一個民族若要不為人所欺凌，則人民對內須將民族視為宗教信仰一樣去敬重，對外則要持有一個勇往邁進的使命感。……人民應將這些認知勇於展現給他族瞭解，萬勿與異族混合，或受他人奴役。他們應該勇敢發展自己民族的生命力，並且永久保持其民族特性，即使是在世界大同演進的過程中，亦應如此堅持。人民是構成民族的基礎與力量之所在。民族主義的目的是要改善所有人的生活，促進絕大多數人的幸福快樂，以及完成上帝所交付的使命。這就是我們所謂的民族。」見 H. H. Rown ed., *From Absolutism to Revolution, 1648–1848* (New York: Macmillan, 1969), pp. 277, 280. 語言顯然較血統在塑造民族的過程中更具重要性，因為透過語言（而非血統）「想像的共同體」(imagined community) 才得以形成。Benedict Anderson, *Imagined Communities: Reflections on the Origins and Spread of Nationalism* (London: Verso, 1991), p. 145. Also cf. P. J. Geary, *The Myth of Nations: The Medieval Origins of Europe* (Princeton: Princeton University Press, 2002), pp. 31–34. 同理，宗教對民族主義的塑造力量亦超過血統，見 C. C. O'Brien, *Godland: Reflections on Religion and Nationalism* (Cambridge, Mass.: Harvard University Press, 1988), pp. 39–41.

(universalism)，對於民族主義的發展皆有阻礙。直到中古末期，
羅馬帝國完全滅亡（西羅馬亡於西元 476 年而東羅馬亡於 1453
年），建立歐洲一統帝國的想法大為消退，同時基督教會的勢力，
亦大不如前。於是，割據一方的封建君主開始企圖建立獨立的政
權，解脫歐洲一統帝國與一統教會的控制，因此民族國家
(nation-state) 的體制與民族主義的概念，終於自十五、十六世紀
時開始發展。然而此時建立的民族王國（national monarchy，以民
族為國界的專制政權），主要是各地王侯霸主抗外（反對大一統帝
國與教會）的產物，各國君主對於如何塑造本國內一個平等自由
而團結的民族，以及一個別具特色的民族文化，都還未努力從事。
現代的民族主義思想及真正由人民擁護的民族國家建國運動，乃
遲至法國大革命以後才形成；如此，以民族為國界的法國雖在英
法百年戰爭 (Hundred Years' War, 1337–1453) 後即已出現，但具
有現代民族國家意義的法國卻是在十九世紀以後才建立。

　　約略言之，近代民族國家的發展有四階段。第一階段是在十
五、十六世紀時，西北歐興起數個民族王國，包括英格蘭、蘇格
蘭、法蘭西、西班牙、葡萄牙、丹麥、瑞典等，它們破除歐洲一
統帝國的格局與一統教會的控制，但其過程漸進而手段大體可謂
平和。例如西班牙的產生是卡斯提爾 (Castile) 與亞拉岡 (Aragon)
二國王室聯姻 (1469) 的結果，而促成英法民族王國發展的英法百
年戰爭，也不是百年持續不斷的全面激戰，而是漫長的封建王侯
權利糾紛之清算 3。這類經過長久自然演進而成立的民族國家，

---

3. 英法百年戰爭的原因可追溯至威廉王時代所建立的跨海（英法海
　峽）王國。十四世紀時英國國王握有在法國的封建領土圭因公國
　(Duchy of Guienne)，因此，英國國王對於須向法國國王（領主）宣

通常較為安定團結。

　　第二階段是在十九世紀後期時，中歐地區的德國與義大利憑藉武力和激進的外交手段達成統一建國，奧地利帝國則因此教訓與挫敗（德義建國所需解決的共同外患乃來自奧國），與其治下的匈牙利人達成「妥協」(Ausgleich)，而成立奧匈兩元帝國，使匈牙利成為一個自治的王國，由此激發了奧帝國境內斯拉夫民族更狂熱的建國運動 4。這是一個「鐵血」(blood and iron) 革命的時

　　示效忠，深感不悅，同時又擔心法王將加緊對其附庸的控制，這是英法衝突的遠因。英法百年戰爭的近因則包括：一、英王愛德華三世不滿法王腓力普六世未能履行承諾，歸還查理四世奪自英王圭因公國的土地；二、英國企圖控制法蘭德斯 (Flanders)（該地是英國毛紡織品重要的市場與原料來源）而使法國不安；三、法王腓力普六世支持蘇格蘭對抗英格蘭而使英國不滿。此戰結束以後，英國因為內戰（薔薇戰爭）所困，無力再反攻法國，使英國更加注意本國的開發與建設。同時，法國雖在此戰中受創甚重，但因其國內貴族的挫敗，也使得王室得以藉機強化國家的統一，拉近政府與民間中產階級的距離，戰後的法國因此成為一個局面大異的新國家。另一方面，英國從此放棄朝歐洲大陸發展的路線，轉而向海外尋求出路，終至成為海上強國。

4. 奧地利帝國在 1866 年普奧戰爭失敗後，為強化國力，並且避免國內非日耳曼民族（佔八成人口）爭取獨立的革命動亂，乃與匈牙利人達成協議 (Ausgleich or compromise)，成立奧匈兩元帝國。由此，匈牙利取得獨立自治的地位，建立王國，並與奧地利帝國建立密切的合作關係，兩國共組一個內閣，內設三個部長，執行共同的外交、軍事、與財經政策。這種特殊的結合不僅使奧地利不必再擔心匈牙利人的叛亂，更因這兩大民族的合作，使得奧帝國治下的其他族群（尤其是斯拉夫人）難以生事反叛，這個策略就是所謂的「分

代,義大利與德國建國運動的領導中心薩丁尼亞 (Sardinia) 王國與普魯士 (Prussia) 利用各種國際情勢,相互援引,主動出擊,經歷了薩奧戰爭 (Sardinia-Austrian War, 1859)、丹麥戰爭 (Danish War, 1864)、普奧戰爭 (Prussia-Austrian War, 1866)、普法戰爭 (Franco-Prussian War, 1870–71) 等役,才完成統一建國大業。而奧帝國也迫於形勢,放鬆其民族控制政策,開啟東歐民族的獨立運動。另外,廣義來說,美國南北內戰 (1861–65) 及其後的改革與建設亦可視為民族建國運動,因為它對美國「國民」(包含原來的黑奴)的定義與權利作了一番重大的調整。日本的明治維新運動亦可如是觀之,而將之認定為古國的新生。值得注意的是,由統治者以強制的軍事外交手段達成統一或獨立的國家,其人民的民族意識未必成熟,建國後政府乃須施予教育以培養國家民族認同感。例如義大利建國後,有識之士便大聲疾呼:「義大利國已經建立,現在的我們任務是建立義大利國民。」

　　第三階段是在二十世紀第一次世界大戰後,東歐民族因土耳其、奧地利、俄羅斯三大帝國的瓦解,與戰勝國標舉所謂「民族自決」(national self-determination) 的和解原則,而紛紛獨立建國,

---

化統治」("Divide and rule")。此舉維持了哈布士堡 (Hapsburg) 王朝政權的生命,但它也造成奧帝國嚴重的內憂,因為匈牙利獲得自治地位,使得斯拉夫人 (特別是捷克人 Czechs 與賽爾維亞人 Serbs) 一方面對政府更加不滿,另一方面又因此燃起獲得獨立自治的高度希望。此外,在奧匈分治之後,匈牙利人中有進一步要求徹底獨立的運動,而日耳曼人中也有建立大日耳曼國 (合併今日的德奧兩國) 的呼聲。相對於這個泛日耳曼運動 (Pan-Germanism),泛斯拉夫運動 (Pan-Slavism) 則在俄國的鼓動下蓬勃發展,對於奧地利帝國的安定造成嚴重威脅,甚至演變成第一次世界大戰。

此為西方傳統大陸性帝國崩解的結果。〈巴黎和約〉可說是民族主義的一個大勝利，東歐新建七個獨立國家（芬蘭、愛沙尼亞、拉脫維亞、立陶宛、波蘭、捷克、與南斯拉夫），改變了國際政治秩序，同時對於受制於西方帝國的亞非民族造成極大的刺激。不過因為東歐地區民族混雜，新興的民族國家內難免存在許多少數民族問題，如捷克境內有匈牙利人與日耳曼人，立陶宛境內有波蘭人，這類問題顯示所謂民族國家事實上很難是由一個民族成立一個國家。東歐民族問題至一次大戰後仍不能真正解決，甚至有惡化的現象，這是造成二次大戰的主要因素之一。民族主義的理想與現實之間的差距，於此已清楚呈現在世人眼前。

　　第四階段是二次大戰以後至今，由於戰後歐洲元氣大傷，美國與聯合國又採支持民族自決的原則，亞非地區人民群起脫離西方的殖民控制與帝國壓迫，而恢復其獨立地位或新建國家，這是「新帝國主義」徹底瓦解與民族主義興騰的世界新局。此時新興的國家數量甚大，不勝枚舉，如 1946 年美國讓菲律賓獨立，1947 年英國讓印度與巴基斯坦獨立，次年以色列建國，這些只是幾個令人注意的例子。1960 年聯合國大會通過〈給予殖民地國家與人民獨立的宣言〉（*Declaration on the Granting of Independence to Colonial Countries and Peoples*），更助長民族獨立建國之風。至 1970 年代時，新興獨立國家已超過了八十個。但這些國家在大勢所趨之下突然成立，往往未具備成熟的民族主義條件，因而內部常起衝突，亂象甚多。這說明了民族主義的合理發展主要是靠文化力量，而不是政治或軍事力量，所以這些新興國家在獨立後，其主政者尚須以教育宣傳繼續不斷塑造民族認同，以促進國家的統一和建設。

　　由歷史可見，民族國家之建立實早於民族主義理論的建構，

民族王國是現代初期 (early modern) 的產物，而民族主義作為一種
政治理念，遲至十九世紀才被宣揚與充實 （nationalism 一詞乃
1840 年代的創作）。民族王國之作是封建君主基於擴充自身權利
的考量，並得時代文化思潮與政治社會條件的配合而成。中古後
期以來，中產階級（十一世紀後）、羅馬法（十二世紀後）、與專
制學說（十六世紀後）的興起，對於各國尊君之風與中央集權政
體的建立，均有促進之功。十字軍東征（十一至十三世紀）更把
東方式君主專制的觀念和行政技術引介至西方，其間軍隊的組織
與動員經驗，更刺激了國家行政的改進，而歐洲封建貴族的從征
東去，也有利於君主伸張其統治王權（如直接徵稅）。同時，步兵
取代騎兵成為戰場主力，這個軍隊平民化的趨向強化了人民的「國
家意識」及君王勢力；十四世紀後火藥傳入歐洲，君主的征服力
大增（猶如上古鐵製兵器的使用對一統帝國建造的貢獻），更使封
建領主之堡壘，不復為割據地方的屏障。此外，文藝復興運動中
地方文學 (vernacular literature) 乃至民族文學 (national literature)
的發展，中古後期以來基督教教會勢力的式微，十六世紀宗教改
革中教權的國有化（不再受制於羅馬教廷），以及十六、十七世紀
宗教戰爭中民族與民族對抗的局勢，皆有助於民族認同情感與民
族王國政權的鞏固 5 。

---

5. 在十九世紀以前，不論何種政權，人民的效忠對象主要仍是君王，
　而非國家或政府。教宗鮑尼法斯八世 (Boniface VIII, 1235–1303) 提
　倡「全權論」的失敗，正是因為民族國家的挑戰，列國企圖使教會
　「地方化」，脫離和羅馬教廷的關係，而由國王直接統治。在宗教
　改革前夕，羅馬教廷的一統權威已經受到嚴重打擊。（見王任光，
　《西洋中古史史料選譯》第二輯（臺北：東昇，1981），頁 193。）
　教權的國有化主要表現在各國主教的任命權上，舊教國西班牙在十

　　十九世紀塑造民族主義的三大動力是法國大革命、工業革命、與浪漫運動，它們分別從政治、社會經濟、與文化三方面，激發了現代民族主義的理念與行動。法國大革命期間，國王路易十六 (Louis XVI) 的處決使得人民對 「法蘭西」 的效忠對象與認同方式，產生遽變，因為君主消滅，「法國人」越王室之上，成為最高威權的由來或合理化根據，「主權在民」 (national sovereignty) 概念逐漸浮現，人民開始認知到「國家」乃奠基於「民族」──而非君王──而成立 6 。同時，法國普遍徵兵制的實施（此為近代西方的第一遭）7 ，進一步強化了國家觀念與平等精神，拿破崙的征戰則刺激了法國與其他歐洲國家人民的敵我意識和民族情感。另一方面，工業革命急遽助長中產階級的勢力，而中產階級是民族國家體制的支持者，因為它被視為最合理且有利於經濟發

　　五世紀末取得主教任命權，法國在十六世紀初期獲得主教任命權，而新教國英國則是在亨利八世創立英國國教派後，規定主教由國王任命。至於宗教戰爭中民族對抗最明顯的例子，就是新教的英國與舊教的西班牙之間的衝突。關於宗教改革與民族主義發展的關連，詳見第四章第二節「國家與宗教」。

6. 見 E. L. Higgins ed., *The French Revolution as Told by Contemporaries* (Boston: Houghton Mifflin, 1966), p. 392, "Proclamation of the Convention to the French People", 23 January 1793.

7. 法國實施徵兵制對於其他國家造成立即的衝擊，危及歐洲的勢力均衡，而使國民兵取代職業軍人的作法開始興起。B. C. Shafer, *Nationalism: Myth and Reality* (New York: Harcourt & Brace, 1968), p. 205. 關於徵兵制與民族主義發展的關連，參見 H. J. Kaye ed., *History, Classes and Nation-States: Selected Writings of V. G. Kiernan* (Oxford: Polity Press, 1988), pp. 170–72.

展的政治體 8。中產階級要求擴充參政權，主張民主化與自由化，其結果提高人民對政治的參與度，從而增加人民對國家的認同感。再者，工業革命下的都市化社會，資訊流通快速，人際互動密切，這也有助於群體觀念的強化；而工業革命所引發的社會問題，亦使大眾期望民族國家為解決人民生計困境的有力政府。最後，浪漫運動提倡民族文化，重視歷史傳統、風土人情與地方習俗，它引發各民族對自己民族性的肯定，對於民族情感的培養，貢獻甚大。上述三個力量對於當時西歐既有的民族國家有強化團結統一的作用，對於中歐的民族建國運動則有推波助瀾的效果。

　　十九世紀的知識分子，尤其是中產階級的自由主義者，大體皆是民族主義的主張者，此因二者同受貴族政治之害。這使民族主義與自由主義在當時革命的浪潮中，與時俱進、相互標榜。在民族主義而言，這個因緣發展幫助它超越淺薄的情感層次，而發

8. 十六、十七世紀歐洲流行的重商主義，本是民族主義式的經濟學說。中產階級尋求政治權力，宣揚民主理論，也與現代民族主義的興起關係匪淺。歐洲王室聯姻情況普遍，貴族階級的利益常超越國界，他們彼此互通聲息，相互援助（維也納會議後的梅特涅體系 Metternichian System 正是此種關係的表現，1848 年革命潮中落難流亡的歐陸權貴頗獲得英國王室的收容與庇護，也非不尋常的現象），其世界主義 (cosmopolitanism) 的立場自然反對民族主義。故民族主義相對於貴族所抱持的「家天下」思想，可說是中產階級的國家觀念。關於民族主義與社會階級的關係，參見 John Breuilly, *Nationalism and the State* (Chicago: University of Chicago Press, 1985), pp. 307–11, 312–18. 不過在東方而言，因其人民普遍為西方帝國主義的受害者，故其對民族主義的追求乃不分階級，而為全民的主張。

展出動人的理論與理想（嚴格而言民族主義不是一個政治意識型態，因為它並無一套既定的治國理念，故民族國家的施政可能右傾也可能左傾）。民主改革（自由主義）與民族國家（民族主義）的建設，在這個革命的時代裡，被視為須協同合作且畢其功於一役，始能有持久的建樹。此即是說就政體的改造而言，民族主義革命的目標乃是要將王國 (monarchy) 改變為共和國 (republic)。民族主義講求各民族的平等與自由，民族主義者相信建立在民族國家基礎上的國際社會，才可能為平等和平的大同世界。這個觀念成為十九世紀以來，理想派的自由主義改革者的奮鬥動力，義大利革命家馬志尼 (Giuseppe Mazzini, 1805–72) 如是，倡導民族自決原則（民族主義結合自由主義）的美國總統威爾遜 (Woodrow Wilson, 1856–1924) 亦如是 9。此種觀點雖早受學者批判，並因十九世紀前期革命運動的失敗而普受質疑，但十九世紀後期至二十世紀以來，群眾型的民族主義 10（mass or folk nationalism，相對於十九世紀前期的智識菁英型民族主義 intellectual or bourgeois nationalism）仍對之堅信不移，而熱切追求。

　　另一方面，民族主義與社會主義也有特殊的關係。在十九世紀社會主義初起時，社會主義者憎惡貴族與教會的程度甚於其對自由主義者與民族主義分子的反感，蓋前者為社會主義革命的主要敵人，而後者僅為次要敵人，甚至可能在革命行動中成為「明

---

9. 見 Woodrow Wilson, "Address to a Joint Session of Congress", January 1918, in Omar Dahbour and M. R. Ishay eds., *The Nationalism Reader* (New Jersey: Humanities Press, 1995), pp. 306–10.

10. 十九世紀前期僅有中上層人士得與聞國事而為民族主義者，十九世紀晚期社會大眾開始參與政治，乃因而成為民族主義的支持者，可見民族主義主要是一種政治的歸屬感。

知不是伴，事急且相隨」的盟友。故社會主義者對於德義之建國
尚多表肯定，雖然他們對於兩國的專制政權頗感不滿。然而社會
主義者抱持國際主義理念，對於民族主義終究無法支持。當十九
世紀後期貴族政治沒落而民族主義成為新潮流時，社會主義與民
族主義的緊張性乃逐漸浮現，如何設定二者的關係成為「第二國
際」 (The Second International, 1889-1914) 中社會黨人的爭議焦
點，其對立情勢一直延續至一次大戰爆發時。溫和的社會主義（即
修正主義 revisionism） 者傾向調和社會主義與自由主義和民族主
義，激進派或理想派則堅持國際主義路線與階級（而非民族）鬥
爭的原則11。然歐洲社會黨大多採行溫和政策12，而在大戰爆發
時紛紛擁護本國的動員參戰，此時民族主義的聲勢因其固有反對
者的消失而達於顛峰。

二、民族主義的現代性表現

　　人類歷史上所經歷的政權或國家規模演進 ， 大略是先城邦
(city-state)，後帝國 (empire)，然後民族國家 (nation-state)，而今
再有天下一家 (the world as one) 的國際社會乃至國際政府之概念
和嘗試。以西方的歷史為例，西元前 500 年之前大致上可說是城

---

11. 關於馬克思主義者之所以認定階級而非民族為歷史演進關鍵的原
因 ，參見 Ernest Gellner, *Encounters with Nationalism* (Oxford:
Blackwell, 1994), pp. 7-9.

12. 此可謂 「國家的社會主義化導致社會主義的民族主義化」 (The
socialization of the nation has as its natural corollary the
nationalization of socialism.－E. H. Carr)，見 E. H. Carr, *Nationalism
and After* (London: Macmillan, 1945), p. 19.

邦時代；西元前 500 年至西元 1500 年，也就是波斯帝國興起以後
至羅馬帝國滅亡時，可說是帝國時代；西元 1500 年以後至今是民
族國家發展的時代；第一次世界大戰以後，打破民族與國家的界
線，建立世界一家的理念則逐漸興起。城邦是部落式的 (tribal) 社
會，帝國是多民族的 (multi-national) 社會，民族國家才是民族的
(national) 社會，而世界一家是國際的 (international) 社會，它是二
十世紀以來才興起的政治理念。故就歷史發展進程而言，民族主
義乃現代時期的產物，具有某種現代性的素質。

　　如前所言，民族國家的興起並非偶然或人類歷史早期的現象，
而是須待文明發展到達一定的水平之後始能出現，其條件包括區
域經濟的繁榮與擴張、中產階級的壯大、官僚體系的建立與政令
有效的推展、神權政治的消滅、人民對政治社會參與（感）與認
同（感）的提升、宗教信仰衝突問題的化解、國文的暢行與教育
的普及、乃至民俗風情及藝術取向的流行等。「現代的」國家必為
民族國家，因為以民族為界的疆域劃分較為合理與安定 13，且治
國需要武力（軍隊與警察），而人民多不甘受異族武力的控制，故
武力必為民族國家的武力乃能為被統治者所接受；再者在民主政
治之下帝王的「家天下」已不可行，有人民認同基礎的民族國家
較有正當性與合法性（因能合情故而合理），而能為大眾所支持與

---

13. Frederick Hertz, *Nationality in History and Politics: A Psychology and
Sociology of National Sentiment and Nationalism* (London:
Routeledge, 1957), pp. 146–47. 關於領土佔有與民族認同感的呼應
性可參見 Liisa Malkki, "National Geographic: The Rooting of
Peoples and the Territorialization of National Identity among Scholars
and Refugees", in Geoff Eley and R. G. Suny eds., *Becoming National:
A Reader* (New York: Oxford University Press, 1996), pp. 435–41.

效忠 *14*。

　　從歷史整體思量，民族主義內含一種群體自覺意識與中庸節制的精神，這並非文明發展初期便能達到的境界。在上古時代與近代帝國主義的霸權競爭下，征服權 (right of conquest) 的觀念盛行，「民族」的意義與原則不受重視，統治權的擴張被認為可以無遠弗屆，野心家求大，而人民逆來順受。故古代城邦消滅後，新興的政權不是同族合併的民族國家，卻是異族兼併的大帝國。多民族國家的不合理性與弱點顯露後，民族國家的原理和優點才被發現 *15*。相對於城邦的弱小與帝國的大而無當，民族國家似為中庸之道，它能獲得人民適度的效命，令其產生相當的參與感，維持有效而不浪費的行政體系，並有足夠的自衛武力 *16*。再者，民族主義時代若不是大眾時代，至少決不能是貴族專制的時代，「天高皇帝遠」的時代，顯然不能產生民族主義，因為民族主義的基礎是 「同胞愛」 與國家意識。 古代埃及在遭受希克索人 (the

---

14. David Held, "The Development of the Modern State", in Stuart Hall and Bram Gieben eds., *Formations of Modernity* (Oxford: Polity Press, 1992), p. 88; and Katherine Verdery, "Whiter 'Nation' and 'Nationalism'?", in Gopal Balakrishnan ed., *Mapping the Nation* (London: Verso, 1996), pp. 232–33.

15. 明朱元璋推翻元朝政權，並不圖繼承其廣大的東亞帝國，他對中國西北與西南皆不取，而自限於傳統漢人的版圖，此雖與明初國力有關，但亦因其所持之漢民族本位觀。反觀民國創建時，本以民族革命為號召，但建國後則稱「五族共和」，新疆蒙藏西南皆佔據不放，可知所謂「民國」，決非指「民族國家」。

16. P. L. Ralph et al., *World Civilizations* (New York: Norton, 1997), vol. I, p. 444.

Hyksos) 入侵之後，未能出現埃及民族主義，反而激發出對外擴張的帝國主義 17，其理即在此；而波希之戰後，希臘民族主義未有長足發展，反而出現希臘城邦之間爭霸的帝國主義 18，其道理亦同。民族主義中的自由平等精神，須待文化交流與民族間相互

---

17. Hyksos 一詞在埃及文是指 「外邦的統治者」 (rulers of foreign lands)，他們統治古埃及的時期是十五至十八王朝。希克索人是古代兩河流域西北部的閃米族人，大約在西元前 1720 年至 1710 年之間入侵埃及，推翻埃及中王國的法老政權。希克索人統治埃及的時間有一百餘年，並建立起極為強大的王國，控有敘利亞與巴勒斯坦等地，盛極一時。他們將西亞的文化與宗教信仰引進埃及，破除了古埃及的專制與孤立傳統。在西元前 1550 年塔尼斯 (Tanis) 一役，希克索人為埃及人大敗。希克索人的異族統治激起埃及人的民族意識和國家團結，地方割據政權因此削減。在驅逐希克索人之後，埃及進入了 「帝國時代」，其中央政府較古王國時代更為極權，軍力成為法老統治的主要憑藉；埃及從此不再抱持和平主義，而開始向外侵略擴張，將西亞與東地中海納入版圖，建立起跨越亞、非的大帝國，維持了二百年的霸權。

18. 波希戰爭 (492–479 B.C.) 發生時正是希臘的 「黃金時代」，波斯矛頭所指更是希臘文明重鎮雅典，因此若希臘失敗，則將無史上輝煌的希臘文明。希臘的勝利使希臘人深信民主自由的價值，遠勝於東方專制，這使得希臘的自信心乃至優越感大為提升。此戰以後雅典的地位更加提高，並且由於波斯的威脅仍在，雅典乃組織提洛聯盟 (the Delian League) 為抵禦波斯的軍事同盟。但不久該組織漸漸變質而成為雅典霸權的囊中物，與以斯巴達為首的伯羅奔尼薩聯盟 (the Peloponnesian League) 形成爭霸的局面，終於導致希臘內戰伯羅奔尼薩戰爭 (the Peloponnesian War, 431–404 B.C.)。故說波希戰爭未激發希臘民族主義，反而導致城邦爭霸與希臘帝國主義。

的瞭解相當深刻後，方可期望，故早期的民族接觸（尤其是衝突）不能促進民族主義，十九世紀自由主義的融入，才使民族主義成熟。

簡單說，民族主義的目標就是建立民族國家。民族主義本是一個理論不深、而以情感訴求為主的政治主張，它與保守或進步的政治意識型態及價值觀，原無深涉。但當民族主義觀念在十九世紀完整被提出時，它即被賦予革命的角色，並與其他改革求變的政治理論（尤其自由主義）密切結合[19]，因此披上了鮮明的改革色彩，而被視為一個進步的力量。十九世紀是一個意識型態輩出的時代，各種主義爭鳴，同時這也是一個革命的時代，經過學者與革命家的闡述，民族主義才展現一種體大思精的面貌（但其實這只是民族主義的裝飾而非其本質）。在這個樂觀的時代中，民族主義者相信民族國家必為民主而非專制的政權（反過來說專制政權不能實現民族主義），能促進民族的解放、平等與國際和平，而非導致排外與種族壓迫，能造成人民的團結統一，而非社會分裂鬥爭。總之，民族主義對其信徒而言，是政治中一個最根本、自然而真實的力量，這個政治理想的實現，將剷除現實政治中一切「人為的」（不自然的）惡勢力。

然而這種樂觀的想法即便在十九世紀時，已難以驗證，而逐漸受人質疑。例如在拿破崙戰爭期間，激發日耳曼人對抗法國入侵的民族意識，其實是一股保守、傳統、狹隘、與仇外的地方本位思想，而不是什麼主張民族平等與自由改革的精神，日耳曼人

---

19. E. J. Hobsbawm, *Nations and Nationalism Since 1780: Programme, Myth, Reality* (Cambridge: Cambridge University Press, 1991), pp. 38–40.

此時對法國大革命的理想並不稱羨。1871 年完成建國的德、義二
國，當時少有民主開放的政策，反而是充滿中央集權作風與帝國
擴張的霸氣。德、義的統一建國長久以來常被人美化和過度宣傳，
使成為一個政治樣版與道德模範，事實上它們是否是民族主義發
揚的結果，早就深受學者的質疑。許多研究已指出，德義兩國的
建國運動乃是菁英分子的「少數運動」，而非全民運動；完成兩國
建國的主角乃是政治要員與外交高手，而非民族主義革命家（例
如義大利統一的功臣是薩丁尼亞首相加富爾 Cavour 而不是馬志
尼 20）；而且普魯士與薩丁尼亞所以能推動德義的建國，其對內與

---

20. 義大利的統一建國運動常被稱為「復興運動」(the Risorgimento)，
　　它包括三個主要流派：一、馬志尼所領導的激進派（高度理想的自
　　由主義者），主張建立共和國；二、溫和自由主義者，主張由薩伏
　　依（Savoy 在義大利西北角）王室（即薩丁尼亞王國）領導統一；
　　三、天主教保守派，主張由教皇領導建立義大利聯邦。馬志尼組織
　　「青年義大利黨」(Giovine Italia, or Young Italy)，致力於鼓吹與促
　　成義大利的統一及民主化，其目標是在建立共和政府。1848 年革
　　命潮中，義大利亦發生革命動盪，次年，馬志尼成為新成立的羅馬
　　共和國的領袖之一。隨後該政權覆亡，馬志尼流亡海外，繼續從事
　　宣揚義大利革命的工作。他與義大利另一革命領袖加里波底
　　(Giuseppe Garibaldi, 1807–82) 不同的是，馬志尼一生堅持建立共和
　　民主國的理想，而不是只求國家的統一。他與加富爾 (Camillo
　　Benso di Cavour, 1810–61) 的關係也非常緊張，雖然他們二人皆主
　　張義大利統一，可是二者觀點南轅北轍；加富爾認為義大利若要統
　　一，有賴法國的協助，而馬志尼則認為統一須靠義大利人民的自覺
　　自強運動，不必求助於外人。馬志尼極為重視道德力量，他不只尋
　　求義大利政治上的統一，而且企圖同時改造義大利的社會與文化。
　　參見 Hans Kohn, *Prophets and Peoples: Studies in Nineteenth Century*

對外主要是憑藉「鐵血」("blood and iron") 的武力政策，和「煤鐵」("coal and iron") 的經濟實力 (英國經濟學者凱恩斯 J. M. Keynes 的觀點)，而不是得力於全國人民自發的情感與支持；再者，民主改革在兩國的建國運動中，並未受到政府的重視，兩國統治者顯然以民族建國為要務，為求民族主義的目標，犧牲自由主義的改造21；此外，德義兩國的統一從某個角度來看，是普魯士與薩丁尼亞霸權的擴張，而非全國各地的統合，所以所謂「統一」在其他地區人民的感受裡可能是一種「兼併」(德國南部與義大利南部地區對於統一並不歡迎)。簡言來說，合理的民族國家建國應是先有民族主義的共識和情感，然後才據此尋求國家主權的建立；德、義兩國則反其道而行，先建立國家 (state) 政體，然後

Nationalism (New York: Macmillan, 1946), pp. 93–96. 1871 年義大利統一完成時，國王 Victor Emmanuel II 對國會演講，呼籲各政治黨派停止內鬥，這顯示義大利的統一背後其實充滿著政治角力，而不是全民眾志成城的努力。見 Christine Walsh ed., *Prologue: A Documentary History of Europe, 1846–1960* (Cassell Australia Ltd., 1968), pp. 103–4.

21. 1848 年革命風潮中，日耳曼民族主義與自由主義結合，激發了許多革命運動，使日耳曼邦聯 (German Confederation) 各邦政府甚為震驚。然而革命運動隨即失敗，法蘭克福會議 (Frankfurt Parliament) 所代表的自由主義知識分子的和平統一運動也跟著瓦解。1862 年俾斯麥 (Otto von Bismarck) 出任普魯士首相，決定「小日耳曼」(Little Germany) 為建國方針，此即是排除奧地利，以普魯士為中心建立一個日耳曼國。1871 年普法戰爭結束，德意志帝國成立，威廉一世於法國凡爾賽宮登基，展現高度的民族主義霸氣。德國在俾斯麥專制統治下，保守主義當道，自由主義與社會主義皆難以發展，可見德國的統一建國並不是一個政治改革運動。

才圖謀塑造民族 (nation) 認同。學者甚至懷疑兩國的統一乃形勢推移的偶然結果，而非民族主義建國的成績。

民族主義在十九世紀後期已變成反革命的保守勢力，它反對提倡大同觀與繼續政治改革的社會主義，對於強硬的外交政策，與黷武的殖民擴張，則大為支持。至此，民族主義究竟是進步的或反動的力量，已成眾說紛紜的謎團。然這正顯示，民族主義固可為現代化的一項指標，但現代化的持續，決不能固守民族主義的本位立場，而須發揚其「合情合理」的精神再出發，追求世界一家的文明理想。

三、現代民族主義的發展與困境

民族主義含有一種民族優越感，這種情緒極易過度滋長，造成民族「自戀」自利的傾向，而害及其他民族，演成國際衝突，這令人懷疑民族主義似乎有助長黷武好勝的對外政策之可能，或為群眾暴力發洩之口實。民族主義發展至今，已造就許多民族國家的建立，但即在民族主義甫獲世人推崇時，它的弊端便同時顯現，引發許多討論。民族主義在歷史上主要是以反抗帝國強權的角色出現，如今它的階段性任務似已大致完成，民族主義的現代使命及其在現代化中的定位為何，難免令人疑惑，尤其是在太平盛世時民族主義即無講求與發展的必要或機會，這暗示民族主義是一種滋生於困境的活力，卻非平時的生命力。在十九世紀民族主義的盛世中，英國著名政論家艾克頓爵士 (Lord Acton, 1834–1902) 即慨言「民族權力的最大敵人其實正是現代民族主義 22」。

---

22. J. R. Fears ed., *John Emerich Edward Dalberg-Acton, First Baron*

現代文明追求個人主義價值，也追求天下一家的理想，顯然地，民族主義對此二者都構成相當的障礙，因為民族主義本質上是一種集體主義 (collectivism)，與個人主義 (individualism) 相斥23，而其民族本位立場也與世界大同的觀點 (universalism) 不合。講求民族至上與國家認同的民族國家政體，對於個性的追求和人權的保障是否有利而無害，甚有商榷的餘地。今日吉普賽人 (Gypsy)、以色列境外的猶太人與無國籍者 (stateless persons) 的困境與悲情，正說明民族主義與史上其他的國家觀念一樣，可能成為馬克思所言的「壓迫的工具」。另外，民族主義可為統一的力量，亦可為分化的力量；但在民族主義的條件與標準下，統一的範圍有限，而分化的可能無限。任何一個民族國家內的人民，都可能進一步要求區別族群的差異，以致產生新的認同意識與要求獨立的呼聲24。民族主義本難定型定性25，因此嚴格講究民族主義的定義，

Acton (Indianapolis: Liberty Classics, 1985), p. 431. 艾克頓又說：「現代的民族主義實在是歷史發展中不進反退的一步。……在民族國家之下，自由與進步不但不受重視，而且可能為民族主義的原則所犧牲。不論是物質文明或精神文明都因此墮落，它既無利可言，又違背神意。世上再也沒有比這個主張更為荒謬、獨斷、而有破壞性的理論了。民族主義非常不利於民主政治，因為它限制了民意的發展，而要人們去遵循一個更高的支配原則。」(pp. 432–43)

23. 詳見 Elie Kedourie, *Nationalism* (Oxford: Blackwell, 1993), pp. 24–43.

24. 例如自 1800 年以後愛爾蘭被納入大不列顛的統治下，此後愛爾蘭人即不斷與英國統治者發生衝突，關係非常緊張。在 1880 年代時，愛爾蘭自治的運動達到了一個高峰，1886 年英國自由黨首相格蘭斯敦 (W. E. Gladstone) 乃提出愛爾蘭自治法案，請國會討論，結果仍被國會否決。愛爾蘭自治運動反映了十九世紀民族主義的盛況，

必製造永無止境的 「少數民族問題」，使某些人自覺是受壓迫的
「弱勢」族群，這將造成民族主義的癱瘓或毀滅 26 。然而何為民
族主義的中庸之道，這確是永無解答的，畢竟民族情感與認同是
不斷在變化的。例如印度在英國統治之下是一個統一的國家，在
它脫離殖民處境而獨立時則分裂為印度與巴基斯坦二國，至 1971
年孟加拉又從巴基斯坦中獨立出來，但這是否即是定局則無人能
曉，因為印度半島上的種族、語言、信仰、風俗、傳統等差異甚
多，民族認同的變化永不可測。由此可知，嚴格的民族主義蘊含
一種自毀性與不安定性，使政局常處於動盪。

中古後期以來民族王國的興起本為反對大一統帝國的控制，
但「新帝國主義」(the New Imperialism, 1871-1914) 卻興起於歐洲
民族國家體系 (nation-state system) 完成以後，這顯示民族主義的
中庸精神極難維持。當十九世紀後期德義民族國家建國後，歐洲
列強便迅速相互激盪而發展出霸權擴張的狂潮，進行對亞非民族
的侵略剝削 27 。但也由於民族主義此時已經逐漸為世人所肯定與

它頗受各方同情。然而從政者對於主張分離的民族主義運動，私下
或許可能諒解，但在公開場合或論及政治決策時，則多半表示無法
同意。格蘭斯敦是一個自由主義的理想派人物，他對於愛爾蘭問題
的開放態度與自由作風，並非一般政治人物所能接受。他的失敗並
不表示民族主義的價值受當時大多數人的質疑，而是顯示民族主義
的理想與現實政治之間存在著鉅大的落差。

25. David Brown, *Contemporary Nationalism: Civic, Ethnocultural and Multicultural Politics* (London: Routledge, 2000), pp. 152–54.

26. Renata Salecl, "National Identity and Socialist Moral Majority", in Geoff Eley and R. G. Suny, op. cit., p. 418.

27. 「新帝國主義」的成因學者探討極多，其中一個重要的論點即是強

追求，歐洲列強對於其傷害他國民族情感與權利的帝國行徑，亦
感良心難安，因此乃提出許多自圓其說的辯解，如「白種人的負
擔」（White Man's Burden，強調西方人對落後地區的教化和開發

調民族主義對帝國政策的助長效果。當歐洲民族國家體系於德義建
國後完整出現時，激烈的列強競爭使各國政府更積極投入海外殖民
活動，因為不論這些殖民地對母國有無重要的經濟利益，若本國不
取，則他國必捷足先登而壟斷獨佔，這對於國家的威望（亦可能是
執政黨的威望）及歐洲的勢力均衡，將造成嚴重威脅。非洲在短短
十年之內 (1885–95) 即被列強所瓜分，正是此故，而不是因為非洲
在經濟上對歐洲有何重大的價值。當時殖民地被視為國家強盛的象
徵，因此在德義建國而躋身於列強 (the Great Powers) 之林時，兩國
便積極尋求殖民地，以證明其為大國的地位（日本與美國的擴張亦
可如此解釋）。人民的愛國激情與民族主義意識，對於這類激進而
好大喜功的外交帝國政策更有助長作用。法國在普法戰爭失敗後，
割讓亞爾薩斯和洛林給德國，這對於法國民族主義造成重大的傷
害，為彌補損失、並重振國家威嚴，新的共和政府在 1880 年代即
努力向海外擴張，在非洲與東南亞地區佔據許多殖民地。相對於法
國在歐陸受辱後的向外發展行動，英國則是伴隨著好勝的民心和身
為舉世最大殖民國的自尊，不斷向外擴張。英國發動征服蘇丹 (the
Soudan) 之役以及南非的波耳戰爭 (Boer War)，都是順應民情或利
用民意的帝國主義行為。學者也指出，德國在建國完成而勢力大增
時，英、法、俄、奧等國皆感勢力均衡已遭動搖，乃紛紛尋求帝國
擴張以為因應或反制。同時，俾斯麥則「鼓勵」法國向海外擴張，
以轉移法國在普法戰爭後意欲對德報復的怨憤，並使之與英國對
立，以坐收漁翁之利。因此，新帝國主義的殖民競爭和衝突，可說
反映了歐洲內部列強對立的政治局勢，它是歐洲民族國家體系完成
後強權政治 (power politics) 的產物。這個論點已普遍被認為比用經
濟因素解釋帝國主義的形成，更為合理而有效。

貢獻）和「社會達爾文主義」（Social Darwinism，強調適者生存的競爭有助於文明的進步），這說明民族主義與帶有排他性和同化企圖的種族主義 (racism)，不過是一線之隔而已。論者或以為現代福利國家 (welfare state) 的建立，必以民族為單元最屬合理而有效（畢竟「肥水不落外人田」的人性表現使世界性的互助制度渺不可期) 28，但由多種族組成的美國與瑞士，其社會的富裕安樂，顯示嚴格的民族國家體制未必是現代化的成功要件。

反觀民族主義在二十世紀被濫用的例子，俯拾皆是。一次大戰後德義法西斯政權利用民族情緒建立專制獨裁統治，並假借民族主義問題發動侵略戰爭與屠殺猶太族群。另外，史達林亦利用民族主義，喊出「一國社會主義」("Socialism in One Country") 的口號，進行國內的清算鬥爭，排除異己，並激發東方民族的反歐美情緒，以推廣共產主義（共產主義本為反民族主義的國際主義立場 internationalism）。這些例子都使民族主義的自由精神與促進和平的功能，備受懷疑。濫用民族主義的例子，也同樣發生在西方民主國家。一次大戰後，西歐英美等國協助東歐國家獨立，背後其實存有圍堵德俄的用心；它們在支持民族主義之餘，藉機扶持東歐親西方的政府，建立軍事防線，以達成懲治德國與反共的目的。為此，新興的東歐國家，並未能全然依照民族分布的實情劃定國界；西方列強在政治與戰略的考量下，犧牲了許多日耳曼人及其他民族的權益（例如捷克境內有三百萬日耳曼人），種下另一次大戰的惡因。二十世紀後期在美蘇的對抗下，國際社會出現

---

28. Jurgen Habermas, "The European Nation-state—Its Achievements and Its Limits: On the Past and Future of Sovereignty and Citizenship", in Gopal Balakrishnan, op. cit., pp. 290–91.

兩極化 (bipolarization) 的現象，雙方都在鼓動新興國家的民族主義情緒，以打擊敵方陣營，使得戰後的民族主義運動，一樣遭受甚多強權政治 (power politics) 的介入與扭曲 29。以色列與阿拉伯

29. 二十世紀眾多的民族國家之出現常是列強外力扶持所致，而不是民族主義的開花結果。例如巴基斯坦可說是英國離開印度時製造的國家，又如捷克在一次大戰及二次大戰後的立國，也是戰勝國特別的設計；另外如義大利在非洲的殖民地，戰勝國在二次大戰後均給予獨立，並不加以瓜分，這也是策略的應用。二次大戰後，每當重大的殖民地問題發生時，美國往往支持殖民地一方，透過聯合國對殖民國施壓。蘇聯也展現一樣反帝國主義的姿態，其動機與美國相同，是為繼歐洲列強之後爭奪世界霸權。事實上，美國所以反對殖民帝國，其重要原因正是為了反共。早在 1920 年共產國際即通過了〈民族與殖民地問題綱領〉，宣示其反歐立場。美國於 1946 年讓菲律賓獨立，並號召歐洲國家儘早放棄殖民地，其著眼點即在於防止殖民地為共產勢力所滲透。這個情勢雖然有利於亞非民族的建國，但也造就了許多「不自然」和「早產」的民族國家。畢竟國家建立 (state-building) 容易，民族塑造 (nation-building) 則極困難，二者若不能協調共進，政治亂象必多。許多政治學者認為，第三世界的新興民族國家都是這類不自然的國際政治產物，在它們真正建國完成之前，其政局難以安定，而社會經濟的發展更難指望。不幸的是，民族主義常只是政治領袖自利的工具，統治者可藉著強調外患的威脅，激發民族主義情緒以轉移人民視聽、化解內憂、乃至推行暴政。另外，非洲在十九世紀末年為歐洲列強迅速瓜分，而在二次大戰後更迅速獨立建國，但這些新興國家多不是依據民族主義原則所建立的民族國家（其疆域多沿襲舊時列強割據的狀況），而是殖民帝國瓦解的政治性產物。（參見 Adrian Hastings, *The Construction of Nationhood: Ethnicity, Religion and Nationalism* (Cambridge: Cambridge University Press, 1997), pp. 162–64.）凡此皆顯示民族主

人衝突的問題，便常被視為美蘇集團角力對抗的戰場，而難以單純化，於是霸權的糾紛不解，民族的糾紛亦不能解。

十九世紀後期民族主義興盛以來，民族主義常為群眾激情暴動的因素，與政客攬權獨裁之工具，民族革命與民主革命攜手並進的希望，已成明日黃花。二十世紀亞非國家領袖，往往高喊對抗西方霸權的民族與民主革命口號，進行奪權政變，然待個人大權在握後，則仍刻意製造東西對抗的假象，延續民族革命的氣氛，以轉移人民對民主改革的注意力。似此，民族獨立有成，但民主改革無功，其人民仍在專制政權下求生，所受的壓迫與歧視未必少於異族統治時。可見民族主義若不能與自由主義共進，民族國家的建立恐無多益處。

現代世界發展的方向是世界一家，全球經濟、資源、與環境保護的問題，已迫使世人思考國際合作的必要性30。國際政府或許永無實現的可能，抑或無其必要，但捐棄民族本位觀點，培養人本精神的世界觀，則為當務之急。這並不意味民族性 (nationality) 的重視與發揚已不需要，因為現代世界的「大同」理想，並非求同化 (assimilation) 而是講和解 (reconciliation) 的人類社會，它仍應保有民族文化的多元性31，畢竟人類並不是一個體

義問題不僅為內政問題，而且常是國際政治的一環。

30. 近來全球環境與生態的破壞使民族國家體系的價值深受今人質疑，見 Andrew Hurrell, "A Crisis of Ecological Viability? Global Environmental Change and the Nation State", in John Dunn ed., *Contemporary Crisis of the Nation State?* (Oxford: Blackwell, 1995), pp. 146–48.

31. 參見 A. D. Smith, *Nationalism and Modernism: A Critical Survey of Recent Theories of Nations and Nationalism* (London: Routledge,

質與生活方式完全相同或必須混合的團體。民族主義必得由法國
大革命所揭櫫的「手足之情」("Fraternity")，昇華至「四海之內
皆兄弟也」 的博愛精神，它的世界性與現代性意義，才算真正
體現。

2000), pp. 201–5; and Peter Alter, *Nationalism* (London: Edward
Arnold, 1994), pp. 66–70.

第四章

宗教改革⋯

個人主義與信仰定位的反省

亞當與夏娃的驅逐 (The Expulsion of Adam and Eve) 馬薩喬 (Masaccio) 作 (c. 1427)

十六世紀宗教改革前藝術題材仍以宗教課題為主，不過在十五世紀初馬薩喬這幅作品中，人物的體態與神情已經富有人性人情乃至性感的表現，其自然主義色彩濃烈，與中古時期強調莊嚴的神性或高貴的人性之風格差異漸大。此圖中亞當與夏娃的感傷悔恨情緒強烈，二人的羞愧象徵人對是非善惡的辨別能力或「羞惡之心」(偷食智慧果的結果)，而他們對負驅逐之責的天使一無反抗，則暗示人在墮落紅塵後的無助無奈與罪惡感，此外畫中光影的強調 (chiaroscuro) 給人一種遠離伊甸園的距離感 (畫中樂園的大門僅是象徵性的表現)，更加深觀者的感動。不論就藝術技巧或創作理念而言，馬薩喬對文藝復興的人本主義畫風均有重要啟示，而這個人本精神又對宗教改革的興起有所促進。

人間樂園 *(Garden of Earthly Delights)* 波士 (Hieronymus Bosch) 作 (c. 1504)

此作是荷蘭畫家波士 (c. 1450–1516)〈人間樂園〉系列的右幅，描寫地獄的情景（中幅描繪世間的感官之樂，左幅主題為伊甸園）。波士之作常為畫中有話，擅於象徵景物的構圖，多奇花異草與怪獸造型，以及歷史傳說和宗教文學的奇特人物，且色彩富麗絢爛，而其觀點甚能激發觀者的想像，或令人無法確切解讀其意（甚至其作品皆不標明日期），故而二十世紀的超現實主義藝術家頗視波士為其先驅。此圖所欲傳達的訊息為縱情聲（音樂）色（性愛）之害，乍視之下其觀點的「中古屬性」(medievalism) 明顯，但畫家卻以大膽的個人風格，將其所欲表達的意念與感覺寄形於怪異而煽情的圖像中，引人聯想深思；由此可說波士的信仰觀點雖承襲傳統（波士為虔誠的基督徒），但其表現技巧與創意則為新猷，後來宗教改革所啟發的個人主義精神在此已可見得端倪。

馬丁路德的新信仰觀點　貝漢 (Hans Sebald Behaim) 作 (c. 1524)

此圖是日耳曼知名雕版藝術家貝漢宣揚路德教派的作品。圖中馬丁路德手握《聖經》，與教皇對峙辯論；立於路德身後者為貧窮的下層農民與工人，在教皇背後者則為高階教士、上層權貴以及富裕的既得利益者，包括鑄鐘者、金匠、蠟燭製造商、乃至漁夫。由此看來新教改革運動不僅出於神學教義觀點的異說（擁護信仰自由或提出異議的自由 freedom of dissent），也基於社會經濟乃至政治權利的合理調整之要求，反對新教者則不只因信仰不同，亦在於為求維護現狀以保其優勢地位。由於貝漢家族擁護新教理念，其作品常明顯傳達此立場，因而不見容於鄉里，在 1525 年被迫離開紐倫堡，而往其他日耳曼地區尋出路。

赤子之情 (Christ Blessing the Children)　克雷納刻 (Lucas Cranach the Elder) 作 (1538)

馬丁路德將耶穌祝福嬰孩與讚頌赤子之情的教義 （見 〈馬可福音〉10:13）發揚光大，並以此駁斥天主教積累善行功德 (good works) 以圖得救的說法。親子之愛自此也突然成為藝術創作的新題材，本圖作者克雷納刻即是一個有名的範例，他此類的畫作有二十餘幅。事實上克雷納刻是馬丁路德的摯友，他的作品常明白宣傳路德教義，而有「新教改革畫家」的封號。此圖描繪耶穌與慈母及嬰兒的親暱情狀，暗示無特殊事功而關愛小孩的人，也能蒙受上帝的恩惠與眷顧。這幅畫同時表達新教徒對於婚姻與家庭的珍惜之情，間接批判天主教教會對獨身的肯定及對婦女與性愛的貶抑態度。

一、個人信仰的追求

世界觀 (worldview) 為人對其在宇宙中的定位與意義之省思，此為偉大文明必然追究而難以確知的永恆問題。「君子無終食之間違仁，造次必於是，顛沛必於是」正是如此的終極關懷之表現。世界觀可為宗教信仰（如猶太教、基督教與回教）或哲學人生觀（如古希臘哲學與中國儒家生命觀），前者追求真理，後者關心意義 1。信仰乃是對理性所無法認知的世界所持的想法（故為超越理性 beyond reason），它是對生命終極意義的探究態度（故為超越現世與今生 beyond this world/life），所以信仰有其超越性 (transcendentalism)，亦即超越人的知識、理性和經驗 2，以至於

1. 猶太教、基督教與回教等西方式的宗教為啟示性宗教 (revealed religion)，印度教、佛教與道教等東方式宗教為非啟示性宗教 (non-revealed religion)。前者相信一超越性真理——即上帝或神意——的存在，人感知此真理有賴神的啟示（如猶太教中上帝對摩西授予十誡，基督教中天子耶穌化為凡人透露天機，回教中上帝派大天使加百利 Gabriel 傳達神意予穆罕默德），而不能單憑人自身的探討得知，因此得道得救乃靠天恩；後者認為真理真相乃「自然地」存在，不是天神的創作安排，悟道是靠人的智慧開竅，解脫乃憑自救，不能外求。

2. 「宗教勸人為善」的說法是一種膚淺的信仰觀，蓋信仰者最關心的是真理，而是真的必是善的也是美的，為善只是信仰的表現或結果，道德不是信仰的對象或真諦；信仰者必為善正如真知者必有為，裡外一致方可謂信。此外，信與不信的差別不是同一平面楚河漢界的對立，而是類似一張紙的兩面，無溝通與連結的直接途徑；從不信到信並不是靠「循序漸進」的宗教知識增進或宗教行為修

超越人的期望，並通向具有神聖性與目的性的宇宙觀，而不是隨機起念式的解釋與感想。迷信與信仰的差別在於迷信者企圖以理性去合理化非理性的信仰觀點 3，算命的錯誤正是如此。信仰的「現代化」即是將迷信成分自信仰中去除，使之純化為信仰，如此的「現代化」信仰必為非理性的（irrational，但未必反理性 anti-rational）與個人性的（individual，從乎個人感受而非遵循集體式認定）。除此「形式」之外，信仰的對象與內容等「實質」問題並不能談「現代化」，因為這是信與不信的問題，其中所含對與不對或好與不好的問題，不是理性辯證可以徹底證實的。

宗教改革 (the Reformation) 對個人主義 (individualism) 的發展，影響甚大 4。相對於集體主義 (collectivism)，個人主義講求三大原則：一、所有的價值均以人為中心而成立（此為人文主義的立場）；二、每一個人均應視為獨立自主的個體，他不是別人的工具或手段而已，而是目的的本身，有至高的價值，社會乃為便利個人目標的實踐而存在；三、所有的個人在精神上或人格上均為平等 (morally equal)。個人主義者相信，聽任個人自我追求、實

練，而是神祕主義 (mysticism) 式的領悟或感應。

3. 例如以科學去證實耶穌的神性與復活，或根據自然現象去證明神的存在或判定神意，或以磁場理論與天象去確認人的命運，凡此皆是迷信。自古希伯來人即相信神意不以自然現象傳達，而是寓於歷史發展（人事現象）中；所謂「先知」(prophet) 乃是先於一般人而知的歷史神意解釋者（此仍為後見之明），而非能掌握未來或預知神意的預言家。

4. 宗教社會（西方社會）較世俗性社會（東方社會）更有利於個人主義的提出，因為事實上各人可以反對或批評他人的信仰觀點，卻難以反對或批評政府的統治權威。

踐其理念，是成就個人利益、並促進社會福祉的最有效方法；社會僅為個人的集合體，其存在是為服務個人，不應反而約束個人的自我發展。個人主義者重視自主性、隱私權、並尊重他人觀點（由此個人本身乃得他人尊重），對於傳統和權威則採批判態度，尤恨國家政府集體壓迫的手段。在政治上，他們傾向自由民主政體；在經濟上，他們主張自由放任的政策（個人主義其實較自由主義更富有自由的主張）。

乍視之下，個人主義強烈的人本立場、世俗性觀點、和反集體勢力（含教會）的政治態度，與宗教改革人士的教派色彩及其出世性終極關懷，似無干係。然宗教改革運動包含層面實甚廣泛，遠超越宗教信仰領域；現實的政治權力、經濟財政、司法權威等問題，皆是各地宗教領袖（含舊教國家）與君主推動教務改革的重要考量。故宗教改革對於政治社會的改造，影響甚深，對於非宗教信仰的人文思想，衝擊亦甚大。宗教信仰乃是一個人或一個民族的世界觀之根基，因此亦是其行為準則的根據，教會權威與信仰一統性的破除，當然會造成文化全面的變革5。宗教改革雖然沒有建立完整的個人主義思想，但它是個人主義發展的重要一步；尤其在約翰洛克 (John Lock, 1632–1704)、亞當‧史密斯 (Adam Smith, 1723–90) 等學者提出其個別的個人主義式理論前，宗教改革是促進個人主義最重大的文化運動。

個人信仰的興起乃在集體宗教之後，且其發展並不簡單順利。在人類文明史上，宗教信仰的發展大致有三個脈絡：一是先有守

---

5. 即因宗教改革影響深遠，吾人所謂的「宗教改革」在西方通常僅被稱為「大改革」(the Reformation)，而不稱為「宗教改革」(the Religious Reformation)。

護群體（城邦或國家）、庇佑國泰民安、「一對多」的公共神，然後才出現「一對一」、可以祈求個人福祉的信仰對象，此即所謂「個人神祇」(personal deities)[6]；二是由多神信仰 (polytheism) 走向單神信仰（monolatry，在眾多神明中獨尊其中之一）、以至於一神信仰（monotheism，即上帝信仰）[7]；三是自然宗教 (nature religion) 的自然神（如山神、河神、太陽神）重要性逐漸減少，代之而起的是人性化（或人格化）的「政治神」（如城市守護神、

---

[6]. 古代兩河流域與埃及文明皆可見由公共神信仰演進為個人神信仰的痕跡。蘇美時代的「神」均是城邦或國家的守護神，至巴比倫時代，才在此類「政治神」之外，出現「個人神」的信仰。埃及的太陽神 (Ra or Amon) 亦是群體性的政治神，他並不賜福予個人；而尼羅河神奧西理斯 (Osiris) 的信仰，經過長久演進才產生個人得救的內涵。

[7]. 例如古代希伯來人最初 (–1250 B.C.) 與其他兩河流域民族一樣信奉多神，摩西時代以後 (1250–750 B.C.) 轉為單神信仰（十誡第一條「不信奉他神」"No other gods." 顯示此時希伯來人並不否定其他神明的存在，只不過專事其中一神耶和華而已），至希伯來王國毀滅後 (750 B.C.–) 經先知們的闡釋，希伯來人開始相信耶和華為宇宙唯一主宰，上帝之外並無他神存在，一神信仰至此確立，耶和華也由一個部落神轉成普世神（但猶太教因強調猶太人為上帝特別眷顧的「選民」而富有部落性宗教的性質，基督教講神愛世人之義，才將這個一神信仰轉化為澈底的世界性宗教）。又如古埃及人早期亦信奉多神，其後太陽神與河神成為最重要的信仰對象，而河神因主管死後世界更成為人民祀奉的主神（地獄之神），至伊克納唐 (Akhenaton or Ikhnaton, 1375–1358 B.C.) 時期推動一神（即「阿唐」Aton）信仰，雖不成功，然埃及宗教由多神信仰走向單神信仰以至一神信仰的趨勢，已清晰可辨。

地獄之神、戰神)，最終乃有超人格的最高主宰之神的出現 8。這
三個脈絡並非互不相干分途發展，而是彼此調和共同演進，其整
體趨勢是朝向唯一性、超越性、與抽象性的信仰；因其為唯一性、
超越性、與抽象性的真理 (上帝)，故個中妙義須靠個人體悟，而
不是由集體去斷定。在這個趨勢中，個人福祉在「上帝之前人人
平等」的信仰概念下，愈來愈受重視，終於超越了集體與階級的
優勢利益。古埃及的偉大建築，從古王國時代流行的君王個人大
墓金字塔，至帝國時代一變而為人人可親近與祈福的神廟，正透
露出此種訊息。然在神權統治下 (如古代埃及與印度)，政治利益
結合了宗教教義，壓迫 (或安撫) 著受磨難的下層大眾，個人信
仰事實上仍難以發展。祭司階級 (priesthood)、教條 (dogma) 乃至
國教 (official religion) 的出現，也令個人信仰觀點與立場無法見容
於世，而動輒被斥為異端。自古以來政教關係的密切——不論是
合作或對抗——對於個人信仰的發展，大抵是有害無益。十六世
紀宗教改革運動雖也透過與各地王侯政權密切的配合而推展，但
它推翻了中古以來一統教會的權威，使各地得以教立國或因國設
教，初步達到信仰的多元化與信仰自由。

　　宗教改革對個人主義精神 (或個人信仰) 有所促進，不僅因
為它打破羅馬教廷的一元領導威權，更因它在教義上採取個人化
主張和立場。宗教改革者真正所重其實不在於教會腐化行為的革
除，而在於信仰觀念的矯正 9，因為行為畢竟是信仰的反映而已。

---

8. 古埃及尼羅河神演變為地獄之神，這即是自然神演變為政治神 (掌
　管人事) 的範例，而伊克納唐時期出現抽象的唯一真神阿唐，這是
　政治神與個人神產生後才有的上帝信仰。

9. 新教教會也不可能沒有腐化的行為，此為其中廉潔的信徒永恆的憂
　慮，再加上十六世紀中期以後天主教教會的除弊自清運動漸有成

新教改革者持基本教義派觀點 (fundamentalism)——相對於舊教
的傳統派立場 (traditionalism) 10 ——強調 《聖經》 至上 (primacy

績，使得新教改革的理念必須超越起初時對傳統教會腐化行為的批
判層面，方能展現深刻意涵。參見 G. R. Elton, *Reformation Europe,
1517–1559* (London: Fontana Press, 1985), pp. 274–75. 當然，新教改
革觀點許多是源自中古神學家，而非臨時新創，但整體改革思想的
提出確是新教改革者的功勞。見 H. A. Oberman, *Forerunners of the
Reformation: The Shape of Late Medieval Thought* (New York: Holt,
Rinehart & Winston, 1966), pp. 34–35.

10. 基本教義派堅持除基本經典外，其他詮釋之作皆不可採信；傳統派
則主張除原始經典外，歷來詮釋基本教義有成者（因而形成一個詮
釋傳統） 亦應兼顧。例如古代猶太教的基本教義派為撒都該教派
(Sadducees)，他們只尊奉 《舊約聖經》 前五書 （即 Genesis,
Exodus, Leviticus, Numbers 與 Deuteronomy，合稱 the Torah）；而法
利賽教派 (Pharisees) 則為傳統派，他們除了前述經典也接受解釋此
教律的文集 （即所謂的 the Talmud）。新教徒可說是基督教的基本
教義派，因為他們強調《聖經》至上，鼓吹回復原始基督教教會
（即使徒時代的教會 Apostolic Church） 的規制，否定歷代聖徒、
神學家及教廷等對教義詮釋的權威性，天主教（舊教）徒則接受與
擁護此解經傳統，故為傳統派 （教廷所召開的特蘭特會議 Council
of Trent 即重申傳統主義的信仰觀）。馬丁路德倡導原始《聖經》教
義的熱忱，使其對猶太人與猶太教產生一種特別的同情，而痛斥中
古以來教會對猶太人的侵害凌虐。見 De Lamar Jensen, *Reformation
Europe: Age of Reform and Revolution* (Lexington, Mass.: D. C.
Heath, 1981), pp. 103–4. 不過新教徒的《聖經》至上觀點並非新穎，
中古時期其實已有認為經典足為得救憑藉——而不須仰賴傳統訓
示——的概念。見 A. E. McGrath, *The Intellectual Origins of the
European Reformation* (Oxford: Blackwell, 1993), pp. 140–41.

of the Scripture) 的原則 *11*，認為所有信徒均應自己讀經解惑，直探神意，人人皆為牧師 (priesthood of all believers)，因而摒棄祭司階級的統領，否認神職人員在信仰上的權威性或得救優勢。如此，人人得自與唯一的神交通，不假他人，亦不必從眾。而得救乃專憑一己的信念或信心 (justification or salvation by faith alone) *12*，不是教會的應許或組織的扶持；換言之，得救的正道在於個人信仰，不在於集體認知。也因此，修道院的集體修為制度 (communal monasticism)，亦無存在的必要，獨居隱士型的修行 (hermit monasticism)，則隨各人之意取捨。此外，出於個人信仰的自主性，反對一統教會的新教徒同氣相求，成立眾多教派 (sects or denominations)，任人歸屬，不強求大同 *13*。雖然各教派之間一時

---

11. 「聖經至上」即是「聖經唯一」(Scripture alone)，只問經典所示為何，不管人家以為如何。為使信徒能直探《聖經》之意，新教改革者均著力於《聖經》的考訂、翻譯與註解，然後將之推廣至民間（為此乃不得不興學以使信徒能讀書識字）。路德於此的成就（日耳曼文《新約》譯本）廣為人知，喀爾文在這方面的努力也是學者所急於證明的。見 W. I. P. Hazlett, "Calvin's Latin Preface to His Proposed French Edition of Chrysostom's Homilies: Translation and Commentary", in James Kirk ed., *Humanism and Reform: The Church in Europe, England, and Scotland, 1400–1643* (Oxford: Blackwell, 1991), pp. 133–34. 然中古以來教會從未禁止信徒讀經（不論是拉丁文或其他譯本），只是對於人民的望文生義、斷章取義、或輕信異說甚多顧忌，故從未極力倡導。見 Euan Cameron, *The European Reformation* (Oxford: Clarendon Press, 1991), pp. 142–44.

12. 馬丁路德之後興起的新教各派對於路德教義未必認同，但對於「因信得救」一義皆有共識，而這個觀點也是新舊教之間最大的歧異。

13. 新教徒之間的對立常甚於新教徒與舊教徒之間的對立，因而天主教

仍無彼此寬容的雅量，但經宗教戰爭的教訓，信仰自由終於建立[14]。異議的提出逐漸令當局習以為常，再不能以叛教入罪，至此，自古以來的異端 (heresy) 罪名乃逐漸成為歷史陳跡。而且教皇的權威與教會的世俗勢力，即使在天主教國度內亦見消沉，這是政府伸張主權與教徒要求自主的共同結果。經過宗教改革的信仰解放，個人主義與理性主義在十八世紀後日漸發達，此誠非偶然。

二、國家與宗教

宗教改革瓦解中古以來一統教會的威權，也打破一統帝國的勢力，而有利於民族王國的建立，查士丁尼 (Justinian, 483–565) 大帝所期 「一神、一國、一教」 ("One God, One Empire, One Religion") 的格局已永為幻影。在世俗君主擴充 （或說恢復） 王權的要求下，即使無宗教信仰的因素，宗教改革中各國推翻教皇控制、收回教權的運動，依然會爆發[15]；這是說以後見之明來看，

仍得為基督教世界中最大的「教派」。

14. 宗教寬容的政策其實有利於吸收在他國被迫出走的優秀異議分子，從而增強採行宗教寬容的國家之國力，英國便是這樣一個獲利者，此在日耳曼地區亦然。個案研究可見 R. Po-chia Hsia, *Social Disciple in the Reformation: Central Europe 1550–1750* (London: Routledge, 1992), pp. 84–88.

15. 近代都市化所形成的新政治結構與新經濟需求是宗教改革的社會背景，詳見 A. E. McGrath, *Reformation Thought* (Oxford: Blackwell, 1999), pp. 15–20. 不過政教合作在宗教改革運動中雖為初期常見的現象，但改革略有所成後，政教衝突又成為新的困境。詳見 Euan

中古後期以來君權的伸張已成歷史趨勢，所以宗教改革運動必然
要發生，或者說僅政治因素一項亦使宗教改革的爆發無從避免。
事實上，中古後期以來在政教衝突中，不僅神聖羅馬帝國對抗羅
馬教廷，西歐封建王國（如英法）對教廷亦常持抗拒態勢。在稅
收、法權、與人民效忠的問題上，教廷對各國形成相當程度的侵
犯和威脅（宗教改革之前只有法國與西班牙政府，才有控制該國
教會的能力），教皇在各國君主的眼中，直如一個驕橫的義大利帝
國皇帝；因此，反對教廷權威，乃含有抗外禦敵的意義。其實新
教運動最興盛的地區正是政治控制力較弱與事權不統一的地
區 16，這顯示宗教改革確與政治問題關係密切。十四世紀時，英
國牛津大學神學家與宗教改革先驅偉克力夫 (John Wycliffe,
1330–84)，即表明反對教皇至上權威，主張政權高於教權（教會
應受國家管制）。在現代初期的民族國家建國運動中，為求伸張國
家的尊嚴與權利，必得釐清宗教事務在統治秩序中的定位，調整
政府與教會之間的關係乃不得不為。

　　人類史上政教之間的關係，向來是政權 (state power) 與國家
利益 (national interests) 高於教會的權力（這是政府為「必要之惡」
的一種表現）；也就是說，政治控制宗教乃是歷史常態，雖然這未
必是好的或對的。神權統治 (theocracy) 的本質其實與世俗政權設
定國教 (state religion) 的意義類似，皆是政府或統治者控制與利用

Cameron, op. cit., ch. 21: "Reformers and Laymen: A Conflict of
Priorities", pp. 389–416; and G. R. Elton, "1555: A Political
Retrospect", in Joel Hurstfield ed., *The Reformation Crisis* (New York:
Harper & Row, 1966), pp. 72–82.

16. Andrew Pettegree ed., *The Early Reformation in Europe* (Cambridge:
Cambridge University Press, 1992), p. 14.

宗教，以鞏固其政權。而基督教甚至有信徒必須臣服世俗君主的教條[17]，這表示求道者也必須正視他在人間的政治性身分。中古歐洲教會與世俗政權分庭抗禮，而教會常居優勢，此乃亂世異相，而非常態。宗教改革以來，政權優於教權的原理重振，於是教務再歸政府管轄，國家主權高於超國界的信仰精神領袖 (Erastianism)。1533 年的英國「最高上訴法」宣示，英格蘭為完全獨立之國家，其國王有至高無上的權力裁決人民一切法律問題；次年「君權至尊法」(Act of Supremacy) 更明白規定英國國王為英國教會的最高領袖[18]，強化了政府高於教會的原則。歐洲其他地區王權的伸張亦類此，甚至舊教國家也提高政府對教會的控制權，蓋羅馬教廷抵制新教的改革政策，其「反改革」(Counter-Reformation) 措施的推展有賴天主教國家的合作，而這是教廷透過在法權上對舊教國政府的讓步才取得的。三十年戰爭 (the Thirty Years' War, 1618–48) 中，自命為天主教盟主的法國竟參加新教集團，對抗舊教聯盟，顯露國家利益優於宗教立場的政治思維。宗教改革以後，雖然政權高於教權的原則確立，然其作法不是圖以政治思想壓制宗教信仰，而是盡量保持政教分離、互不干預的關係；唯若二者發生衝突時，國家權力必置於優先地位。例如十八世紀後期時，各國政府對耶穌會 (Society of Jesus) 的打壓，正是因為它在政治與社會上的強大影響力引發統治者的疑慮[19]。

---

17. 見《新約聖經》〈彼得前書〉2:11–17。

18. Milton Viorst ed., *The Great Documents of Western Civilization* (New York: Barnes & Noble, 1965), pp. 97–98.

19. 耶穌會在各地因積極參與世俗事務而招忌，1773 年教皇克來蒙十四世 (Clement XIV) 下令解散耶穌會，1814 年庇護七世 (Pius VII) 始恢復之。

又如基於信仰而拒服兵役者（此所謂 "conscientious objector"）的問題存在已久，然二十世紀兩次世界大戰期間，因各國普遍實施徵兵制，這個問題始成政府施政上的棘手課題，但不論各國能否適當地解決此問題，其事皆顯示在現代世界裡宗教信仰決不能妨礙國家政令。共產集權國家限制或禁絕宗教組織和活動，而民主國家寬容各式宗教的存在，凡此皆顯示當今宗教勢力已無法挑戰和威脅政府的權威。維護宗教信仰的自由，雖非宗教改革時期的觀念和主張，但其發展在此後卻因現實的需求而逐漸成熟。

　　宗教改革對於國家與宗教之間的關係，尚有一重大影響，此即是造成國界與教區的應和或切合（但非「國教」的建立），它可強化立國精神且促進民族國家的發展，這個建國運動因配合著中古末期以來人民宗教熱忱升高的趨勢而更為順利[20]。換言之，宗教改革使宗教信仰在民族主義中的地位，大為提升，或說宗教信仰作為民族主義的要素（至少在西方而言），因此更為合理而確實。十七世紀後，歐洲的政治界線與宗教分布狀況，甚為吻合。此一現象的造成，跟通行的拉丁文《聖經》(the Vulgate) 迻譯為各國文字，關係甚大；此外，它跟宗教戰爭——新舊教之間的對抗以及新教教派之間的對抗——關係亦匪淺。例如日耳曼地區新舊教諸侯對抗的徐瑪卡登戰爭 (the Schmalkaldic War, 1546–47)，已顯示宗教運動與政治運動的密切關連；戰後的〈奧斯堡和約〉(Peace of Augsburg, 1555)，聽任諸侯封君決定其領地內的合法宗教，一國一教的原則因而初步呈現。新教改革行動常以抗外的形

---

20. 舊說宗教改革發生於大眾信仰式微的時代，此觀點已為新近研究所推翻，新說指出宗教改革時期乃是人民宗教興盛之時。見 A. E. McGrath, op. cit., pp. 26–27.

式出之，而舊教國家則因此危機而強化內部信仰的一致性，這也有助於國家意識與宗教信仰的契合。荷蘭的獨立 (1609) 從反抗西班牙的宗教迫害出發，愛爾蘭的獨立 (1921) 因求信仰自由而富有意義，類此事例不勝枚舉。論者有謂，路德教派（Lutheranism，流行於日耳曼與北歐） 特別合於條頓民族的人心 (the Teutonic mind)，喀爾文教派（Calvinism，流行於西歐）為工商發達地區城市居民偏好的信仰，天主教為拉丁民族共同的宗教，而東正教則專屬斯拉夫及東方民族；此論雖有簡化或誇大之嫌，但宗教信仰與民族主義的親密關係，的確不能否認，這在英國國教 (Anglicanism) 發展的背景中，尤其明顯可見。在新教中，英國國教在教義與教規上改革程度最少，與舊教距離最近；但在政治立場上，它與羅馬教廷對立最烈，距離最疏。英國顯以民族主義為基礎考量其宗教政策的改革，因其愛國之情 (patriotism) 乃有抗議之教 (Protestantism)。信仰立場與政治立場的結合[21]，當然不是現代世界的合理現象，但是相對於中古時代一統教會配合一統帝國的局面，這個因信仰分殊而裂土分治的行動，卻有建設現代國家的積極意義。歐洲的民族國家系統 (national state system)、外交制度、以及國際法 (international law) 的出現[22]，乃在最大的宗教戰

---

21. 十六世紀時歐洲的君王雖偶爾採行馬基維利式的權謀策略，但大體而言其內政外交政策多與其宗教信仰立場配合一致。見 H. J. Grimm, *The Reformation Era, 1500–1650* (London: Macmillan, 1971), pp. 506–7.

22. 1648 年以後歐洲各國次第建立外交部，勢力均衡 (balance of power) 的原則亦同時出現，並為各國所承認，以國家為單元所組成的國際社會 (family of nations) 逐漸成形。而三十年戰爭也就此成為西方最後一次宗教大戰，此後的大戰是王室間的國際戰爭，為領

爭——三十年戰爭——之後，實非偶然。

三、信仰與世變

　　以文明發展歷程來看，信仰的「現代化」是朝向「超越性」或「神祕性」發展（新教改革本是在復興奧古斯丁式的神祕主義信仰觀），此即是對信仰對象與教義的認知，逐漸超越人的知識、經驗和理性範疇；由此，信仰的功利色彩、實用性、世俗性、和對因果必然性的強調，逐步減少，終至於宗教信仰不再是俗世觀念的反映，而是人生觀重建的基礎。因此，信仰與世變的結合度愈低，表示信仰的超越性愈高，其現代性的表現愈強；或說受物質條件制約愈少的宗教，其精神內涵愈深，愈為「高級」的信仰。個人宗教出現之前，群體信仰的流行透露出個人求生的困難與集體安全的必要性；鐵器時代的來臨造成部族征服兼併後的大一統帝國，為求解釋世界變化之理與個人精神的解脫，乃有世界性（universal，非部落性 tribal[23]）的宗教信仰與哲學人生觀的出現。這顯示信仰的出現一方面是源於人的內省，亦即對生命意義的根本疑惑，另一方面是基於外應，也就是對艱危的環境挑戰之回應，因此信仰態度的形成和改變必是「內外交攻」的結果。得救問題上的信心危機，使得羅馬帝國不再迫害基督徒之後，殉道（martyrdom，死有重於泰山的就義）的機會既無（失），信徒的

　　土、經濟利益、或國家權威而戰，不再為信仰而興戎。

23. 世界性的宗教不是指該信仰為全世界所接受，而是指其信仰對象被認知為宇宙性的神，而非區域性或部落性的守護神。世界性的宗教必致力於傳教佈道工作（故為 missionary），以求普及。

苦修運動（monasticism，「吃得苦中苦，方為人上人」的想法）
乃於第三世紀後，應時出現；中古以下，修院規制趨於溫和與一
致化後[24]，修行已非苦況，朝聖 (pilgrimage) 乃成為最流行的苦行
懺悔與提振得救自信之方式；待十一世紀後，回教政權開始為難
西方朝聖客，參與十字軍 (the Crusades)，血戰異教徒的冒險患難
壯舉，乃成另一種求仁贖罪的辦法；十六世紀後，新教改革運動
因羅馬教廷的鎮壓，又激起一股求仁殉道的鬥志[25]；同時，伴隨
新航路與新大陸的「發現」，遠渡重洋往異地傳教 (missions) 的艱
難危險事業，便成為最新式的修道，此在新帝國主義時期中更為
風行。凡此均是信仰行為與時代趨勢呼應配合的現象，信徒不斷
尋求各種表現其信仰虔誠度的特異作為，不外是為求上天恩寵與
個人安心。

　　得救是所有基督徒的「終極關懷」(ultimate concern)，要如何
做乃可獲致，這總不斷困擾信徒，因為深具超越性、全能而無所
不在的上帝，其神意為何令人難以捉摸。古代猶太先知已指出，
上帝並不干涉物理世界的運行，神意的展現不藉由自然現象，而
是透過人事（歷史）變化，因此理解神意須以抽象方式用心揣摩。
然凡人行不由徑，只能用最具體的行動來表現自己的信仰虔誠度，
希求拯救。以故其信仰表現與時代世變息息相關，其世俗性與果
報思想甚為明顯，總力圖扮演一個服從教規的「好信徒」，而忽略

---

24. 第六世紀後興起的聖本篤清規 (Rule of St. Benedict) 不似過去修院
　　教規那般嚴厲，故可推廣而流行，同時群居型的清修成為主流，標
　　新立異的苦修行為逐漸消失。

25. 詳見 A. G. Dickens and John Tonkin, *The Reformation in Historical
　　Thought* (Cambridge, Mass.: Harvard University Press, 1985), ch. 2:
　　"Weapons of Propaganda: the Martyrologies", pp. 39–57.

從根本上做一個好的「人」。一切捐獻、服侍、苦行與悔過，旨在表現宗教性的善功 (good works)，而忘卻內在的信心 (faith) 問題。應和人心如此傾向，乃有講究權威、組織與事功的流俗教會；在「一個願打一個願挨」的情形下，宗教的腐化實難避免，亦不得歸咎一方。新教改革重振的「因信得救」觀念，強調自覺與存乎一心的天道觀，求道不必從乎大眾、迎合時尚，此說正在破除信仰與世變糾結的迷局，使信仰的個人化與超越性可以提升，不受環境與世局的影響。故一切世俗標準，本不須在意，自苦沽名的行為，決不足取法。在新教的改革下，禁食、朝聖、苦修、與獨身之風盡廢 26，其理在此。

　　十六世紀宗教改革以至十七世紀宗教戰爭之後，個人信仰之義強化，信仰與世變的關係漸疏，宗教問題在近世歷史中的地位不似從前重要，此正為現代化的一大表徵。信仰至此已成私人問題，不能再為政治課題與統治工具，宗教信仰甚至因此出現沒落消退的現象（然這極可能只是表面現象，因為內省式的個人信仰很難從社會整體或外部判斷其強弱 27）。十八世紀以來，宗教信仰的復興出現在十九世紀初拿破崙戰爭後、1848 年歐洲革命運動失敗後、與二十世紀兩次大戰後，此皆與亂世人心有關，是眾生神

26. 新教所主信仰個人化之義，不是說在新教規定下禁食、朝聖、苦修、與獨身的作法全遭禁絕，而是說在新教主張自省的原則下，此類行為隨個人的判斷取捨，不能成為公定體制或社會風尚。

27. 若論其實，宗教改革恐怕未振興宗教，反而使信仰沉淪或宗教式微，因為凡人常藉宗教改革所倡導的個人信仰與精神取向，去合理化個人不負責任的心思，且以此迴避外在集體標準的監督；然則個人信仰變質為個人化信仰，宗教成為個人私事也就成為有名無實的宗教，此非必然之理，卻必定是人性所趨。

性 (divinity) 缺乏的人性 (humanity) 表現，因為上述現象顯示一般人對宗教所求是安慰而不是真理（真理隨時皆在）。信仰的需求與價值當然不因承平盛世而減，但就大眾而言，神的功能乃在救苦救難，安樂的年代自無宗教流行的可能。近世宗教的式微，當與信仰的個人化以及物質文明的進步有關。至於近來末世論 (eschatology) 與千年福世說 (millennialism)[28]的強調，則反映部分教徒對文明發展的悲觀和憂慮，這與所謂後現代 (post-modern) 觀點的提出一樣，代表現代人對於現代文明的深思反省，而非意味現代化的失敗或人類文明的將亡。事實上，宗教改革以來，神學與信仰順應時勢的調整，比抗拒時代思潮的表現更為有成。例如文藝復興人文主義的風潮中，有基督教人文主義 (Christian humanism) 的提出[29]；十八世紀啟蒙運動的理性主義學風下，有自然（理性）神論 (Deism) 的產生；十九世紀前期自由主義的革

---

28. 《新約聖經》〈啟示錄〉20: 1–5。據此說，在這一千年中基督將重臨人間支配一切。這個說法常被引申成為對盛世或末世（蓋盛世為末世到來前的一個過程而已）來臨的期待。

29. 「人文主義之秀」伊拉斯莫斯雖反對馬丁路德等新教改革家而提倡自由意志之說，但他卻也極力否認人文學是反對經院學的異端學說，而強調其為原始基督教會以來的傳統，並恥言人文學運動對宗教改革的貢獻。參見 Jaroslav Pelikan, *The Christian Tradition: A History of the Development of Doctrine*, vol. 4: *Reformation of Church and Dogma (1300–1700)* (Chicago: University of Chicago Press, 2000), p. 306. 時人頗以為伊拉斯莫斯對新教的提出有所促進，他們比喻此事為伊氏下蛋而路德孵蛋，對此伊拉斯莫斯深不以為然，而反譏「我下一蛋，但路德卻孵出一隻變種的鳥來。」引言見 B. M. G. Reardon, *Religious Thought in the Reformation* (London: Longman, 1995), p. 25.

命運動中，有自由主義式的基督教 (liberal Christianity) 之提倡；
十九世紀後期達爾文主義流行下，有演化論觀點的創世說之興起。
甚至二十世紀科學的昌明，並未排擠上帝存在的空間，愛因斯坦
(Albert Einstein, 1879–1955) 表示關於宇宙的問題，最為荒謬的想
法即是認為宇宙可以理性瞭解和掌握，他又說「沒有宗教的科學
是蹩腳的，沒有科學的宗教是盲目的 30。」上述這些表現所呈現
的信仰行為與世局變化之互動性並不甚高，因為它們是少數深思
者的領略而非社會群體的想法（亦即文化思想而非政治經濟的改
變），但這仍表示教義的理解與神意的探知，隨著文化智識的進展
而更為精深通達。唯其如此，信仰益發是心靈的開悟，而非政治
活動的產物，故大眾常為神學辯論的旁觀者，而知識分子也非宗
教運動的煽動者，於是信仰與世變的糾結乃愈能鬆解。

四、宗教改革與現代化

現代化是古典精神的復興及永恆化，但古典精神大約是無神
信仰（希臘宗教有名無實），而宗教改革強調上帝信仰，故宗教改
革的現代性意義當為人文主義的突破或提升，亦即由人本立場轉
為神本思想，此為文明進化的取向（若止於古代宗教的重振實非
善謀），雖然這未必落實成功。關於宗教改革的現代化作用，學者
所論常限於宗教活動的形式或表象，並未探究其精神內涵，這是
今人缺乏宗教信仰的反映。不幸者，宗教改革者自身也常限於「復
古」或「維持原議」——重申原始基督教義而已——而忽略「更

---

30. "Science without religion is lame, religion without science is blind."
Albert Einstein, *Out of My Later Years* (1950).

上一層樓」的求道問題；此種「教條化」的缺失與中古教會的表現相較，實屬「五十步笑百步」的「優勢」，不足為訓。顯然，真理為永恆至道，宗教信仰應無今古之別，宗教改革僅能改變制度，而難以改變人心；畢竟人心的改變必須著想「天人之際」，人際關係的改革總是無法造就先進的信仰。

　　自德國宗教史學者特羅奇 (Ernest Troeltsch, 1865–1923) 出版其大著 《宗教改革與文明進步》 (*Protestantism and Progress*) 以來，宗教改革與現代化之間的關係，即不斷成為學者討論的課題與爭議的焦點[31]。特羅奇雖指出新教改革對現代世界的興起有促進之功，但他亦強調就個別事項而言，宗教改革並非現代世界的創造者，或現代化的直接源頭。事實上，新教改革的領袖常和舊教人物一樣不重理性、不講自由包容、不圖分離政教、不行民主之法與平等之制。畢竟宗教改革者最真切的關注，乃是來生而非現世，而且宗教家與信徒多視歷史發展為人類墮落的過程，所謂「現代化」對他們而言是虛浮的俗事，乃至荒謬的說法。今人對

---

31. 關於此爭議，新近的討論見 Carter Lindberg, *The European Reformations* (Oxford: Blackwell, 2000), pp. 377–80. 或以為僅神職人員地位改變一項，即已造成歐洲歷史傳統空前的變遷。見 R. M. Kingdon, "Was the Protestant Reformation a Revolution? The Case of Geneva", in R. M. Kingdon ed., *Transition and Revolution: Problems and Issues of European Renaissance and Reformation History* (Minneapolis, Minnesota: Burgess, 1974), p. 57. 另外，現代印刷術的興起對於宗教改革的產生助益甚大，對此學者討論頗多，參見 E. L. Eisenstein, "The Advent of Printing and the Protestant Revolt: A New Approach to the Disruption of Western Christendom", ibid., pp. 235–68.

宗教改革的看法，自不能比附為古人的想法，歷史真相當不可為時代需求所犧牲。然而宗教改革確是一個重要的時勢策動力量，它破除舊權威結構，強調個人信念與良知，間接造成新觀念、新階級（尤其中產階級）與新制度的發展，而且它的啟發與刺激，引導許多人對改革本身產生樂觀的期望。例如馬丁路德的改革運動，引發日耳曼地區中下階層人民的效法，而導致具有政治社會革命意義的「騎士戰爭」(the Knights' War, 1522–23) 與「農民戰爭」(the Peasants' War, 1524–25)；這些起事者依路德所倡議，在《聖經》（作為最高的指導原則）中找到進行社會改革的理由，要求建立符合原始基督教精神的理想（平等互愛）社會。不過，路德對這些革命運動的反對，以及它們的受阻與失敗，也顯示新教改革的「現代性」表現，有相當的侷限。再者，宗教改革對現代化的貢獻主要是在於現代性的促進，而不在於單一世界的促成。超越性的一神信仰雖提高宗教的抽象性，使信仰更能超越民族國家界線，而成為凝聚各方人民的世界性宗教，但實際上這個效用仍微不足道；相反地，宗教改革造成基督教世界進一步的分裂（基督教、天主教與東正教三分天下，此情勢與新教改革者的理想正背道而馳），新教教派的叢生與對立滋生尤多紛擾[32]，世界一家的

32. 反對馬丁路德與喀爾文的新教徒所在多有，這些新教運動中的異議分子構成所謂的宗教改革左派 （因而有 「激進的宗教改革」 the "Radical Reformation"），使新教團體中各類主張紛陳，無法統合。詳見 Steven Ozment, *The Age of Reform 1250–1550: An Intellectual and Religious History of Late Medieval and Reformation Europe* (New Haven, Conn.: Yale University Press, 1980), pp. 340–51. 更有學者指出，新教改革運動前後觀念不同，它開啟西方神學中兩個互不相容的新路數， 一個重視歷史， 另一個強調經義。 見 B. A. Gerrish,

發展在此不進反退 33。

　　除了前文討論過的個人主義、民族主義、與政教關係的合理化等問題外，宗教改革對於工商經濟、社會平等、民主政治、及理性教育的發展，都有某種程度的貢獻。在經濟發展方面，新教改革對於近世資本主義與中產階級興起的影響，學者討論極多。德國社會學者韋伯 (Max Weber, 1864–1920) 的名著《新教倫理與資本主義精神》 (*The Protestant Ethic and the Spirit of Capitalism*, 1904–5)，雖已受到許多批評 34，然其說法仍大致可信。喀爾文教派對勤勞、節儉與放款取息的肯定，有利於企業精神的培養，而路德教派對職業神聖 (dignity of vocation) 的強調，亦有助於勞動倫理的推廣。再者，既然在信仰生活上行動事功、對神的祀奉、與對教會的服務已不再受重視，信徒的財力、勞力以及充公的教產，皆可移用到國計民生上，對於經濟的振興助益匪淺。在社會平等方面，新教改革運動否定神職人員與教會組織的權威性，提倡上帝之下眾生平等的觀點，這對於社會階級的破除，雖無立即有效的作用（新教改革的推行有賴君王貴族們的支持），但已引發省思，令人覺悟。尤其是因信得救說強調求道重在個人領悟，男女性別差異絕非緊要；在神學與信仰的標準下，女人毫不低賤，且無得道上的劣勢。而因講求「聖經至上」與「人人皆為牧師」

Continuing the Reformation: Essays on Modern Religious Thought (Chicago: University of Chicago Press, 2002), p. 247.

33. 十六世紀中後期在西方是一個對抗與叛亂的時代，而造成此對立分裂的一大因素正是宗教信仰的歧異，因其為「宗教性戰爭」，故連下層大眾都關注其發展。J. H. Elliott, *Europe Divided, 1559–1598* (London: Fontana, 1985), pp. 107–8.

34. 參見 A. G. Dickens and John Tonkin, op. cit., pp. 265–69.

的原則，新教教會乃致力於基礎教育的工作，提升人民的知識和自學能力，此事既無分男女，婦女受教機會乃稍得增加或受重視。然而男女平等至此僅為宗教理念，不是人性觀點或社會習俗，宗教改革對於女權的增進，仍極為有限。但至今仍有援引此信仰理念以圖提振女性地位者，可見宗教改革對於兩性平等之義，影響深遠。

　　宗教改革對民主制度的貢獻，也是一個爭議性甚高的問題，然宗教改革促進個人主義，而個人主義的概念符合民主精神，故宗教改革有助於民主發展，殆無疑義，只是其程度如何、方式為何，仍大有商榷餘地。在為改革舊教而召開的特蘭特會議 (Council of Trent, 1545–63) 中，教皇派 (Guelphs) 勢力凌駕保王派 (Ghibellines) 之上，教皇在教務上的領導權威再次被申明，教會內有民主傾向的議會決事主張 (conciliarism) 從此式微，然而教皇的權勢也決不能再如中古時代之大。在新教教會方面，喀爾文在日內瓦的統治常被譏為神權政治，鮮有民主之風，但某些新教教會（如再洗派 Anabaptists 與公理會 Congregationalists 等）確有趨向民主平等的議事政策，此為近代民主運動的先河。前述英國議會通過「君權至尊法」一例，顯示民主公決方式（在此為 Parliamentarism）對宗教事務的支配力。又新教徒反權威反壓迫的革命行動，已有近代民主革命的氣象；其所揭聖經至上的原則，與後世民主國家頒行憲法的作法亦類似。縱然所謂「革命的權力」(right of revolution) 並未為新教徒所普遍強調（路德教派尤其避談），但新教改革的個人信仰主張，對於政治上的個人價值、人權、與自由諸概念，實有啟迪之功效。何況因為提倡自己讀經，新教教會廣設學校，這除了促進現代教育制度的建立外，對於宣揚理性思考和啟蒙民智，貢獻亦大35。待大眾知識一開，改革的

要求自然提高，展望未來新局 （而非復舊） 的革命觀念便隨之
而生。

35. 正如教義與教規的修正，馬丁路德的學校教育理想一方面是要恢復
　　原始基督教的教育傳統，另一方面則試圖建立新式教育以取代中古
　　學制 。 見 Markus Wriedt, "Continuity and Competition: Luther's Call
　　for Educational Reform in the Light of Medieval Precedents", in B. A.
　　Kümin ed., *Reformations Old and New: Essays on the Socio-Economic
　　Impact of Religious Change, c. 1470–1630* (Hants, England: Scolar
　　Press, 1996), p. 172.

第五章

科學革命：

近代宇宙觀與世界觀的形成

人體骨骼的側身像
(The Human Skeleton Shown from the Side) 凡沙理斯 (Andreas Vesalius)《論人體結構》 *(On the Structure of the Human Body*, 1543) 插圖 凡沙理斯是十六世紀比利時的解剖學專家,他出版《論人體結構》一書時 (1543),哥白尼的《論天體運行》(*On the Revolutions of the Heavenly Spheres*) 也同時問世,它們都是文藝復興後期科學研究的代表性成就。然而此時科學研究雖獲人文學者的逐漸重視,但仍受人本主義思想與宗教信仰的束縛。在凡沙理斯這本醫學專著裡,顯示人體骨骼構造的插圖依舊不脫道德教訓的意味,這副骷髏站立於石棺邊,棺上的拉丁文寫著「我們憑精神生存,其他皆將毀滅」。

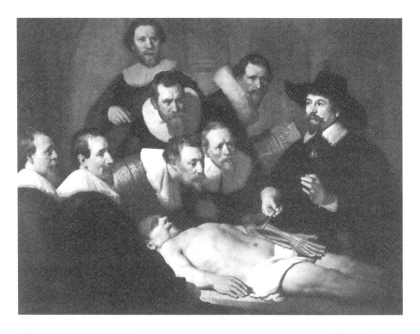

杜普博士的解剖課 (The Anatomy Lesson of Dr. Tulp)　蘭姆布朗特
(Rembrandt van Rijn) 作 (1632)

科學作為美術創作題材直到十七、十八世紀方才開始流行。科學革命
引發人們對新知的好奇與注意，反映此風尚的圖像漸多，此畫是荷蘭
知名藝術家蘭姆布朗特的作品，極具時代代表性；其實它是蘭姆布朗
特證明其與荷蘭知識界交流成果的產物，這是他在 1632 年從萊頓
(Leiden) 移居阿姆斯特丹後他人委託創作的第一件作品。畫中環繞於
解剖學教授周圍的人並非學生，也非醫生，而是醫事行會的會員，這
說明追求知識的熱潮普及專家之外。這些圍觀者的表情與姿勢加上畫
家對光線的應用，顯示人們對科學新知的高度興趣與驚訝，這其實也
包括蘭姆布朗特本人對病理學發展的關注。

抽氣機實驗 *(An Experiment with a Bird in an Air Pump)* 　約瑟夫·萊特 (Joseph Wright of Derby) 作 (1768)

與前舉蘭姆布朗特畫作有異曲同工之妙的是萊特所繪的〈抽氣機實驗〉一圖，同樣地，萊特此作也源於他個人對科學的興趣。在此畫中圍觀實驗者更非學術中人而已，他們包括各種年齡、性別與身分，顯示「大眾」對追求知識的熱中；科學革命造成啟蒙運動的發展軌跡，在此依稀可見。此圖也善用光線襯托人物表情的效果，同時象徵知識「啟蒙」人心之意。不過畫家在此似乎也表達對於民智大開後果的憂慮，正如畫中人多有恐懼擔憂的神情，因為瓶中的鳥將因此抽氣實驗的成功而死亡。

一、科學觀念的革新

　　現代意義的科學興起於十六、十七世紀時，它是工藝技術傳統 (craft tradition)、科學理論 (scientific theory) 與科學方法 (scientific method) 三者整合的結果。十七世紀科學革命的成就不止於科學理論的提出與科技的發明，更重要的是新知識觀、新宇宙觀與新人生觀的養成。科學革命是否足以稱為「科學」「革命」，學者頗有爭議 1，然就宇宙觀而言，科學革命確造成革命性的改變；科學革命最深遠的影響是推翻了中古以來所流行的亞理斯多德的自然哲學與托勒密的地球中心說，劇烈衝擊著人們對物理世界以及人在宇宙中定位的認知。再者，這個「天才世紀」(century of genius) 的「知識革命」摒棄了中古乃至文藝復興、宗教改革以來知識分子尊古、偏重理論與堅持基督教宇宙觀的傳統，改採唯理論證的立場，講究實用，並視宇宙為依物理運行的機械。就文

---

1. 不少學者認為十七世紀時並無真正今日意義的「科學」，且科學發展乃漸進之事，並無「革命」可言，故他們反對「科學革命」的說法。參見 Steven Shapin, *The Scientific Revolution* (Chicago: University of Chicago Press, 1998), pp. 3–4. 但反對此說而強調科學革命的價值者更多，見 M. J. Osler, "The Canonical Imperative: Rethinking the Scientific Revolution", in M. J. Osler ed., *Rethinking the Scientific Revolution* (Cambridge: Cambridge University Press, 2000), pp. 8–9. 這個爭議其實是「程度」認知的問題，不易有客觀一致的答案。見 J. A. Schuster, "The Scientific Revolution", in R. C. Olby et al., *Companion to the History of Modern Science* (London: Routledge, 1990), pp. 218, 222–24.

明發展歷史而言，這個破除神話、挑戰權威的理性主義精神深入
學界，重建知識分子的世界觀，其意義更勝因此所獲致的科學發
現本身。蓋十七、十八世紀的科學未達今日專業化分工的程度，
一般學者的知識活動常涉及科學，貴族之中業餘科學研究者亦所
在多有，且其時人們的世界觀頗奠基於對自然的認識，故科學革
命 (Scientific Revolution) 的人文性影響深遠，隨即蔚為超科學的
知識革命 (Intellectual Revolution)。

　　其實科學所涵蓋的範圍甚廣，凡一切可觀察的事物及其間的
關係，均在探討之列。（英文科學 science 一詞源自拉丁文
scientia，其意乃是「知識」。）科學研究可分為四大領域：㈠數
學與邏輯、㈡物理科學、㈢生命科學、與㈣社會科學 2。從人類
文明歷史來看，最早發展的科學是數學（田地測量與財物計數之
用）、天文學（農耕與計時之需）、與醫學（消除病痛之法）三科
（皆為實用性技能，分屬前舉第㈠、㈡、㈢領域），然後才有重視
本質性知識的物理科學與生命科學二類之興起。至十七世紀時，
在科學革命下以理性論事的精神發揚，引發啟蒙運動學者以物理
觀點探究人文社會問題，乃有「社會科學」之產生。於是，今日
科學研究的主要類門在科學革命後已臻齊備。

　　古代希臘人的科學研究（若吾人視其為科學而非哲學的話）
重點在於探究宇宙的基本物質元素以及宇宙運行的原理，其說所
以為「科學的」(scientific)，乃因他們處理此類物理問題時堅持理
性與唯物的觀點，而不講神靈或超自然之事 3。但他們缺乏精確

---

2. 關於史上科學分類的演進，見 Nicholas Fisher, "The Classification of
　the Sciences", in R. C. Olby, op. cit., pp. 853–67.

3. 如泰利斯 (Thales, 640–548 B.C.) 認為水是宇宙構成的基本物質，安

的儀器，無從系統性地驗證其理論，僅憑「常識」(純粹的思考)
推測立說，通盤觀念性的錯誤自不可免。希臘化時代科學昌明的
程度為近世以前最高者，當時科學趨於客觀化 (非個人性
impersonal 思考)、講求精確與實用性，科學與哲學已涇渭分明。
其時的科學家雖創見不多，但在科學資料的蒐集與分類方面貢獻
良多，使古代科學知識 (整合古埃及、兩河流域與希臘傳統) 得
以完整傳世 4。羅馬人重視實用功效，對理論科學幾無建樹，科
學新知的發現微不足道，然他們對傳統科學知識的系統整理承繼
希臘化時代，乃能更進一步，達到百科全書式的規模 5。如此，

納西曼德 (Anaximander, 610–545 B.C.) 稱此基本物質為 「無限」
　　(the Boundless or Indefinite，蘊含相對性作用的物質元素)，安納
　　西米尼斯 (Anaximenes, 6th cent. B.C.) 認為空氣為此基本元素，希拉
　　克萊特斯 (Heraclitus, 540–480 B.C.) 以為火為宇宙基本物質。畢達
　　哥拉斯 (Pythagoras, 570–500 B.C.) 認為宇宙本質並非物質，而是抽
　　象的原則 「數」 (number)；德謨克利特斯 (Democritus, 460–370
　　B.C.) 則視宇宙一切物質為原子 (atom) 所構成，他以原子聚散變化
　　解釋一切物質現象。不論如何，希臘學者並不以超自然觀點看待自
　　然問題。
4. 如歐基里德 (Euclid, 323–285 B.C.) 的數學、阿基米德 (Archimedes,
　　287–212 B.C.) 的機械學、艾利斯塔克斯 (Aristarchus, 310–230 B.C.)
　　的太陽中心說 (heliocentric theory)、希帕克斯 (Hipparchus, 146–127
　　B.C.) 的地球中心說 (geocentric theory，為羅馬時代托勒密所發揚)
　　與天文學、艾拉塔色尼 (Eratosthenes, 276–196 B.C.) 的地理學、及
　　希羅菲勒斯 (Herophilus, fl. 300 B.C.) 與埃拉西斯特拉圖斯
　　(Erasistratus, fl. 3rd cent. B.C.) 的醫學研究等，均有繼往開來的價
　　值。
5. 如普里尼 (Pliny the Elder, 23–79 A.D.) 編撰博物學 (natural history)

直至十六世紀，西方的科學觀大體仍是希臘化時代的知識系統。

　　中古前期數百年間歐洲的科學研究甚為薄弱，大部分的學者著力於神學的探討，其對物理世界的觀點大略沿襲希臘羅馬時代，而缺乏批判觀念；且在其傳述的過程中，卻又屢有失誤，使科學的發展不進反退。反觀同時期的回教世界在科學研究上則成績卓越，不過阿拉伯人缺乏實驗方法的應用與儀器的發明和改良，他們對科學知識的數理化亦不重視，以致無法發展出現代的科學 6。中古後期開始歐洲學者對科學的興味漸濃，十二、十三世紀的神學家對於調和《聖經》教義與科學觀點，愈來愈關心。至文藝復興後期，科學研究的價值也獲得人文主義學者的肯定 7。1543 年哥白尼 (Nicolaus Copernicus, 1473–1543) 的 《論天體運行》 (*On the Revolutions of the Heavenly Spheres*) 與凡沙理斯 (Andreas Vesalius, 1514–64) 的 《論人體結構》 (*On the Structure of the Human Body*) 二大作問世，衝擊著千年來的科學傳統，激發科學研究的興起。

　　然現代的科學研究仍待十七世紀科學革命時，才奠定發展基礎。十七世紀初的科學家已逐漸瞭解實驗與科學數理化的重要性 8，同時科學儀器也有重大的發明及改善 9，更有「科學方法」

的百科全書，托勒密 (C. P. Ptolemy, 85–165 A.D.) 編撰天文學系統知識 (*Almagest*)，格林 (Galen, 130–200 A.D.) 整理醫學系統知識。

6. 以數學形式表達科學知識的作法被認為是現代科學突飛猛進的關鍵因素，中古時代科學停滯不前也被認為與科學知識數理化的觀念不足有密切關係。見 George Sarton, *A Guide to the History of Science* (Waltham, Mass.: Chronica Botanica, 1952), p. 33.

7. 參見第二章第三節「科學的再發現」。

8. 「科學革命」一詞是法國數學家 Jean Lerond d'Alemberr (1717–83)

與科學哲學的提出，使科學知識愈加具有精確性與理論性。

隨著科學的進步，神與自然的關係或信仰與理性的關係再次成為知識界論辯的焦點。支持科學研究的神學家及信徒堅信科學研究有助於人類瞭解神意，或展示上帝偉大的創造力量，而且可以改善世人的生活（上帝無所不在）；但其他人則對主張「自然而然」的科學宇宙觀深感不安與不滿，他們尤難接受太陽為宇宙中心的理論 (heliocentric theory) 以及一切有關人類在宇宙中的地位之科學式觀點（上帝超越理性） 10。例如 1633 年義大利教會在定伽利略 (Galileo Galilei, 1564–1642) 的罪時便直言：主張太陽為宇宙中心乃是信仰上的謬誤與異端的觀點，因為它明白與《聖經》所示相違。由此可知教會人士所感受的強烈緊張性，因他們不能否定科學觀察在理性上的真實性，故只能從神學的立場駁斥之11；

等人的發明，他們視數學為科學革命最重要的動力。見 T. L. Hankins, *Science and the Enlightenment* (Cambridge: Cambridge University Press, 1989), p. 1.

9. 十七世紀以後，科學數理化的進展表現於新數學符號的不斷創造。而科學儀器在十六世紀末以後屢有發明，如顯微鏡 (c. 1590)、溫度計 (1592)、搖錘鐘 (1592)、望遠鏡 (1608)、氣壓計 (1643) 等均是此時的傑作。關於科學儀器對科學發展的重要性，見 George Sarton, *The History of Science and the New Humanism* (Bloomington: Indiana University Press, 1962), pp. 28–29.

10. 天文學較化學、機械學、光學等高度實用之學，更易引發人文關懷與對信仰教義的省思。

11. 基督教會對於鎮壓科學異說的行動並未十分積極，而常能給予科學家「修正」其理論的機會。例如哥白尼的太陽中心說提出後七十年間，教會並無正式的駁斥聲明。參見 John Henry, *The Scientific Revolution and the Origins of Modern Science* (London: Macmillan,

如此，他們維護了中古以來置信仰價值於理性之上的正統觀點，但卻不得不放棄 「信仰的真」 (truths of faith) 與 「理性的真」 (truths of reason) 為一致而互長的傳統說法 （中古經院學 scholasticism）。值得注意的是，這樣的緊張性不僅令教會苦惱，一般知識階層的信徒及科學家本身均感同身受，因為他們的終極關懷畢竟是得救問題而非知識問題。伽利略力陳：「上帝在 《聖經》 中所欲啟示人類者 ， 是如何上天堂 ， 而不是天體如何運行 _12_ 。」此說固可捍衛其科學研究的合理性，但同時顯露伽利略跟其他基督徒一樣，關心天堂（信仰）甚於天體（知識） _13_ ，故其說實難以自我合理化。

在此矛盾下，各界必得重新調整其對神性或神意的認知，始得安心接受不同於《聖經》創世觀的科學新發現。然這並不一定須以推翻傳統的信仰革命來達成 ， 蓋中古以來已有理性上帝 (rationality of God) 的概念，它使人認為神即自然或自然即神，萬

1997), p. 73.

12. "The Holy Spirit intended to teach us in the Bible how to go to Heaven, not how the heavens go." 轉引自 "Biographical Note — Galileo, 1564–1642", *Gilbert, Galileo, Harvey*, vol. 28, editor-in-chief, R. M. Hutchins (Chicago: Great Books of the Western World, Encyclopedia Britannica, 1952), p. 126.

13. 即因發展科學與維護信仰難以兩全，義大利作為科學研究重鎮的地位 ， 在十七世紀以後逐漸讓步於世俗性較強的英國與法國 。 見 Mario Biagioli, "Scientific Revolution, Social Bricolage, and Etiquette", in Roy Porter and Mikulas Teich eds., *The Scientific Revolution in National Context* (Cambridge: Cambridge University Press, 1992), pp. 11–13.

事萬物的道理皆符合此最高通則14，科學知識既本於理性，自當無背離神性之虞。宗教改革者（馬丁路德與喀爾文皆然）更強調神職的高貴不必勝於俗務，依此可知科學研究的價值不必不如教務的執行；凡人只要真誠行事，致力於有用的工作，皆可謂敬神崇道。科學發現往往揭示一個秩序井然而合理的物理世界，這個現象可解為神蹟（甚至是奇蹟），而這個發現又有淑世厚生之效，何樂而不為。只要解讀《聖經》的態度稍加修正，即可理信兼得，科學研究與信仰追求仍舊可以並行不悖。簡言之，吾人不必死板地照《聖經》字面 (literally) 釋義，而可將它視為寓意 (allegory)去領略，如此便能在知識與信仰上兩全其美。此說看似簡單，卻不容易，因為它是一個世界觀（信仰）問題，不是一個單純的求知態度或方法而已。這個轉化在西方文化界是一個深沉的心路歷程，不是普遍而立即的改變。克普勒 (Johannes Kepler, 1571–1630) 自言：「我一直想做一個神學家，但長久以來心中始終深感不安，現在我總算能安身立命了，因為我終於瞭解在我的天文學研究中，上帝的偉大力量其實已展現無遺15。」科學家至此已成

---

14. 懷海德強調視神性與自然為一致的觀念，乃是中古對近世科學革命最大的影響所在。見 A. N. Whitehead, *Science and the Modern World* (New York: Mentor Books, 1948), p. 13.

15. "I wanted to become a theologian; for a long time I was restless: Now, however, observe how through my effort God is being celebrated in astronomy." (Letter to Mästlin, 3 October 1595) Quoted in Gerald Holton, "Johannes Kepler's Universe: Its Physics and Metaphysics", *American Journal of Physics 24* (May 1956), pp. 340–41. Also cf. Gerald Holton, *Thematic Origins of Scientific Thought: Kepler to Einstein* (Cambridge, Mass.: Harvard University Press, 1988), pp. 69–

教士，專事闡釋神性在自然界中的表現。天主教教會對於這個觀念和立場自然無法接受，但新教地區已逐漸以此開創出一個支持科學研究的風氣，成為十七世紀歐洲科學革命的重鎮。隨後啟蒙運動的崇尚理性潮流，對於以理性探討物理世界的科學研究，更有推波助瀾的作用。顯然，科學觀念的革新有助於新信仰的興起，而新信仰觀點也促進了科學研究的發達。但事實上，理性與信仰的調和造成「理性神」思想 (deism)，這簡化了基督教的上帝觀，使其超越性概念幾乎消失。

二、科學方法的建立

科學的範疇極其廣泛而多樣，本無法以任何單一的方法來研究，十七世紀以來的科學知識發展其實是從各種未經規劃（難以預測）的方式演進而來，但從培根 (Francis Bacon, 1561–1626) 以下至今，許多人仍堅信科學真理有賴某一獨特方法發現之，此即是歸納法 (inductive method)。事實上，科學研究乃是一個富有創造性的過程，它涉及甚多的技術問題。今日科學家所採用的科學方法眾多，這包括現象的觀察、資料分類、邏輯推論、實驗設計、假說 (hypothesis) 的建立與科學理論的數理化等，憑藉單一方法建構的科學結論，被認為可靠性極低。不論如何，十七世紀時科學方法的提出，仍是科學發展史上重大的一步，它是理性精神的表現 16。

70. 克普勒的原始志業並非科學，他在大學時專攻哲學與神學。

16. 科學的方法論大約有二，其一視科學知識發展為臨機創作的自然演進，不是憑某種特定的方法發現，此可謂為「演化式理性主義」

培根的歸納法是一種經驗主義 (empiricism) 的求知立場 17，
它強調有效知識的唯一來源乃是感官經驗 (sense experience)；其
致知方法是大量蒐集有關某一現象的具體事實訊息 (collection of
facts)，然後據此資料分析歸納，以建立通論或法則（即結論）。
培根極恨時人對既有知識體系的滿足、或自以為所有的真理真相
皆已被發現，所以他致力於新知識觀的建立與新知識的追求。培
根的代表作《知識的進展》(*Advancement of Learning*, 1605) 與《新
論理學》(*New Organon*, 1620) 清楚區別純科學（理論科學）與應
用科學二層面，其問學方法緊密地結合理論與實用，但以後者為
重，強調實作在理論建構之前（猶主「行萬里路勝讀萬卷書」）
18，欲以此取代亞理斯多德以來的科學觀。牛頓 (Isaac Newton,

（evolutionary rationalism，F. A. Hayek 語）；另一認為科學發展有
賴規劃引導與設計研究，此可謂為「建構式理性主義」
(constructive rationalism)。見 John Marks, *Science and the Making of
the Modern World* (London: Heinemann, 1983), pp. 490–93. Also cf.
Roy Porter and Mikulas Teich, op. cit., pp. 1–2. 一般認為前者才是近
代科學發展的方式。

17. 培根為英國的政治家，因接觸政治而有經驗主義的知識取向，似為
自然之事。

18. 培根大力強化文藝復興人文學者的功利主義取向，有時因過於講求
人的實用效益而有「不科學」的學術表現。見 R. F. Jones, *Ancients
and Moderns: A Study of the Rise of the Scientific Movement in
Seventeenth-Century England* (Berkeley, Calif.: University of
California Press, 1965), p. 148. 然事實上，直到十六世紀人文學者對
於經驗主義的科學研究態度其實並不喜歡，因為人文主義者雖重視
現實，但也富有「究天人之際」的求道熱情。參考 R. M. Blake et
al., *Theories of Scientific Method: The Renaissance through the*

1642-1726) 的科學成就可說是這個方法的代表作，也就是經驗歸納的重大發現。他說：「假如我看得比笛卡兒 (René Descartes, 1596-1650) 更遠，那是因為我站在巨人的肩膀上 19。」這不只是一種道德性（謙虛）的陳述，在方法論上它表達的是一個經驗主義的立場（「站在巨人肩膀上」），而非笛卡兒式的理性演繹法。1660 年倫敦皇家學會 (Royal Society of London) 成立，其宗旨之一即在推廣培根的科學方法（即所謂 Baconianism）20；經驗主義伴隨著十七世紀以後應用科學與科學實驗風氣的興起而流行，並成為英國哲學傳統的主流。然而實際上培根的歸納法從未成為一個單一有效的科學方法，即使牛頓也非只是依循此道進行研究21，十八世紀之後它更不為多數學者所奉行22，這自與現代科學研究的深入與複雜化有關，也與實驗工作的繁複與設計的困難有關23。

Nineteenth Century (New York: Gordon & Breach, 1989), p. 5.

19. "If I have seen farther than Descartes it is by standing on the shoulders of giants." Quoted in W. K. Ferguson and Geoffrey Bruun, *A Survey of European Civilization* (New York: Houghton Mifflin, 1969), p. 551.

20. 詳見 P. M. Rattansi, "The Intellectual Origins of the Royal Society", in Vere Chappell ed., *Essays on Early Modern Philosophers from Descartes and Hobbes to Newton and Leibniz*, vol. 7: *Seventeenth-Century Natural Scientists* (New York: Garland, 1992), pp. 138–40.

21. John Henry, "The Scientific Revolution in England", in Roy Porter and Mikulas Teich, op. cit., pp. 203–4.

22. 事實上英國皇家學會官方的支持並不能使培根的經驗論免於學者的挑戰，培根主義在十七世紀後期即不斷遭遇嚴厲的批判，為經驗論辯護成為此時皇家學會的苦差事。R. F. Jones, op. cit., p. 183.

23. Ray Spangenburg and D. K. Moser, *On the Shoulders of Giants: The History of Science in the Eighteenth Century* (New York: Facts On

但經驗主義的傳統在此後經洛克 (John Locke, 1632–1704)、巴克萊 (George Berkeley, 1685–1753)、米爾 (J. S. Mill, 1806–73)、詹姆士 (William James, 1842–1910)、杜威 (John Dewey, 1859–1952) 等人的闡揚，已成為一個重要的學術思潮乃至人生觀，而且它始終是科學方法的根本精神（科學家在知識態度上大略皆為經驗主義者）。

　　培根反對先驗的推理 (a priori reasoning)，這與走向超越事物表象觀察的科學研究自難相容，歸納法的可行性早為學者所質疑，因為它既不能產生確定性十足的知識，也缺乏洞悉事物內在本質的力量。當科學研究變得複雜而深入，且其對象漸漸提升至難以甚至不可觀察的事物與事理時，笛卡兒的演繹法 (deductive method) 乃展現其必要性與優點 24，它可說為現代的科學建立了哲學的基礎。笛卡兒的方法（即所謂 Cartesianism）是一種理性主義 (rationalism) 的知識論表現 25，與培根的經驗主義不同，他採取一種心物二元論的觀點，肯定人具有天賦觀念 (innate ideas)，

File, 1993), p. 134.

24. 十七世紀前期原子論 (atomism) 的提倡者多號稱其說奠基於經驗實證，但他們實際上無法以實驗證明其理論，而常以推理方式闡述其說，可見經驗主義在科學研究上的侷限。參見 Christoph Meinel, "Early Seventeenth-Century Atomism: Theory, Epistemology, and the Insufficiency of Experiment", in Peter Dear ed., *The Scientific Enterprise in Early Modern Europe* (Chicago: University of Chicago Press, 1997), pp. 209–11; and Martin Tamny, "Atomism and the Mechanical Philosophy", in R. C. Olby, op. cit., pp. 597–98.

25. 關於理性 (reason) 與理性主義 (rationalism) 的意義，詳見第六章註釋 1.。

主張知識由先驗的理性法則推演而得，不必仰賴感官經驗歸納之所獲；如此，學者應對其探討的問題先持全面性的懷疑 (universal doubt)，然後從萬事萬物的自然本性去思索真理，因為道理先於（優於）事物而存在。對笛卡兒而言，科學知識是一種「發現」而不是「發明」；他的名言「我思，故我在」("I think, therefore I am.") 與存在主義者的口號「存在先於本質」("Existence precedes essence.")，簡直是相反的命題。笛卡兒的代表作是《方法論》(*Discourse on Method*, 1637)，其演繹法是一個數理式的假設與推論過程（笛卡兒是一個數學家），它提供了現代科學研究中建立「範型」(paradigm) 的方法論。伴隨著宇宙本質與物質原理的形上探討層次之到達，十九世紀以後這個假設推論的方法 (hypothetico-deductive method) 已成為科學研究中的主流。愛因斯坦 (Albert Einstein, 1879–1955) 的相對論宇宙觀正代表演繹法「一葉知秋」的研究成果，它取代了牛頓的實證論宇宙觀，直探事物本源。正因人的經驗與觀察實不足以掌握這個浩瀚而深奧的世界，理解與推論乃成為唯一可行（雖非完美）的探索方法；誠如哥德 (J. W. von Goethe) 所說「要知道天空是藍的並不需要環遊世界」，所有志在追求宇宙真相或神意天道者（如 Spinoza, Leibniz, Kant, Hegel）皆持理性主義的知識觀。前章已指出，愛因斯坦說「沒有宗教（信仰）的科學是蹩腳的，沒有科學的宗教（信仰）是盲目的。」又說有關宇宙問題最荒唐的觀念，就是認為宇宙是可以理解的 26，這些說法皆表示以經驗實證之道決不足以探究物理世界

---

26. 最近學者研究亦指出，牛頓的科學觀與宗教信仰也有極為密切的呼應性。參見 F. E. Manuel, *The Religion of Isaac Newton* (Oxford: Oxford University Press, 1974), esp. p. 49; J. E. Force, "The Nature of

的終極真相。顯然理性演繹法較經驗歸納法後起，乃是自然之事，因前者（的流行）較後者在文明發展史上更具有現代性的意義。科學發展至此似乎又回到古希臘時代科學哲學不分的狀況，然事實上這是科學研究超越物質表象探討的境界呈現，而非科學知識尚處於草創的階段。事實上，不論歸納法、演繹法，其實都強調理論與應用的配合性[27]，並不虛言空談，這已破除了中古經院學風重論理而輕務實的知識態度，顯示科學研究已達追求通貫之道的層次。

三、「科學的」人生觀

遠古時代由於求生的困難，信仰的價值常高於理性 （「未知生，焉知死」是君子而非常人的體認與教養）。古典時代的希臘羅馬人雖具多神信仰形式，然其實抱持無神主義，此時理性價值顯在信仰之上。中古基督教時代信仰的價值無疑重回理性之上，其

Newton's "Holy Alliance" between Science and Religion: From the Scientific Revolution to Newton (and Back Again)", in M. J. Osler, op. cit., p. 255 & ff.; and J. E. McGuire, "The Fate of the Date: The Theology of Newton's *Principia* Revisited", ibid., pp. 283–85. 關於史上科學與宗教的關係之綜合討論，見 J. H. Brooke, "Science and Religion", in R. C. Olby, op. cit., pp. 763–81.

27. 培根的經驗論其實也因可與笛卡兒的理性論互補，而更受重視。參見 C. C. Gillispie, *The Edge of Objectivity: An Essay in the History of Scientific Ideas* (Princeton, N. J.: Princeton University Press, 1990), p. 153. 其實，笛卡兒也極為重視經驗與實驗對科學論證的重要性。詳見 R. M. Blake, op. cit., pp. 82–89, 99–103.

科學不發達乃無足為奇。中古後期至十七世紀科學革命，學者仍持信仰高於理性的觀念[28]，但已漸圖協調二者，且因其強調知識與理性有助於信徒瞭解其信仰，故實際上對理性的價值多有提升。十八世紀啟蒙運動時理性主義高張，十九世紀時進步觀流行，理性的價值又有超越信仰之上的氣勢。二十世紀兩次大戰引發的文明批判與歷史反省，終使信仰與理性的關係被判定為互不相統屬，因其分屬不同範疇，故無價值高低比較之必要。另一方面，古代「神即自然」或「神在自然之中」的說法，在歷史過程中逐漸被拋棄，取而代之的現代信仰觀點是「神在自然之外」的設想[29]，至此科學研究與宗教信仰的衝突性已無，知識活動更加自由，但也更為世俗化。由此可知，十七世紀科學革命後所產生的「科學的」人生觀，只是現代化演進過程中的一個階段現象，它不是現代性本身的呈現。調和信仰與理性是破除迷信的重要作法，但它不是「現代的」行為，因為現代的發現或主張是信仰與理性為不同的領域，並無調和的必要與可能。理性科學的人生觀使歐洲的巫術與女巫迫害風潮在十七世紀中葉以後逐漸消退，但代之而起的是以理性觀點塑造神性的想法（自然神論 Deism），和以物理世

---

28. 科學革命決未使科學家拋棄其宗教信仰，甚至未使他們推翻科學中主張玄祕不可測因素 (occult quality) 存在的說法。見 Keith Hutchinson, "What Happened to Occult Qualities in the Scientific Revolution?", in Peter Dear, op. cit., p. 86.

29. 上帝所以為上帝，理當無所不在，視神在自然之外的觀點可導致無神信仰，但亦可引發信徒對神性的特別認知而增其虔誠度。參見 John Henry, "Occult Qualities and the Experimental Philosophy: Active Principles in Pre-Newtonian Matter Theory", in Vere Chappell, op. cit., p. 4.

界原理改造人類社會的企圖（社會科學），這仍是偏執的態度，缺乏對理性的批判反省和對非理性問題的體會。

　　所謂科學的人生觀是起源於科學革命的發現，因為學者認為既然宇宙是一個規律而合理的物理世界　（即 rationality of the physical world），則創造此物理世界的上帝必也是理性的　（即 rationality of God），這即是視自然為神性（或神性為自然）的觀點；而上帝既然是理性的，則其所創造的人類——萬物之靈——必也賦有理性　，且神必欲人類依理性行事　（即 rationality of humankind）。於是科學革命提供了批判與改革一切傳統觀念的理論依據，而科學革命所提出的「科學方法」正是解答所有人生問題與改造社會的不二法門，這種信念便是十八世紀啟蒙運動 (the Enlightenment) 的原動力。

　　科學至上與絕對的理性立場反映人本與現實的取向，它導致「人定勝天」這個人類原始希望與現代妄念的強化，十九世紀以來雖不乏其批判者，但科學的人生觀已深植民心，沒有社會巨變或文明大災難的發生實難以動搖之。第一次世界大戰後邏輯實證論 (logical positivism) 從學理上有效地駁斥混淆物理原則與人文價值的科學的人生觀，但人們的醒悟並不是從知識的論證而來，而是從戰火的教訓獲得。

第六章

啟蒙運動：

理性主義與社會改造

畫室中的畫家 *(The Painter in his Studio)*   凡彌爾 (Jan Vermeer) 作（十
七世紀中期）

此圖中女模特兒扮演的角色是希臘神話中的歷史學女神克萊歐
(Clio)，故寓有超時空的意境；同時畫裡的光源為窗簾所遮蔽，這似乎
暗示圖中的畫家是憑藉其心靈悟性創作，而非根據視覺感官作畫。十
八世紀的啟蒙運動所欲開發者，正是人的內在性靈與天賦理性，故超
凡入聖（非指得救）乃靠明心見性的自力，而非獸性蠻力或物質條件。

吉爾芙林夫人的沙龍 (Madame Geoffrin's Salon)　雷蒙尼爾 (Gabriel Lemmonier) 作

此圖所示是 1755 年一群哲士 (philosophes) 聚集於吉爾芙林夫人 (Mme. Marie-Thérèse Geoffrin, 1699–1777) 的沙龍，聆聽伏爾泰著作朗誦的情景，畫中的石雕像正是伏爾泰。啟蒙運動時期知識分子探討新觀念的風氣極盛，而社會關係良好的女性權貴與博學才女常主辦這類問題的辯論，吉爾芙林夫人的沙龍即是十八世紀中期法國啟蒙運動學者最主要的聚會場所之一；透過這類深具社會影響力的女中豪傑之媒介，學者間的交流更加密切，而啟蒙運動諸多新觀念亦得以廣為傳播流通。1760 年代以後哲士們的意見常能決定法國學士院 (French Academy) 院士人選，可見沙龍裡的風評已具有學術權威性。

波蘭的瓜分　十八世紀後期法國諷刺畫

1772 年時普魯士、奧地利與俄羅斯三國初次瓜分波蘭，此圖是當時法國對此舉的一幅諷刺版畫。圖中一手企圖扶正王冠、無力挽回逆勢而表情沮喪者，是波蘭國王史坦尼斯洛斯二世 (Stanislaus II)，俄國的凱薩琳二世、奧地利的約瑟夫二世與普魯士的菲特烈大王，則冷酷地指出其各自所要的疆土。啟蒙運動學者宣揚理性教化，圖以改革而非革命的方式淑世，其對政治的改善乃寄望於君主的「良心發現」與賢能治道之培養，「開明專制」 ('enlightened absolutism') 於是成為啟蒙運動的政治性產物，前舉普奧俄三王率為「開明的專制君主」之典範。然而人欲邪念常勝過理性良知，所謂的開明專制終非除弊去惡的政治革新運動，權利的追求仍是支配政治行為的主要因素，此表現於外交政策中尤為明顯。波蘭的瓜分與法國大革命的爆發俱可說是啟蒙運動理性訴求的失敗例證，正如此畫中雲端的天使福音傳布與地上的政治分贓行為，對照出天理與人欲的不諧，而人依然不顧傷天害理，多行不義。

一、天理與人欲

啟蒙運動被稱為「理性的時代」(Age of Reason) 或「理性主義的時代」(Age of Rationalism) 1，它倡導的是「講理」的精神。

---

1. 理性 (reason) 或合理性 (reasonableness) 與理性主義 (rationalism) 並不是同一事。「理性」一詞在十七、十八世紀演變成現代的定義 (Paul Hazard, *The European Mind, 1680–1715* (New York: The World Publishing Co., 1969), p. 119.)，它是指人的思考、理解與判斷能力；而「理性主義」是一種哲學理論（知識論），主張人可單憑理性而不靠經驗的輔助，探求世界的真理真相，這是因為人賦有先天的一些觀念和邏輯推論的能力。在知識的來源與知識的有效性問題上，理性主義是一個相對於經驗主義 (empiricism，見前章) 的立場，笛卡兒、萊布尼茲 (G. W. von Leibniz, 1646–1716)、史賓諾沙 (Baruch Spinoza, 1632–77) 等人皆持這個主張。值得注意的是，經驗主義者雖在知識論上與理性主義者對立，但經驗主義者決不是反對理性，他們對理性是一樣地強調。洛克的經驗主義與代表培根經驗歸納學理成果的牛頓科學成就，皆在發揚理性，他們使世人相信理性為解答一切知識問題的根本。由此可見稱啟蒙運動為「理性的時代」，當比稱之為「理性主義的時代」，更為恰當。這也就是說，啟蒙運動時期理性的強調主要是出自「合理性」的主張，其次才是「理性主義」。(Peter Gay, *The Enlightenment: An Interpretation, The Science of Freedom* (New York: Norton, 1996), p. 29.) 當然，若說經驗主義或理性主義何者較能代表啟蒙運動精神，答案自然是後者。啟蒙運動重鎮是在法國，英國的經驗主義傳統與啟蒙運動精神仍有扞格之處，倫敦的茶室 (teahouse) 作為啟蒙運動的學術聚會所，不如巴黎沙龍 (salon) 的精彩有生氣。

所謂「啟蒙」即是指使人能以理性處事，不盲從、不迷信，不讓感情、感覺、甚或經驗蒙蔽理智。哲學家康德 (Immanuel Kant, 1724–1804) 在〈何謂啟蒙〉("What is Enlightenment?", 1784) 一文中，即說「啟蒙乃是指人從其自作自受的束縛中解放而出。」2 凡人所以心智蒙蔽不外是因自我障礙和外力（如傳統與政治）扭曲，針對前者啟蒙運動學者乃倡導教育，針對後者啟蒙運動領袖乃呼籲改革。啟蒙運動在思想趨向上是近代第一個大眾化運動，文藝復興、宗教改革、與科學革命乃為上層文化活動，啟蒙運動的菁英主義程度則大不如前，其根本主張是人性皆同而人材無異（人的本性本能都一樣）。啟蒙時代的人對其時代的優越性自覺極強，事實上所謂「啟蒙時代」(Age of Enlightenment) 一詞，正是後人根據當時學者高度自我肯定的說法而造。啟蒙時代的人視過去為一段野蠻、黑暗的時期，而其時的文化成就也確實有移風易俗之效，現代學者稱啟蒙運動之前的歐洲為「早期現代」(early modern)，啟蒙運動之後為（成熟的）「現代」3，這正顯示啟蒙運動在「現代化」上具有關鍵性的重要貢獻。啟蒙運動賦予了「現代性」明確的定義4，而因其強調此類現代性的普遍價值，故重

---

2. "Enlightenment is man's emergence from his self-incurred immaturity. Immaturity is the inability to use one's own understanding... Its cause is not lack of understanding."（因人人皆有理智，故幼稚不是因為缺乏理智，而是不善用理智。）

3. 當現代精神已經成熟，自無必要講一個與「早期現代」相對的「晚期現代」(late modern)——雖然歷史學者為了分期敘事之便，確有偶然使用此詞的情形——因為所謂「現代」其實指涉著文明終極價值的意涵，它是永續的。現代文明在形式或技術層面上或許仍不斷改變，但在精神與價值觀方面，則已屬確定之數。

視其推廣而對單一世界的形成懷有理想。所謂現代的文明精神，
化約來說，最重要的即是「理性」與「自由」二者，前者由啟蒙
運動提倡，後者由法國大革命鼓吹；而論者常指出法國大革命乃
啟蒙運動推展的結果，此說容或有待商榷 5 ，但啟蒙運動的現代
化意義至此已不言可喻。

　　啟蒙運動是一個具有世界性意義的思潮，在「量」上它是一
個跨國性的文化運動，在「質」上它標舉的是普世性的價值理念。
啟蒙運動興起於法國巴黎，然後擴及西歐大部分地區（尤其是英

---

4. 見 Stuart Hall and Bram Gieben eds., *Formations of Modernity*
(Oxford: Polity Press, 1992), p. 2; and J. A. S. Pocock, "Modernity and
Anti-modernity in the Anglophone Political Tradition", in E. N.
Eisenstadt ed., *Patterns of Modernity* (London: Frances Pinter, 1987),
p. 56. 「現代」與「前現代」文明最大的差別即是理性（主義）精
神，而其分水嶺正是十八世紀啟蒙運動。見 S. E. Toulmin,
Cosmopolis: The Hidden Agenda of Modernity (Chicago: University of
Chicago Press, 1992), p. 13. 甚至現代的藝術觀點亦可溯及啟蒙運動
時代的美學。見 Herbert Dieckmann, "Esthetic Theory and Criticism
in the Enlightenment: Some Examples of Modern Trends", in Robert
Mollenauer ed., *Introduction to Modernity: A Symposium on
Eighteenth-Century Thought* (Austin, Texas: University of Texas Press,
1965), pp. 65–66.

5. 參見 Alfred Cobban, "The Enlightenment and the French Revolution",
in E. R. Wasserman ed., *Aspects of the Eighteenth Century* (Baltimore,
Maryland: Johns Hopkins Press, 1965), pp. 305–15; and Robert
Wokler, "The Enlightenment, the Nation-state and the Primal Patricide
of Modernity", in Norman Geras and Robert Wokler eds., *The
Enlightenment and Modernity* (London: Macmillan, 2000), p. 162.

國）乃至美國 6，於此法國哲士 (philosophes) 的偉大著作，有助於確立法文在十八世紀歐洲上層社會通用語文的地位。再者，啟蒙運動所講究的理性，是人人皆具備的能力與放諸四海皆準的原則，故啟蒙運動對於文化的交流與單一文明的促進，在概念上有極重要的影響力（實際上則未必如此）。

啟蒙運動大略可分為三期：前期為 1700 年至 1748 年，此時的啟蒙運動主要是反映科學革命的觀念而已 ；第二期為 1748 年（孟德斯鳩 Montesquieu 發表其 《法律的精神》 *The Spirit of Laws*）至 1778 年（伏爾泰 Voltaire 與盧梭 Jean-Jacques Rousseau 逝世），此為啟蒙運動的盛世，啟蒙運動的代表性觀念及著作產生於此時；其後為啟蒙運動的晚期，此時在盧梭的影響之下，文藝學者逐漸在強調理性之餘，也注重人的情感因素，此外，開明專制 (enlightened absolutism) 亦於此時出現。這個發展歷程顯示理性主義的成長，是經過對理性的絕對肯定，再到因理性的發揚而察覺理性能力的極限，於是乃能注意非理性因素的重要性。然而在知識階層意識到這個問題而不再一味講求理性之時，非知識界卻後知後覺地表現出對理性（主義）的肯定。此種情景並非偶見，十九世紀前期知識階層懷抱進步觀 (idea of progress) 之時 ， 歐洲人民大眾皆無此想，而十九世紀晚期知識階層開始質疑進步觀時，下層大眾卻開始採信進步觀。這類的現象在啟蒙運動之後愈加明顯，它顯示上下階層文化水平的差距、或專業人士與一般民眾之間的認知差距，在近代歷史中成為一個文明發展的嚴重障礙。事

---

6. 在英國 ， 休姆 (David Hume, 1711–76) 與亞當・史密斯 (Adam Smith, 1723–90) 所代表的是所謂 「蘇格蘭啟蒙運動」 (the Scottish Enlightenment)，它的主要精神是經驗主義。

實上，雖然啟蒙運動所欲啟發者乃是人皆有之的理性，然啟蒙者及其所能啟蒙的對象，仍只限於少數的知識分子(哲士們頗有「不可與言而與之言謂之失言」的警覺)，大眾的啟蒙工作須待十九世紀後期國民義務教育推行後 (文盲遽減)，始有重大進展。

啟蒙運動的基礎是科學革命的崇理精神。理性主義者認為這個世界是一個可理解、有規律的世界，而人則有能力辨識這個世界秩序，如此，他們便傾向於以這個秩序為規範人事的準繩。從思想史的觀點來說，中古基督教時代「存天理、去人欲」的觀念，至此已為「從心所欲 (人欲) 不踰矩 (天理)」的主張所取代；這是西方觀點的「天人合一」，視人性為物理，要人欲從天理。物理世界井然有序的道理，應為人類社會運作的依據，古來自然法則 (natural law) 的信念至此達到高峰。師法自然的觀念之下，乃有「天行健，君子以自強不息」的說法，此在中西皆然。獨裁暴政、社會不公、迷信無知、奴隸制度、私刑酷吏、乃至性別與種族壓迫等，皆為啟蒙運動者所撻伐，因為這些都不合理，也就是不自然、不合真正的人道與天道。

所謂真正的人是指心智已啟蒙的人，也就是一個「合理的」人，故啟蒙運動學者急於探究的是一門「人的科學」(Science of Man) 7。人所以為萬物之靈乃因人能以理性思考 (故啟蒙運動學

---

7. 啟蒙運動學者對「人學」的研究路數雖各有不同看法，但他們皆以為人性一致 (這常被後世學者指為啟蒙運動的大敗筆)。見 Roy Porter, *The Enlightenment* (London: Macmillan, 1990), p. 12; and Ursula Vogel, "The Sceptical Enlightenment: Philosopher Travellers Look Back at Europe", in Norman Geras and Robert Wokler, op. cit., p. 3. 於是哲學也被視為一門自然科學──一門研究人的心理的科學。見 Isaiah Berlin, *The Age of Enlightenment: The Eighteenth-*

者最恨愚民政策 obscurantism），而禽獸則為情緒與慾望之奴。由此，人的價值與尊嚴應加以肯定與保障，政治與社會解放（如善待猶太人）是其時知行合一的表現。培根所說「知識就是力量」(Knowledge is power.)，成為學者普遍接受的格言；科學研究機構紛紛成立，「勇於求知」(Dare to know) 與實踐理想蔚為風尚。同時，因為強調人皆有理性與尊嚴，在追求更多的權力之前，以男性為主導的啟蒙運動學者已為女人的權力（理論上應與男性無異）挺身而出高聲疾呼。如狄福 (Daniel Defoe, 1660–1731) 為女人的教育發言（著 *On the Education of Women*），而孟德斯鳩、伏爾泰及狄德洛 (Denis Diderot, 1713–84) 等人主張夫妻雙方皆有要求離婚的權力。不過這些學者均反對男女平等的要求，因為他們認為在現實的條件下，女人的理性開發程度不如男性，男主女從乃自然而合理之事。這似乎說明了啟蒙運動學者也非全然的理想主義者，他們依然有天理與人欲交戰的時刻。

　　儘管如此，啟蒙運動學者因持理性主義（廣義）而率皆信奉進步觀 8，此現象正如康德所指，為「現代性的象徵」(a sign of

---

Century Philosophers (Oxford: Oxford University Press, 1979), pp. 19, 24.

8. 啟蒙運動最聞名的進步觀提倡者是康多賽 (Marquis of Condorcet, 1743–94)，他著有《論人類心智之進步》(*Outline of the Progress of the Human Mind*, 1794)，此書是啟蒙運動進步觀的代表作。康多賽認為人類歷史雖也有墮落退步的時候（如中古時代），但科學革命與啟蒙運動以來的發展顯示，人類的未來必是不斷進步而無停滯倒退之虞。他將歷史斷為九期，而以未來為第十期；在第十期中，國家與階級間的平等將可達成，而人的體格、心智乃至道德都將趨於完美，暴政與奴隸制度等弊害終將成為歷史陳跡。康氏的進步觀精

modernity)。(此時進步觀的建立基礎是學理,不同於十九世紀因物質文明的發達而形成的進步觀。) 由於人皆有理性,理性可因教育啟發,從而使人能瞭解自身的問題並解決之,啟蒙運動學者乃對人的長進與社會的改善,充滿期望與信心。文藝復興時期的尊古崇古之風就此消歇,新時代的精神是前瞻與自主。他們是講性善的樂觀主義者,強調人的自救自了能力 (此即所謂 human perfectibility);「集思廣益」、「見賢思齊」、「從善如流」、「一視同仁」是他們共同的信念。人可因良好的教育改進自己,社會的惡終可盡除,故啟蒙運動學者多對教育充滿理想與熱誠9。他們是環境決定論者,肯定「孟母三遷」一類的教養用心,相信近朱者赤(他們對淑世的樂觀正因此)。然而由於人的成長環境不同,理性啟發的程度不同,各人的能力與成就乃有高低之別,「命運」隨之分殊,於此啟蒙運動學者雖主張「據理力爭」,但不講「得理不

神表現於當他作如此樂觀的預言時,其實正因其革命立場(康多賽支持革命且任職於法國新議會)不見容於推行「恐怖統治」的當道而逃難,最終仍以反革命罪名入獄殉道。

9. 當時教育的重要性已普為有識者所強調,「教育萬能」 (Education can do all.) 自此之後成為不朽名言;如此,如何教育其實才是啟蒙運動學者為文的重點。 (Geraint Parry, "Education Can Do All", in Norman Geras and Robert Wokler, op. cit., p. 25.) 相信人可因教養而改善其能力與德行的看法,與功利主義的倫理觀是相互助長的。 (J. A. Passmore, "The Malleability of Man in Eighteenth-Century Thought", in E. R. Wasserman, op. cit., p. 28.) 盧梭的 《愛彌兒》 (Emile, 1762) 反對洛克「跟小孩講理」的主張,他特別勸誡師長父母不要求好心切反而造成揠苗助長的弊害。這個呼籲正反映出當時上層社會人家對教育的高度重視。

饒人」的霸氣，而講同情與包容，這種唾棄強凌弱的人道精神，是啟蒙運動另一個現代的文明表現（這也是完美社會達成之前必要的處世態度 *10*）。

　　啟蒙運動是繼文藝復興更進一步的一個世俗化運動，啟蒙運動學者的世界觀較前人更富有世俗性，其現世的關懷（改善人生）更為濃厚，反教會與貴族的立場甚為明顯。他們與文藝復興學者一樣重視古典文明（啟蒙運動時的文藝仍以古典主義為主流），對於基督教在文明發展歷史中所扮演的角色則持負面評價。它表現中產階級的價值觀（反對啟蒙運動最力者為教會與貴族），反映知識分子社會地位持續的升揚 *11*，這也是啟蒙運動的現代性表現。另一方面，由於熱中知識的追求、相信理性的普遍性、與環境對文明發展的造化作用，啟蒙運動學者對於歐洲以外的文明，抱持極高的興趣與敬意（如中國聖賢形象也受其讚揚）*12*，因而帶有

---

10. 寬容之說與理性立場常為矛盾，寬容僅可為階段性的作法，而不可為絕對或終極的目的。各人的理性雖為一致，但其間高下有別——何況人有理性卻未必服從理性——具有高尚的理性才有憐憫或慈悲的必要，這即是柏拉圖所謂「承擔世間的錯誤」；啟蒙運動的學者未識超越性真理，但主理性的社會觀，他們既然警覺人們不能一時所見皆同（利害衝突猶在），只好強調教化過程中能者對無能者的寬容，這其實是無奈而非無私。真相是啟蒙乃為個人之事，並無集體啟蒙一情，所以啟蒙運動不當是社會改革運動，而應為各人自覺的學風；事實既不然，則啟蒙運動自無可能到達開化所有人（臻於共識）的一天，因此其寬容一說不得不為永續之談，並無功成身退的希望。

11. 關於啟蒙運動的社會階級對立背景，詳見 Robert Anchor, *The Enlightenment Tradition* (New York: Harper & Row, 1967), pp. 13–17, 31–33.

一種世界主義 (cosmopolitanism) 的精神 13。他們認為各種生活方式或文化均有其價值，西方有聖人，東方也有聖人，而聖人所見略同。如此，他們對東方文明（如中國）的認知比前代更深入而少偏見。這是現代以前所僅見的合理而平等的世界觀，雖然它的建立也是學理式的，而非經驗式的，故在十九、二十世紀西方稱霸世界時它便銷聲匿跡；但現代世界大同的觀念在啟蒙運動時代，確可找到思想的源頭。

二、改革的芻議

　　啟蒙運動的哲士們思以自然法則改造人類社會時，即發現傳統的基督教觀念為其首先必須克服的障礙（在宗教社會中改革的首要工作自當是宗教革新），於是便著手以理性主義（廣義）的原

---

12. 狄福的《魯濱遜漂流記》(*Robinson Crusoe*, 1719) 可說是啟蒙運動文學流傳最久的代表作，它反映啟蒙運動時期歐洲讀書人對異國情調的好奇與好感。見 Dorinda Outram, *The Enlightenment* (Cambridge: Cambridge University Press, 1995), p. 63.

13. 大同世界的想法自不免與傳統民族國家的立場相左，而為啟蒙運動時代政治利益與文化觀念的衝突點。見 Ulrich Im Hof (trans. W. E. Yuill), *The Enlightenment* (Oxford: Blackwell, 1994), pp. 98–101, 283–88. 啟蒙運動學者（尤其是伏爾泰）對於如何對待猶太人的問題，常言行不一，便是一個明顯的例子。關於啟蒙運動的世界主義思想及其偏限，詳見 T. J. Schlereth, *The Cosmopolitan Ideal in Enlightment Thought: Its Form and Function in the Ideas of Franklin, Hume, and Voltaire, 1694–1790* (Notre Dame, Indiana: University of Notre Dame Press, 1977), pp. 126–31.

則，重新調整教義，其成果即是所謂的自然神論 (Deism)。這個
興起於十七、十八世紀的新的神學觀點，主要為伏爾泰與盧梭所
提倡14，他們認為上帝為一理性的造物主，就像是一個偉大的機
械師，祂依自然法則創造自然（物理世界）並使之運作（機械論
宇宙觀），然後便置身事外，不加干涉（不顧神無所不在之說）。
因而人可透過理性及對自然之道的體會，而領略神意、探知真理
（啟蒙運動學者相信上帝所造的世界是配合人所能理解的程度）。
上帝既然是萬事萬物的第一因（或說原理），祂是可以理解的，故
而無需對其畏懼（猶太教觀點），或感其慈悲（基督教觀點），真
正要緊的是對祂的認識。一切反理性原則的信仰觀點，均為謬誤。
如此，自然神論者對得救命定 (predestination)、原罪 (original
sin)、奇蹟 (miracle)、神的啟示 (revelation) 與天佑 (providence) 以
及一切有關超自然力量的說法，均以其違背理性、有損人的尊嚴、
或有害善盡人事之大義，而痛加駁斥。他們對《聖經》亦以學術
觀點批判之，而視之為神話集。他們講求信仰中的理性與經驗實
證精神，強調信徒應具包容他人不同觀點的態度，並隨時以道德
自律。對他們而言，宇宙不是為人而存在，人只是自然的一部分。
信仰至此其實已為理性精神所取代，而無存在的餘地或可能。這
是繼宗教改革以來，知識分子對基督教最嚴厲的批判，它是信仰
徹底的世俗化與人本化。信仰的本質本非理性，亦非以人為本，
故自然神論與其說是一種新神學，無寧說是無神信仰；自然神論
取代傳統基督教的成效幾無，因為信仰乃人類永恆的需求15。雖

---

14. 學者指出，自然神論源起於義大利，然後流傳至法國，而在英國因
　　其學風與文化取向合適此說，故特為流行。見 Paul Hazard, op. cit.,
　　pp. 252–53.

　　然自然神論未為大眾所接受，不過它反映了十七世紀以下理性日張而信仰日消、或伸張所謂基督教理性主義 (Christian rationalism) 的文化趨勢 16，洛克的《論基督教的合理性》(*On the Reasonableness of Christianity*, 1695) 與培力的《自然神學》(William Paley, *Natural Theology*, 1802) 皆是這個思想傳統的範例。

　　接下來啟蒙運動學者的工作便是提出改革社會的學術理論，這即是「社會科學」(social sciences，欲建立 the science of society)；換言之，啟蒙運動發明了社會科學 17。所謂社會科學，

---

15. 1793 年法國大革命期間，國民公會 (National Convention) 也曾推動破除基督教的政策，它立法禁止上帝的崇拜，推行自然神論式的「理性宗教」(Religion of Reason)。但即便是藉著「恐怖統治」的威權，此類宗教政策仍無法奏效。次年，國民公會即宣布宗教信仰乃個人私事，只要無妨國家利益，政府例不加干涉。

16. 在理性精神推展之下，不論教派，合理性 (reasonableness) 成為啟示性宗教 (revealed religion) 信仰觀點的唯一審度標準。(J. B. Bury, *A History of Freedom of Thought*（臺北：虹橋翻印本，1966），p. 106.) 基督教會強調理性觀點與自由主義作為，乃成為一時的風氣。Paul Hazard, *European Thought in the Eighteenth Century: From Montesquieu to Lessing* (New Haven, Conn.: Yale University Press, 1954), p. 86. 自然神論信徒及其反對者爭議的焦點，在於此自然之神是否即是基督教的上帝或耶穌基督，對自然神論者而言此二者應非同一 (J. B. Bury, p. 109)。伏爾泰說「假如上帝不存在，我們一定要發明祂。」(Si Dieu n'existait pas, il faudrait l'inventer. [If God did not exist, it would be necessary to invent him.])(Voltaire to Frederick William, Prince of Prussia, 1770. Quoted in Crane Brinton ed., *Age of Reason* (New York: Viking Press, 1972), p. 367.) 即暗示了這個想法。

其哲學基礎是相信人是理性的動物，故必依據某些因素或條件行事，而人事可以理解（以科學方法研究之），且應以理性規範之。社會科學家企圖找出人事運作的通則定律，這也就是說，他們相信社會問題有其解決之道。人是自然的一部分，故自然法則也是人類社會的法則，研究物理世界的科學方法，也是研究人類社會的不二法門。簡言之，社會問題本質上也是科學問題，人文與科學的區分是沒必要的，也是錯誤的。如此，原屬人文領域的歷史學，被納入社會科學的一支（或自動投靠）。史學家以科學眼光探討史事，堅持世俗性理念而不論「神蹟」，積極蒐集史料證據，企圖揭示人的行為方式和文明興衰的規律與通則。英國史學家吉朋 (Edward Gibbon, 1737–94) 的巨著《羅馬帝國衰亡史》(*The History of the Decline and Fall of the Roman Empire*, 6 vols., 1776–88)，即展現此種史觀，他以歷史觀點大力批評基督教的為患，另一方面嘗試說明國家興亡的法則。這種樂觀自信的學術態度至十九世紀發展為所謂的「歷史主義」(historicism)，相信歷史學為探索人事真相的門路；其風至二十世紀始遭嚴重批判，歷史學的人文本色才又開始被強調。

十八世紀經濟學（即古典經濟學說 classical economics）的特色是大理論的提出，其目標一樣是在呈現人事的通則。此類觀點

---

17. 詳見 Peter Hamilton, "The Enlightenment and the Birth of Social Sciences", in Stuart Hall and Bram Gieben eds., op. cit., pp. 42–45. 社會科學發展的源頭可能是前此歐洲人長途旅遊（周遊列國）所產生的文化相對主義觀感。參見 Peter Gay, op. cit., p. 319. 社會科學的興起實為推行社會改革運動，學術本身的探索乃是次要的原因；如此，須待十九世紀後期自然科學出現長足進步時，社會科學方因「水漲船高」而大有充實。

以亞當‧史密斯 (Adam Smith, 1723–90) 的《國富論》(*The Wealth of Nations*) 為代表。他反對十六世紀以來流行於西歐的重商主義 (mercantilism)，因其蓄積本國財富的偏私而保守作法，是人為而不自然的搜括式措施；他主張自由放任 ("laissez faire" or "let it be") 的經濟政策，因他相信自然法則（此所謂「看不見的手」"an invisible hand"）將合理引導經濟走向。馬爾薩斯 (T. R. Malthus, 1766–1834) 的《人口論》(*An Essay on the Principle of Population*) 也在尋找定律，其論點對華樂斯 (A. R. Wallace, 1823–1913) 及達爾文 (C. R. Darwin, 1809–82)「天擇說」(natural selection) 的形成，影響甚大。

　　法學方面的理性精神表現，是國際法的提出與教化立場的刑法觀點。十七世紀荷蘭學者格魯秀斯 (Hugo Grotius, 1583–1645) 的《戰時與平時法律論》(*On the Law of War and Peace*) 是此類法學概念的先鋒，十八世紀義大利學者比加力亞 (Marchese di Beccaria, 1738–94) 的《論罪與罰》(*Essay on Crimes and Punishments*)，則是啟蒙時代理性主義法學的代表作。國際法是要建立一套國際社會中國家的行為準則，其所以成立的概念基礎即是理性的普遍性，相信在這個基礎上可以制訂一個「雖蠻陌之邦行矣」的跨國法律系統。國際法適用於各種不同的民族，它須克服各民族的國家主權至上之本位立場，而發揮放諸四海皆準的效力。唯有秉持「人同此心，心同此理」的理性樂觀精神，才能有此法之作，也因此各國才可能接受之。同樣地，刑法中的教化觀是建立在對人性本善的信念上。啟蒙運動學者的環境決定論觀點，使其相信犯罪絕非罪犯的本性 (誇張來說是「監獄製造了囚犯」)，於是消滅罪惡的辦法，不是消滅罪犯，而是啟發人的善性，培養人處世的能力。從啟蒙運動學者的經濟學及法學觀念尤其可知，

對他們而言，真善美有如三位一體，義與利恆可兩全。

　　此外，在社會科學信念下，語言學的研究亦成顯學。語言學家以科學的方法及比較的方法，企圖找出人類語言的源流、解析語文的結構原理與歸納出其共通法則，從而說明各語言間的關連及語言所表現的文化意涵。1786 年英國語言學家瓊斯 (Sir William Jones, 1746–94) 指出梵文、波斯文其實與希臘文和拉丁文出於同一源頭，首度揭示各語言間的關連性，現代比較語言學便是由此基礎發展起來的，這對於十九世紀時印歐語群的發現與瞭解貢獻卓著。宗教研究方面的取向亦類似，學者視宗教為社會文化的產物，他們廣搜各文明中的神話傳說資料，以求瞭解其共同性質與觀念，試圖以世俗性觀點解釋神話迷信的時代背景，由此說明人類文明發展共通性的階段進程，其社會目的是在破除神話 (demythologization) 18。

　　在啟蒙運動的各類社會科學中，最具改革社會的意義或影響力的是政治學。政治學常被強調為「政治的科學」(political science)，然而它在反對啟蒙運動思潮最力的邏輯實證論者眼中，是最不科學的學科；啟蒙運動的政治學者相信政治有其法則，然他們所論的政治法則南轅北轍，相去甚遠，這已顯示政治學說的非科學性。不論如何，十七、十八世紀的政治學者亟思以理性原則重建政治秩序，他們相信傳統政治的腐化乃因其是人為、不合理的政治結構。所謂合理，最重要的即是依自然法則賦予人民「自

---

18. 例如休姆撰〈宗教的自然歷史〉("Natural History of Religion")，以人性研究說明宗教的起源與發展，表現出一種十足的現代信仰異端。詳見 Peter Gay, *The Enlightenment: An Interpretation, The Rise of Modern Paganism* (New York: Alfred. A. Knopf, 1973), pp. 407–12.

然的權力」(natural rights)，使其在政治中發揮應有的作用，如此政治自然能上軌道。此時政治學者的重要工作是說明人權的內容，而權力既然是基植於假設，其所以可信，是因為這假設是合乎理性的。天賦人權說應取代君權神授觀 19，這對啟蒙運動的學者而言，並不是以一個新的神話去取代舊的神話，雖然二者俱為假設，但天賦人權觀點為是、而君權神授為非，乃是基於對人的尊嚴與理性的肯定。這不是經驗實證或歷史傳統的問題，它是一個對人的價值和理性的信仰。

在這種概念下，「平等」乃被視為一個權力去追求 20。洛克的《政府論》(*Two Treatises on Civil Government*) 攻擊任何形式的專制政體，講求人的自然權力（包括生命、財產、自由諸權）。其政治契約 (political contract) 論的提出，是為主張人民的革命權力 (right of revolution)；由於人民只委託一部分——而非全部——的權力給政府，這樣的有限政府 (limited government) 自應依從大眾所託行事，不能僭越職責，且受自然法則的規範。孟德斯鳩對於政治學為一門科學的看法似甚具信心，他追求政治運作的通則不遺餘力。他認為各類政治體制皆有其適用的對象，如專制政體適用於廣土眾民的大國，有限王國 (limited monarchy) 的體制適用於中型國家，而民主共和政體適用於小型國家 21。孟氏欲說明政治

19. 中譯「天賦人權」中的「天」當指「自然」，而不是寓有信仰意義的「老天」。

20. 十七世紀中葉，在英國內戰中已產生要求平等權的團體。平權論者 (the Levellers) 主張政治權力的平等，成男普選是他們的訴求；鬩荒者 (the Diggers) 則強調經濟上的均平，要求開放土地予耕農，並實行土地公有制。

21. 孟德斯鳩認為他自己的祖國法國是適用有限王國體制的中型國家。

制度應配合自然環境及社會條件而訂定，有一定規律，不能盲目改造。他其實是一個主張改革現有貴族政治的保守主義者，而非革命家。同樣可以說明孟德斯鳩政治學的「科學性」的，是他在《法律的精神》一書所主張的權力分割 (division of power) 與制衡 (check and balance) 的原則。孟氏自信這些觀點是建立在對人性的理解和掌握上，是以科學研究方法從歷史經驗中所獲致的法則。行政、立法、司法三權分立對孟氏來說是「自然的分割」("natural division")，由此所建立的制衡關係是一個保持政治不致腐化的力量。(此說之成功乃因其甚為符合凡人的惡性表現，若說這是「科學的」理論，則它卻也是放棄道德教化精神的現實妥協主張。) 他這些觀點具體影響了 1787 年美國憲法、1791 年及 1795 年法國憲法、1792 年普魯士法典、以及其後許多國家憲法的頒行與修訂。

　　盧梭的政治學觀點甚為抽象，他所談的是一種概念和假說(實為想像)，不是政治經驗或歷史教訓；簡言之，他所做的是一個立教設政的工作。其社會契約 (social contract) 論的提出，與洛克的政治契約論一樣是為主張革命的權力，但盧梭所說的契約是一種公眾的協定，不是洛克所說統治者與被統治者之間的和議。故盧梭提出「公意」(general will) 一說，強調政府乃公意之體現；人民是將全部的權力委託政府，因此它是一個不受私念限制的無限政府 (unlimited government) 22。相對於洛克的個人主義觀念，盧

---

22. 盧梭認為社會初步形成之時，是人類最快樂的階段（因其接近「自然」）；其後社會複雜化，不得不有（首次）政治契約的成立，然它是有錢有勢者的霸權工具，終於被民眾所唾棄與推翻；於是乃有第二次政治契約的出現，此為建立返璞歸真的理想社會，這個由真正的社會契約所產生的政府既然是眾望所歸，因而不容挑戰。

梭講的是集體主義，但這個集體主義並不是指專制極權，而是指公意至上的意思。他認為社會的重要性高於個人，個人與社會的關係是個性發展的基礎。這樣的觀點似在合理化直接民主的政治體制，其改革要求遠較當代其他學者為激進。公意的代表是法律，故盧梭特重立法權；他採取柏拉圖與喀爾文的概念，界定自由的意義為守法，換言之，服從公意即得自由。

　　不論這些學者具體的政治主張如何不同，他們皆認為政治是一門有法則可尋的科學。孟德斯鳩更相信經過科學的探討，一門「人性的科學」(a science of human nature) 終將建立。他們都持知識上的樂觀精神[23]，期待人事問題有真相大白之時，也有解決之道。政府對他們來說，正是文明發展的憑藉，也是民眾福祉最佳的保障；他們決非無政府主義者，而是現世的改革家。開明專制雖不是他們的滿意之作，但也可以寄託希望。

三、開明專制

　　大部分的哲士其實不滿於孟德斯鳩有限度的貴族體制改革主張，也不能接受盧梭式的民主觀念，如此，他們寄望的乃是在位君王政策上的改弦更張。他們不求削減君主的權力，只求君主善用王權，改革政治、經濟、文化等結構，使其更趨合理。奧地利約瑟夫二世 (Joseph II, 1741–90)、普魯士菲特烈大王 (Frederick

---

23. 但這並不是說在現實人事的改善方面，啟蒙運動學者也抱持一樣的樂觀的態度。例如馬爾薩斯對人口問題的研究，在知識或學術上他相信真相真理一定可以求得，但對於解決世上實際的人口問題，他並不樂觀。受到他的影響，英國的濟貧政策數十年間甚無所為。

the Great, 1744–97)、俄國凱薩琳二世 (Catherine II, 1729–96) 等人
的從善如流，被稱為「開明專制」，而十八世紀後期也被豔稱為
「改革的時代」(Age of Reform)。這事實上是誇張的。開明專制
是否為啟蒙運動的結果，甚令人疑。其實開明專制一詞是十九世
紀歷史學家的發明，而非推動開明專制者的自稱 24，開明專制是
否為國君響應啟蒙精神的政治改革運動，仍須斟酌辨識 25。開明
專制流行之時已是啟蒙運動盛期已過之後，而開明專制實行的地
方也非啟蒙運動盛行的國家。法國為啟蒙運動的重鎮，然卻甚少
開明專制之改革；啟蒙運動的另一中心英國，其政治格局則早已
超越了開明專制的水準，而無此表現（的必要）；反而是啟蒙運動
邊緣地帶的中、東歐，成為開明專制的主要活動範圍。並且這些
政府在集權中央之外，均積極從事軍事整備，這顯非理性精神的
表現，普奧俄三國瓜分波蘭的行為正是揭示開明專制虛偽面目的
強大例證。開明專制之造成，一方面是因為啟蒙運動學者的理念
宣揚，另一方面乃因十八世紀戰事造成政府權力伸張與控制力增

---

24. J. G. Gagliardo, *Enlightened Despotism* (New York: Thomas Y.
 Crowell Co., 1969), v. 作者認為開明專制並不因其改革政策而足以
 將它區劃為一段特別的歷史時代 (p. 86)。關於近代學者對於開明專
 制一說的爭議及看法的轉變，見 H. M. Scott, "The Problem of
 Enlightened Absolutism", in H. S. Scott ed., *Enlightened Absolutism:
 Reform and Reformers in Later Eighteenth-Century Europe* (London:
 Macmillan, 1990), pp. 1–4.

25. 十七世紀以來的專制學說即強調君王的權力為神聖、威嚴、絕對、
 而符合理性的。見 J. H. Burns, "The Idea of Absolutism", in John
 Miller ed., *Absolutism in Seventeenth-Century Europe* (London:
 Macmillan, 1990), p. 42.

強的結果 26 。開明專制君主的導師與其說是哲士，不如說是法王
路易十四。

　　開明專制是一種由上而下的改革（不是改革運動），它是父長
式 (patriarchal) 的人治風格，而不是法治興革。整體來說，它的表
現並不理想。首先，願意主動從事理性改革的君主畢竟只是少數。
再者，即使在實施開明專制的國家中，行政效率與制度雖有改進，
但既得利益者的特權仍不能動搖，改革之義乃大減。例如這些國
家稅收的增加，實因政令貫徹與行政效率的提升，而不是貴族階
級權利的削減。另一方面，中產階級則對貴族政體深感不滿，他
們所求並不是君主的開明專制作風，而是使他們可以參政的民主
化制度。發自君主善意的政治革新並不能恆久，以權威方法推行
的新政亦不能得民心、服天下，因此開明專制不能成為近代政治
改革的典範或原動力。同樣是由上而下的改革，二十世紀法西斯
與共產主義的改革，至少仍有群眾運動的呼應，而開明專制只是
英雄主義的表現。它是一個遷就王政體制現狀的有限改革，缺乏
革命性；而政治現代化的歷史中，革命的作用力似甚大於改革。
以近代西方奴隸制度的廢除為例，它並不是啟蒙運動人道主義訴
求的直接結果，而是十九世紀經濟環境的改變與政治權力鬥爭的
產物。不過，近代革命的興起一方面是因為啟蒙運動社會改革主
張的提示，另一方面則因對啟蒙運動理性改革成效不彰的失望所
致，故啟蒙運動仍可說是現代化的一大動力。

---

26. 詳見 Leo Gershoy, *From Despotism to Revolution, 1763–1789* (New
　　York: Harper & Brothers, 1944), pp. 48–52. 現代學者注意到社會經
　　濟因素對開明專制的影響，但十八世紀的學者並不以為然。見
　　Derek Beales, "Social Forces and Enlightened Policies", in H. S. Scott,
　　op. cit., p. 37.

　　開明專制君主不強調君權神授或王權世襲的觀念，他們以政績為其政治威權合理化；菲特烈大王自稱「一國之僕」，其義不在申明階級平等，而在自詡他對國家的大用（故 "enlightened despotism" 為君主「開明」的專政，而非「啟蒙」民眾的仁政）。無怪乎願意從事開明專制的統治者仍少，因為可以德服人的在位者終究不多。反過來說，這樣的改革亦不能深遠，因為統治者的階級意識仍不能拋，人民能以使命感驅策之，而不能以責任感要求之，人權的概念顯然尚不能深植於人君貴族。

　　論者常謂啟蒙運動造就了法國大革命，這個觀點實甚有商榷餘地。啟蒙運動是一個啟迪民智的計畫，哲士們對法國大眾的知識教養與政治教育確實甚有貢獻，而法國作為啟蒙運動重心，開明專制卻無建樹，自然激發民怨。法國大革命的理念與主張大體承繼自啟蒙運動（美國獨立革命尤其是如此），乃不足為奇，循此可說法國大革命是啟蒙運動影響的結果。但另一方面，啟蒙運動講求理性主義，它是一種和平改革的主張，這與法國大革命的暴力鬥爭與推翻改造，在精神上顯不相牟，故若說啟蒙運動造成了法國大革命，則此事亦象徵啟蒙運動（理性主義）的失敗。

　　啟蒙運動確是一個普及「常識」的運動，啟蒙時代學者的論著至二十世紀之後多已乏人問津，這表示啟蒙運動缺乏永恆性價值，雖然它可能有重要的階段性（過渡性）價值。啟蒙運動學者與科學革命學者不同，他們對於宣揚理念與教育大眾極為重視。現代化的工作在哲士們的努力下，成為一個全民的運動，理性主義更因此成為現代性最重要的指標。啟蒙運動觀念下的現代化，有一致的標準且易為世人周知與接受。啟蒙運動學者的絕對理性主張和樂觀精神，現在看來的確顯得天真；他們對人性的高度信心，隨即在開明專制及法國大革命中被破除。十九世紀前期以日

耳曼地區為重心的浪漫運動 (Romanticism)，正是對啟蒙運動的一種反動。十九世紀後期以來，學者對理性主義的批判更不絕如縷。然而理性的成長，本須經歷對理性的絕對接受，再到經由理性而發現理性的極限和理性主義的缺失。由此可知，對理性質疑的階段實是理性主義的高階段，而不是反理性或非理性的粗淺表現。法國學者傅柯 (M. Foucault) 在其〈何謂啟蒙運動〉一文中說：「啟蒙運動的歷史事件並未使我們成為成熟的人。」但若未經啟蒙運動，則我們實不能發現自己的不成熟，這個批判反省的能力正是啟蒙運動的禮讚。

第七章

工業革命……

資本主義與社會關係的變化

索夫理耶火山的爆發 (Eruption of La Soufrière)　泰納 (J. M. W. Turner) 作 (1815)

本圖所繪是 1812 年 4 月 30 日英屬西印度群島聖文森島 (St. Vincent Island) 上索夫理耶火山爆發的情景 （泰納在 1817 年另有一幅描繪維蘇威火山爆發的水彩畫）。這幅畫雖表現對自然奇景的寫實，然泰納在呈現偉大的自然力量之外，也透露其對工業文明可以開發和利用自然無限資源與潛力的信念。他這個信念因為英國正處於迅速的工業革命過程中，且居於舉世的優勢地位，而更加堅定。事實上泰納的畫作常富於愛國情感色彩，同時他是美術界中最早以現代工業成就（如汽船與火車）作為創作題材的畫家之一，其 1844 年的〈暴雨、蒸汽、速度〉(*Rain, Steam, Speed*，描繪火車在雨中疾行）便是此類作品的名畫。

水晶宮 (The Crystal Palace) 　納許 (Paul Nash) 作

位於倫敦的水晶宮是英國建築師帕斯頓 (Joseph Paxton) 為 1851 年「國際工業產品展覽會」 (The Great Exhibition of the Works of Industry of All Nations) 而設計的展覽會場，它在 1854 年遷移至希德楠 (Sydenham) 重新組合，而在 1936 年毀於大火，1941 年時為避免德軍藉此為空襲的參考點才完全加以拆除，然其建築型式在十九世紀中期以來，即廣為歐美國家所仿造。1851 年的這次展覽會是近代博覽會活動興起的開端，也是工業革命達到相當科技水準與造福大眾階段時的象徵，其後這類展示最新物質文明進步狀況的博覽會陸續出現，法國自 1867 年始開始舉辦此類展示會，其 1889 年（艾菲爾鐵塔建造）與 1900 年（電宮建造）的巴黎博覽會尤富盛名。不過在十九世紀中葉時堪稱工業化的國家無幾，倫敦這場博覽會簡直是英國誇耀其富強的獨腳戲。水晶宮以最新的鋼鐵及玻璃材料建構，但以古典美學原則造型，正如其內部陳設先進機械，卻同時布置古典藝術雕像，以及以人為的機器製造對應自然的花草樹木——身為現代科技產物的水晶宮座落於保存自然生態的海德公園內——凡此皆企圖展現力與美的結合，融會古今文明成就，這種觀點其實是對工業革命價值的高度肯定表現，相信現代化能整合傳統優點與現代長處。另有一幅描繪維多利亞女王為此展覽會揭幕的畫作（Henry Courtney 作），圖中各國使節代表立於女王臺階下之兩側，其中最貼近女王而形象顯著者為一身著清朝官服的「滿大人」（中國駐英使館其實遲至 1877 年才成立），此構圖顯然企圖呈現新舊或先進與落後之對比，亦為英國對其工業化成績自負的表現。在此次展覽會期間，據估計有六百萬人前來參觀，其盛況可謂空前。

亞貞堤爾的鐵路橋 (The Railway Bridge at Argenteuil)　莫內 (Claude Monet) 作 (1874)

法國工業革命的進程晚於英國，表現工業化景物的法國美術作品，其出現年代自然亦大多晚於英國類似的作品。在 1870 年代中，莫內有許多描繪工業現代化景象的畫作，尤其是有關巴黎的建設（如〈聖喇薩老車站〉*Gare St. Lazare*, 1877）；與泰納的作品一樣，這反映工業革命的發展歷程，並顯示當時人們對現代物質文明進步的欣喜。在本圖中莫內將鄉村野趣的美感與工業科技的力量並陳，顯示一種對工業化的接納態度乃至好感。然而後來莫內對巴黎顯然深感厭倦，他幾度進出巴黎，無法常駐，不斷往鄉間大自然尋求創作靈感，顯示他對工業化都市化發展的愛恨交織，這也是十九世紀後期以後有識者對於現代化共有的感受。

蒙馬特大道 *(Boulevard Montmartre in the Spring)* **比薩羅** (Camille Pissaro) 作 (1897)

在 1853 年至 1870 年間，豪斯曼 (G. E. Haussmann) 主持巴黎的都市改建計畫，將許多街道拓寬（陰謀論者指其為避免十九世紀前期民眾的阻街抗爭運動），並廣植路樹，築成一條條林蔭大道 (boulevard)，同時更新基層公共設施，賦予法國首都嶄新的氣象。印象派後期大師比薩羅這幅畫即呈現法國在十九世紀後期工業化造福市民的成就，圖中可見街頭電燈已經取代舊式油燈，畫中平靜祥和的氣氛與開闊壯觀的氣勢，暗示工業化與都市化美好的一面。

艾菲爾鐵塔 *(Eiffel Tower)*

艾菲爾鐵塔為法國工程師艾菲爾 (A. G. Eiffel) 為參展 1889 年巴黎博覽會（法國大革命爆發的百年紀念盛會）所設計督造，高達三百公尺，曾長期保持世上最高建築的紀錄。如同英國水晶宮的象徵意義，艾菲爾鐵塔展示法國工業化的富強成就，以及巴黎改建後的新氣象。同時此塔亦圖展現現代科技（鋼鐵工業）與古典美學（和諧比例）的結合，這種整合工技與藝術的理念引領著二十世紀包浩斯學派 (Bauhaus School) 的現代建築風格。不過在這二要素之間，艾菲爾鐵塔之作更加強調現代物質文明的勝利，其高聳入雲霄的氣勢有如哥德式教堂尖塔，然其所暗示的是科學勝於宗教；當人們仰望這座驚人的「世俗神殿」時，頗能感受人定勝天的信念。艾菲爾鐵塔在建造時即已吸引世人矚目，表現其尚未完成時的惱人風貌之作品（包括攝影與繪畫）甚多，這說明當時人們對於其完成後的偉大景象早有憧憬；雖然在另一方面艾菲爾鐵塔在初建時，也曾被傳統衛道之士譏評為粗俗且大而無當（如同一個「大小姐的醜陋身影」'an odious shadow of a great lady'），但隨著俗氣的現代建築逐漸興盛，艾菲爾鐵塔更教世人感其格調優雅。

草地上的野餐 *(Luncheon on the Grass)*　馬內 (Edouard Manet) 作 (1863)
當工業革命開始改善大眾生活品質時，腳踏車兜風、野餐、旅行、海
濱遊憩等休閒活動逐漸成為風尚。同時，婦女權力意識也隨之揚升，
人際關係解放成為新女性的要求。馬內此圖即呈現上述兩種新社會趨
勢。圖中坐地的女人一絲不掛，神情自若，頗有豪放之風，此與其身
旁衣冠楚楚的兩名紳士，及遠處保守打扮俯身做事的女人，在形象上
形成強烈對比；一方面這暗示野性與禮教的對照，另一方面它表現現
代女權與傳統婦德的對照，至少這個裸女是一種自主的存在，不屬於
同行的男人（而為平等的伴侶），也不受社會倫常規範。為此，該畫在
1863 年展出時，曾引起極大爭議，甚至招來色情之作的批評（裸女身
材真實而非典雅完美）。不論觀者解釋為何，新興的美學觀是「為藝術
而藝術」，藝術家不再為擁護中產階級的價值觀而效勞，創作自由與性
解放的理念並不相妨礙；可見在大眾社會出現之前，中產階級的世界
觀已遭遇文化界的嚴厲挑戰。

一、產業變革

　　工業革命作為現代化的標準是最為世人所普遍接受的一項，此在唯物論者或左派學者眼中尤然 *1*。在社會學中，「現代化」一詞常指經濟發展對傳統社會結構與價值觀所造成的改變 *2*。一般人常以「開發」(developed) 及「開發中」(developing or underdeveloped) 二詞區別國家的現代化程度，這主要便是以工業化為判斷的依據。這個看法顯然忽略精神文明在現代化中所扮演的角色（開發一詞不應限於物質的利用或建設），但對許多持這個觀點的人而言，科技、工業與商業經濟的發展，其影響決不止於人類的物質生活，而是深入人的行為、心理及思想層次（然這極可能是物質條件對人制約的結果）。故以工業化與否判別一個社會是否現代化，對今人來說並不是一個偏執或淺薄的觀念。此說雖未必可信，但自亦有其道理。一個工業化的社會，其政治結構、經濟組織、社會制度、人際關係、乃至文化風格，決不會呈現農業社會的型態。反過來說，一個社會之所以能工業化，決不是只憑工商業本身在技術層面上的進步，而須有人文社會的條件為基礎。簡單來說，工業化的因素不單是工業一項，而工業化的影響

---

1. 在馬克思的唯物史觀中，工業化乃是人類進化所必經歷的階段，且為文明後期的表現。馬克思主義者所大力攻擊的是工業化之下的社會現象，不是工業化的本身。事實上，作為一個歷史命定論者，馬克思並不反對任何歷史進程；在其眼中，工業化乃是文明發展的自然而必然階段，人們必須坦然面對（接受）之。

2. Mike Featherstone, *Consumer Culture and Postmodernism* (London: Sage, 1991), p. 7.

若不是全面的，也是廣面的。

　　工業革命一般是指 1750 至 1850 百年之間歐洲工業迅速的發展。這當然不是說此後的工業發展不及此時的迅速或有成（其後所謂的第二次、第三次工業革命等說法顯示工業進展的快速），而是指相對於傳統社會，這段時期的工業發展有「突飛猛進」的成就。不過學者對於「工業革命」一詞仍有甚多爭議，因為任何工業的發展皆不是突然或劇烈的（後進國家的工業化可能較先進國家劇烈，因它有「急起直追」的需要與可能），工業的改造和轉型是漸進且有傳承性的（科學理論落實為生產製造本非快速的過程）；十八、十九世紀時工業縱有迅速的發展，是否可謂為「革命」，確有商榷的必要 3。但不論如何，它對近代文明影響之鉅，早為世所共識。

　　工業革命興起於英國，但促成工業革命發展的社會經濟環境之變化，則普遍發生於西歐地區。這包括：一、十一世紀以來商人階級（或中產階級）的崛起，及其在法律上所獲得的保障和尊重；二、十五世紀新航路新大陸發現以後，商品市場的擴充與貨幣經濟的活絡；三、十八世紀以下歐洲（尤其是西歐）人口大量

---

3. 早在二十世紀初，英國經濟史學者克萊普 (J. H. Clapham, 1873–1946) 便以英國紡織業與鋼鐵業發展史的精細研究 (*An Economic History of Modern Britain*, 1926) 為證，駁斥工業革命之說。其他質疑工業革命的異說此後亦紛紛出現。參見 C. S. Doty ed., *The Industrial Revolution* (New York: Holt, Rinehart & Winston, 1969), pp. 15, 22, 43, & 84. 許多學者主張以時空範圍比 「工業革命」 (Industrial Revolution) 更大的 「工業演進」 (Industrial Evolution) 為研究課題。見 E. J. Evans, *The Forging of the Modern State: Early Industrial Britain 1783–1870* (London: Longman, 1996), p. 107.

的增加。而英國之所以為工業革命的起源地，其眾多因素亦具有普遍性的價值或有效性，也就是說這些因素亦為他國工業化之先決條件 4。例如：㈠對學術研究的肯定及支持（英國在 1624 年即有專利法，1660 年皇家學會成立，對科學研究獎勵甚大），㈡廣大的商品市場（人口的成長，蘇格蘭、愛爾蘭與英格蘭的合併，以及眾多海外殖民地的取得，使英國的國內外市場大增），㈢充裕的資金（英國自十六世紀起商業已甚發達，十八世紀後圈地運動使農業走向商業資本化，十七世紀末成立的英格蘭銀行 Bank of England 至十八世紀已成為歐洲最大的金融機構）5，㈣豐裕的原料與資源（十三世紀以來英國即是歐洲羊毛紡織中心，羊毛與棉花來源充足，且英國的煤鐵礦藏多，水力亦豐富），㈤充足的勞力（英國人口在十八世紀成長一倍，又有來自歐陸的人力，最重要的是農業改革使務農人力轉向工業生產），㈥交通運輸暢達（英國國內運輸網通暢，海運與海軍均強盛），㈦民主自由原則與法律對工商的保障（英國議會政治下的財政措施較他國更能維護工商業

---

4. 關於工業革命發展的過程學者深入的討論甚多，共識亦較高，但關於工業革命的起源及性質，各類解釋分歧而爭議極大。見 Tom Kemp, *Industrialization in Nineteenth-Century Europe* (London: Longman, 1990), p. 1.

5. 英國為資本主義發展重心早為學者共識，但其原因向來眾說紛紜。見 Alan Macfarlane, "The Cradle of Capitalism: The Case of England", in Jean Baechler et al. eds., *Europe and the Rise of Capitalism* (Oxford: Basil Blackwell, 1988), pp. 185–89; and Colin Mooers, *The Making of Bourgeois Europe: Absolutism, Revolution, and the Rise of Capitalism in England, France and Germany* (London: Verso, 1991), pp. 171–76.

者，人民財產有保障，賦稅較輕且法治化，國內行自由貿易，無
關稅壁壘，行會與專賣壟斷不再），㈧不賤工商的價值觀念（英國
人較歐陸人民肯定財富的追求與資本主義企業精神，「魯賓遜」
Robinson Crusoe 是英國人白手起家的典範，英國貴族較歐陸貴族
更重財富而非身分）6。十九世紀初期以後歐陸的工業革命漸成
氣候，其原因與英國工業革命發展的背景頗多相似之處（反過來
說，先前歐陸工業發展不佳也與這些因素的缺乏有關）7，如人
口增加（1800 年至 1850 年間歐洲大部分國家人口都增加了一倍，
生產者與消費者俱增）8、交通運輸發達（1840 年代以後歐洲鐵

---

6. 在日耳曼地區即便是工業化初期時，工商業者的社會地位仍極低
   下，歐陸其他國家亦類此。見 Jürgen Kocka, "Capitalism and
   Bureaucracy in German Industrialization before 1914", in P. K.
   O'Brien ed., *The Industrial Revolution in Europe* (Oxford: Blackwell,
   1994), vol. II, p. 13. 另外，英國被視為政治與宗教逃難者的樂土，
   如 1685 年法王路易十四 (Louis XIV) 取消〈南特敕令〉(*Edict of
   Nantes*)，據言有四萬修格諾教徒 (Huguenots，屬喀爾文教派) 移
   居英國，他們多是勤奮而富有企業精神的工商業者，對英國工業革
   命的發展貢獻甚大。
7. 歐洲以外地區的工業化歷程亦類似歐洲所見。詳見 L. A. Clarkson,
   Proto-Industrialization: The First Phase of Industrialization? (London:
   Macmillan, 1991), pp. 51–52; and N. F. R. Crafts, "Patterns of
   Development in Nineteenth Century Europe", in P. K. O'Brien, op. cit.,
   vol. I, pp. 83, 93–98.
8. 人口變化與工業革命的關係各地情況不一，難以概論，見 S. C.
   Ogilvie and Markus Cerman, "Proto-industrialization, Economic
   Development and Social Change in Early Modern Europe", in S. C.
   Ogilvie and Markus Cerman eds., *European Proto-industrialization*

路系統開始建立)、政府獎勵倡導 9 （歐洲政府積極介入經濟活動，鼓勵工商業，興辦教育培養人才）等 10。

　　前舉英國得以領先工業革命的諸多因素中，物質條件常非亟欲效法英國工業化的國家所能強求，但工業化所需之心理建設與觀念的養成則為提倡現代化者所疾呼。依英國及其他西方國家經驗來看，或依自由主義觀點而言，民主化須為工業化之前提（資本主義乃是「經濟上的自由主義」economic liberalism）11；唯有

(Cambridge: Cambridge University Press, 1996), pp. 228–29; and Robert Woods, "Population Growth and Economic Change in the Eighteenth and Nineteenth Centuries", in Peter Mathias and J. A. Davis eds., *The First Industrial Revolutions* (Oxford: Basil Blackwell, 1990), pp. 127–28, 151–53.

9. 在工業後進的國家如俄國，政府角色在經濟發展中的重要性更高。見 P. R. Gregory, "The Role of the State in Promoting Economic Development: The Russian Case and its General Implications", in Richard Sylla and Gianni Toniolo eds., *Patterns of European Industrialization: The Nineteenth Century* (London: Routledge, 1991), pp. 73–77; and Clive Trebilcock, *The Industrialization of the Continental Powers 1780–1914* (London: Longman, 1990), pp. 16–17, 409–16.

10. 此外，十九世紀初許多英國技術人才與企業家到歐洲與美國發展其事業，這對當地工商業貢獻亦大。然本土人才的缺乏對歐陸工業革命的進步，正是一大障礙。

11. 十九世紀前期英國的憲政運動 (Chartism) 是工人階級為改善其經濟處境所發動的民主政治運動（「人民憲章」People's Charter 的六大重點是成年男子普選、平均的選區、廢除參選國會議員的財產限制、議員支薪、秘密投票制、每年舉行大選），因為他們有感於參

重視人權的自由民主法治精神先建立，否則資本主義與工業化無法順利發展（韋伯的《基督新教倫理與資本主義精神》一書可視為此類命題）。然若依馬克思一派的社會主義觀念，則工業化必在民主化之前而發展，因為任何政治的意識型態皆屬階級意識（class consciousness），無階級則無主義，唯有工業化成熟，勞資對立惡化，階級鬥爭下才有無產階級專政之發生，最後方能進展至無階級的真民主社會。世上大部分國家的工業化過程均仿英國經驗，循序漸進，先建立工業化的社會基礎；而蘇聯則頗為例外，史達林五年計畫簡直是一個專制獨裁的工業化運動，在缺乏資金、人才與外援的情形下，強力推行工業建設，雖能創造一個工業大國，卻不能建立一個現代化的工業社會。縱使如此，史達林其實也利用了資本主義自由競爭的原則作為促進工業生產的手段。可見工業革命並不是單純的科技進步或物質文明，它牽涉人性與社會問題甚廣，也是一種心理建設與精神文明。

　　工業革命的產業創新主要是在基礎民生工業方面，此即是紡織業、煤鐵礦冶、動力機械（蒸氣機的改良）與交通建設（鐵路與輪船）四項。同時工廠制度出現，傳統手工製造業與家庭生產型態迅速沒落。不過整體而言，工業革命在各產業中的發展程度

政權而非單純的辛勤工作，才是根本提升他們工作權益的辦法；也就是說，英國工人體認到保障其經濟條件的方法不是經濟手段，而是政治手段。這是民主化須為工業化前提的一種認識。反觀法國1830 年後路易‧菲力普 (Louis Philippe) 建立的 「中產階級王朝」(Bourgeois Monarchy)，其回應人民要求降低選舉權財產限制的答案竟是「先發財再說」(“Enrich yourselves!”)，這便是一種默認民主化為工業化前提，卻又為階級利益而反對此說的自私表現，故政府的說詞率被指為既得利益者的藉口與陰謀。

參差不齊，老工具與舊生產方式並未立遭淘汰；初期工業革命僅是憑藉一點技術和理論基礎發展起來，它是根據經驗的實驗產物，往往不過是富有創意的修改工作而已，無怪乎尚無國民基礎教育事業的英國竟能有工業革命之作。若說工業革命是十七世紀科學革命的結果，這是誇大之詞；工業革命應是科學革命中工匠技藝傳統的突破，並非科學理論或科學方法應用的成績（雖然在十九、二十世紀以來的工業發展中，科學研究的重要性與日俱增）。另外，由於國際性的專業化與分工程度在此後日益提高，工業革命以來西方工業化國家由基礎產業發展至高科技產業的經濟現代化模式，未必普遍發生在工業後進的地區，因為它們可以某些產業為國本發展其經濟實力，而不必兼顧一切產業的均衡成長。這是單一世界興起的現象，蓋全球經濟的分工合作已成可能乃至必需。

二、資本主義的興起

在十八世紀之前，資本主義長期在政府的經濟民族主義政策「保護」下發展，使其生機潛能無法充分自由發揮[12]。工業革命是西方資本家首度接管和掌控工業生產的時代，資本主義也應時快速發展，成為西方經濟活動的支配原則，在十九世紀後期臻於全盛狀態。資本主義的主張（相對於社會主義）是私有財產的保

---

12. Catharina Lis and Hugo Soly, *Poverty and Capitalism in Pre-Industrial Europe* (Atlantic Highlands, N. J.: Humanities Press, 1979), pp. 67–68. 韋伯認為只要私營民生產業存在，資本主義即存在，但直到十九世紀中期以後資本主義才成為西方的主流經濟體制。見 Stanislav Andreski ed., *Max Weber on Capitalism, Bureaucracy and Religion: A Selection of Texts* (London: George Allen & Unwin, 1984), p. 109.

障、生產工具（機器設備等）的私有化、個人經濟活動的自由、競爭原則的維持與牟利動機 (profit motive) 的合理性等。資本主義社會下的經濟結構與組織（包含生產、分配與金融體系）複雜而完備（此為市場機制自由發揮的先決條件和結果），中產階級工商資本家的政經社會權勢，漸漸凌駕傳統土地貴族 (landed aristocracy) 之上。資本主義下的生產業走向標準化、規格化與大量製造，生產不再以一般人的基本生活需求為決定依據，而反以刺激需求的方法和觀念（如創造流行時尚風潮）創造景氣與推動事業。因人有無限的慾望，故無限生產的概念亦出；從價值觀來看，資本主義是將金錢視為權力（所謂資本其實就是金錢，然它是用於投資者），其追求乃為社會成就，也就是「立功」而非「立德」、更非「立言」。因此在資本主義市場裡易有活絡的經濟活動與大企業的出現，但同時也容易產生景氣不振、生產過剩與產業蕭條種種不穩定現象；換言之，經濟景氣的興衰循環是資本主義時代的特徵，事實上資本主義國家的通貨膨脹 (inflation) [13] 與失業 (unemployment) 問題，一向較社會主義及其他經濟型態的國家為嚴重，可見資本主義重視自由而輕視安全 [14]。

---

13. 通貨膨脹即是指物價全面與大幅的上漲，通貨膨脹的原因是市場上流通的貨幣過多，以致貨幣貶值、物價上漲。在二十世紀中，戰爭是造成通貨膨脹最常見的因素，因為此時政府通常大量借款、紙幣發行量大增、而民生用品奇缺，所以物價上漲嚴重。持續性的通貨膨脹將導致全國經濟的崩潰，最有名的例子是 1923 年時，德國曾在一個月內物價上漲 2,500%。二次大戰後，許多拉丁美洲國家的通貨膨脹亦極為嚴重；1970 年代時，全球因石油危機而出現普遍性的通貨膨脹。

14. 資本主義的「精神現象學」大約是：「財產尊嚴不可欺，各憑本事

　　資本主義在工業革命前發展並不快速，在工業革命後則立即遭到質疑和反對。十五至十八世紀間西歐流行重商主義(mercantilism)，政府對經濟控制甚嚴，常以高關稅摒除外貨，以確保出口值高於進口值，蓄積國富。十八世紀後法國重農主義者(physiocrats)主張自由放任政策，要求政府不再干預對外貿易，廢除高關稅政策與貿易限制，但這個呼聲並未受到政府重視。同時，亞當‧史密斯亦力言國家迅速致富的辦法即是開放自由貿易。他的觀點至十九世紀初始獲認真考慮，英國政府此時才開始廢除重商主義政策，而發展資本主義式的經濟體制，由此，資本主義隨著英國工業革命的勢力，迅速擴展至各貿易大國。然而就在同時，反資本主義聲浪亦隨各種社會問題的出現而起。批判資本主義最有力者自是馬克思主義者，但其他反對資本主義的學者亦所在多有。在十九世紀後期以後，歐洲國家政府逐漸採行社會主義福利政策，來減少資本主義制度的流弊。同時，因為國際貿易競爭激烈，各國為了保障本國工商業，乃有設定高關稅的保護主義政策(protectionism) 15。第一次世界大戰時的生產與民生狀況對資本主

賺錢去，工商掛帥制度繁，大量生產欲求多，人心不足蛇吞象，暴起暴落切莫笑。」

15. 保護政策是以規範進口貨物方式，保護本國產業免於外國商品挑戰和競爭的作法。為此，政府可能禁止某些貨物的進口、設定進口貨物的配額、或對某些出口貨物加以補貼獎助，而最常見的方式即是訂定較高的進口關稅，以使外國商品成本提高，而減少其在本國市場上的競爭力。在歷史上，原來關稅的收取只是為了增加國家財政收入，但十七、十八世紀以來，許多政府已經發現這也有助於振興本國產業，於是漸有今日保護政策的形成。十九世紀時，英國成為世界上第一個廢除所有保護性關稅的國家，而改採自由貿易原則，

義衝擊甚大，戰後經濟大恐慌更是資本主義的最大挑戰。英國經濟學家凱恩斯 (J. M. Keynes, 1883–1946) 於 1936 年出版《就業、利潤與金融通論》 (*General Theory of Employment, Interest, and Money*)，駁斥資本主義觀點，力陳政府介入經濟事務的必要性。美國羅斯福的新政大致上即是此類觀念的推動。顯然自由放任的經濟原則，已經不適用於現代複雜的社會和國際局勢；此後民主國家的社會經濟改革與集權國家的經濟措施，均在限制資本主義的發展 16。

這是因為英國工商業的競爭力在世上已無他國可以匹敵。到二十世紀時，英國又恢復了保護關稅政策，以便提升英國及其國協盟國之間的經貿關係。美國自立國開始即採行保護政策，以保障其初生的工業。因美國憲法明文禁止政府對出口貨物的補貼，因而設定高關稅的作法，就成為美國保護政策的主要措施。1913 年時美國曾有降低關稅的呼聲，但一次大戰後，美國關稅反而提高至前所未見的水準，這不僅是為了保護美國某些產品，也為了抵制某些國家的產品。即使在美國的產業已發達至極具優勢的地位，美國人仍認為政府有必要以保護政策防止某些開發中國家以低廉貨物對美傾銷。1948 年 「關稅暨貿易總協定」 (General Agreement on Tariffs and Trade, GATT)、1958 年歐洲「共同市場」(Common Market)、以及 1959 年「歐洲自由貿易協會」(European Free Trade Association) 的成立，對於減低各國保護政策，促進世界自由貿易，皆有甚大的助益。

16. 自由放任的經濟政策自十九世紀後期以後，漸顯窒礙難行。由於國際競爭日熾，自 1880 年代起，歐洲各國紛紛改採高關稅的保護政策。企業界要求政府協助 (如融資貸款、保障國產商品、開拓海外市場等) 的呼聲，不斷升高，民族主義的經濟立場已逐步取代古典自由主義經濟學說。 另一方面， 十九世紀後期大型企業 (trust or

　　資本主義如今已經不能完整維持它原來的理念和優勢，現代
社會的經濟體制通常是以資本主義為主幹，但加入許多社會主義
政策，以為補救；也就是說，在尊重個人經濟行為自由、維持競
爭原則之時，也力求保障下層大眾（競爭的弱勢者）基本的生計、

---

cartel) 開始形成（詳見 F. B. Tipton and Robert Aldrich, *An Economic
and Social History of Europe, 1890–1939* (London: Macmillan, 1987),
pp. 16–26.），市場壟斷成為新經濟問題，它妨礙了自由競爭與個人
創業的機會，同時也不利於大眾的生計。如此，政府乃不能不介入
經濟活動，以維持一個「合理」的經濟環境與安穩的民生條件。新
自由主義的經濟政策主張政府「適當的」規劃與管制經濟，並推行
社會福利制度，以保障一般人民的生活條件，社會主義的觀念至此
顯然已為自由主義者所採納。傳統自由主義者認為政府所管的事，
應是盡量簡化與縮減的政治性事務，而不涉及經濟活動；換言之，
政治與經濟問題是井水不犯河水的不同領域，政府的角色是純政治
性的，理當謹守分際。如今政治與經濟二者已然合流互動，成為政
府必須兼顧的事務。甚至可說現代政府的職責主要是在經濟方面，
因為在民主政治下，選民最關心的是事關切身利害的生計問題，財
政與經濟興衰成為人民判定政府執政成敗的根本憑據。政黨屬性的
區分也常以經濟觀念為標準，政治左右派之別主要依據即是對於財
產問題的主張。近代標榜自由主義治國精神的經濟大國有二，即英
國與美國。在古典自由主義衰微的過程中，此二國亦順應時勢，調
整政策。英國自由黨首相勞合·喬治 (David Lloyd George, 1863–
1945) 與美國民主黨總統羅斯福 (Theodore Roosevelt, 1882–1945)，
皆代表自由主義主政者對政府的社會經濟性責任之新體認，而在
「民有」、「民治」的政治原則之後，大力推動「民享」的政策，尤
其美國「新政」可視為西方最後一個大國對新自由主義經濟政策的
接受。

確保社會經濟的安定（詳後）。不過整體而言，在現代世界裡，資本主義制度仍較社會主義更為流行，資本主義的基本主張不但被民主國家所擁護，也被共產國家所採行（二十世紀末年以來中共的改革開放即是一例）17，而成為現代化的經濟與社會指標。總之，資本主義甫獲肯定之時即遭質疑，其情形類似理性主義的發展歷史；但亦如理性主義一樣，資本主義的根本主張至今仍受普遍支持，而為現代文明的主流之一。

三、新社會關係

如前文所說，資本主義隨著工業革命而興盛，所以工業革命後的社會變遷，可說就是資本主義下的社會現象。工業革命所導

---

17. 1990 年代俄國的巨變具體而明顯地表現在莫斯科。 莫斯科是俄國的「母城」(Mother City)，也是東正教世界的資本與精神重鎮，為了配合蘇聯大國氣象，莫斯科的建築規模宏偉巨大。但自蘇聯瓦解後，莫斯科又退回俄羅斯國的首都。因為俄國進行改革開放，資本主義也進入莫斯科，隨之而起的是西方資本主義社會常見的通貨膨脹、嚴重失業等問題。但不幸的是，俄國從共產主義轉化到資本主義的過程並不順利，莫斯科的食物與民生必需品奇缺，社會福利措施不如舊共產時代，城市的基層建設不足且不修，而組織性犯罪已開始猖行。對許多莫斯科市民來說，政治自由的代價是生活水準的降低。 見 R. L. Greaves et al., *Civilizations of the World: The Human Adventure* (New York: Longman, 1997), p. 1162. 二十世紀末資本主義「戰勝」社會主義之後，這類現象亦發生在其他放棄共產主義而改採資本主義的國家。由於一時的適應不良以及經濟狀況的惡化，許多人民反覺得昔日共產制度有其優點，因此在這些地區中，共產黨仍保有相當的政治勢力。

致的社會經濟變革甚多且鉅，這包括都市化 (urbanization)、專業化與分工 (specialization and differentiation)、勞資衝突與貧富差距的惡化、經濟景氣興衰浮動、失業問題、代溝 (generation gap) [18] 以及人口迅速增加等現象。而伴隨上述現象所產生的新問題，如大眾政治運動與現代人的疏離感，又多至不可勝數，故工業革命可說塑造了現代社會關係。因應這些問題，強化法治、推廣教育、財產重新分配、失業救濟等皆成當務之急，政府與人民的關係、勞資關係、兩性關係等均須重新調整。

　　就政府與人民的關係而言，現代社會中人民權力增加，政府與人民的關係愈來愈緊密，而政府的職權也有所擴充。原來保守貴族與自由主義者（中產階級）的政治理念是，管得越少的政府越是好的政府 (The government that governs least governs best.)。他們之所以如此主張，從現實利益的考量來看，是因為他們是社會經濟現狀中的既得利益者，不願政府有為而改變形勢，何況主政者本身也是中上階級權貴，不肯自我犧牲。故傳統時代政府以政治問題為其主要關懷，社會經濟問題非政府所重。待十九世紀以後，社會問題成為新政府的重要（乃至首要）任務，社會經濟政策成為政黨對立的關鍵 [19]，也是政府主要政績表現所在，由此政

---

18. 代溝的出現與時代的巨變和親子二代所受教育的差異關係甚大，此二者導致兩代之間經驗與觀念上巨大的不同，代溝乃隨之惡化。而此二因素的出現與工業革命息息相關，故可謂工業革命造成代溝的問題。

19. 政治左右派的分法自法國大革命以後出現，其分別關鍵即是在二者對政權來源（或參政權）及財產權立場上的歧異。但不論左右，十九世紀以後的政府均遠較過去重視均權與均產，社會經濟政策成為二派主要的競選訴求。在這個轉變的過程中，保守主義者或傳統貴

府的權力與責任隨著民主政治的進展而增加，不因人民權力的提升而減少，政府與人民的關係亦因政府的社會政策而拉近距離。在資本主義的國家中，政府雖盡量保障個人及產業界經濟活動的自由，但政府也需要執行和維護許多經濟規範，例如政府須發行貨幣、控制金融、監督公共工程、保障商務契約、維持市場競爭的公平性、規劃航空、醫療、通信、大眾傳播等重要產業的規則、乃至補助許多產業與救濟失業者。 在這個福利國 (the welfare state) 的方向中， 自由放任的無為政府逐漸被視為壞的政府， 政治、經濟、社會三位一體成為新的政治觀。

在現代資本主義社會中，由於政治的民主化，人民權力增加，但政府權力並未因人民權力的提升而萎縮，反而因為其與人民利害關係的密切，扮演了更重要的角色。政府官員雖說是人民的「公僕」，但同時也成為強而有力的管制者。在這個情勢下，議會積極從事社會立法，新政治任務導致新政局。現代的 「大政府」 (big government)，不只是意味政府職權大，亦指政府組織大、結構複雜。新法規、新部會的設立是十九世紀以後的政治常態。此外，社會立法的決策權在中央，執行則在地方，故地方政府職權的擴充與地方政治（或地方自治）的活絡，也是現代政治的新局。前言人民與政府關係的緊密，主要便是表現在市民與地方政府的接觸上，此即一般所謂之「市民生活」(civic life)。同時，地方基層

族反較自由主義者或中產階級更能妥協或調適，這可能與前者一貫的父長式恩威並濟作風 (paternalism) 有密切關係。自由主義者對於社會主義式的經濟政策，正如他們對於全民政治一樣，其接受度或適應力皆不如傳統的保守貴族。例如在十九世紀後期，自由主義思想甚濃的英國推動社會立法的態度，顯然不如歐洲大陸保守政府的積極。

建設亦成為人民呼聲與政府施政的要點。社會經濟政策的推動需要龐大的經費，故稅收的增加與稅源的開闢，成為新政府的另一要務。稅務的革新不僅涉及財政的健全，而且具有財產重新分配的意義與均平作用。於是累進的所得稅制 (progressive taxation) 乃成十九世紀後期的新政 (首先於英美二國開徵)，這個新措施雖引起人們憂慮政府將因此侵犯人民隱私權且不知節制地耗財，但仍因社會政策的需要而在歐洲主要國家普遍實行 20。此種現象其實正說明現代民主政治體制下，自由與安全是不能兩全的價值，同時可知處於「天高皇帝遠」時代的古人恐較處於複雜社會的今人更為自由。

在勞資關係方面，工業革命以後最明顯的變化表現在工會運動上。現代的工會 (trade union) 不同於中古行會 (craft guild)，行會是開業的技術工人或專業人士的利益團體，它是一個封閉的自救互助組織，而工會則是一個相對於雇主的勞工團體，它以集體協商 (collective bargaining) 的方式爭取資方權益的讓與 21。 行會的沒落與工會的興起，至少顯示資本主義下社會分化與專業化程度的提升。現代的勞資關係固然不是和諧的，但亦不是馬克思所

---

20. 參見 David Thomson, *Europe Since Napoleon* (New York: Alfred A. Knopf, 1965), pp. 327–33. 英國上議院 (House of Lords) 在十九世紀後期以後逐漸喪失其政治上的影響力，其重要原因即是它遲遲不能接受社會立法的趨勢與必要性，而為此問題長期與下議院 (House of Commons) 為敵，乃漸失民心，終至其政治權力變成有名無實。

21. 現代的工會大約出現在 1790 年之後，最早發生在英國的棉紡織業。見 N. J. Smelser, *Social Change in the Industrial Revolution: An Application of Theory to the British Cotton Industry* (Aldershot, Hampshire: Gregg Revivals, 1994), p. 317.

說的勢不兩立。工業革命雖使勞資關係緊張，但主張推翻資本家的社會主義革命，並沒有取代主張勞資協商的工會運動 (trade unionism)，勞資雙方的共生共榮關係顯然仍大於階級仇恨。十九世紀中期（1848 年革命失敗）以後，社會主義與工會運動已然分流；正當馬克思在闡揚其「科學的」（掌握階級鬥爭事實而無浪漫綺想）社會主義理論時，勞工大眾卻積極組織工會與資方進行和平協商。

　　十九世紀前期工會組織不多見，且常為政府查禁的非法團體。自由主義者不樂見工會的出現，不僅因它與中產階級（資方）對立，並且因它訴諸集體運動以求救濟的作法，與自由主義的個人自救（自立自強）觀念不符。早期的工會多為處境較佳的技術工人所組織者，其規模不大而作法溫和（不喜罷工），與資方的對抗性不嚴重，因身為既得利益者故自我保護的色彩明顯，其訴求主要是經濟利益，對於政治問題向不投入。十九世紀後期以後，伴隨著大企業的出現而有大工會的產生，工會運動也蓬勃發展。在民主政治的推動中，集會結社的自由既然成為人權的一部分，工會合法化也就理所當然。1870 年以後，歐洲主要國家的政府均與工會合法的地位22。由此，工會運動也可說是現代大眾社會 (the

---

22. 十九世紀後期以後，歐洲工會組織已在各國蓬勃地發展。奧地利政府在 1870 年讓工會合法化，英國在 1871 年、西班牙在 1881 年、法國在 1884 年、德國在 1890 年，均採同樣的政策。在歐洲，工會常組織政黨或與政黨密切合作，而表現出左傾的政治立場；美國的工會則不組織政黨，而維持美國兩黨政治的基本型態。在 1905 年革命時，俄國首度出現工會組織運動，但隨即被消滅。1917 年革命時，俄國工會運動重現，而在共產政權的操控下，俄國工會就此成為全國性嚴密的組織，但它也變成政府推動工業建設的工具。

mass society) 的現象之一。

　　1880 年代以後，工會不同往昔，規模大而作法激進，無專門技術的一般勞工大眾亦開始組織工會，常以大罷工 (general strike) 為手段與資方或政府抗爭 23，社會氣氛漸形緊張 24。這樣的工會政治性目的強，但因產業種類多，工會數目眾，故有時力量不能團結，甚至彼此競爭對立，削弱對資方的抗爭實力。十九世紀末乃有整合性工會的呼聲，以建立單一產業工會為目標，甚至是據此組成綜合各類產業的全國工會 25。隨後，國際性工會便成最高

---

23. 大罷工的目的有兩種：一是經濟性的，它是工人要求福利的運動；二是政治性的，它是人民要求政府政治革新的運動，甚至是推翻政府的革命行為。大罷工在十九世紀後期以後，即成為歐洲工人的利器，但它在美國和加拿大幾乎沒出現過。1893 年與 1902 年比利時的大罷工，迫使政府進一步開放參政權；1905 年俄國的大罷工，迫使政府發布憲法，改革政治；1920 年德國的大罷工，防止了右派政治勢力的主政。二次大戰以後，大罷工的發生通常僅是區域性的，全國性的大罷工已不多見；1962 年法國支持戴高樂總統的大罷工，以及 1968 年法國工人呼應學生運動的大罷工，是比較獨特的現象。

24. 為緩和勞資衝突，英國國會通過調停法 (Conciliation Act, 1896)，政府開始介入勞資協商，但成效不大。參見 Roger Davidson, "Social Conflict and Social Administration: The Conciliation Act in British Industrial Relations", in T. C. Smout ed., *The Search for Wealth and Stability* (London: Macmillan, 1979), pp. 194–95.

25. 例如英國的「英國工會總會」(British Trades Union Congress)，法國的「勞工同盟」(Confederation Generale du Travail, C. G. T.)，義大利的「義大利勞工聯盟」(General Italian Federation of Labour)，與德國的社會主義工會聯盟，均屬此類。

理想。1913 年英、德、北歐各國工會合組「國際工會聯盟」(International Federation of Trade Unions, IFTU)。但第一次世界大戰爆發後，此類努力終歸失敗。「工人無祖國」的理念，雖經蘇聯政府建立「共產國際」(Communist International) 以輸出革命推展之，仍遙不可期（人的政治性認同強於經濟性認同）。然以單一世界的形成而言，這個發展確是一個重要的脈絡26。所謂大同世界，若求觀念上的一致，恐無成就的一日，但若以物質文明或生活方式的一致化為準，則指期可待。工業革命正是塑造這個大同世界的最大力量，國際性工會的建立正反映追求這種現代社會關係的期望，它展現了現代的社群意識 (new sense of community)。

　　在兩性關係方面，文藝復興的人文主義、宗教改革的個人主義、啟蒙運動的理性主義與法國大革命的自由主義，皆對男女平等在學理上加以肯定。但女權不彰的現象實際上並未因此有重大的改善，連講平等之義的學者本身，亦乏尊重女性的具體建議或社會行為，這顯示凡人未必講理的蠻性。女權的提升在歷史上，非因理論的申明，而是因現實社會經濟環境的變化所致，此即是工業革命與第一次世界大戰。此二者造成一個社會人力需求孔急的情狀，女人因填補這個空缺或擔負這個責任，證明她的實力與

---

26. 1949 年以後，世界性的工會組織分裂成兩個派系：一是「世界工會聯盟」(World Federation of Trade Unions)，它持共產主義立場；另一個是「國際自由工會聯盟」(International Confederation of Free Trade Unions)，它採自由主義的立場。此二者對於推展開發中國家的工會組織，競爭極為激烈，例如國際自由工會聯盟在印度與非洲甚為活躍，它與聯合國教科文組織 (UNESCO) 關係也很密切。聯合國本身設有「國際勞工組織」(International Labor Organization)，協助各國發展工會組織，及促進工人福利。

不可或缺性，而受到男性主導的政權之重視及肯定，乃有事後的回報，給予女性平等待遇。唯有她的實力與不可或缺性十足展現，女權的提升才能充分，故工業革命對兩性平等的影響尚不如一次大戰，因為十九世紀中勞力並不缺，仍以男性為主，女工與童工的使用大多因其薪資低，且其所從事的工作所需技術不高，可取代性甚大，因而女權運動者的要求率不為所重27。但工業革命後社會經濟的巨變，終使婦女問題成為嚴重的社會問題之一，而受到連帶關注。而且，「不管黑貓白貓，會抓老鼠的貓就是好貓」的資本主義競爭觀念，其實有助於女權的改善。如此，工業革命的重鎮英國，這回超越法國、美國，成為此波婦女運動的中心28。

---

27. 1832 年時，英國報紙上不斷在討論工廠法的修訂，大部分的篇幅是關於童工問題，但有些報紙認為新的工廠法不只應禁絕童工，也應將女工自工廠中排除。這引起許多婦女的驚恐，許多女工投書強調工作對她們的重要性，疾言除了在工廠工作外，她們幾乎沒有其他謀生之道。有鑑於此，此次工廠法並未將女工排除在工廠之外，但後來的規定使得在礦場工作的女工人數大為減少。另外，婦女在工業革命期間從事的工作仍多是傳統婦女所職之業，而且在工廠工作的女工人數仍極少，故不受雇主重視。見 Theresa McBride, "Women's Work and Industrialization", in L. R. Berlanstein ed., *The Industrial Revolution and Work in Nineteenth-Century Europe* (London: Routledge, 1992), p. 69.

28. 史上第一篇重要的女權宣言雖是英人瑪麗·沃思通克拉芙 (Mary Wollstonecraft) 的 〈女權說〉 (*Vindication of the Rights of Women*, 1792)，但近代婦女運動可說起於法國。法國大革命期間共和主義團體闡揚自由、平等、博愛諸義時，亦強調當推及女性，將婦女問題納入革命大業。1791 年奧麗姆·高齊 (Olympe de Gouges) 發表〈女權宣言〉 (*The Declaration of the Rights of Woman and the*

　　英國工業革命後所發展出的婦女運動大約有二派，其一是以米麗森‧佛西特 (Millicent Fawcent, 1847–1929) 為首的「婦女參政聯盟」(National Union of Women's Suffrage Societies)，主張自由主義的以德（能）服人作風，講求理性說服的原則；另一是以愛梅芩‧潘克斯特 (Emmeline Pankhurst, 1858–1928) 為主的「婦女社會政治聯盟」(Women's Social and Political Union)，主張強硬爭取的手段。二者皆信婦女地位的提升有賴政治權的獲得，故有婦女參政論者 (suffragette) 之名，此與中下階級相信改善其經濟處境必先取得參政權的概念同。這並不是泛政治化問題，而是人權必須建立在政權之上的現代觀念。因此，此時的婦女運動常訴求下層勞動階級的同情，頗與工會運動合流。大致言之，激進的婦女運動者，大多出身處境較佳的中上階級家庭，她們理想性高，甚至論及試婚 (trial marriage)、家務支薪 (payment for housework) 等觀點，質疑家庭生活的價值。一般婦女對此難以接受，歐陸人民尤其排斥之，故法、德等國呼應英國婦運的表現甚無可觀之處。而英國激進的爭取女權行動，成效亦不佳。婦女投票權在西方世界須待一次大戰後，始得開放。一次大戰前婦女地位的改善，只明顯表現在教育方面的變化，而這點英國又常不如歐陸與美國的革新。國民義務教育男女兼收而課程相近、男女同校同班的制度

Citizen)，但隨後即成為法國大革命的殉道者。1848 年美國的依麗莎白‧思坦頓 (Elizabeth C. Stanton) 等人在紐約州集會要求女權，發表〈西尼加瀑布城宣言〉(*Seneca Falls Declaration*, 19 July 1848)，婦女運動隨即興起，並傳至刻正處於革命動亂的歐洲，然成果不佳。二十世紀的女權運動主要亦是從法國、美國發展起，英國在婦運史上僅在十九世紀末、二十世紀初，有其領導的地位，這可說明工業革命對婦女問題的重大影響。

(co-education) 與女子高等教育的興辦，皆是十九世紀後期以後提升女人社會地位的重要措施。這一方面反映自由主義者對社會平等化的理念，另一方面則透露既得利益者對社會改革的保守立場。故而現代文明中較大的社會變革，常非出於理性論證或改革政策，而是革命和戰爭的產物。

　　一次大戰後西方主要國家都給予了婦女投票與參政的權力，這是女權提升重要的一步。1960 年代與 1970 年代中，歐美婦女運動更進一步要求兩性關係的調整。此後，在家務分勞、就業機會平等、同工同酬、乃至傳統「婦德」規範的解放等方面，婦女處境皆有所改善[29]。

四、近代經濟體制與政策的演變

　　因應工業革命後的經濟變局，近代經濟體制與政策經歷了一番全面考驗與檢討。尤其一次大戰後經濟大恐慌 (the Great Depression) 更試煉著各種經濟學說與政策的有效性。

---

29. 1960 年代婦女運動興盛，不僅美國有之，世界各地亦各有表現。西歐（英國、法國、西德、荷蘭、比利時）與北歐各國尤其採取了許多提升婦女權力的改革措施，特別是在醫療與工作權方面。〈聯合國憲章〉對基本人權、人的尊嚴、以及男女平等原則，本已有明白宣示，〈聯合國世界人權宣言〉也強調不分種族、性別及任何因素的自由平等精神，但是婦女遭受歧視的情形仍極為普遍而嚴重。因此，1967 年聯合國也順勢提出〈婦女權力宣言〉，它強調男女在基本人權上的平等，挑戰傳統男性主導社會的政治結構。雖然這個宣言對於聯合國會員國並無強制約束的力量，但它顯示政界對婦女問題的高度關懷。

　　十九世紀以來自由主義經濟學的當令30，代表中產階級資本
主義立場的優勢。但十九世紀末期，因新帝國主義的市場競爭，
各國漸有保護主義政策，自由放任的經濟原則已難以維持。另一
方面，工業革命以後社會主義逐漸得勢，自由主義經濟體制受到
嚴重批判。經濟大恐慌可說是自由主義經濟制度崩潰的原因與結
果。當經濟大恐慌出現時，主張自由主義經濟政策的官員與學者，
猶強調國際金融市場的崩盤乃是人們信心動搖所致，殊不知實際
上產業已發生嚴重問題，尤其是美國的糧食業與英國煤礦業在資
本主義運作下，正面臨生產過剩所致的蕭條困境。由於資本主義
經濟體制下，景氣興衰循環自十九世紀以來已有數次，且被視為
常態，故自由派人士起初並不甚措意。他們仍信振興企業界的信
心與提升產品在國際市場的競爭力，為解決經濟大恐慌的根本之
道，而政府在此間可為與有為之處並不多。他們反對以社會救濟、
赤字預算與興辦公共工程等方法，解決嚴重的失業問題；在尋求
經濟大恐慌的出路上，其眼光實際上是放在世界市場，而不是國
內經濟。簡單說，減少政府支出以平衡預算，降低產品成本（以
降低勞工薪資為手段）以增強產品外銷競爭力，就是他們的答案，
此所謂通貨緊縮之法 (deflation)。 美國共和黨總統胡佛 (H. C.
Hoover, 1874–1964) 在解決經濟大恐慌方面的無能罵名，其實是
一種非戰之罪。蓋保守主義者與自由主義者一樣，對於經濟起伏
問題本持理念上的樂觀態度，認為無須干預，只消順其自然，常
態必可恢復。此番經濟慘狀終無起色，這並非自由主義者之過，

---

30. 自由主義經濟學說採經濟個人主義 (economic individualism) 的立
　　場，堅信自然法則 (natural law) 的支配力量，主張自由放任原則
　　(laissez faire)，維護契約、貿易與競爭上的自由。

也不應一味歸咎既得利益者的自私，而是二十世紀經濟情勢，早不是十九世紀可比，時人不能體察，只是說明工業革命以來的社會經濟巨變，遠超出歷史經驗。事實上在 1931 年以前，從無任何政府在平時採取管制外匯交易的作法。自由主義或資本主義經濟體制或許是造成經濟大恐慌的原因，但自由派與資本家面對此事的無為，並非出於對下層大眾的剝削與壓迫之想，主事者的束手乃因無策，而這個經濟困境與解決無方，正宣告了自由主義經濟制度的崩潰。且就理念而論，資本主義主張優勝劣敗（自由與特權）的原則，而民主制度強調平等與安全的價值，二者本不相容，在政治權力高於經濟勢力的狀況下，資本主義當然須有所讓步。

經濟的自由主義既已撤退，一向反對自由主義與預期資本主義覆亡的社會主義理當取而代之，然事實又非如此。十九世紀前期烏托邦社會主義失敗後，馬克思主義成為十九世紀後期社會主義主流。但 1890 年代以後，社會主義分裂為社會民主派 (social democrats) 與社會革命派 (social revolutionaries)。前者為馬克思主義的「修正」派，主張與自由主義改革者合作，放棄暴力革命，以民主手段進行社會改革，由於他們是多數，乃成一般習稱之社會主義者；後者為馬克思主義的基本教義派，堅持階級革命，以推翻現狀為社會改造的前提，此為後來（蘇聯成立共產國際後）「正名」的共產主義者。如此，至經濟大恐慌發生時，所謂社會主義，其實未必是自由主義的反義；自由主義的失敗乃不必造成社會主義的興起，甚且亦可視為社會主義的失敗。尤其政黨對立原則下，社會黨既然不是自由黨的反對黨，自由黨失利，並不意味社會黨將當道。社會主義者與自由主義者的合作和妥協，使得自由主義政府在經濟大恐慌中喪失民心時，社會主義者亦不得大眾或黨員的同情，更難堪的是他們甚至不能藉此批判自由主義之

錯誤。例如英國首任工黨 (Labour Party) 首相麥唐納 (Ramsay MacDonald, 1866–1937) 在經濟大恐慌期間組成聯合政府，成效不著，不僅不得民意，更遭工黨黨員的排斥。而歐洲社會主義者面對經濟大恐慌的一般作法，其實正是參與聯合政府，共商對策，成敗皆眾黨之功過31，社會黨並無關鍵性的影響力。

　　真正與自由主義相對立者是激進的社會主義或說共產主義。此派與自由主義者同樣認為經濟大恐慌是生產過剩 (overproduction) 的結果，但他們強調生產所以有過剩問題，其實是因勞工大眾在資本家剝削之下，薪資微薄，僅足餬口，缺乏購買力 (underconsumption) 所致。根本解決之道在於推翻資產階級，藏富於民，提升其購買力，且使生產再以需求為據，無投機剝削之舉，自無生產過剩之事。對他們而言，國際金融市場的運作其實是無關宏旨的問題，經濟的災難根本上是導因於資本主義體制。然激進的社會主義雖因其對資本主義先知式的批判，而獲得經濟大恐慌受害者的默許，蘇聯不受經濟大恐慌波及而能持續發展其經濟，更令許多人傾心，但此派社會主義終亦未能趁勢取得各國政權。這可能是因為蘇聯共產革命的血腥暴力與極權專制，讓人憂慮此種政權更替害多於利（相當程度是西方國家對蘇聯的醜化宣傳所致印象）。再者，嚴重的失業問題可能早已削弱勞工大眾的抗爭實力與鬥志，使得階級革命無從開展。激進的社會主義者堅不妥協的態度，也使其喪失參與聯合執政的機會，根本無一展身手的餘地。故共產黨在經濟大恐慌期間的表現，竟比社會黨人更

31. 參見 David Thomson ed., *The New Cambridge Modern History*, vol. XII: *The Era of Violence 1898–1945* (Cambridge: Cambridge University Press, 1960), p. 69.

乏善可陳。

　　當左右二路線俱不能解決當前困難，所謂中庸之道的追求便成為真智慧。中間路線即是在自由主義（或資本主義）與社會主義（或共產主義）之間，尋求一個平衡點。然何謂平衡，何為中庸，並無至理，故中間路線可包含各式混合政策，例如北歐的國家社會主義 (national socialism)、德國納粹的經濟政策、義大利法西斯政權的產業自治體制 (corporatism)、以及美國羅斯福的新政 (New Deal)，皆可謂中間路線。大略言之，中間路線與自由主義立場相同處，在於堅持私有財產權；其與社會主義立場相同者，在於主張社會福利政策與政府對經濟的控制力。換言之，中間路線企圖整合民主政治與均平社會，謀求自由與安全兼備。這在理論上是不可能的，中間路線並不是要求十全十美，它所欲達成的，是現實世界中可能的最好狀況，而其作法事實上為中間偏右的取向。如此，此派人士認為國際金融市場的恢復並非要務，振興國內生產力與就業市場才是重點工作；他們的經濟政策以國家自保為目標，絕無社會主義的世界觀。中間路線的提倡者非一人、一派或一國，它是眾人尋求脫困出路的各種嘗試。凱恩斯固然是這個路線的代表學者，但社會主義者中亦不乏提倡此類主張的異數[32]。從某個角度來看，中間路線在二十世紀最後的勝利，可視為溫和社會主義（歐美）的成功，或激進社會主義（蘇俄）的挫敗。這種混同各類意識型態與政策（十九世紀創建的原型）的作法，其實正是二十世紀文明的特色，這也是現實社會的終極型態表現。二十世紀在政治、經濟、哲學等領域，缺乏原創性的新理

---

32. 例如比利時 Henri de Man 與法國 Marcel Déat 均是主張中間路線經濟政策的社會主義者。

論，若由這個觀點來看，並不致使人灰心喪氣，畢竟在人心人性難以提升和改造的情形下，整合性的觀念確是最終的文化建設，而對有識之士來說，這也是文明的集大成工作真正可以從事之時。

　　中間路線雖在二十世紀後期成為社會經濟政策主流，但經濟大恐慌期間大部分國家仍一時未能尋找到適合其國情的中庸之道。例如北歐式的國家社會主義，在英法等國實驗的成效並不佳。為解決經濟大恐慌的燃眉之急，在自由主義經濟體制崩解後，一般國家臨時的對策其實是由來已久的經濟民族主義 (economic nationalism)。1930 年美國通過法案（即 Hawley-Smoot Act）將保護性關稅提高至 48% 之譜，而英國在 1932 年通過〈進口關稅法〉(Import Duties Act)，放棄了百年來自由貿易的傳統政策。1928 年後史達林的 「一國社會主義」 (Socialism in One Country) 政策路線，亦可從這個脈絡加以解釋。1933 年為恢復世界金融與貿易市場而在倫敦召開的 「世界經濟會議」 (World Economic Conference)，未能達成具體成果，於是各國更加各自為政，一意謀求自救之道而無視世界經濟困境，致使國際競爭愈加惡化，德義等集權政府的出現乃至二次大戰的爆發與此關係甚為密切。經濟民族主義的重要措施或原則包括 ： 自給自足的產業經濟 (autarky)、 貿易平衡 (balance of trade)、 外匯管制、 雙邊貿易 （bilateral trade，即建立貿易伙伴關係）、保護關稅政策、貿易配額制度 (quota system) 等 33。至二次大戰前，各國經濟狀況雖因這些政策復原甚多，但世界貿易則仍一蹶不振 34，可知經濟民族主

---

33. 所謂的「民族工業」、「愛國商人」、「愛用國貨」、「生產報國」等說法或口號，都表現出經濟民族主義的立場。

34. F. B. Tipton and Robert Aldrich, op. cit., pp. 229–30.

義固可保國，但絕非現代經濟問題的正解。

在這些針對現代社會經濟問題的各類方案之外，卻有一個反工業革命、反現代化的經濟思潮，在經濟大恐慌中再度復興，這就是要求反璞歸真的原始主義 (primitivism)。這本是人類歷史中恆久不滅的烏托邦思想，不足為奇；但它在工業革命後以浪漫的社會主義面貌出現，又在經濟大恐慌中以安土重農的主張浮現，可見工業革命對人類生活方式衝擊之大。原本在英國工業革命之初，即有失業工人暴動，恣意破壞工廠機器以洩憤，因為他們以為機械化是導致其失業的禍首。甚至在職的勞工也參與其事，因為他們認為機械化是他們薪資微薄而工作環境惡劣的原因。1769年英國國會為遏止此事，立法規定某些機械的破壞，罪可致死，然工人暴動破壞機械之事仍無法止歇。1811年英國失業與在職工人組成行動團體，號稱「盧德派」(Luddites)[35]，專對紡織機械下手，為患數年之久。這類反工業化思想自十九世紀以來不絕如縷，提倡者強調真正的財富乃土地農耕之產品，不是股票市場的投機金錢。二十世紀法西斯的重農口號，是這類思想的反映，它對法西斯取得人民的支持助益不小。印度甘地的不合作政策

---

35. 所以如此稱呼乃因他們號稱是盧德 (Ned Ludd) 的信徒，然盧德不過是工人們想像的領袖，其實並無其人。工人破壞機器的行為在十九世紀之前已時有所聞，但其情況至十九世紀初期惡化甚多，法國同時也有類似問題。關於盧德派的行為動機仍有許多疑點，見 P. N. Stearns, *The Impact of the Industrial Revolution: Protest and Alienation* (Englewood Cliffs, N. J.: Prentice-Hall, 1972), pp. 22–23. 愛迪生 (Thomas Edison) 在 1877 年發明留聲機 (phonograph)，此新科技頗受以祕書為業者的抵制 (其後在音樂界得到出路)，這可說是美國式的盧德運動。

(*satyagraha* or passive resistance)，也正是以反現代化為手段，破解英國治印的價值。但工人破壞生產工具之舉以及烏托邦社會主義終歸失敗，而當法西斯黨人執政、印度人獲得獨立後，率不能以反工業化為政策，反而積極從事現代化的物質建設，可見文明的發展似有不能阻的方向。不過原始主義固不能改變現代化的趨勢，它卻是現代文明的一部分，正如非理性潮流不能取代理性主義，但它卻是現代文明具有自省與批判力的表現。

相對於一次大戰後的經濟蕭條狀況，二次大戰後世界經濟的發展極為興盛。在二十年間西方經濟持續不斷地成長，創造前所未有的出色紀錄，就連拉丁美洲與共產世界也有傑出的經濟發展成績。同時國際社會對市場經濟的促進也較一次大戰之後遠為注重。1947 年「關稅暨貿易總協定」(General Agreement on Tariffs and Trade, or GATT) 建立了推展世界自由貿易的機制，其成效在 1960 年代以後日漸顯著。世界性經濟圈在美國的引導下逐漸成形，同時美國也逐步開放其國內市場給外貨，由此美國乃取代了英國在十九世紀時所扮演的國際自由市場秩序維護者的角色。1980 年代初期以來，英國保守黨首相柴契爾夫人 (Margaret Thatcher) 推動國營產業私有化 (privatization of state industries) 措施，隨即廣為他國政府所仿效，成為全球性的財經政策取向（現代的新保守主義顯然與古典自由主義精神相近）。冷戰結束後，資本主義在原蘇聯地區與東歐國家也紛紛興起。在這波新自由政策下，「解除管制」(deregulation) 成為時代風氣，政府開始承認不可管與不該管的皆應順其自然發展[36]。資本主義的勝利至此不僅表

---

36. Robert Skidelsky, "The Growth of a World Economy", in Michael Howard and W. R. Louis eds., *The Oxford History of the Twentieth*

現在共產主義一方的退敗，更表現在兩極化世局瓦解後全球一致化趨勢迅速的出現37。

五、消費社會

資本主義精神是重視自由甚於安全，強調消費甚於儲蓄。在資本主義社會下，人們對財富的爭取比對財產的平均更為看重，政府與產業界對經濟成長的追求，也勝過於對經濟穩定與民生安全的注意，這種態度顯然與社會主義強調均產與安定不同。資本主義社會可說是一種「消費社會」(consumer society)38，它不以知足常樂為貴，而以滿足所求為高。前文已提到，資本主義的生產觀念不是依據人們基本的生活需求設定生產目標，而是刺激人們的需求慾望，以提高產量與產值，從而創造繁榮不斷的景氣。易言之，大量生產 (mass production) 是現代工業生產型態，鼓勵消費是現代資本主義經濟策略，而這個情形尤以二次大戰後為然。因此，流行風潮是資本主義消費社會的特徵；人們購買新衣新鞋或汽車家電等用品，常不是因為手中已有的物品壞損不堪使用，

Century (Oxford: Oxford University Press, 2000), pp. 57–61.

37. 這個一致化趨勢不僅是全球資本主義的流行，而且是資本主義類型的單一化。見 P. G. Cerny, "International Finance and the Erosion of Capitalist Diversity", in Colin Crouch and Wolfgang Streeck eds., *Political Economy of Modern Capitalism: Mapping Convergence and Diversity* (London: Sage, 1997), pp. 180–81.

38. 消費社會既然是現代化的社會，消費文化 (consumer culture) 乃被視為現代性的一大特徵。詳見 Done Slater, *Consumer Culture and Modernity* (Oxford: Polity Press, 1997), pp. 8–32, esp. 29–30.

而是為了追求時髦，「趕上時代」，不落人後。在此同時，廠商產品型式的多樣化、商品推銷人力的加強、以及廣告支出的大增等，也一併出現；因此原料在商品成本或售價中的比重下降，資本家的「剝削性」也更為消費者──尤其是傳統的農民與工匠──所詬病。二十世紀末年以來個人電腦與行動電話的推陳出新，與消費者頻頻更換機種的現象，就是一個典型的例子；這些新產品固然有更好的設備與更多功能，但消費者常不是因為其舊有的電腦或電話功能不敷使用而換新（事實上這類產品各類功能閒置不用的情形極為普遍），跟不上時代腳步，才是大家共有的危機感。顯然在全球化 (globalization) 的消費社會中，「未來衝擊」 (future shock) 的震撼甚大於「文化衝擊」(culture shock)。在科技教育的推廣及產品商業化的驅動下，科技發明的實用，愈來愈受到重視。在消費社會中，科技新產品的研發從構想的出現到製造成商品問世，前後所花費的時間遠較傳統時代短。例如十八世紀蒸氣機成為實用的器具被製造之前，曾經歷長達一世紀的研發；而二十世紀核能發電，從理論的提出到實際的營運，前後不過三十年光景。另外，既然一切都講求「新」，廠商訴求的對象也越來越重視年輕的消費群，因此，消費社會中消費者年齡層的下降，也是一大特色，這個情況在流行音樂市場中尤其明顯。

　　值得注意的是，人們所以能這樣激情地「瞎拼」（shopping 一詞翻譯的諧音），表示社會相當程度的富裕，與個人經濟能力的提升，或至少說明一般人基本生計問題已獲得解決，而這常是拜政府推動經濟建設與社會福利措施之賜。政府的計畫經濟能振興產業和市場，而社會福利政策則使人們不必再煩惱失業、年老或生病時，失去謀生能力的經濟困境，所以大眾敢於及時行樂，盡情消費，不像古人那樣重視儲蓄節約。政府的計畫經濟與社會福利

政策，皆屬社會主義的構想，因此可說二十世紀的資本主義消費社會，其實內含著社會主義的因素。

消費社會中，促進人們購買力與市場活絡的另一個原因，乃是消費與借貸方式的革新，這就是分期付款和信用卡的付費辦法。在傳統時代，農民可能因為農作歉收，陷入生活困境，而須變賣財產或舉債度日，其悲慘處境常令人覺得地主貴族與錢莊資本家是「吸血鬼」。二十世紀分期付款和信用制度等「先享受後付款」的消費方法（無利息或低利息），舒緩了許多人的經濟窘境，具體改善其生活條件。這樣的付款方式無疑地對人們的購買力與購買慾，造成極大的刺激[39]，但「呆帳」(irrecoverable loans and credits) 的出現以及因此而轉嫁於誠實消費者的成本計算，也造成新的社會不正義問題。

由於人人享有基本的生活水準，擁有生活必需品，因此現代的階級仇恨與對立，不如二十世紀之前「資產」階級與「無產」階級之間的情形嚴重。例如在二十世紀初，擁有汽車者與一般人的社會經濟地位，相差甚大，又因道路建設與汽車品質不佳，車輛行進時常對步行者與駕馬車者，造成威脅和侵擾，引發民怨；而二十世紀末時，許多國家的人民都是「有車階級」，而且在一般道路擁擠而有速度限制的情形下，各式汽車所能發揮的性能和所需設備相差不遠，豪華車與國民車的差別不像有車與無車的差別之大，可知傳統社會裡上下階級生活條件懸殊的情況，如今已經

---

39. 以英國為例，1957 年時英國人民以此種方式購物的總值約為 4 億英鎊，至 1965 年時則成長為三倍；又如美國在 1945 年時，信用消費總額約 57 億美金，至 1980 年時則達 3,750 億美金。信用卡在二次大戰後流行的情形，可由下舉的例子看出：1973 年時，美國大約有 3,500 萬張信用卡被遺忘在商店和加油站！

大為減少。傳統貧富差距所涉及的生死交關問題不再，新的貧富問題是「人比人氣死人」的心理障礙。

　　資本主義社會又是一個資訊社會 (information society)，或者說資訊社會也是資本主義的產物。在資訊社會中，資訊也被資本主義者視為商品，它如同一般產品一樣被包裝和推銷，於是知識商品化（如所謂「智庫」think-tank or brain trust 之興起）成為現代文化異象。二十世紀末期電腦與通訊科技的快速進步，更強化了資訊社會的發展。傳統面對面的交易與溝通方式，因為資訊革命而大受衝擊，股票市場交易型態的改變，就是一個明顯的例子。除了「時間就是金錢」的名訓（Benjamin Franklin 所言）外，「金錢是資訊的產物」也成了現代人的理財觀念。蘇聯在 1980 年代國力相對的衰微，原因之一即是在於蘇聯電腦科技的落後，以及對資訊的掌握與處理不善；反觀當時歐美日等國均快速而有效地推展資訊產業，提升國家行政的效率與經濟的競爭力。

　　在富裕的資本主義社會裡，人們花費在飲食（吃飽的問題）方面的金額，在其收入中所佔的比例，逐漸下降，而休閒生活所佔的時間與消費金額，則相對增加。這個現象是學者專家衡量一個國家經濟能力的一項重要指標。休閒生活的項目眾多，一般娛樂皆屬之，難以列舉，在此僅以電視為例。電視臺最早的設立是在二次大戰前的德國 (1935) 與英國 (1936)，在戰後更廣為流行（尤其在美國），至 1950 年代時，看電視已成為西方國家人民主要的休閒活動。據調查，1950 年代末，87.5% 的美國家庭擁有電視機，至 1960 年代末，已增為 95.5%；而當時每人每週收看電視的時間有五、六個小時，它對家庭生活的促進頗有貢獻。不過，電視雖可「將整個世界帶進客廳」，使一般人皆能不出門而知天下事，或得到娛樂效果；但另一方面，電視使人足不出戶，也造成

個人和家庭與社區或社會相當程度的隔離。現代的休閒生活常有正反兩面的影響，這只是其中一個例子而已。更重要的問題是，休閒生活（乃至「休閒學」leisure study）的出現頗使快樂主義的人生觀正當化，它是資本主義「成者為王」觀念的推展結果，這甚有害於現代文化的提升；故庸俗一詞更為今人所恨，不是因為一般人品味高雅，而是因為其格調正是如此。

第八章

法國大革命：

自由主義與現代價值系統的建立

網球場宣誓 *(The Oath at the Tennis Court)*　**傑克路易‧大衛**
(Jacques-Louis David) **作** (1789)

此畫是大力支持共和主義的法國知名畫家大衛受委託所作，其美化法
國大革命的意圖在畫中表現甚為明顯。該畫描繪 1789 年 6 月 20 日國
民會議（National Assembly，甫由三級會議 Estates General 改名而來）
代表在議政受阻後，聚集原會場附近的室內網球場發表堅持立憲改革
的宣誓場面。畫中最前方相互擁抱握手、情同手足的三人，分別代表
教士（第一階級）、貴族（第二階級）、平民（第三階級，主要為中產
階級分子）三階級，立於中央高處主持會議者是後來成為巴黎市長的
拜立 (Jean-Sylvain Bailly)，其右方雙手貼胸者為共和派領袖羅伯斯比
(Maximilien Robespierre)。事實上，在這場會議中天主教修士並未出
席，會場中眾人熱切支持決議之情亦非實況，反倒是右下角一人不願
宣誓擁護的態度，卻相當程度反映出當時議政者的看法；法國大革命
初期的情況其實甚為複雜混亂，絕非萬眾一心。圖中左上方飄揚的布
簾象徵自由奮發的氣息，這是後來類似主題的圖像慣用的表現手法。

馬賽曲 *(La Marseillaise)*　**魯德** (Francois Rude) **作** (1833–36)

這是雕於巴黎凱旋門上的石刻，描述 1792 年法國人民志願軍勇敢共赴國難，團結對抗反法國共和政府的歐洲敵軍之情景。此時新的軍歌〈馬賽曲〉傳唱全國，成為後來法國的國歌。眾勇士上方是自由女神 (Genius of Liberty)，她大力激發戰士前進的鬥志，其表情之急切與凶悍反超過眾將士。

自由女士率眾前進 (Liberty Leading the People)　德拉克洛瓦 (Eugène Delacroix) 作 (1830)

在這幅號稱現代第一張政治畫中，浪漫主義性格濃烈的德拉克洛瓦盡情表現了他對法國 1830 年七月革命的歌頌，他論及此畫時曾說：「我若未曾替祖國江山征戰過，至少也曾為它彩繪過。」其實畫中頭戴高帽的中產階級民防兵，正是德拉克洛瓦自己的容貌。圖中可見為自由理念而效命的人來自軍民各階層，甚至包括小孩，這是要強調革命理想獲得百姓全面的擁護；而畫中人物神情皆表現出殉道者視死如歸的高尚德行與勇氣，傳達著仁者無敵與暴政必亡的信念；右側煙幕後方聳立的是巴黎聖母院的高塔，它象徵法國的歷史傳統。另外，圖中的自由女士──從其污穢的裙子可知她是一個民婦──體態優雅，表情溫和，毫無肅殺之氣，其以柔克剛的氣質與魯德〈馬賽曲〉中自由女神的威武凶猛態勢，形成強烈對照；如此，德拉克洛瓦筆下的「自由」其實是一位以德服人的淑女，而非以力服人的女神。然而事實上 1830 年革命運動主要是中產階級與城市居民爭取其自身權力的行動，階級立場鮮明，自私而保守，並無追求全民權益或天下大利的理念，民間也無一心一德或眾志成城的氣象，革命最後的失敗正與此關係密切。

博愛、民主而平等的共和國 *(The Universal, Democratic and Social Republic)*

此圖藉著描繪天國與人間德政的對應，頌揚號稱 「人民的春天」 (People's Springtime) 的 1848 年歐洲革命運動之理想。在天堂中可見基督頂著「博愛」(Fraternity) 的光環，抬手祝福世人，其左右天使手握花果向下傾撒，象徵未來人間的繁榮興盛，而兩旁環繞的是為自由而犧牲的殉道者，有鬚的天使們則緊握著勝利者的手，代表「德不孤，必有鄰」的鼓勵。而在地面上，散落於眾人之前的殘骸是象徵舊時代權威的物品如皇冠，一條長緞帶連繫著隊伍行列，表示所有人團結一心目標一致，雖然他們分屬於不同的國家（各色國旗飄揚）。民眾在「人權之神」的護衛與「自由之樹」的庇蔭之下，勇往直前，稍無遲疑；遠處農夫與牧羊人（代表老行業）向隊伍招呼致敬，汽船與火車（代表新產業）也似乎在為此行動鼓舞，全圖充滿著和諧樂觀的氣氛。然而事實上 1848 年革命潮不數月即告全面敗潰，其中原因仍與起事者各懷私心以及社會階級對立，關係密切。不過這波革命運動後，掌權的保守主義政府逐漸開始著手推行自由新政，歐洲進入了政治改革與轉型的階段。

慈悲為懷 *(Charity)* **布格洛 (W. A. Bouguereau) 作 (1865)**

布格洛 (1825-1905) 是一個堅決反對印象主義的藝術家，他在此作描繪其時代都市貧民孤苦無依的社會問題，然其優雅的圖像表現反使人感覺錯亂，忘卻其所欲傳達的社會意識。圖中乞討的母親其實具有文藝復興繪畫中的聖母像氣質，其背景的美麗石柱與羅馬式建築，更襯托這個貧婦的典雅聖潔美感。一般印象中的窮人窘狀如骯髒、病態、醜陋與卑賤，在此畫中跡象全無，貧窮的形象在此轉化為一種母性或女性的柔情，啟發著人的悲憫之心與俠義之念。或者可說如此的觀點帶有社會主義的理念，認為貧富差別乃社會不公所致，或人權侵奪的現象，故而濟貧不僅為慈悲的表現，亦為正義的實踐。

一、革命的時代及其本質

　　法國大革命開啟現代政治革命運動，「人權」概念自此成為政治的基本原則 1，自由主義成為現代價值體系中最具「進步」意義的意識型態。有關於「人」的價值，人本主義 (humanism)、個人主義 (individualism) 與自由主義 (liberalism) 三者是最重要的發現和主張。就歷史發展而言，人「發現」自我的過程，是先區別人與非人（我與非我），此時「人」的意識是集體性的，「人」是指相對於天地萬物的「人類」(humanity，即所謂「大我」)。而人雖貴為萬物之靈，但他對宇宙生成力量（即造物者）的敬畏與探索，形成宗教信仰，人之上乃有神或上帝。待人解脫以神為中心的世界觀 (worldview)，世俗精神逐漸發揚，神權統治 (theocracy) 與宗教階層（hierarchy，如祭司階級）的威權崩解，以人為本的文化態度（即人本主義）成為文明進步的標竿。在如此的人群社會中，乃開始有區別你我的個人主義思想，個人價值與觀點理當被強調。（欲強調或發展個性則須施行理性教育，以使個人瞭解自我且發揮其能力，故理性主義必隨個人主義的提倡而興起，宗教改革之後有啟蒙運動其理在此。）在個人伸張其立場時，人際衝突與對立便升高，於是乃有重視相互包容與尊重的自由主義。故標舉人本主義的文藝復興先於發揚個人主義的宗教改革而出現，

---

1. 詳見 Geoffrey Best, "The French Revolution and Human Rights", in Geoffrey Best ed., *The Permanent Revolution: The French Revolution and its Legacy 1789–1989* (Chicago: University of Chicago Press, 1989), pp. 101–7.

而宗教改革又先於主張自由主義的法國大革命而發生，此非歷史的偶然。

　　自由主義追求個人自由 (individual freedom 2) 的實現。然由於自由的觀念或實現個人自由的環境各時代不同，故關於追求自由的方法時有不同的主張。但自由主義有其一貫的理念，此即是堅信人的善性 (essential goodness of man) 與理性，確信人發覺自身問題並解決這些問題的能力 （即主自立自救 self-help and self-realization），相信人類社會持續的改善與進步，要求對現狀不斷的批判與改革 3。如此，自由主義包含理性主義、和平主義、個人主義、歷史進步觀、與反對保守主義諸精神；自由主義者在政治上主張民主制度，在經濟上主張放任政策，他們強調教育的功能與教化的作用，尊崇個人成就，反對集體化與一致化，反對壓迫屈服與暴力革命 (追求自由的走火入魔)。自洛克以後古典自由主義開始發展 4，至啟蒙運動自由主義觀點更獲強化，而法國大革命 （與美國獨立革命） 則以政治與社會運動推展和宣揚自由主義的理念，使之成為現代社會的主流制度與價值觀 5。

　　法國大革命的源頭或間接原因在於十七、十八世紀資本主義

---

2. 自由的本質為個人主義，因此並無所謂的「集體自由」。

3. 如此，自由主義常是以反對保守主義 (conservatism)——主張維持現狀——的姿態與角色而存在。然自十九世紀後期以來，因自由主義已與保守主義共同構成右派陣營，於是自由主義所反對者乃成為要求社會全面改造的社會主義。

4. 更精確言，是由洛克的 《政府論第二》 (*Second Treatise on Government*, 1689) 開始。

5. 關於十九世紀以後自由主義思想與政策的演變，詳見第十章第三節「自由主義的挫敗與重生」。

的興起及商業貿易的發展，蓋法國大革命乃是中產階級的革命 6，
而自由主義大略可謂中產階級的階級意識 (class consciousness)。
就某些方面而言，法國大革命之所以發生並非因為法國之落後，

---

6. 法國大革命略可分為四期。1789-91 年為首期，主導者與獲利者為
中產階級，法國大革命中大部分具長久性的成就即是在此期間由國
民會議所造就，這包括廢除封建制度、頒布〈人權宣言〉、改革教
務、重整地方政制、與建立憲法等；在完成這些改制後，中產階級
已感大功告成，而有罷手的想法。1791-95 年間為第二期，此時革
命因「擦槍走火」而致一發不可收拾的局面，激進的共和主義分子
（代表下層中產階級權益）取代溫和的中產階級自由主義者成為革
命的領導人，盧梭的民主學說被舉為革命運動的圭臬，下層大眾擠
上政治舞臺，普選呼聲響起，在群眾政治下「自由、平等、博愛」
的口號響徹雲霄，法國第一共和建立，「恐怖統治」積極追殺所有
「人民公敵」。1795-99 年為第三期，此時上層中產階級復出，對
全民政治進行反制，新政府趨向保守穩健，主張有限改革的自由主
義再次當令，群眾運動與激進主義消退。1799 年後拿破崙當政，
此為第四期，他推行特有利於中產階級的改革，建立唯才是用的專
家政治 (meritocracy)，自命為「革命之子」的拿破崙稱帝，講究「自
由、平等、博愛」的民主共和精神挫敗。整體而言，在法國大革命
過程中，中產階級的得勢與保守化是政情演變的主要脈絡。見
Colin Lucas, "Nobles, Bourgeois, and the Origins of the French
Revolution", in J. R. Censer ed., *The French Revolution and
Intellectual History* (Chicago: The Dorsey Press, 1989), pp. 24–25. 關
於此問題的爭議，見 Eric Hobsbawm, "The Making of a 'Bourgeois
Revolution'", in Ferenc Fehér ed., *The French Revolution and the Birth
of Modernity* (Berkeley, Calif.: University of California Press, 1990),
pp. 44–46; and François Furet (trans. Brian Singer), "Transformations
in the Historiography of the Revolution", ibid., pp. 271–73.

而是法國之先進 7。法國的經濟與文化智識發展程度，在革命前
夕顯然遠勝其社會政治的改革程度。法國為啟蒙運動重鎮，然其
開明專制表現卻最乏善可陳 8，不能與歐洲其他國家相提並論。
盧梭的主權在民 (popular sovereignty) 觀點不為當道者所採用，卻
終為革命分子最高的訴求 9，「法律為公眾意志 (general will) 的呈
現」一文，直接載入〈人權宣言〉(The Declaration of the Rights of
Man and the Citizen, 1789) 之中。至此，法國大革命建立了真正現
代的革命觀念，此即是前瞻性或懷抱進步觀念的革命，它所圖已
不是恢復人民被皇室貴族（尤其是路易十四）所侵奪的固有權力，
而是建立一個前所未見的新社會秩序 10。法國大革命所標榜的不

---

7. 今人關於法國大革命的研究頗強調革命前夕法國貴族的改革傾向。
   見 T. R. Tholfsen, *Ideology and Revolution in Modern Europe: An
   Essay on the Role of Ideas in History* (New York: Columbia University
   Press, 1984), p. 58. 另外，法國雖為增稅問題召開三級會議，然事實
   上法國絕非窮國，而是歐洲最繁榮的國家之一。法國的問題其實不
   在於「患寡」，而在於「患不均」，也就是稅賦制度的不公與不合
   理。法國即使有財政困難，但這也不是因為國內經濟衰退，而是因
   為參與十八世紀諸多海外帝國殖民戰爭所致；在十八世紀英法海外
   戰役中，法國恆為失敗一方，唯一重大的勝績是協助美國獨立，但
   此戰卻嚴重拖累法國財政，軍事的勝利竟成經濟的失利。

8. 路易十五 (Louis XV, King of France, 1715–74) 並不願做一個開明
   專制的君主。

9. 盧梭可說是啟蒙運動的激進派，而非典型溫和的理性主義者；法國
   大革命被視為實踐啟蒙運動理想，然卻以盧梭為導師，可見此革命
   的激進性，其後歷經百年始得逐步實現革命目標，實不足為奇。

10. 詳見王世宗，"Revolution and Progress: Nineteenth-Century Europe"，
    臺大《文史哲學報》四十四期（民國八十五年十二月）。"Revolve"

是傳統或歷史的價值，革命口號轉為抽象而具有普遍性價值的概念，如自由、平等、人權。原先經中產階級力爭而召開的中古體制三級會議 (Estates General) 11，隨後即被革命者揚棄，其將三級會議改為「國民會議」（National Assembly，1789 年 6 月），正是建立現代國會的企圖 12。即因法國大革命為一創建理想社會的革命，其依據乃放諸四海皆準的價值觀，其革命精神超越民族國家界線，而有推展天下的使命感（此與共產蘇聯之圖「輸出革命」意義相似），與啟發或刺激其他國家人民革命的動力，甚令他國政府憂懼，於是而有歐洲盟軍聯合反制法國之舉 13。1830 年與 1848

一詞原為天文學用語，意指天體之運轉；當它 (“revolution”) 被引用指涉人世變革時，原意是要求恢復舊政治秩序。現代前瞻性 (forward-looking)──建立新秩序──的革命觀念乃起自法國大革命時，這確是新穎的政治思想。

11. 法國自 1614 年以來即不曾召開三級會議。1789 年時各階級皆主張召開此會議，但各懷私心陰謀。

12. 三級會議由教士三百人、貴族三百人、與平民（中產階級）三百人所組成，採階級投票制 (voting by order) 表決議案，於是上層階級永以二比一多數壓倒中產階級的主張；第三階級要求改採一人一票制 (voting by head)，希圖建立現代民主決事之規範。此想引起王室疑慮與壓制，第三階級乃另行集會發表〈網球場宣誓〉(the Tennis Court Oath, 20 June 1789)，提出立憲要求，此舉被視為法國大革命的開端，引發國是協商的財政經濟問題至此演變為政治問題。路易十六隨後同意國民會議之成立，並接受一人一票制，中產階級逐漸取得新國會中的優勢。在第三階級中工商業者其實為數極少，其主要成員為律師與公務員。見 Jeremy Black, *Eighteenth Century Europe 1700–1789* (London: Macmillan, 1990), p. 422.

13. 法國大革命被保守人士稱為「革命的病毒」(Charles Breunig, *The*

年的歐洲革命風潮，可說是法國大革命的後續運動與影響力的表現；英國雖反對法國「輸出」革命，然其在十九世紀的國會改革及相關民主化政策，精神上與法國革命同；美國獨立革命向被認為法國啟蒙運動精神的開花結果，而其南北戰爭亦被歸類於十九世紀西方革命運動，可見法國大革命具有世界性的意義 14。簡言之，法國大革命所以為「大」，乃因其在空間意義上為「世界革命」(universal revolution)、在時間意義上（或改革精神上）為「無限革命」(unlimited revolution)。

　　基於主權在民或人民至上的原則，法國大革命推行許多具有開創性的措施與觀點，充分展現法國大革命的「現代性」15。這

Age of Revolution and Reaction, 1789–1850 (New York: Norton, 1970), p. 61.)，必去之而後快。1790 年英國保守主義大將柏克 (Edmund Burke, 1729–97) 出版《論法國革命運動》(*Reflections on the Revolution in France*) 一書，譴責革命分子不顧民族文化傳統特性而謀以暴力推展抽象政治原則的企圖，並預言法國革命將陷於混亂與獨裁的下場。不過另一方面英國政府雖反對法國，卻不反對法國革命，英國政府對法國革命黨的同情與援助是外交權謀，但也是政治理念的表現。相對於柏克，法國的梅斯特 (Joseph de Maistre, 1753–1821) 是歐陸保守主義的代言人，他在 1797 年出版《法國問題省思》(*Considerations on France*)，呼籲復辟的波旁王朝 (Bourbon monarchy) 採行政教合一制。

14. 反觀法國〈人權宣言〉包含盧梭的政治學說、美國〈獨立宣言〉觀點、與英國〈權力法案〉(*Bill of Rights*, 1688) 概念等不同來源。

15. Immanuel Wallerstein, "The French Revolution as a World-Historical Event", in Ferenc Feher ed., *The French Revolution and the Birth of Modernity* (Berkeley, Calif.: University of California Press, 1990), p. 124.

包括：㈠法國在革命期間激發人民志願從軍，乃至執行普遍徵兵
的作法（1793 年），開啟了現代全民國防與民兵的觀念 16；「國家
興亡，匹夫有責」，國家既為人民所有，自當由全民捍衛之，而不
再委之於外籍傭兵。㈡拿破崙引公民投票 (plebiscite) 17 為其稱帝
合理化，標示政權的基礎在於人民的同意，而非封衛的承繼，這
暗示全民政治（或群眾政治 mass politics）時代的到來。㈢法國第
一共和的建立揭櫫共和制度 (republicanism)──不只是共和國
(republic) 國號的本身──為「現代的」政治體制，此後共和國的
建立成為政治獨立與民主化的宣示（拿破崙稱帝之後仍自命為法
國共和的保護者），這在二十世紀的新興國家建國運動與傳統國家
的革命運動中特為流行。㈣同時，「人民」(the people) 與「民意」
(public opinion) 在政治中的角色及重要性大為提升 18，但亦常淪
為政治傾軋的工具，此在法國「恐怖統治」 ("reign of terror") 期
間甚為明顯，其後也屢見於各國的民主政治中。㈤社會問題 (the

---

16. 詳見 Hew Strachan, "The Nations in Arms", in Geoffrey Best ed., op.
cit., pp. 55–59.

17. 1791 年時原由教皇管轄的亞威農 (Avignon) 經由公民投票與法國
合併，這被認為是最早的民族自決領土變更。

18. 眾多關於法國大革命的研究，重點均是在強調法國大革命對於大眾
政治興起的影響。見 Bailey Stone, *The Genesis of the French
Revolution: A Global-Historical Interpretation* (Cambridge:
Cambridge University Press, 1994), pp. 236–37. 「民意」 (opinion
publique) 一詞據考證雖在法國大革命前即已出現，但卻是在法國大
革命後突然開始流行。見 Keith Baker, "Public Opinion as Political
Invention", in Peter Jones ed., *The French Revolution in Social and
Political Perspective* (London: Arnold, 1996), pp. 132–33.

social question) 在政治議題中的地位——相對於政治性課題——也因民主取向（講求民生問題）而水漲船高[19]，成為政府的重要責任，甚至主要責任，此至二十世紀尤然；社會主義在法國大革命期間興起，在十九世紀後期壯大，皆可在此一脈絡下理解。㈥在全民的意識下，民族主義、民族國家的獨立與建國運動、全面動員的現代總體戰爭 (total war)，也自法國大革命之後開始發展[20]；拉丁美洲國家的獨立運動、德義統一建國、亞洲政治社會革命運動、以及二次大戰後的反殖民運動，都受到法國大革命的啟發。㈦同樣在全民的意識下，女權問題被鄭重地提出，繼〈人權宣言〉的發布，〈女權宣言〉(The Declaration of the Rights of Woman and the Citizen, 1791, by Olympe de Gouges) 為法國女志士所推出，它雖不容於當道，但已發人深省，對後世婦女運動啟示甚多[21]。

　　如前言，法國大革命本是中產階級的革命，但其革命訴求既然是普遍的「人權」，自不能排除下層大眾的地位與忽略其權益，同時人民因受此宣傳啟蒙而產生自覺，亦將繼中產階級革命成功之後進行其未竟的大業[22]，於是乃有十九世紀中後期的革命運動

---

19. 國民會議主政期間，法國政府大舉沒收教會與流亡貴族土地，將之出售予農民，這批新興的小地主因而成為革命的忠實支持者。

20. 關於法國大革命對民族主義發展的影響，參見第三章第一節「民族主義的起源及民族國家的建立」。

21. 詳見 Barrie Rose, "Feminism, Women and the French Revolution", in Peter Jones, op. cit., pp. 253–67.

22. 在法國大革命期間，巴黎市民效法中產階級革命分子起而攻取政治犯大牢巴士底 (Bastile) 監獄（1789 年 7 月 4 日），由此大眾開始躍上政治舞臺，革命運動不再由中產階級所獨掌；同時法國各地農民

與政治改革。而另一方面，拿破崙與拿破崙三世所以能攬權稱帝，亦因其媚俗的民粹主義 (populism) 策略。從這上下兩方趨勢來看，法國大革命已造成一個永續革命的民主化傳統。

二、自由、平等、博愛：意識型態的提出

　　法國大革命的另一開創性是政治意識型態的完整提出。政治左右派的分法或所謂政治光譜 (political spectrum) 的出現，是成於法國大革命期間 23。法國哲學家與教權派 (ultramontainism) 創始者梅斯特 (Joseph de Maistre, 1753–1821) 所謂「知識性原則已凌駕道德性原則而為社會發展取向」24，即暗示意識型態時代的到來。

受巴黎市民行動的激勵，也紛紛起事響應，農民變亂造成全國貴族的「大恐慌」(the "Great Fear")。1789 年 10 月 5 日巴黎婦女的遊行示威行動，也可以權力自覺意識的啟蒙與傳播解釋其歷史意義。1793–94 年間法國人民在政治運動中所扮演的關鍵角色，被認為史無前例，而在一次大戰時才又出現類似情況。參見 Geoffrey Best, *War and Society in Revolutionary Europe 1770–1870* (Leicester: Leicester University Press, 1982), p. 83.

23. 左右二派分別關鍵在於對政權來源與財產權立場的歧異。右派強調政權與財產得自個人能力表現，有德有能者贏取與享有特權和財富至為合理，應加以保障與尊重；左派強調政權與財產乃天下之公器，理應全民共有共享，攬權必自重、為富必不仁，平權與均產是社會正義的基礎。左右二派各以理念出發，皆建構一套政治社會改革計畫，而成為各類意識型態與政黨。關於法國大革命期間各選區政治左右立場的變化，參見 Lynn Hunt, *Politics, Culture, and Class in the French Revolution* (London: Methuen, 1986), pp. 131–33.

24. 轉引自 R. N. Stromberg, *An Intellectual History of Modern Europe*

事實上，「意識型態」(ideology) 一詞正是十九世紀初年的發明。
所謂意識型態主要是針對政治與社會問題而發的系統性觀念 25，
它可能建立於確實的知識之上，亦可能建立於未經證實的假設之
上（有信仰色彩）；廣義的意識型態包括政治、經濟、社會、文
化、乃至哲學與宗教各類體系思想（據此現存的「主義」"isms"
多屬意識型態），狹義的意識型態則特指「政治意識型態」。由於
意識型態未必是以事實為基礎而成立，它是一種個人的信念，內
含知識與信仰，故接受某一意識型態常同時即排斥其他；同時，
意識型態並非理論而已，它具有高度的社會改造實用目的 26，意
識型態的對抗與鬥爭乃為近代歷史常景。

　　學者指出，法國大革命是一場「意識型態戰爭」(Ideological
War) 27；論者亦常謂，法國大革命的口號「自由、平等、博愛」

(Englewood Cliffs, New Jersey: Prentice-Hall, 1975), p. 247. 法國大
革命作為一個文化革命的意義近來甚受學者注意，詳見 Gwynne
Lewis, *The French Revolution: Rethinking the Debate* (London:
Routledge, 1993), pp. 91–100; and Norman Hampson, "The French
Revolution and its Historians", in Geoffrey Best, op. cit., pp. 232–34.

25. 意識型態乃是一套系統觀念 (a set of ideas)，故這些觀念必相互有關
且具一貫性，而不是各自孤立存在於或雜混於某一意識型態中；同
時意識型態講究實質與實用觀念，而不是空虛的概念形式。也因
此，"ideology" 當譯為意識「型態」(pattern or type)，而不是意識
「形態」(form)。

26. W. H. Sewell, Jr., "Ideologies and Social Revolutions: Reflections on
the French Case", in T. C. W. Blanning ed., *The Rise and Fall of the
French Revolution* (Chicago: University of Chicago Press, 1996), pp.
288–89.

27. R. R. Palmer, *The Age of the Democratic Revolution: A Political*

("Liberty, Equality, Fraternity")28 在這個革命的時代中，逐漸發展出自由主義、社會主義、與民族主義三個對應的意識型態29。此說雖有簡化之嫌30，但大致不失其要義，且能點出時代精神的演

History of Europe and America, 1760–1800 (Princeton, N. J.: Princeton University Press, 1964), p. 10. Also cf. Theda Skocpol, "Cultural Idioms and Political Ideologies in the Revolutionary Reconstruction of State Power", in T. C. W. Blanning, op. cit., pp. 316–17.

28. 當今「博愛」一詞的翻譯恐有商榷必要，蓋 Fraternity 原指「手足之情」(brotherhood)，其實不似墨子兼愛的大義，而較接近儒家愛有等差的精神。故由此所衍生的意識型態乃是基於血統親情的民族主義，而非強調大同無私的社會主義。若稱「四海之內皆兄弟也」，硬解其為「博愛」之意，此誠是望文生義、缺乏歷史意識的謬誤。就思想發展歷史而言，社會主義決不在民族主義之前而流行；法國大革命後民族主義始有完整而成熟的表現，社會主義的建立與普及則已是十九世紀後期以後的事。

29. 例如 B. A. Haddock, "Shifting Patterns of Political Thought and Action: Liberalism, Nationalism, Socialism", in Bruce Waller ed., *Themes in Modern European History 1830–90* (London: Unwin Hyman, 1990), esp. pp. 213–14.

30. 「自由、平等、博愛」衍生自由主義、社會主義、與民族主義一說甚有斟酌的必要。蓋法國大革命乃中產階級的革命，而在中產階級心中，自由之義重於平等，而平等之義重於博愛；這也就是說，自由、平等、博愛固可能是中產階級的價值觀，但有其輕重緩急之別，而非三個等量齊觀的意識型態。另外，若說自由、平等、博愛代表三個意識型態或階級意識，這三者其實難以相容，蓋中產階級主張自由主義，但不傾向支持反自由主義與同情大眾的社會主義，而自由主義者肯定民族主義，但社會主義者抱持世界主義而不愛民

變趨勢。同時興起的各式主義甚多，如保守主義（conservatism，保守主義的思想幾與人類歷史同壽，但此名詞的提出與此主義的申論始於 1830 年代）、激進主義 (radicalism)、個人主義 (individualism)、王政主義 (monarchism)、共產主義 (communism)、憲政主義 (constitutionalism)、資本主義 (capitalism)、乃至人道主義 (humanitarianism)。待十九世紀後期馬克思主義 (Marxism) 一詞出，新式的個人學說或學派更競相以主義之名蜂出，造成一個色彩十足的「意識型態的時代」(age of ideology)。政治的左右派至此各擁其主義（意識型態成為政黨政治的基礎，換言之一個政黨即是一個意識型態的信徒團體），訴求人民認同及支持，益增民主改革運動的複雜性與對抗性 31。

　　約略而言，意識型態的發展自十九世紀以後有由右向左延伸的現象，待二十世紀左右兩派發展至極限後，又有從兩翼向中間靠攏的情形。這個發展趨勢與社會階級的興衰變化有密切關連，並隨著近代民主化趨勢而調整。保守主義乃各式意識型態中最為悠久者，因為傳統歷史中既得利益者向主保守現狀以維持其優勢；

　　族主義。再者，自由與平等的精神具有民主取向，但博愛（同胞愛）一說卻可能導向集體主義的專制（此說參見 P. L. Ralph et al., *World Civilizations* (New York: Norton, 1997), vol. II, p. 158.）。

31. 參見 Anne Sa'adah, *The Shaping of Liberal Politics in Revolutionary France: A Comparative Perspective* (Princeton, N. J.: Princeton University Press, 1990), p. 146, pp. 152–53. 在 1820 年代，「運動」(movement) 一詞開始成為一個政治詞彙而流行，這正如 「革命」(revolution) 一詞用法在十八世紀晚期的改變一樣，顯示革命運動的蓬勃盛況及時代改造的精神。見 Asa Briggs and Patricia Clavin, *Modern Europe 1789–1989* (London: Longman, 1997), p. 62.

十九世紀初歐洲貴族多是保守主義者，他們是革命的反對者。自由主義隨中產階級的興起而發展，在十九世紀前期成為挑戰保守主義（右派）的左派勢力；中產階級在取得財富後亦圖參政以保障及促進其權益，然而他們不主全面的民主或改革，因為在社會中他們仍屬享有既得利益的優勢者。繼自由主義而興起者為激進主義，激進主義者常為隨工業化發展而後起得勢的中產階級下層（lower bourgeoisie），他們對於自由主義者（由後見之明觀之為中產階級上層 upper bourgeoisie）在獲得所求之後轉趨保守（右傾）甚感不齒，而有「革命尚未成功，同志仍須努力」的義氣；故可說自由主義者為自由主義的溫和派（右派），而激進主義者為自由主義的激進派（左派）。激進主義立於政治光譜左派的地位，在十九世紀中期以後逐漸讓位於新興的社會主義。社會主義的階級立場是護衛下層大眾，但社會主義理論家與革命家常為中上階級中有獨特社會意識的菁英分子，他們成為十九世紀後期要求改革現狀的極左勢力。十九世紀末至二十世紀初社會主義分裂為基本教義派與修正派，前者為社會主義激進派（左派），後者為社會主義溫和派（右派），而歐洲主流的社會黨多採溫和路線，主張體制內改造和民主漸進改革手段，於是社會主義成為溫和派社會主義的通稱，同時逐漸失去其為政治極左派的地位。真正的左派在二十世紀後乃成為堅持階級鬥爭與革命手段的社會主義激進派，自蘇聯共產革命後它正名為共產主義；同時，傳統社會主義訴求工人階級響應的作法，如今轉為共產主義訴求農民起義的策略。至此，共產主義與保守主義立於政治光譜的左右兩極，自由主義成為中間偏右立場，社會主義屬於中間偏左路線，而激進主義已盡失激進之義，其為正中間的地位因意識型態左右分化的發展趨勢而失去現實價值；激進主義的消失乃因它既無右派的保守，又無左派

的激進，極難獲得人民認同，這顯示在民主化發展進程中意識型態或政黨不能為騎牆派。

　　在二十世紀後，意識型態又有由左右兩極向中間調和的發展趨勢。這是因為在近代民主化之下，人民爭取政治權力與經濟利益有成之後，一方面成為某種程度的既得利益者，失去改造現狀的強烈動機，另一方面在守成之餘又有進取之念，但不願因激進冒動而危及現有權益，故而有中間路線的取向。同樣地，代表各派意識型態立場的政黨，為順應民情也有調整理念與政策的時務之識，故有溫和化傾向。簡單說，在大眾政治下，右派逐漸採納左派所求的全民民主與社會福利政策，而左派亦漸次採行右派所持的資本主義與改革而非革命的原則。十九世紀中期以來不斷有所謂「新保守主義」(neo-conservatism) 與「新自由主義」(neo-liberalism) 的出現，但實際上它們並非某一理念與政策的專稱，而是保守主義與自由主義的左傾趨勢表現而已[32]。另一方面，社會主義與共產主義的右傾趨勢發展使其信徒不再為革命而亡命，而可為安定的政局中之政黨，與右派競爭，而不被「邊緣化」或永為在野。於是保守主義自由主義化，自由主義社會主義化，社會主義自由主義化，共產主義社會主義化，對立的各派漸漸「挫其銳，解其紛，和其光，同其塵」而步向「玄同」之境[33]。在這個左右二派中間化的政治趨勢中，天下二分是最後的戰局，中間

---

32. 在十九世紀後期時，保守主義者對民主開放改革的態度甚至較自由主義者更為積極，這是因為保守主義者本具有傳統優勢，他們向採父長式恩威並濟的行事風格 (paternalism)，其於改善下層大眾處境的意願在其威權地位確保不墜時，常比甫獲政治權位的中產階級更高。

33. 老子，《道德經》第五十六章。

路線更無生存空間，激進主義的消失即是此故 34。另外，在此趨
勢中，二十世紀政壇的常勝軍是右派的保守黨人，左派的改革政
黨較處於劣勢，這顯示大眾生活相對於過去改善甚多；當多數人
成為既得利益者而非馬克思所謂「除了身上的枷鎖一無可失」的
無產階級時，社會的保守化乃是自然的現象。如此，保守主義的
流行似為現代文明的特徵，它不同於古代保守貴族專橫的傳統性，
且超越近二、三百年間反保守主義的革命階段，而達到人人有成
而圖保守的境地；換言之，「群眾型保守主義」較「階級型保守主
義」（或保守主義作為一階級意識），更具有現代性特質 35。

　　意識型態既然是解決人類社會問題的一套完整方案，其理論
性的強調乃不下於個別改革或革命運動的宣揚，如此才能超越民
族與國家，發揮其普遍性的價值。簡言之，意識型態乃是現代化
過程中社會重建的藍圖，它的目標是全世界，不是單一社會而已，
故富有意識型態的革命是要朝向世界革命發展。據此，人類文明
可能趨向一致化，或因此企圖而引發衝突。法國大革命以後，意
識型態的對抗逐漸成為國際戰爭的重要原因，一次大戰中意識型
態的宣傳戰已極為激烈，二次大戰更是民主與集權國家間的全面
鬥爭，冷戰的對立形勢則可溯及一次大戰後期 36，而在二次大戰

---

34. 激進主義的消失也可說是因為自由主義進一步接受改革開放，故大
　　功告成而功成身退。二十世紀初英國自由黨沒落、工黨取而代之，
　　形成與保守黨的左右對立之局，這也說明中間路線在現代政黨政治
　　中狹促的生存環境。

35. 再者，如前言「保守主義」一詞的出現乃是現代的事，若無自由主
　　義的挑戰，保守主義可能難以產生，故可說保守主義是現代文明的
　　特徵。

36. 1917 年俄國發生共產革命而斷絕與英法的聯盟關係，並退出戰局，

之後惡化。各式意識型態的「全球化」使命固激起許多對峙，然在此對峙中亦促成諸多主義陣營的整合和消融，而造就世界二分現象，其後更因兩次大戰所造成的非常情勢，使人發覺極端的意識型態之不可行，於是而有中庸之道的追求。最明顯的例子即是自由主義與社會主義在經濟大恐慌以後的調和，而十九世紀後期以來興起的社會民主派 (social democrats) 及新自由主義（相對於古典自由主義），其實早已指示這個趨勢。絕對相信單一的意識型態是人類心智成長的現象，但也是不夠成熟的表現。二十世紀相較於十九世紀而言，幾無新意識型態的提出，但幾經反省檢討，卻似乎更確定了方向。單一意識型態所期的單一世界，已不可能，然混合眾多意識型態的大同世界，正要起步。但若以文明進化的觀念而論，慈悲而非無情的右派相對於激情卻是淺薄的左派，當是人類社會終極的政治方案。

就現代化歷程來看，十九世紀意識型態的流行，顯示十八世紀啟蒙運動的社會科學概念已為世人所接受，社會改革的要求普遍，而思想與行動的互動大增。在此情形下，黨同伐異固然在道德上不足取，但在社會意義上卻說明其時代社會分化 (differentiation) 程度的提升，與嚴明的社會階級 (hierarchy) 開始動搖的現象。意識型態依馬克思言乃是一種階級意識 (class consciousness)，此誠有相當的可信度，如前言保守主義為貴族既得利益者的思想，自由主義是中產階級上層的立場，激進主義（根本徹底的自由主義）為中產階級下層的主張，社會主義則從下層

同時美國加入三國協約 (Triple Entente) 投入大戰，使得英美法民主陣營對抗德奧土帝國專制集團的形勢乍現，這是現代首度的世界性意識型態大戰。

大眾立論。意識型態的對立正顯示社會階級間的對抗，此與傳統階級嚴格的界線與層層壓制相比，已透露出社會平等化的發展趨勢。再者，放棄自己的階級利益而擁護理想的知識分子越來越多，尤其是社會主義雖為下層階級謀福利，然其信仰者在十九世紀多是來自各階層的菁英。意識型態或許是出自階級意識，但其討論的對象是全人類，具有混同階級的效果。例如中產階級講自由主義，本是為其自身利益向貴族爭政權，然因其訴求是抽象而具普遍性（各意識型態的理論皆有此特質）的人權，乃引發全民的自覺自許，當中產階級的有限革命目的（以財產為準的投票權）達成時（十九世紀中期），群眾的不滿卻使政治改造運動成為無限革命（十九世紀後期）。意識型態的發展不僅表現社會由分化朝向混同的趨勢，同時也表現社會由混同朝向分化的潮流。專業分工與利益團體（如工會）的重要性在十九世紀以後與日俱增，政黨組織隨著意識型態的成熟而建立或淨化（例如英國的王黨 Tories、民黨 Whigs 在 1867 年〈國會改革法〉通過後，逐漸蛻化為保守黨 Conservatives 和自由黨 Liberals），此二者合流互動，更促進社會分化的取向。無疑地，政黨政治 (party politics) 在此情勢下更蓬勃發展，而有助於大眾政治 (mass or popular politics) 的興起。由此可知，意識型態並非與人生現世無涉的高論，它著實對現代生活方式的形成，具有支配性的作用力，並對十九世紀中期以後進步觀的流行影響極大（除了保守主義，大部分政治意識型態皆主進步觀）*37*。

---

37. Michael Biddiss, "Progress, Prosperity, and Positivism: Cultural Trends in Mid-Century", in Bruce Waller, op. cit., p. 190, pp. 193–94; and Irene Collins, *The Age of Progress: A Survey of European History*

三、民主與自由：現代政治生活

　　民主與自由二詞常為人所並用，然二者是否能共存互長，自法國大革命以來一直令深思之士質疑。高喊自由的法國大革命竟衍生出恐怖統治，足見自由的追求並非解放一舉可以促成。在自由主義的主張中，個人自由是最高目的，憑藉什麼手段獲致之，則可因時因地制宜權變。相信民主為實踐個人自由的不二法門，此乃是十九世紀古典自由主義者樂觀的看法。其實民主政體只是相對於君主專政的一個形式和手段，它並不必然為善；自由則是講究本質與目的，重在精神與道德的發揚。故民主與自由性質不同[38]，認為民主與自由共生，是現代的政治神話，未必比神權統治高明。法國大革命啟發了民族獨立（自由）與民主改革的雙重革命傳統，德義統一建國運動、一次大戰後威爾遜總統的民族自決 (national self-determination) 主張、以至二次大戰後新興國家的獨立建國運動，均循此理想。但德義實現其統一建國的過程中，發現二者不能兼顧，故犧牲民主改革，先求國家統一；威爾遜認為民族獨立而行民主政治必能造成國際和平，但其民族自決原則推展的結果，東歐民族衝突依舊不減；亞非新興國家在二十世紀的雙重革命，亦不能竟全功，民族固然獨立，獨裁專制卻如從前。政治上的民主與自由，正如經濟上的安全與自由，不能兼得並進。

　　古代雅典民主政治的流弊學者討論已多[39]，盧梭主張自由即

---

from 1789–1870 (London: Edward Arnold, 1964), pp. 362–63, 365.

38. 誠如「高大」者未必「英挺」。

39. 批判雅典民主政治者常謂：雅典的直接民主制使有錢有閒的城市居

是守法（公意之展現），孟德斯鳩講政治權力的制衡關係，十九世紀自由主義者擁護君主立憲、反對全民民主政治（其觀念是議會至上 sovereignty of parliament，而非人民至上 sovereignty of the people），凡此皆說明民主與自由的緊張性。事實上民主政治仍得由政府（行政官僚體系）依循法律執行政務，人民不可能完全自由便宜行事；民主政治中的自由在於意見的表達，不是主張的貫徹；民主決策中多數決的約束力如同舊時的皇權，不能折扣，而所謂多數乃相對的多數，不是絕對的多數，故可能是少數人決定多數人的處境；直接民主在技術上不可行，而代議政體又未能切實表達民意，凡此種種都說明民主不是通達個人自由的光明大道。在政治中，所謂「代表」可能是「反映一般人心」，亦可能是「領先群倫」，前者表現民主思想，後者表現自由價值，而二者顯然不能兼得；一般以為「選賢與能」是民主精神，然民主化乃是左傾的政策，而選賢與能卻是右傾的菁英主義觀點，豈有以左派支持右派之理。從本質問題來看，民主是一個集思廣益的作法，它是一種集體主義 (collectivism) 精神的表現，其所求是安全，而自由卻是基於一個要求自我實現 (self-realization) 的個人主義態度（自由乃為個人自由，而無所謂集體自由40），二者本難相輔相成；並

民主導政務，鄉間貧民無暇問政，民主政治淪為寡頭專政；雅典民主為雅典公民（父母雙方均為雅典公民，子女始得為公民）的專權，多數雅典居民並非參政者，奴隸制度之惡乃不受檢討，甚至獲得民主制度的保障；雅典民主導致政策的平庸、行政效率不彰、施政時間與經費的浪費、以及參政者的自滿狂妄；多數決的原則造成菁英不見容於世，能者受到猜忌排擠（票決流放制 ostracism 常使人才無法安身立命）；立法機關權勢凌駕行政單位，頻生人事傾軋與政治動盪。這些弊端在今日民主政治中仍屢見不鮮。

且自由主義對人的善性與服從理性──良好的民主政治之前
提──的樂觀看法，亦難於現實的人事（尤其政治）中獲得驗證。
在如此的矛盾下，乃有二十世紀所謂的新個人主義及新自由主義，
從強調解脫束縛為自由，轉為強調在參與社會群體中尋求自我實
現。於是而有「少數服從多數，多數尊重少數」的尷尬說法，企
圖調和注重「大我」的民主原則與講求「小我」的自由主義。

　　民主政治的推行，有賴人民理性知識的能力及公義節制的精
神，故十九世紀歐洲民主改革的進程中，國民基礎教育亦同時推
動。二十世紀的共產政權亦主張民主政治，共產主義者因前述問
題批評西方式的民主為假民主，自言將因共產革命的推進而實踐
真正的民主政治。但實際上共產國家並未實施較西方國家更民主
的措施或法規，政權仍為少數人所操控。於此共產主義者辯稱在
社會經濟不夠發達，人民教育程度不高，未能成為真正的「社會
人」(socialist man) 而去其「錯誤的意識」(false consciousness)、
瞭解自身需求時，民主政治並無實施的條件；此時人民雖不能行
「民治」，但政府已屬「民有」，且其施政全為「民享」[41]。這個
說法顯示兩個意義，一是民主政治的施行須以良好的人民素質為
先決條件，二是民主政治已普遍被視為最合理或最好的人類政治
體制。從歷史來看，君主專制 (absolutism or despotism) 演進為貴
族專政 (aristocracy)，再到大眾政治 (mass politics)，是一個確定的
趨勢，除非社會巨變發生（如世界大戰），否則政治上的菁英主義

---

40. 正如道德須出於個人自主，並無相對於或不同於「私德」而存在的
　　「公德」。
41. 但實際上這個「無產階級專政」(dictatorship of the proletariat) 的「訓
　　政時期」總無限延長，而為個人獨裁的口實和背景。

難以再現，而人權既已宣告乃不能取消，民主政治既已成立乃不能推翻。因此二十世紀的專制多須假借民主程序以樹立和包裝，德國、義大利、蘇聯、烏干達、利比亞等國的現代集權專制 (totalitarianism, dictatorship, tyranny or autocracy)，均非傳統的極權政治 (authoritarianism)，而是以「人民」("the people") 之名出發，透過群眾動員而造就英雄崇拜式的獨裁政權[42]。

---

[42] 前舉各式專制皆有不同的內涵和作法：absolutism 講君主無限的權力（不受法律限制），可為一人獨裁，亦可為多人共治，寓有君權神授觀念，但因天高皇帝遠，行政仍由官吏依法或自行裁奪，古代中國、埃及、羅馬等帝政均屬此類專制；despotism 常為一人獨裁，其暴虐或仁慈皆視上意而定，其政權有神格化傾向，但人治色彩濃厚，不受法制約束，武力為其政權之基礎，傳統東方式獨裁（包括拜占庭、土耳其等國）常被歸類為此種專制，十八世紀歐洲的開明專制亦屬之，此類專制也出現在宗教事務方面；totalitarianism 的定義籠統而形式多樣，它常為單一意識型態的一黨專政，講究國家至上而無個人主義發展餘地，它要求全面性的控制（故至近代才為可能），否定國家與社會的差別，人民生活一切政治化，納粹德國、蘇聯、中共皆為此類專制；dictatorship 為體制外或非法的獨裁，常為非常時期的權宜之計，武力為此獨裁者奪權的憑藉（常以兵變出之），此專政不必控於一人，也可能為一黨專制或集體領導，它建立於被統治者的支持，故重視群眾動員，但為政者常自私自利，只求防止反叛，不重改革建樹，但也可能為求改制而嚴格管制人民，希特勒、墨索里尼、史達林乃至戴高樂均可說是此類專制者；tyranny 在史上有許多不同的形式表現，它是一種權術而非制度，通常為非法奪權所建立的一人獨裁，它的統治作風高壓而殘酷，但施政可能有為有能且有利於人民，它代表下層大眾對上層貴族的革命，有雄厚群眾支持的基礎，古代希臘城邦的專制為其典型；

其實民主的本義是平等，自由與平等的關係正如經濟問題中「寡」與「不均」的關係，若須擇一優先解決，則平等問題似更為人所重。對烏托邦主義者而言，政治真正的現代化或終極成就應為無政府主義 (anarchism) 的實現，但這在人間並無可能，政府既為必要的惡（社會學者強調其必要性而人文學者強調其惡性），政治如何可能面面俱到，皆大歡喜（為政之道僅能是盡量減少惡的發生）；民主政治下，個人自由無法成全，已不是政治革命的理由。文明的價值觀若視人權優於特權，而平等重於自由，則民主政體應已是人類終極的政治形式。（於此志士仁人雖覺無奈，但絕對有「入境問俗」的雅量和「撥亂反正」的勇氣，且在其不成功而受委屈之時，必有承擔世間錯誤的悲憫心，蘇格拉底的就義即是因民主政治而殉道的典範。）現代民主的標準只能是具體的制度和措施，如共和體制（republicanism，儘管可能在王國 monarchy 之名下實施）、國會、憲法、普選、公民投票等，在形式標準已達時，質的提升並非所謂「政治的現代化」可同時造就[43]。

---

autocracy 為近世現象，它是一人獨裁，統治者有無限權力，常以民主手段（如選舉）掩飾專政本質，但不訴諸神教，帝制時期的俄國、希特勒政權、與二次大戰後烏干達、利比亞等許多獨裁政權均屬此類專制；authoritarianism 要求人民對領導權威絕對的服從，強調國家至上原則，是自由主義的反義，但它的型態多樣而概念理論多於實際應用，其政府控於少數人手中，人民極少參與的機會，現今民主國家在面臨國家危難時，亦常採這個古老的威權統治手段以應急，蘇聯與納粹德國就統治動機而論皆是此類專制，智利與伊朗的專制亦屬之。由上可見，各類專制並不能嚴格區別，但現代專制皆須透過民主手段以樹立統治權威或美化暴政。

---

43. 這個問題正如 1970 年代中美國婦女運動與黑人民權運動的成敗，
　　婦女與黑人所可據理力爭者，乃是法律上的平等待遇，至於責求他
　　人觀念上的合理與精神上的同情，這已是文化教養問題，不是靠政
　　治或社會運動可以達成。如此，此二運動終究面臨瓶頸而無法繼續
　　發展，隨即沒落，而其後亦無繼起的相同運動。

第九章

強權政治⋯⋯

帝國主義與世界一家的塑造

魯賓遜與帝國主義的形象

在近代西方擴張的盛期間，描述歐洲人異域探險、克服萬難而能成功逃生或創立豐功偉業的故事，極為流行。狄福 (Daniel Defoe) 的《魯濱遜漂流記》(*The Life and Strange Surprising Adventures of Robinson Crusoe*，常被視為第一部真正的英文小說) 出版於 1719 年，但隨著十九世紀帝國主義的興起其書 (與觀點) 更有風行之勢，顯示魯濱遜的形象與帝國主義觀念有若合符節之處。以今日觀點反省哥倫布事蹟與帝國主義拓殖者的事業，究竟「誰『發現』誰」，大有商榷的餘地，但當帝國主義盛世時，歐洲列強不論號稱為「上帝、黃金、榮耀」('God, Gold, and Glory') 或「基督教、商業、文明」('Christianity, Commerce, and Civilization'，英國傳教士兼探險家李文斯頓 David Livingstone 語) 而奮鬥，其征服慾望與優越意識表現至為明顯，而罪惡感與成就感也相應而生。魯濱遜冒險犯難、絕地求生與自立自強的精神，表現人的能力、意志與世俗成就的偉大，此與帝國主義者用以自我合理化 (或自我催眠) 的信念相通；魯濱遜對其奴僕「星期五」(此稱呼也暗示文明規制的價值) 威嚴而仁慈的對待態度，亦是帝國主義者面對殖民地時亟欲表現的統治形象。此處所錄魯濱遜浮海之圖，是二十世紀美國畫家威士 (N. C. Wyeth) 對狄福此書意境的浪漫詮釋。

獅身人面像之上的英國士兵 *(1890)*

1882 年英國自由黨（在理念上遠較保守黨反對帝國主義）政府派兵佔
領埃及，這是瓜分土耳其帝國的具體而微行動，它導致英法交惡甚久，
德國從中頗獲漁翁之利，在「名不正、言不順、事不成」的窘境中，
英國主政者常感佔領埃及的無奈，然而在國家利益的驅使下，從 1882
年後即已喊出的自埃撤兵口號，至 1956 年始成事實。圖中攀附到埃及
古蹟獅身人面像 (sphinx) 之上，與聚集於石像前者，為蘇格蘭士兵，
其表現有如小學生的郊遊登高、戲耍古物，頗富帝國主義者的征服
氣息。

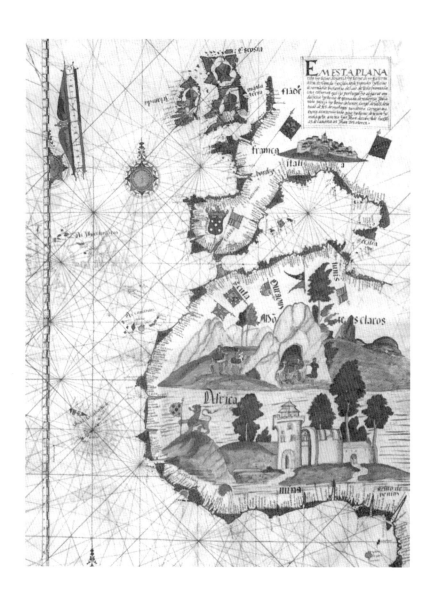

歐洲與非洲海岸地圖　拉薩羅・路易斯 (Lazaro Luis) 作 (1563)
這張十六世紀的葡萄牙地圖顯示當時歐洲地理知識與地圖學的進步狀
況。直到十九世紀中期，非洲內陸對歐洲人而言仍是一塊「黑暗大陸」
（李文斯頓語），但在十六世紀時歐洲人對非洲沿海地區早有認識，由
圖中可見非洲海岸地區已被細部命名，主要港口也已清楚標示。1854
年時一個歐洲探險隊以奎寧抵禦瘧疾，成功深入非洲大陸內部九百英
哩，激起了傳教士與商人進軍非洲的熱潮，帝國征服隨後也開始發展。
英國首相兼外交部長莎士保理 (Lord Salisbury) 說：「當我在 1880 年離
開外交部時，沒人想過非洲；但我在 1885 年重回外交部時，歐洲各國
都在為瓜分非洲吵得不可開交。」1885 年列強召開規範非洲拓殖行為
的柏林會議，十載之後，非洲土地已被歐洲國家侵佔殆盡，英法兩國
所得即達六成之多，這是近代西方擴張的神奇記錄。

一、新帝國主義的時代意義

「新帝國主義」(the New Imperialism, c. 1871–1914) 發生在德義建國成功而西方民族國家體系大致完成以後 *1*，它反映民族主義情緒及其力量，同時激發被壓迫國家的民族意識。新帝國主義又是強權政治 (power politics) 世界化的表現，它以武力造就一個單一世界政局，從而成為現代國際政治（international politics，重平等交往）、乃至世界政治（world politics，重大同理念）發展的背景 *2*。新帝國主義不同於古代征服帝國的兼併擴張，亦不同於

---

1. 1783 年英國承認美國獨立之後至 1870 年間，西方列強的帝國殖民運動處於停息的狀況，其背景是：㈠美國獨立對帝國擴張者造成警惕教訓；㈡重商主義式微、自由放任經濟體制興起，使殖民地的工商壟斷價值降低（亞當・史密斯強調殖民佔領終究得不償失，邊沁 Jeremy Bentham 呼籲法國解放其殖民地，考柏登 Richard Cobden 鼓吹自由貿易體系的建立，1861 年法國將其所有殖民地開放與外商貿易）；㈢工業革命的迅速發展與法國大革命以後的歐洲革命運動使各國專注內政問題，無暇兼顧海外事業；㈣新世界的島嶼與沿海地區大部分已被佔領，進一步的內陸開發與殖民危險而耗財，軍事、交通與當地風土疾病等問題均有待克服。1870 年代後帝國主義突然興盛，這顯示新帝國主義不是古老的歷史現象，而是蘊含有相當的現代文明特性。

2. 列強在侵略擴張時仍循歐洲協調 (Concert of Europe) 原則，彼此分配利益、妥協歧見、調整政策，而不能各行其是。因此為平拳亂而有八國聯軍之舉，非因諸國軍力不足或戰術需要，而是圖以國際政治手段美化其強權政治本質，故英國首相莎士保理 (Lord Salisbury) 譏諷八國聯軍為「在華的歐洲協調」(Concert of Europe in China)。

中古後期（十一至十三世紀）十字軍東征的宣教討伐，或新航路新大陸發現後的殖民佔領 3；從世界史發展來看，它是歐洲現代化以後的實力展現、權力追求、與全球歐化（或西化）的推動。它或許仍顯露人性中欲求、征服、控制、與競爭的本色，但它終非人類文明初期的部落相殘蠻行，而是「文明教化」達到一定水準後的國家擴張與同化企圖，表現出「君子愛財取之有道」的姿態與方式 4。簡單說，新帝國主義是個顧及吃相的權貴盛宴，與會者外表溫文，但口蜜腹劍，一心狼吞虎嚥。新帝國主義者自命高貴，在本國且高喊民主自由革命之義，乃不免為其侵略行為感到不安，因而致力於合理化與正當化「征服權」 (Right of

---

　　另外，帝國主義者也常以推動國際平等外交為理由，動輒引用國際法為根據，迫使自外於國際社會的政府進行政策的開放改革（例如英國逼迫清廷開放商業市場與建立外交制度），對於現代國際政治的形成影響甚大。帝國主義的目的當然不在於建構合理的國際政治，但單一世界卻因此加速出現，使國際關係的現代化成為當代政局的重要課題。

3. 古代兩河流域（尤其是亞述）、埃及、波斯等皆有帝國擴張行為，中國人、羅馬人、阿拉伯人、土耳其人、蒙古人也都曾建立帝國，但其性質都與近代帝國主義不同；「帝國主義」(imperialism) 一詞在學術討論中，其實常專指十九世紀後期以來西方列強侵略擴張的行為與理念。

4. 「質勝文則野，文勝質則史。」（《論語・雍也第六》）文明教化難以改造人性本質，但可以展現人格提升的程度、改變人的行為方式。新帝國主義的列強絕不是「文質彬彬」的君子，但已有文勝於質的禮教層次，不似凱撒征服小亞細亞時直言「我來了，我看到了，我征服了」(I came, I saw, I conquered.) 所表現的質勝於文之野性。

Conquest) 的原始觀念，以自我寬慰並遏止質疑，於是而有「無奈的帝國主義者」("reluctant imperialists") 之說，甚至有「自由派的帝國主義」("liberal imperialism") 之興起5；在殖民擴張行動上，列強 (the Great Powers) 急於競賽遊戲規則的確立6，對於彼此的協調甚為注意，以求避免國際戰爭；對於殖民地及擴張地區的人民，則謀以施政成績及同化政策，消除其反感7。總之，相對於舊帝國主義，新帝國主義為西方列強的集體運動而非國家的個別行為，它們重視行動與政策的合理化 (rationalization) 及正當化 (justification)，諸帝國握有工業化實力8，代表先進的文明勢力，

---

5. 詳見 C. J. Lowe, *The Reluctant Imperialists: British Foreign Policy 1878–1902* (London: Routledge & Kegan Paul, 1967), pp. 3–8; U. S. Mehta, "Liberal Strategies of Exclusion", in Frederick Cooper and A. L. Stoler eds., *Tensions of Empire: Colonial Cultures in a Bourgeois World* (Berkeley, Calif.: University of California Press, 1997), pp. 59–60; 王世宗，〈「自由派的帝國主義」：英國對埃及政策，1893–94〉，中央研究院《歐美研究》31 卷 3 期（民國九十年九月），頁 606–11。

6. 最明顯的是 1884–85 年間列強為協調非洲佔領規則所召開的柏林會議 (Berlin Conference)，它確立了殖民地「有效佔領」(effective occupation)、沿海殖民地往內陸擴張的優先權（所謂 the hinterland doctrine）、「殖民地」「保護地」與「勢力範圍」三級控制標準、託管制 (mandate or trusteeship)、乃至門戶開放政策 (open door policy) 等近代帝國主義的行為規範。

7. 例如英國常以「善政」(good government) 與公共建設 (public works) 二者，自詡其對殖民地的偉大貢獻，和自許所以必須維持帝國控制的理由。

8. 帝國軍事行動常被稱為「戰艦政策」(gunboat policy)，而機關槍 (maxim gun)、汽船、電報、與奎寧其實是列強得以迅速瓜分非洲的

帶著文化優越意識與教化觀點，富於民族主義氣息，充滿政治性的意圖，其影響力普及全球，顛覆了傳統東西世界的關係9。故而今人不論從政治、經濟、文化各因素去解釋新帝國主義的出現，均顯示它是一個「現代文明的現象」——雖然它不是「現代性」的本身——而不是單純的霸權行為，或人類本性問題10。

　　事實上，英文 「帝國主義」 (imperialism) 一詞乃是出現在

幾項物質條件。參見 D. R. Headrick, *The Tools of Empire: Technology and European Imperialism in the Nineteenth Century* (New York: Oxford University Press, 1981), esp. pp. 204–10.

9. 關於新舊帝國主義的對比，詳見 D. K. Fieldhouse, *The Colonial Empires: A Comparative Survey from the Eighteenth Century* (London: Macmillan, 1991), pp. 372–74.

10. 學者論新帝國主義之成因，大致不外下列幾項：㈠經濟上，為過剩資金 (surplus capital) 尋求投資出路，在國際激烈的貿易競爭中，確保商品市場 (建立所謂 sheltered market)，並取得穩定而廉價的原料，或為本國人民開闢移民天地 (此說以英國經濟學者 J. A. Hobson 的 *Imperialism: A Study* (1902) 及列寧的 *Imperialism, the Highest Stage of Capitalism* (1916) 二書為代表作)；㈡政治上，為迎合民主政治下大眾好大喜功的心理與民族主義激情，在國際競爭中確保國家利益與威嚴；㈢文化方面，帝國擴張展示先進國家的優越意識與教化使命感、同時它也是西方大眾文化的一種表現。凡此因素皆屬現代文明現象，不是歷史中的常態。事實上，十九世紀1870 年以前，歐洲一片反殖民擴張的聲浪，可見以天性說或一般歷史因素，並不能有效解釋新帝國主義的突然興起。另外，上述三類成因的解釋中受到最多批判的是經濟性觀點，最不受質疑的是政治性解釋。見 W. J. Mommsen (trans. P. S. Falla), *Theories of Imperialism* (Chicago: University of Chicago Press, 1982), pp. 70–76.

1870年代、而流行於1890年代的新詞彙。帝國形式與作為雖自古有之，但帝國「主義」（一套觀念與原則）則屬新猷，它滋生於歐洲意識型態流行而權勢擴張激烈的時代環境中，故　「帝國」(empire) 或「帝國的」(imperial) 二詞早已存在，然「帝國主義」卻是十九世紀後期的產物11。再者，新帝國主義時期盛行所謂「非

11.「帝國」 (empire) 一詞源出於拉丁文，其原意是「控制」(command) 或「權力」(power)，然所謂「帝國」，其意義乃是由歷史發展實情所塑造，而非由其原來的語意所決定。見 Bernard Porter, *The Lion's Share: A Short History of British Imperialism, 1850–1983* (London: Longman, 1992), p. 1; and Patick Wolfe, "History and Imperialism: A Century of Theory, from Marx to Postcolonialism", in P. J. Cain and Mark Harrison eds., *Imperialism: Critical Concepts in Historical Studies* (London: Routledge, 2001), vol. III, pp. 352–53. 英國保守黨殖民部長卡納芬爵士 (Lord Carnarvon) 在 1878 年說道：「最近有一個新詞 『帝國主義』(imperialism) 開始流行，這實在令我們困惑⋯⋯。我聽過所謂『帝國的』(imperial) 政策，也聽過『帝國的』利益，但這樣的『帝國主義』對我來說真是個新奇說法。」(A. L. Burt, *The Evolution of the British Empire and Commonwealth* (Boston: Heath, 1956), p. 443.) 在 1870 年代時，「帝國主義」一詞所指只是「帝王之治」(Caesarism or the rule of an emperor) 之意。1908 年曾任印度總督的柯嵩 (Lord Curzon) 為文說：「有帝國就必須有帝國主義，帝國主義乃是帝國的精髓。」 (Lord Curzon, "The True Imperialism", in P. J. Cain and Mark Harrison, op. cit., vol. I, p. 149.) 從卡納芬的感慨到柯嵩的主張，可見帝國主義的興起及其意義的轉變。當歐洲列強紛紛加入殖民地爭奪戰時，帝國主義的現代詞義便開始出現，並且帶有一點貶抑批判之意，它常專指 1871 至 1914 年間歐洲列強的帝國侵略擴張

正式帝國」(informal empire) 的經濟侵略，常以「銀行與鐵路的征服政策」("policy of conquest by bank and railway") 遂意，這也是史所未見的新征服模式，它是西方工業革命以後才出現的國際剝削行為，也可說是近世帝國與古代帝國（基植於武力與領土佔據）最大的差異。列寧 (Nikolai Lenin, 1870–1924) 指帝國主義為資本主義的終極表現，此論斷固有斟酌商榷的必要，但他認為帝國主義屬於近代歷史或現代文明（資本主義）的現象，應無謬誤。總之，「新帝國主義」與其說它是「新的」帝國主義，無寧說它是「真正的」帝國主義，因為它是帝國主義首次完整的現身，一個「全新的」展現。

　　當然，新帝國主義的出現也必定包含人性（無今古差別）的因素。強凌弱一直是人類文明不能革除的劣根性，如此從東西世界關係發展來看，新帝國主義的發生呈現兩個時代現象：一是東西文明的大規模接觸，二是西方物質文明力量在近世遠勝於東方[12]。事實上，西方史學家使用「帝國主義」一詞時，大體上是專指歐洲列強與亞非國家之間的主從關係。回教帝國西拓與蒙古西征的部落擴張時代早已過去，這是一個建立新國際社會的運動，至少它是一個世界性 (worldwide) 的權力競逐，不是單一勢力或區域性的霸權擴張，它是西方列強各自動機不同、但目標理念相近的國際化要求，在這個新世界秩序下，西方國家將取得長久的支

運動。

12. 美洲的殖民不論，傳統帝國的擴張主要為大陸型的領土兼併，新帝國主義的擴張則為海外侵略；因此新帝國主義的競場在於亞非地區，東西接觸的地點在東方而不在西方，這顯示越洋攻擊者為優勢，而防守家園者為劣勢，主動出擊與被動防禦代表國力強弱形勢不同。

配優勢。「法律是強者的意志」，在此表現為「國際法是列強的遊戲規則」。這是所謂「世界文明」或「世界史」真正開始出現的時代。另一方面，新帝國主義是物資原料的爭奪戰，有限資源的現代政治地理學觀點已在此間浮現；帝國拓展的結果竟是探索與擴張時代 (age of exploration and expansion) 的終結，非洲出人意表迅速的瓜分 (1885–95) 正透露列強對此高度的危機感，「各有天地可得」("There is room for all.") 的弭兵說顯然不切實際。

　　以後見之明立說，新帝國主義的擴張可謂歐洲自取滅亡的行為，歐洲霸權在第一次世界大戰（就某一方面而言它是帝國戰爭，或因帝國擴張所引發的戰爭）後式微，以反殖民帝國主義為號召的美國與蘇聯，成為新世紀的霸主。但從另一個角度來看，歐洲列強之間的鬥爭雖使歐洲霸權沒落，然「歐洲時代」卻從此開始興起；蓋歐洲作為一個文化或政治體在此之前並不存在，惟經過此番教訓，歐洲人始意識到歐洲統合在國際競爭與文化認同上的必要性13，而於二次大戰後迅速推展此工作。也由於這個新局面，真正現代的主權平等的列國政治、國際社會、以及全球性的勢力均衡，在西方殖民帝國瓦解後方才成立。

---

13. 在歐洲列強海外擴張的對立下，弱小的老牌與新興殖民國（如西班牙、葡萄牙、荷蘭、比利時、義大利等）仍得在夾縫中求生存，可見歐洲強權政治的形成，對於歐洲統合並沒有甚大的助益。關於一次大戰後歐洲在世界政局中定位的調整，參見 Paul Kennedy, *The Rise and Fall of the Great Powers: Economic Change and Military Conflict from 1500 to 2000* (New York: Random House, 1987), pp. 286–91.

二、帝國擴張與二十世紀國際關係

　　帝國控制不外直接統治與間接控制（此即所謂「非正式帝國」
"informal empire" 的概念 14） 二類，控制形式則分三類，即殖民
地 (colony)、保護地 (protectorate)、與勢力範圍 (sphere of
influence) 15。殖民地須以「有效佔領」(effective occupation，相
對於豎立旗幟、界碑或小軍駐紮的「象徵性佔領」symbolic
occupation）為基礎，方能取信於世人（包括被殖民者及其他帝
國），否則須得他國共同認可，始能建立「準殖民地」的託管地
(mandate)； 保護地與勢力範圍的取得亦須通知列強並獲得其承
認，始有國際性效力。凡此原則乃至門戶開放政策 (open door
policy)，均起源於十九世紀後期列強為非洲殖民所召開的柏林會
議 (Berlin Conference, 1884–85)，嗣後再經布魯塞爾會議
(Conference of Brussels, 1890) 的確定與推展而成為國際公法，施
行至二十世紀，影響國際關係的發展甚大。因為帝國控制標準已
經國際化，而各類型的控制不一而足，使得列強分贓徹底、無往
不利，而帝國主義的侵害對象無所逃於天地之間。僅就歐洲帝國
控制所及之地而言，1914 年時列強所治理的海外領地達二千萬平

---

14. 詳見 John Gallagher and R. E. Robinson, "The Imperialism of Free
　　Trade, 1815–1914", in P. J. Cain and Mark Harrison, op. cit., vol. II,
　　pp. 244–48; and P. J. Cain and A. G. Hopkins, "Gentlemanly
　　Capitalism and British Imperialism", ibid., pp. 303–4.

15. 在外交辭令上，次於「勢力」(influence) 範圍的宣告者為「優勢」
　　(preponderance) 範圍的主張，再其次則為特殊「利益」(interest) 的
　　聲明。

方英畝，統治著近五億人口，此尚不計處於列強勢力範圍內的人民。而歐洲帝國並不因為第一次世界大戰而立刻崩解，即便是敗戰的德國其海外殖民地仍在託管及其他名義下，為英法所瓜分，亞非人民依舊不得解放。

新帝國主義的帝國衝突主要是為亞非殖民擴張而起（另一方面也可說帝國競爭是造成殖民擴張的原因），其中最大的對立是：英法在北非與暹羅的衝突，英德在南非的抗衡，英俄在東地中海地區與中亞的對抗，以及德俄在東歐的對峙。這些激烈的衝突大約發生在十九世紀末期以後，但它們是否是促成第一次世界大戰的原因，學者意見紛紜。列強在海外的對立關係，與歐洲內部三國協約 (Triple Entente) 對抗三國同盟 (Triple Alliance) 的情勢並不吻合 16，且戰時殖民地大致未成為戰場，這似乎說明帝國競爭與一次大戰無直接關係，或說一次大戰至多為殖民母國的戰爭(歐戰)，而非帝國戰爭（世界大戰）。但另一方面，由於英法與英俄達成帝國殖民問題的妥協，英法諒解 （Anglo-French Entente (1904)，針對埃及與摩洛哥問題） 與英俄諒解 （Anglo-Russian Entente (1907)，針對波斯、阿富汗與中國問題） 連結上先前的法俄同盟（Franco-Russian Alliance (1894)，針對抗德需求），而發展成三國協約，與 1882 年時即已出現的三國同盟對峙，於是戰前敵對聯盟形勢就此成立。再者，正因海外擴張已達極限，殖民地與勢力範圍的朋分已無可能，列強失去妥協其嫌隙的籌碼 17，競爭

---

16. 例如英法與英俄在海外帝國競爭中，常處於對抗地位，在歐陸卻維持同盟關係；反之，英德在中北非及遠東地區頗能合作，德法在海外殖民擴張中亦頗能相得，但他們在歐洲卻互唱反調。甚至可說帝國間的妥協 （1904 年英法達成北非方面的諒解，1907 年英俄達成波斯問題的協議） 是造就歐洲敵對同盟體系的原因。

舞臺與注意力轉回歐陸，以故一次大戰不因海外殖民衝突而起，卻因「東方問題」(the Eastern Question，即土耳其問題) 引爆 18，而東方問題仍含有濃厚的歐洲帝國主義色彩，這說明一次大戰仍因帝國主義而起 (而且殖民地也參戰)。此外，大戰前的序曲——兩次摩洛哥危機以及英德海軍武力擴充競賽——均是十足的帝國衝突事件，尤其是英德衝突，它不似法德或俄奧間的對抗有長久的歷史淵源，英德對抗是新帝國主義下的新局勢，它是 1914 年東歐問題所以演發為世界戰局的重要關鍵，也是 1917 年美國加入戰場 (聯英抗德) 的重要背景。由此而言，新帝國主義又似乎造成了一次大戰 19。不論間接直接，新帝國主義對第一次世界大戰的爆發，以及二十世紀國際局勢的形成，其影響之大已是不爭的事實。美蘇兩強以整編同盟的方式，進行集團的對抗，造成國際政局兩極化 (bipolarization) 現象，這便利用 (或延續) 了西方帝國與東方被侵略國家對立的情勢，雖然兩強皆明白表示其反殖民帝

---

17. René Albrecht-Carrié, *A Diplomatic History of Europe Since the Congress of Vienna* (New York: Harper & Row, 1973), p. 194; and David Thomson, *Europe Since Napoleon* (New York: Alfred A. Knopf, 1965), pp. 473–74. 此說反而可能認為新帝國主義有助於世界和平的維持，或延後一次大戰爆發的效用。

18. 俄國在克里米亞戰爭 (Crimean War, 1854–56) 失利後，轉向遠東擴張，使東歐問題一時沉寂下來；然 1905 年日俄戰爭又使俄國東向發展受挫，於是俄國重回巴爾幹半島角逐霸位，東方問題再次惡化，此為一次大戰爆發的背景。

19. 馬克思主義者早已指出帝國主義對世界大戰的促進作用。參見 Karl Kautsky, "Ultra-imperialism" (1914), in P. J. Cain and Mark Harrison, op. cit., vol. I, p. 262.

國的立場20。故而蘇聯召開「東方被壓迫民族會議」(Congress of Oppressed Eastern Peoples, 1920)，以帶領帝國主義受害者團結抗敵的姿態出之，自然在精神上甚受亞非國家的認同。可知若無近世西方帝國主義的發展，東西世界的接觸與統合必不能如此之快速而密切，但另一方面國際衝突對抗也不致如此之嚴重與直接。

　　當新帝國主義擴張之時，社會達爾文主義 (Social Darwinism) 被引為強國吞併弱國的合理化論據，垂死之國與長生之國 (the dying countries and the living countries) 的說法甚囂塵上，「病夫」(sick man) 之稱動輒加諸東方傳統老國如土耳其 (「東方病夫」) 與中國 (「東亞病夫」)，然西方國家內部對此蠻橫侵略之舉，實仍深感不安，批判之聲未曾間斷21。待世界一體因西方強權擴張而成為事實，殖民帝國則在二次大戰後紛紛瓦解，亞非民族所受的災難並不因此而終結，帝國壓迫剝削所造成的後患，仍摧殘著這些新興獨立國家22；因為獨立亦可能是淪為孤立、失去奧援和保護，

---

20. Bob Rowthorn, "Imperialism in the Seventies: Unity or Rivalry?", in P. J. Cain and Mark Harrison, op. cit., pp. 56–57; and Klaus Schwabe, "The Global Role of the United States and its Imperial Consequences, 1898–1973", in W. J. Mommsen and Jürgen Osterhammel eds., *Imperialism and After: Continuities and Discontinuities* (London: Allen & Unwin, 1986), pp. 29–30.

21. 如英國人恥稱「鴉片戰爭」(the Opium War) (在英鴉片為違禁之毒品)，而代以「價值中立」的「中國戰爭」(the China War)；國內以道德問題指斥此役者所在多有，英國議會對此之聲討，並不因國家利益之考量而降低。

22. 例如非洲的瓜分是歐洲列強紙上作業的結果，其表徵之一是毫不考慮 (或因無知) 當地種族部落分布狀況，而以列強協調的經緯度為

而昔日支持西化與西方政權者（常為受西方教育的知識分子），如今更被陷於不義，造成政治上的不安。除卻此種歷史恩怨，經濟互賴乃至全球經濟體系因舊時母國與殖民地配合的關係而建立，然此「合作」關係總以原殖民帝國的利益為尚（有所謂「新殖民主義」neo-colonialism 與「後殖民主義」post-colonialism）23，殖民地產業的發展只為支援母國，難以自給自足，或取得技術轉移，自力更生，以至獨立後經濟狀況未必好轉24。至此，維護世界一

國界。當殖民帝國瓦解，非洲人民依此版圖獨立建國時，即發生許多領土糾紛與民族問題（乃至有種族滅絕 genocide 之事），至今不得解決。又如殖民國家在殖民地（如印度與中南美洲）鐵路的興築，常基於戰略或物資外運的考量，並不顧慮當地整體經濟開發及全國統合，故交通線常是由內陸往港口的放射線狀而非網狀分布，導致當地獨立後經濟發展的困境，甚至是政治上的分裂混亂。關於帝國侵略與第三世界經濟困境的關係，詳見 Paul Bairoch, "Historical Roots of Economic Underdevelopment: Myths and Realities", in W. J. Mommsen and Jürgen Osterhammel, op. cit., pp. 197–209.

23. 「新殖民主義」與「後殖民主義」的定義尚多分歧，大略是指西方帝國實體瓦解後的後續支配模式。關於此二者的概念及其批判，詳見 Harry Magdoff, "Imperialism without Colonies", in Roger Owen and Bob Sutcliffe eds., *Studies in the Theory of Imperialism* (Harlow Essex: Longman, 1972), pp. 164–69; and J. Jorge Klor de Alva, "The Postcolonization of the American Experience: A Reconsideration of 'Colonialism,' 'Postcolonialism,' and 'Mestizaje'", in Gyan Prakash ed., *After Colonialism: Imperial Histories and Postcolonial Displacements* (Princeton, N. J.: Princeton University Press, 1995), pp. 241–46.

24. 例如二次大戰後中南美洲（處境類似殖民地）財政與歐美日等先進

家的安定和諧，便成為西方富有先進國家的道德責任；二次大戰後的「南北對談」和國際經濟援助措施，即在此背景下進行，而其效果有限又顯示帝國主義為強國「天生麗質難自棄」的秉性。

三、定於一的世界文明

殖民政策導致殖民國與殖民地之間的衝突，帝國擴張引發殖民帝國之間的衝突，二者均涉文化衝突問題，均為文明接觸的表現，對於單一世界的發展影響甚鉅。事實上，帝國統治的成立須包含殖民帝國與被殖民地區的協議或條約（以取得主權），以及殖民帝國之間的協議或條約（以取得國際承認）。由此，新帝國主義的擴張可說造就了一個網絡緊密的國際關係，世界政治既成，各國政策與事變息息相關的程度乃大為增加。

若不論道德問題，近代帝國主義在世界史的發展中，至少具有兩層意義：其一是西方現代化實力的展示，其二是現代化與全球化的推動。列強挾其新式的科技（工業化力量）與現代的價值

國家的依附關係，並未使其經濟發展有所起色。參見 Bill Warren, *Imperialism: Pioneer of Capitalism* (London: Verso, 1980), pp. 157–59. 在帝國主義控制下殖民地經濟發展無望的看法，其實早為反帝國主義的左派學者所斷定，這在二次大戰後（尤其是 70 年代與 80 年代）更為人所強調。見 Anthony Brewer, *Marxist Theories of Imperialism: A Critical Survey* (London: Routledge, 1990), pp. 260–61; and D. K. Fieldhouse, *Colonialism 1870–1945* (London: Macmillan, 1983), pp. 122–23. 這類說法仍主張帝國主義乃是資本主義的工具或結果。見 Andrew Porter, *European Imperialism, 1860–1914* (London: Macmillan, 1994), p. 59.

觀東進，自信二者皆具普遍性價值，秉持淘汰弱者的競爭理念，
實踐其文明教化使命 (civilizing mission)。在這個西方霸權擴張的
洪流中，東方國家幾不能自立自保，教案與排外事件——二者俱
代表西方價值之遭拒——常為西方列強引為開戰的理由 (*casus
belli*) 25，此正說明新帝國主義時代象徵世界歷史真正的來臨，在
這個單一的世界中，只有強者與弱者，沒有置身事外者。民族的
對抗或文化的接觸，已無主動被動分別之意義，只有勝利失敗的
分野，而這個強者勝利的基礎在於西化（就西方國家而言此方可
謂為現代化）之成功。如此，現代化之義為何，在現實政治中已
無論證之必要，或定義上的困擾；具體而言，現代化即西化 26。

---

25. 詳見王世宗，〈「教化的使命」：傳教事業與新帝國主義擴張〉，《歷
    史月刊》155 期（民國八十九年十二月），頁 49–56。所謂教案大多
    是帝國政府利用傳教問題，作為政治交涉或軍事行動的藉口；傳教
    士被殺害的事於當事人而言乃是殉道，但在主政者的解釋下則成了
    殉國。教案產生必引發歐洲強權干預，這是一般東方人的印象，但
    其實情實甚複雜。促使列強政府以政治或軍事力量介入海外教務
    者，常不是身陷危境的傳教士自身，而是母國的教會組織，它們可
    說是十九世紀後期歐洲議會政治中主要的壓力團體之一。因不瞭解
    實地狀況，母國教會往往憑傳言與片面消息斷事，常有反應過度之
    舉，以致教案不免被小事化大或小題大作，成為軍事行動的理由。
26. 十九世紀時歐洲人本不談「西化」(westernization) 或「現代化」
    (modernization)，而是講「歐化」(Europeanization)，此因在其眼中，
    「現代的」(modern) 即是「歐洲的」(European)。待十九世紀後期，
    美國與日本歐化有成，躋身強國之林，西化乃代歐化之說而起。至
    二十世紀二次大戰後，非西方國家紛紛解脫帝國控制而獨立，為
    「推銷」西化觀念而免東方反感，乃有「現代化」一詞的發明。如
    此，所謂的現代文明常被視為文化帝國主義 (cultural imperialism)。

故東方抗拒西化的情形，在東方國家解脫殖民帝國控制之後，大略迅速消失，一個單一的世界文明正從此蘊生。

西方帝國主義的侵略激發亞非地區——尤其是歷史悠久、傳統文化深厚的國家——的民族主義意識[27]，並引發其對人權與民主政治的重視，這些觀念正是傳統東方文化中較弱的一環；為求解脫西方強權的欺壓控制，國家的主權、政府的角色功能、民族的尊嚴、人的價值與基本權力，開始被革命者與知識分子所宣揚，一個類似西方的啟蒙運動及革命運動，乃在東方世界開展。這種運動不僅在向西方霸權抗爭，亦在向其自身傳統求解放。它是一種雙重革命，不只是因為它兼顧對外與對內問題，也因為它同時圖民族革命與民主改革，希求畢其功於一役（正如十九世紀前期歐洲的革命運動一般）；十九世紀後期以來「新土耳其運動」(the Young Turk Movement)、埃及的獨立運動、印度的建國運動、日本的明治維新、與中國的革命運動，率皆如此[28]。諷刺的是，受西化愈深者，其引西方近代意識型態與價值觀為範、援歐洲自由革命為例的傾向愈高，因此其反西方帝國強權之情愈堅，而抗外實力愈強；受帝國控制深者，其西化程度愈高，現代化愈發達（此觀乎英國治下的印度土邦與英人直轄區之差別即可知），而獨立建

見 David Harvey, *The Condition of Postmodernity: An Enquiry into the Origins of Cultural Change* (Oxford: Blackwell, 1991), p. 276.

27. 由於敵我對立形勢嚴明，東西文化的差異（性）不免被誇張，但雙方對於自身文化的省思，卻因此更深刻而完整。

28. 關於帝國主義與亞非革命運動的關係，參見 V. G. Kiernan, *Imperialism and its Contradictions* (New York: Routledge, 1995), pp. 121–30; and Norman Etherington, *Theories of Imperialism: War, Conquest and Capital* (London: Croom Helm, 1984), pp. 194–96.

國之意志愈早生。由此可知西方帝國主義在其擴張之時，也正引領其步向覆亡之路（正如政治推展的最終目標是消滅政治），蓋西方帝國擴張固展現其現代化實力與優勢，然其帝國主義所散播的現代價值觀與意識型態，如人權、民主、自由、平等諸概念，其實皆反帝國壓迫與侵略。在這些現代價值觀與意識型態之下，竟有帝國主義之產生（侵略者反對侵略），這只是證明人性幽暗面的存在，非理性可全面剷除；也就是說新帝國主義有其「現代」的一面，也有其「反現代」的一面。西人自稱帝國主義賦有教化的使命，故此任務完成之時，當即是帝國消解之日。例如 1882 年英國佔領埃及之後，一再表明埃及國力復原、足以自立之時，英軍當即撤退。然權利的慾望與要求終使帝國成為民族剝削的工具，須至鳥盡而後弓藏；當 1880 年代後期埃及情況好轉而要求英國政府撤軍呼聲四起時， 英國首相莎士保理 (Lord Salisbury, 1830–1903) 答曰「不能因花好即解雇園丁」，其尷尬之狀確含有天人交戰之情。

「師夷之長技以制夷」的想法不僅中國有之，回教世界亦有之[29]，這顯然不是真正的西化論者，其對抗西方帝國的目的並不能成功達到。反而是不懷抗敵目的的西學研究與西化工作，才易生養對抗西方帝國的力量。反過來說，西方帝國盛世中，西化的推行並不順利，待二次大戰以後，殖民帝國紛紛瓦解，新興國家對西方文化的仇視降低，西化工作不由西人以政治威權推動，卻獲亞非民族更大的接受度而主動追求。例如印度甘地呼籲國人以

---

29. 魏源而外，埃及知名學者亞格尼 (Jamal ud-Din el-Afghani) 亦持此類觀點，他對十九世紀後期阿瑞比 (Ahmed Arabi) 所領導的埃及民族主義運動，影響甚深。

傳統耕織方法自食其力、抗拒英貨，藉反西化手段爭取獨立而成功，然印度獨立後仍積極從事西化以建國。可見二十世紀中期以後歐洲霸權雖歇，但歐洲文化影響力卻方興未艾。不論如何，帝國主義確實加速現代化與單一世界的形成，這固然不是在你情我願的情況下發生，但若是東西文明順其自然的演進，恐不能有此迅速的效果。

　　為了合理化帝國擴張及減少罪惡感，或減小國內外反對聲浪，西方列強在行侵略與帝國控制時，亦甚注意人道教化工作及良政善法的推動與宣傳。蘇格蘭傳教士兼探險家李文斯頓 (David Livingstone, 1813–73) 在論及帝國擴張與西化價值時說：「基督教、商業、與文明 (Christianity, Commerce, Civilization) 三者總同時並進。」許多傳教士則視鐵路、醫療與善政為合理化西方統治的三大依據。1884 至 1885 年間所召開的柏林會議，除了規範殖民瓜分非洲的原則外，亦不忘強調列強的教化任務與貢獻，於是對於土著的禁酒禁奴禁武，皆列為會議議題，甚至載入條文，伸張其人道關懷之意。這些主張多未能徹底實踐，而且其背後仍隱藏著列強鬥爭與防制殖民地人民反叛的動機，但合理的社會關係及文化風習的革新，卻也因此標舉而受到世人重視（此種教化宣傳極易成為反帝國主義者批評的準據）。尤其是殖民國為強調其法權權威與公正性，對於私刑酷刑的禁止，極為注意；而因異族政權對待被統治者較能「一視同仁」，且少既得利益者的顧忌，敢於推動社會經濟改革，故於社會平等化的促進，反比當地傳統政府更有為（本來東方民族主義運動已含有促進社會平等的作用）。其他如廢止一夫多妻制、階級制度、殺嬰及以人為祭品等不良風習，殖民者與西方傳教士皆有著力，至於為落後地區造字興學，更為其重要貢獻，雖然亞非人民決不能承認有所謂「帝國主義對現代化

的貢獻」30。不問動機而只看結果的話，帝國政權的「愚民政策」仍有其實質成就，其中經濟的建設與開發特別是一般人民所矚目的。某些學者更指出，世界人口在 1850 年以來的急遽增加，與帝國主義促進物質文明現代化的功效有密切關係。

　　西方帝國在推展西化工作時，不免如古代亞歷山大帝國在近東世界推行希臘文化一樣，將西方複雜多元的文化做了一番一致化與簡單化的調整，以便其介紹推廣，並配合東方民族文化狀況。同樣的，東方人亦以相同作法引進及認知西方文化。如此，一個單一而中庸的世界文化便容易自然產生。但西方的強勢與優勢並不因其緩和推展的手段而放棄妥協。帝國主義者為師出有名，常以他方不守國際公法、國際條約、或商業貿易協定為由而開戰，事後又強迫戰敗國依上述原則進行改造（如中國之設立外交部門，土耳其之西化改革，埃及之經濟重建），以此一個西方國家眼中合

---

30. 詳見 Bob Sutcliffe, "Imperialism and Industrialisation in the Third World", in Roger Owen and Bob Sutcliffe, op. cit., pp. 185–87. 例如西方殖民者常謂其辦學有助於東方婦女地位的改善，但東方民族主義者則反譏此種教育常敗壞婦德民風。參見 Ania Loomba, *Colonialism/Postcolonialism* (London: Routledge, 1998), p. 219. 二次大戰後非洲民族意識覺醒而邁向獨立之際，非洲人開始編寫他們自己的歷史，學者對於歐洲殖民統治普遍加以撻伐，他們對於傳教士在此事中所扮演的角色特別注意。他們大多直指傳教士為「帝國主義的特務」(agent of imperialism)，不信其為虔誠的傳道者或善意的教化者，並常用「宣教的帝國主義者」(missionary imperialists) 一詞指涉在非洲的基督徒。一個偉大而富有理想的傳教熱潮，竟發生於現實而殘暴的帝國主義盛期間，真道與霸道的區別已不是理性所能輕易掌握的，傳教士如此，帝國主義的受害者亦是如此。

理、平等而一致的世界秩序 (world order)，便慢慢形成；國際社會乃為唯一，任何國家均不能脫離孤立，必共遵共守一套共通的行為準則，不能自視為例外。列寧認為新帝國主義造成第一次世界大戰，而一次大戰被解為世界性的戰爭，皆是在這個背景下申論。

新帝國主義造成東西前所未見的密切接觸，它對惡化東西世界關係的影響不可謂不大，但對東西文化交流與民族間的認識（雖說不是自然而平等的），自有極大作用。何況，關於歷史──不管悲與喜──人是極其健忘的；或者因為人的生命短暫，而世代交替迅速，歷史記憶難以長存一般人心。二次大戰後的嬰兒潮至1960 年代，已化為卓然挺立的青年大眾，他們早不知帝國壓迫為何物，而對於彼此的瞭解與同情則遠勝前代。對他們來講，「代溝」(generation gap) 之為惡甚於國仇，其所發起的「青年運動」(Youth Movement)，橫掃全球，不分東西或所謂的民主與共產世界，展現一種一致性甚高的世代文化及時尚風格。帝國主義強制性地結合各國，政治性的紛爭至今或仍不能解，但世界性新文化已悄然成形。

第十章

從近代到現代：

十九至二十世紀文明性格的轉變

酒吧 (A Bar at the Folies-Bergères)　**馬內作** (1881–82)

馬內這幅最後的巨作〈酒吧〉表現現代生活的疏離感。畫中女侍態度平靜，但帶著幾分冷漠與憂傷的表情，與背景鏡裡反映的喧鬧歡樂場面形成鮮明對照，暗示出現代社會群我密切關係下個人無法解脫的孤寂感——這個盛裝美麗的女人只能冷眼旁觀身前的盛宴，而不得參與分享。女侍在鏡中反映出的巨大身影位於右側，這在實際上乃是不可能的現象，此可能是畫家為凸顯主題觀念所為——印象派藝術本不重感官所見的世界，而強調創作者心靈所感的宇宙。

吶喊 *(The Cry)*　孟克 (Edvard Munch) 作 (1893)

十九世紀晚期以來有識者已深刻感受現代文明價值的危機，反映人心苦悶與矛盾之感的作品愈來愈多。身處十九、二十世紀之交的挪威畫家孟克 (1863–1944) 在這幅名作 （有油畫與版畫各種不同表現型態）中，充分表現這個「焦慮的時代」(age of anxiety) 裡，人所感受的恐懼、壓力與疏離感。圖中人消瘦的身影、扭曲的線條、驚悚的表情、與吶喊的動作，傳達著劇烈的痛苦心情；馬路與護欄的直線與天空的曲線，形成強烈對比，暗示一種緊張性與衝突性（此種氣氛因色彩的烘托效果更大），或可說背景曲線代表受苦者吶喊之聲迴盪在空中，綿延不絕；人物處於天地之間，彷彿為對立的兩種力量所拉扯，或壓迫；而且此人無法辨其性別與容貌特徵，暗示上述困境乃全人類所共有，不分男女與種姓。（孟克另有一畫描繪尼采苦思之情，其構圖與此相近，但借用哲學家的形象強化人的困境。）畫家在此並不描繪魔鬼怪物來製造觀者的驚懼，而以極為簡單的線條與顏色引發人害怕莫名的夢魘感觸，頗能表現現代世界的非理性氣氛。孟克創作的意念常在反映現代人的壓力、畏懼與無助，他的作品在 1970 年代與 1980 年代之交展示頻繁，受到世人廣泛重視，顯示今人對現代文明的困阨感依然強烈。

神祕而陰鬱的街道 *(Mystery and Melancholy of a Street)*　祁立坷
(Georgio de Chirico) 作 (1914)

祁立坷此作與前錄二圖一樣，強烈傳達著現代生活的孤寂感與疏離感。
這幅畫完成於一次大戰爆發前夕的巴黎，帶有濃烈的陰鬱氣氛，雖然
其構圖含有浪漫主義的痕跡。畫中街道彷如為人廢棄的空地，單調規
律而一路延伸的房舍表示都市生活日復一日的貧乏不變；月光照射下
大片的陰影罩在大街上，使人有一種陷於黑暗中的恐懼、無知、與窒
息之感；女孩逐弄鐵環的遊戲身影，益發呈現人在世間的孤獨感；圖
中女孩與貨車廂互不相干地存在著，表現一種環境的突兀性與荒謬性。
全畫透露著某種不祥的訊息，引人深覺不安與壓迫感，若由後見之明
觀之，此畫預示著現代文明災難的來臨。其後，祁立坷回到祖國義大
利，改採保守的藝術風格，並對其早先作品表示唾棄，似乎說明他對
前時將自己的內心世界暴露於眾人之前的作法，感到羞愧；然而祁立
坷將不同景物並置以傳述個人想像意境的概念，對後來超現實主義的
創作理念造成極大影響。至於祁立坷個人的「退縮」表現，可說是因
時代迅速變遷令人有無所適從之感，以致保守主義的原鄉成為許多敏
感者安身立命的避風港。

廊下的暴動 (Riot in the Gallery) 薄丘尼 (Umberto Boccioni) 作

1909 年馬里納堤 (F. T. Marinetti) 發表 「未來主義宣言」 (Futurist Manifesto) 後，未來主義 (futurism) 的前衛藝術風格開始在古典主義重鎮義大利興起。此派藝術家聲言破除舊文藝傳統，追求「速度之美」 ('beauty of speed') 的動感，以凸顯二十世紀迅速變遷與充滿變動力的時代特性，對於機械化文明乃至戰爭與法西斯主義的興起持肯定的觀點。義大利畫家與雕刻家薄丘尼 (1882–1916) 的 〈城市的躍動〉 (*The City Rises*, 1910–11) 系列畫作即是未來主義重要的代表作。薄丘尼擅長將記憶所及與視覺所感融合一體，創造一種運動效果和印象，而有抽象的風格；他又能將藝術創意與社會政治意識結合於作品中，傳達省思文明的感想。在這幅 〈廊下的暴動〉 中，眾人騷動街奔的情狀，表現瞬息間動作與空間的互動關係，充滿著動力與動態，暗示現代都市的劇變、活力與緊張。正如薄丘尼在其 「未來主義繪畫宣言」 (Manifesto of Futurist Painting, 1910) 中所稱：「每件事物都在變動中，迅速地前進，快速地改造。」未來主義藝術家對於一次大戰的「動能」曾有極高的期許，但薄丘尼本人死於大戰間，使戰後未來主義的發展折損甚鉅。未來主義諸多新美學主張常刻意激起爭議，這對戰後達達主義 (Dadaism) 的興起頗有啟發。

一、進步觀的興衰與理性主義的商榷

　　科學革命與啟蒙運動以來的思潮與文明成就，促成十九世紀進步觀的興起。進步觀的出現（十八世紀）是學者基於對理性的信念所致，而它的流行（十九世紀後期至一次大戰）則代表世人對現代化的肯定和長遠的期待，故具有現代性意義 1 。在歷史上進步觀是罕見的，此因依據基督教或其他宗教信仰的教義，歷史是人墮落的過程，它的結局是世界末日 （此所謂末世論 eschatology）2 。人們若不是執此觀點，也不是抱持進步史觀，而是傾向盛衰循環的歷史觀，其所以如此可能與人類艱苦的生活經驗有關。所謂「人定勝天」只是古人的道德勸說之詞，不是實際的人生體會；近代以前的歷史經驗並不使人認為其文明較前代為「好」，或令其對未來的改善產生樂觀信心。啟蒙運動以後進步觀躍然出現，但是這也不是因為人有「樂生之意」的結果，它不過是理性主義的邏輯推論，故而它只存在學者之間，並不流行於民間。大眾進步觀的出現是在十九世紀後期工業革命開始具體改善一般人的生活之後，而這竟發生於向來反對進步觀念的基督教社會中，足見其時物質文明振奮人心之大。總之，就思想史而言，

---

1. Robert Nisbet, *The Making of Modern Society* (Brighton, Sussex: Wheatsheaf Books, 1986), p. 70. 進步觀在一次大戰以來的沒落，則說明進步觀不是現代性的本身。

2. 進步觀的發展與宗教信仰關係極為密切，然即使基督教可能內含進步觀的理念，但這也不是一般信徒所知曉或重視。見 R. A. Nisbet, *Social Change and History: Aspects of the Western Theory of Development* (New York: Oxford University Press, 1969), pp. 90–91.

進步觀在十八世紀已經產生，但就社會史而論，進步觀在十九世紀以後才出現。當十九世紀後期學者開始因質疑理性主義而拋棄進步觀之時，這個學理上的批判也未影響人們對文明「進步」的觀感。大眾進步觀的形成既因物質文明的發展，其對進步觀的懷疑亦因物質文明的弊害和災難，故第一次世界大戰以後進步觀在民間始見消沉；其後更因戰爭、經濟發展遲滯、環境污染、職業傷害、乃至現代生活方式等種種問題，使進步觀的信徒大為減少 3。由此可見，在進步觀的認知上，明顯存在著知識菁英與大眾之間的鴻溝。不論如何，進步觀的興衰反映出現代化的成功及其危機，它是人類文明高度發展的現象，可憂亦可喜。

　　所謂進步觀並不是一個深奧的理論系統或意識型態，它只是一種文明精神和歷史觀點，甚至說只是一種處世態度或行為心理。但如前言，這種相信今優於古而未來將勝於現在的樂觀想法，就社會整體而言，乃史所未見，此誠所謂「時代進步」的表徵。進步觀是一個抱持演化論（evolutionism，相對於創造之說 creationism）的直線發展史觀（linear view，相對於循環觀 cyclical view），它不只是一種對人性與人的能力的樂觀態度，而且是一種決定論 (determinism) 的信念 4，認為文明的進步不但可能且為必然，這既是人心所繫亦為天命所在（兼有 desirability and possibility）5。歷史的「黃金時代」(Golden Age)——相對於「黑

---

3. 關於進步觀在史上發展的情形，詳見 Robert Nisbet, *History of the Idea of Progress* (London: Transaction Publishers, 1994), esp. ch. 7, "Progress as Power".

4. John Plamenatz, *Man and Society: Political and Social Theories from Machiavelli to Marx*, vol. III: *Hegel, Marx and Engles, and the Idea of Progress* (London: Longman, 1992), pp. 317–20.

暗時代」(Dark Age)──的觀念就是一種進步觀的反映 6。持進步觀者相信進步是全面性、整體性的，並無例外，反動逆勢（reactionary，progressive 之反義）者將無所逃於天地之間；對他們而言，進步不止於物質條件或科技、經濟的發展，道德、文化、智識等一切精神文明亦一同進步。進步觀是一種前瞻性的 (forward-looking) 看法，它帶著未來主義 (futurism) 與理想主義 (idealism) 觀點，採取目的論 (teleology) 的立場，存有古不如今的反歷史 (a-historical) 心態。進步觀是高度的理性主義表現，其人本精神與世俗性甚濃，「人為萬物之靈」與「人定勝天」（天不等同於神或上帝）是其信條，而自由主義是其行為準則。以上這些進步觀背後或基礎的思想，皆是文藝復興以來學者所鼓吹者，故可說進步觀的出現象徵西方文明現代性的確立。另一方面，十九世紀後期以後進步觀流行（由人們喜自命為 "progressive" 以及 "prog" 一詞的風行可見一斑）之時，大眾往往不解其背後豐富的意涵而濫用與妄稱「進步」一語，這正顯示大眾對現代化未來的殷切期望。

　　進步觀在十九世紀後期的流行固然與黑格爾 (Georg Wilhelm Friedrich Hegel, 1770–1830)、馬克思、達爾文、史賓賽 (Herbert Spencer, 1820–1903) 等學者所主張的演化理論有關 7，但可能與

---

5. 至此，"Man proposes, God disposes." 一語已不是「盡人事而後聽天命」的無奈，而是「有求必應」的信念。進步觀的信徒對時代的發展充滿歡迎之情與肯定之意，動輒稱說「歷史的巨輪」(the wheel of history) 云云。

6. Leo Strauss (T. L. Pangle ed.), *The Rebirth of Classical Political Rationalism* (Chicago: University of Chicago Press, 1989), p. 235.

7. 史賓賽於 1850 年時即直言：「進步不是偶然，而是必然。一切邪惡

科技發明、工業建設及民生經濟的改善關係更大。十九世紀後期時，工業革命已逐漸脫離早期污染、髒亂、危險、與對勞工生活劇烈衝擊的階段，而開始為人們帶來更好的生活品質——快捷、便利、省力、實用、安全、整潔。加以更多的收入、休閒與個人自由，如此的生命經驗令一般人對未來充滿希望，對下一代期待更高 8。(馬克思對工人慘狀的預言未能應驗，使馬克思主義甚受質疑，而有社會黨分裂之事。) 自 1851 年倫敦舉辦「國際工業產品展覽會」 (The Great Exhibition of the Works of Industry of All Nations) 以來，作為工業革命成果展的博覽會，即因工業革命的迅速發展與各國競賽，而不斷在歐洲舉行。1889 年巴黎博覽會所展出的艾菲爾鐵塔 (Eiffel Tower)，展現了現代科技（鋼鐵工業）與古典藝術 （平衡對稱的美感） 的結合。1900 年巴黎博覽會的「電宮」 (Palais de l'Électricité)，宣告了電力時代的來臨。除了電，石油的發現，汽車的發明，高架或地下鐵路（大眾運輸系統）的開始興建，亦在十九世紀後期時 9。新的經驗帶來更新的希望，

不道德之事均將消滅，人類將臻於完美。」 Quoted in Bruse Waller ed., *Themes in Modern European History, 1830–1890* (London: Unwin Hyman, 1990), p. 190.

8. 例如十九世紀後期腳踏車的改良與流行，使大眾具有了相當程度的「行動自由」；而鐵路系統的興建，使得平民亦得享有海濱遊憩的貴族式經驗。

9. 石油於 1859 年在美國賓州 (Pennsylvania) 被發現，隨後立即被廣為利用。1885 年德國工程師戴姆樂 (Bottieb Daimler) 發明內燃機，由石油所提煉的汽油重要性大增，汽車的發明亦隨即產生。高架鐵路在十九世紀後期的紐約出現，但它在地狹人稠的歐洲都市未能流行。1863 年倫敦第一段地下鐵通車，其後因電力火車取代蒸汽火

這就是大眾的進步觀。

　　進步觀在十九世紀後期具體表現在許多行為和主張上 10，甚至因而展現為一種意識型態 11。自由主義與社會主義立場雖不同，但二者皆持文明進步的觀念（在諸多政治意識型態中只有保守主義反對進步觀），蓋自由主義認為理性教育為個人與社會改善的動力 12，而社會主義的歷史階段論和階級革命說認為文明發展必然導向一個合理的社會。事實上，自法國大革命以來，進步觀即已改變了革命運動的意義與目的；過去要求恢復舊權力與舊秩序的革命，此後已轉變成要求新權力與建立新秩序的運動。這種進步觀的革命運動是促成十九世紀歐洲創新的原動力，即使在 1848 年革命潮過去以後，進步觀依舊是歐洲繼續推行改革政策的根本概念 13。此外，講物競天擇適者生存的達爾文生物進化理論，迅速被轉化為文化或文明觀念的社會達爾文主義，而講弱肉強食的人

車，使得地下鐵更為舒適而成為都市新寵，這對於市井小民生活的改善貢獻甚大。

10. 參見 Bernard James, *The Death of Progress* (New York: Alfred A. Knopf, 1973), pp. 12–14.

11. Leslie Sklair, "Progress as Ideology", in Ronald Fletcher ed., *The Science of Society and the Unity of Mankind* (London: Heinemann, 1974), p. 83.

12. 新自由主義雖不如古典自由主義對文明進步充滿信心，但也多少懷有進步觀的理想。見 Michael Freeden, *Ideologies and Political Theory: A Conceptual Approach* (Oxford: The Clarendon Press, 1996), pp. 306–8.

13. 詳見王世宗，"Revolution and Progress: Nineteenth-Century Europe"，臺大《文史哲學報》四十四期（民國八十五年六月），頁 138–206。

世競爭法則，這也是十九世紀後期進步觀的一種反映；換言之，是進步觀而非達爾文造就了社會達爾文主義。於是，民族主義至十九世紀末期已呈現種族主義的霸氣，在同化困難而淘汰可行之時，反猶運動 (anti-Semitism) 又起，其勢前所未見；帝國主義高談「教化的使命」(civilizing mission) 及「白種人的負擔」(White Man's Burden)，強調強者的意志對文明進步的重要性；國際關係中生命旺盛之國對垂死之國的「處置」(如列強瓜分土耳其帝國與中國之計畫)，也被視為合理而自然之舉。相信經濟發展自有天理安排（此所謂「看不見的手」"the invisible hand"），而主張自由放任與自由競爭原則的資本主義，其在十九世紀的流行，同樣表現當時的進步觀信仰。同時，宗教信仰在歐洲逐漸式微，因為理性主義高張，而人定勝天的信心增強；至少人們的現世關懷及其滿足，令其對生命終極的歸向和意義，不再措意。再者，一次大戰之前歐洲的國際危機與衝突不斷，但國際和平運動與合作計畫也蓬勃展開，這顯示人們對新的世界秩序和人類的理性，仍充滿期待與信心 14。即使是一次大戰爆發後，為戰爭歡呼之聲竟全歐可聞，這是因為文明進步的觀念與信心，使人相信大戰必有正面的淘汰作用，可以淬礪人心，成就有能有為者，並解決國際關係的沉痾。簡單說，這是以社會達爾文主義看待一次大戰的積極態度，由此乃有「以戰止戰的最後一役」(a "war to end wars") 的樂觀說法之產生 15。在學術研究上，社會科學的出現本是啟蒙運動

---

14. 相對於一次大戰前的和平運動 (pacifism)，二次大戰後的和平維護 ("peace-making") 行動，是一種對現代戰爭高度的毀滅性之憂慮表現，而不是進步樂觀精神的反映。

15. 原由英國學者威爾斯 (H. G. Wells, 1866–1946) 於大戰期間所提出。

理性主義的產物，其在十九世紀的流行，則說明這個理性樂觀精神的強化與普及。在科學萬能的觀念下，十九世紀後期興起的歷史主義（historicism，視歷史為「人事的科學」），就是一個人文學「科學化」的例子，它也是進步觀發達下的現象。

當進步觀流行之時，反對自由主義理性樂觀精神的力量也在醞釀。某些學者指出，達爾文主義所言「適者生存」(survival of the fittest) 並不代表文明的進步或理性的勝利，因為「適者」只是「強者」，而未必是「善者」或「講理的人」。佛洛伊德 (Sigmund Freud, 1856–1939) 的精神分析學也強調無（潛）意識（非理性）對人的行為之重要影響。1908 年法國社會哲學家索瑞爾 (Georges Sorel, 1847–1922) 出版《進步的幻滅》(*The Illusion of Progress*) 一書，更明白質疑理性進步之說，而講暴力 (violence) 蠻性在文明發展中的作用。但這只是知識分子的異說，大眾進步觀的動搖是在一次大戰之後。大戰的嚴重破壞使世人開始懷疑西方文明進步的意義，戰前反對進步觀的學說至此乃被視為先知，而開始獲得大眾的重視。例如佛洛伊德的學說在戰後普為世人所重，人的原始性既然被強調，相對而言文明的價值便被貶抑。同時，在悲觀的文化氣氛中，文明興衰循環的觀念大為流行，取代了歷史直線進步的觀念。史賓格勒 (Oswald Spengler, 1880–1936) 的《西方的沒落》(*The Decline of the West*, 2 vols., 1918–22) 與湯恩比 (Arnold J. Toynbee, 1889–1975) 的 《歷史的研究》 (*A Study of History*, 12 vols., 1934–61) 二書所以風行，其文化背景即是進步觀的沒落。較文明循環觀更為悲觀的看法是歐洲傳統文明覆亡的宣告，這種觀點可見於某些哲學家 （如西班牙哲學家歐地加 José Ortega y Gasset, 1883–1955） 與文學家 （如英國詩人艾略特 T. S. Eliot, 1888–1965），而更明白表現在蘇聯共產主義者、義大利法西斯黨

人及德國納粹黨人 16，這些政黨都宣稱要建立新的文明，以取代正統的歐洲文化。

　　就連戰後的科學觀也給人一種「悲觀」的感覺。戰後科學研究摧毀了傳統科學知識的確定性，而提出更抽象深奧的理論；牛頓的機械論宇宙觀（儘管複雜但可理解且可預測）至此瓦解，科學似乎又回到古希臘時代與哲學合流的狀況 。 愛因斯坦 (Albert Einstein, 1879–1955) 的相對論與普郎克 (Max Planck, 1858–1947)、海森伯格 (Werner Heisenberg, 1901–76) 的量子論 (quantum theory)，雖然代表科學知識的進步，但他們的學說對一般人而言，卻是意味著物理世界的渾沌不明與無從掌握，大眾的進步觀因此反而失去了大眾科學觀的輔證。科學上的相對論儘管確實，卻非常人可以理解，它給人的感受和印象（錯覺）是，萬事萬物已無絕對性；正如生物學的達爾文主義變成談人事問題的社會達爾文主義一樣，物理的測不準原理 (uncertainty principle) 原是確定的說法，但它沒有增進大眾對宇宙的進一步認識，而是助長社會上已經瀰漫的不確定感。一次大戰前愛因斯坦的「特殊相對論」已經提出 (1905)，然至戰後相對論之「名」始流行於世（愛因斯坦於 1921 年始獲諾貝爾獎），這與時代精神的變化關係甚密。眾人引相對論論人事，而不瞭解亦不理會其科學上的定義，這其實正反映了一個悲觀的時代氣氛；至此，科學的相對論已經變成了「社會相對論」。同理，人類學家瑪里諾斯基 (Bronislaw Malinowski,

---

16. 諷刺的是，由於共產主義與法西斯主義對西方傳統的唾棄，使得挺身而出保衛歐洲舊文化的人反而有增加之勢，這是因為他們更擔憂共產黨與法西斯黨的執政，將使情勢更為惡化。 參見 R. N. Stromberg, *An Intellectual History of Modern Europe* (Englewood, N. J.: Prentice-Hall, 1975), p. 428.

1884–1942) 反對普遍標準的功能主義 (functionalism) 文化觀（主張以個別文化的內在機能為考量基準的文化研究），在戰後大受歡迎，而激起文化相對主義 (cultural relativism) 的思潮。在這個觀念下，文化或文明並無進步與落後之別，只有差異可言，甚至因此文明一詞失去其存在的必要性，因它已與文化（生活方式）一詞無殊17；文明既然沒有發展的方向或終極目的，進步觀自然失其立足的基礎，而歷史（學）的價值也大為減損。

　　學者指出，進步觀是由理性主義所建構，但亦由於理性的檢討（反省力）而破除，這正顯示理性的力量不僅不因進步觀的消滅而減少，反而可能更為提升18。這個觀點實為純學術的判斷，若就社會意義而言，理性主義的力量顯然與進步觀一齊衰退；不過就學術思想的歷史而言，這樣的理性主義已是到達不亢不卑的「見山是山」高級境界，而非處於天真樂觀的「見山是山」初級階段。理性主義自十八世紀流行以來，經歷了三階段批判：十九世紀前期浪漫運動以感性 (emotion) 的價值反對理性，十九世紀後

---

17. 十九世紀時歐洲人使用文明 (civilization) 一詞，通常僅為單數型態，而無複數（即 civilizations）的用法，這是因為歐人認為文明的性質單一而無二致，有其確定的發展方向，而歐洲文明是世上唯一可稱得上「文明」的一個，故談到「文明」若非指歐洲文明的本身，即指歐洲歷史所呈現的文明型態。至二十世紀時，歐洲的進步觀崩潰，文化相對主義流行，在此概念下文明（高級的文化）不只一個，而型態各異，「文明」一詞乃開始以複數型態出現。今日許多世界史皆以 "world civilizations" 為標題，卻又圖求「通史」貫通之義，此誠理智與精神的矛盾。

18. William H. McNeill, *History of Western Civilization: A Handbook* (Chicago: University of Chicago Press, 1969), p. 583.

期以後非理性因素 (the irrational) 的角色與重要性被提出，挑戰理性主義的有效性，二十世紀後期後現代主義 (postmodernism) 則從文明結構問題下手，整體批判理性主義的傳統。然而進步觀的沒落表現理性主義被全面反對之前的自我批判，也因此後現代主義推翻理性主義的企圖只能有功而無效。

二、文化新風情

　　十九世紀後期以後至二十世紀，文化風格逐漸脫離傳統，而表現出現代特性。整體而言，這是指理性主義色彩減少，非理性因素的強調增加；通則化 (generalization) 趨勢減緩，專業化分工強化；觀念的絕對性與確定性 (absolutism) 降低，相對性與不確定性提高；理想主義（或唯心主義 idealism）精神減少，現實主義 (realism) 觀念增強。這個趨勢就是學者所說從「存有狀態」("being") 到「發展狀態」("becoming")、或從「恆常本質」到「無常變化」的轉變 19，也是文化的現代主義 (modernism) 呈現 20。

　　以科學為例，十九世紀科學研究極為活絡，尤其是 1850 年代以後歐洲社會文化的現實主義氣氛濃烈，更使科學研究廣受重視，而科學研究的成果又反過來強化了人們的現實主義取向。在這當中，專業化要求提高，傳統業餘的科學研究風氣漸衰，通才的理想也於焉破滅。二十世紀以後，物理學的發展打破了過去簡單的

---

19. F. L. Baumer, *Modern European Thought: Continuity and Change in Ideas, 1600–1950* (New York: Macmillan, 1977), p. 402.

20. N. J. Rengger, *Political Theory, Modernity and Postmodernity: Beyond Enlightenment and Critique* (Oxford: Blackwell, 1995), pp. 42–43.

機械宇宙觀，科學對一般人而言，更如形上學的研究，神祕而不具體，並非理性討論可以釐清。由於新知識領域與分工的增加，隔行如隔山，學者之間的接觸與瞭解愈來愈難；學術研究的分析探討漸多，而綜合性與整合性的理論則越少。可知二十世紀學術上的「大師」罕見，這是文化結構的問題，不是聰明才智今不如古所致。

　　以哲學而論，康德 (Immanuel Kant, 1724–1804) 整合了法國理性主義與英國經驗主義的知識論觀點，隨後費希特 (J. G. Fichte, 1762–1814)、黑格爾與謝林 (F. W. J. von Schelling, 1775–1854) 諸人，將康德的學說導引為唯心主義，成為十九世紀哲學主流。但稍後，叔本華 (Arthur Schopenhauer, 1788–1860)、尼采 (F. W. Nietzsche, 1844–1900)、孔德 (Auguste Comte, 1798–1857)、馬克思等人，則發展出相對的現實主義流派，且其勢逐漸後來居上。至十九世紀末時，哲學已完全與神學或宗教思想分離，使哲學的現實主義色彩更加明顯。一次大戰以後，反形上學 (metaphysics) 之風愈熾，哲學家對於終極真相、生命的意義或上帝的探索，更無興趣21。流行於歐陸的現象學（phenomenology，著重人的意識

---

21. 哲學領域分為五大範疇：㈠形上學 (metaphysics) 探討宇宙的原理與事物的本質真相，主流思想有唯心論（或理想主義）、唯物論（自然主義 naturalism 與實證主義 positivism 均屬之）與心物二元論；㈡邏輯 (logic) 研究有效推理 (valid reasoning) 的法則，對此凡人所見皆同；㈢認識論（或知識論 epistemology）討論知識的性質（有效性）與認識（形成知識）的過程，主要立場即是經驗主義與理性主義；㈣倫理學 (ethics) 處理行為善惡對錯的問題，道義說與效用說是其二大主張；㈤美學 (aesthetics) 說明美的性質與審美的標準問題，天性說與經驗論是其不同觀點。本文中所述近代文化趨勢的轉

所覺）與存在主義（existentialism，強調個人所感與所求），以及流行於英美的邏輯實證論（logical positivism，此為科學的經驗主義），雖然觀點不一，但皆反對理性主義、傳統的價值系統、或超時空的理念，它們均否定目的論的宇宙觀，也就是否認真理的存在。

在社會科學的研究上，十九世紀的學者逐漸唾棄十八世紀學者的通說大論和先驗式的推理，轉而重視歷史上人事的演進變異，與各個社會的特殊性和差異性，強調種族、環境及非理性因素對人的社會行為所造成的重大影響。同時，社會學科的專業化分工更為精細，使得大理論的形成更無可能。例如孔德、史賓賽(Herbert Spencer, 1820–1903) 等人視社會學為「社會的科學」，與物理知識的本質相同；但至邁因 (Henry Maine, 1822–88)、韋伯(Max Weber, 1864–1920) 等學者，則強調社會學研究中的歷史因素，不高談放諸四海皆準的理論[22]。韋伯雖為政治與社會行為立說，但他並不願為之設定一般性的原則，這固然與他認為社會科學研究尚不成熟有關，但也因為他對通則定理的可信度持根本懷疑。當時社會學者都發現人並不依從理性行事，且甚乏自制能力，通則定理不足以說明社會複雜的現象。經濟學的研究亦類似，十八世紀學者探討普遍性經濟法則的風氣至十九世紀已經衰微，代之而起的是細部個案的專題研究。由於工商經濟的發展、經濟學

變，最明顯表現在哲學問題中學者對形上學與認識論看法的改變。

22. 韋伯的《基督新教倫理與資本主義精神》(*The Protestant Ethic and the Spirit of Capitalism*)(1905) 一書，即認為宗教須以社會文化與歷史的眼光加以探討，而非視之為超時空的永恆真理信仰。瑞士心理學家卡爾‧容格 (Carl Jung, 1875–1961) 亦主張以社會觀點看待宗教信仰，而不視之為形上學或神學的探索。

研究方法與技術的進步、以及經濟相關資料（如各類報告、統計、調查等）的激增，使得經濟學研究有長足的進步，且受到極高的重視；然同時經濟學者也因而注意到經濟問題的複雜性，經濟理論與歷史研究（重人事的差異性與變化性）的互動與整合大增，十九世紀早期以前古典經濟學的絕對性與普遍性理論，開始遭到質疑，謹慎保守的專論成為新主流。同樣地，政治學的研究也從過去重視政治理論，轉變為探討政治實際運作問題；傳統政治學的主題，如國家、政府、人權、主權等問題，已不再是研究重點，人民組織、利益團體的行為、與決策過程等課題成為新學要點。同時，民主政治的理念開始遭到批判23，政治學作為一門「政治的科學」(political science)，愈來愈不得人信任，因為人的政治行為和其社會行為一樣，常不從理性，且差異性大，難以規範與預測；二十世紀的政治理論並無新意，應從這個文化背景加以理解。人類學與考古學研究也推翻了文明創造 (creation) 之說，而主張強調時空差異性的進化 (evolution) 說。總之，各類社會學科的研究都逐漸著重歷史層面 (historical dimension) 的討論，也就是變異性的考量。而歷史學在這個風潮之下，並不是強化其為社會科學的研究方法或知識本質，而是逐漸再從社會科學中解脫，回歸其為

---

23. 十九世紀後期歐洲民主制度逐漸成熟，同時，民主政治也開始受到嚴重質疑。義大利學者巴立圖（Vilfredo Pareto, 1848–1923，著有《心靈與社會》*Mind and Society*）、莫思加（Gaetano Mosca, 1858–1941，著有《統治階級》*The Ruling Class*）等人，均主張菁英主義，他們指出民主政治背後實際上仍是少數人支配一切，所謂多數統治不過是個現代神話。韋伯亦認為現代政治的官僚化 (bureaucratization) 太過，而缺乏彈性，有待具有群眾魅力 (charisma) 的政治領袖振衰起弊，改弦更張。

人文學科的傳統（歷史學者個人或許無此自覺）。同時，通古今之變的史學壯舉日消，專題研究、個案考證、與斷代討論的歷史學趨向興起；歷史決定論成為無稽之談，文化相對論則因而更盛。

　　文學的發展自十九世紀中期告別浪漫主義之後，自然主義與寫實主義風格便成為主流24，雖然未來主義 (futurism) 與各類實驗風格作品，以及為藝術而藝術的遺世獨立作家，隨時（尤其 1920 年代以後）可見。自 1850 年代以來，由於工業化的進展與資本主義社會的發達，作家對於社會迅速變遷、貧富問題、代溝、現實人生的殘酷、與人性的黑暗面等，著墨甚多，社會批判成為「文以載道」的具體表現25。第一次世界大戰與戰後經濟大恐慌，更

24. 文學上的自然主義不同於哲學上的自然主義（以自然因素解釋一切現象與價值，反對超自然之說與理想主義或唯心論），它以「自然」的因素如生活環境、遺傳條件、與生理慾望等解析社會百態的出現，故自然主義文學常強調現實人生的殘酷與黑暗，而與寫實主義作品風格相近（這表示人的墮落是自然的，而其上進則非自然而然）。十九世紀後期此類文學代表作包括福樓拜 (Gustave Flaubert) 的《包法利夫人》(*Madame Bovary*, 1857)、左拉 (Émile Zola) 的《酒店》(*Dram Shop*, 1877)、莫泊桑 (Guy de Maupassant) 的《她的一生》(*A Life*, 1883)、哈地 (Thomas Hardy) 的《黛絲姑娘》(*Tess of the d'Urbervilles*, 1891)、以及易普生 (Henrik Ibsen) 的許多劇作如《玩偶家庭》(*A Doll's House*, 1879)、《群鬼》(*Ghosts*, 1881)、《人民公敵》(*An Enemy of the People*, 1882) 等。

25. 例如狄更斯 (Charles Dickens) 長於描寫現實人生的殘酷（如《塊肉餘生記》*David Copperfield*, 1850；《艱困的時代》*Hard Times*, 1854；《雙城記》*A Tale of Two Cities*, 1859；《孤星淚》*Great Expectations*, 1861），雨果 (V. M. Hugo) 的《悲慘世界》(*Les Misérables*, 1862) 描寫人性的黑暗與光輝，屠格涅夫 (I. S.

激發這個傾向，文學家的政治關懷愈見濃烈，且有左傾現象 26 ；
厭世避世與譏諷俗世的作品雖亦不少，但其實也帶著淑世的目的。
故而文學作品表現時代精神（如對未來的想像與擔憂）與透露社
會問題（如失業與政治迫害）的程度，大為增加；表現超時空或
理想完美的觀念與期望的作品，儘管仍不斷出現，但其影響力與

Turgenev) 的《父與子》(*Fathers and Sons*, 1861) 描寫代溝問題，其
他如柴克瑞 (W. M. Thackeray) 的《浮華世界》(*Vanity Fair*, 1848)、
托爾斯泰 (Leo Tolstoy) 的《戰爭與和平》(*War and Peace*, 1863–69)
和《安娜‧卡列尼納》(*Anna Karennia*, 1875–77)、杜斯妥也夫斯基
(F. M. Dostoevsky) 的 《罪與罰》 (*Crime and Punishment*, 1866) 和
《卡拉馬助夫兄弟們》(*The Brothers Karamazov*, 1880)、羅曼‧羅
蘭的《約翰克里斯多夫》(*Jean-Christophe*, 1906–12) 等均對人心、
社會實情與文化問題有深刻的描繪。另外，梭羅 (H. D. Thoreau) 的
《湖濱散記》(*Walden*, 1854) 讚美大自然，馬克‧吐溫的《湯姆歷
險記》(*The Adventures of Tome Sawyer*, 1876)、《密西西比河上的歲
月》 (*Life on the Mississippi*, 1883)、和 《頑童歷險記》 (*The
Adventures of Huckleberry Finn*, 1884) 等歌頌童年純情，勞倫斯 (D.
H. Lawrence) 的《兒子與情人》(*Sons and Lovers*, 1913)、《戀愛中的
女人》 (*Women in Love*, 1921)、 和 《查泰萊夫人的情人》 (*Lady
Chatterley's Lover*, 1928) 等刻畫人的原始情慾，這些作品都帶有反
對工業化文明的意味。

26. Peter Faulkner, *Modernism* (London: Methuen, 1977), p. 66. 如史坦貝
克 (John Steinbeck) 的《憤怒的葡萄》(*The Grapes of Wrath*, 1939) 描
寫資本主義壟斷下農民的悲慘境遇，海明威 (Ernest Hemingway) 的
《妾似朝陽又照君》 (*The Sun Also Rises*, 1926)、《戰地春夢》 (*A
Farewell to Arms*, 1929)、和《戰地鐘聲》(*For Whom the Bell Tolls*,
1940) 等表現對戰爭的抗議。

重要性已不如前。文學既然立即而充分表現時代問題，前述的文化趨勢自然在文學作品中表露無遺。一次大戰以來，文學創作的形式與風格其實變化不大，所變者主要是作品的主題與氣氛。對傳統價值與傳統社會的批評，是新文學的特質，當代偉大作家幾乎皆痛斥現代文明27；「歷史是我亟欲掙脫的夢魘」，詹姆士‧喬斯 (James Joyce, 1882–1941) 的鉅著《尤里西斯》(*Ulysses*, 1921) 中的這句名言，正反映如此的心境。

就宗教信仰而言，十六世紀宗教改革以後，宗教信仰逐漸轉為個人與私人的問題，其政治與社會角色漸失重要性。十八世紀啟蒙運動以理性主義批判基督教，在理性樂觀精神之下，信仰的意義在知識分子間深受質疑。十九世紀初年，由於拿破崙戰爭的紛亂及浪漫主義的文化氣氛，基督教一時有復興之象。然十九世紀興起的各類意識型態與文化思潮，對基督教會與傳統信仰（不論新教或舊教），不斷造成嚴重的挑戰；再者，工業革命改善世人物質生活甚多，使得一般大眾對於信仰的需求大減。故整體說來，宗教信仰在近代文明中，其地位有下降的趨勢，而於十九世紀後期與二十世紀初期時達到低點。

十九世紀中期時，歐洲反基督教的學風已出現。日耳曼哲學家佛爾巴赫 (L. A. Feuerbach, 1804–72) 在《基督教原理》(*The Essence of Christianity*, 1841) 一書中，即指出，基督徒對神的信仰

---

27. 例如卡夫卡 (Franz Kafka) 的《審判》(*The Trial*, 1925) 和《城堡》(*The Castle*, 1926)、沙特 (Jean-Paul Sartre) 的《嘔吐》(*Nausea*, 1938)、及卡謬 (Albert Camus) 的《異鄉人》(*The Stranger*, 1942) 等，皆企圖呈現在現代文明之下人所感受的荒謬性、焦慮與疏離感 (Absurdity, Anxiety, and Alienation)，而這正是存在主義所要引人深思的課題。

只不過是人類心理需求的投射。馬克思在《評黑格爾的權力哲學》
(*Critique of Hegel's Philosophy of Right*, 1844) 中則說，宗教為被壓
迫者的悲情反映，它是人民大眾的鴉片。孔德在其《實證的政治
體系》(*System of Positive Politics*, 1851) 中，更譏諷宗教為人類奇
特的和諧共相。十九世紀後期以後，宗教所受的學者討伐更為強
烈。達爾文的生物進化論及歷史學者對史上宗教發展的研究，也
使得許多人將宗教視為社會演進的產物。蘭克 (Leopold von
Ranke, 1795–1886) 的科學化史學研究，導致批判《聖經》之學
(biblical criticism) 大為興盛。尼采逕自宣布「上帝已死」(*Joyous
Wisdom*, III, 1910)，而追求自為救贖者的超人 (superman) 境界。
佛洛伊德為無神論者，視宗教為「普遍性的精神異常」
("universal neurosis")。法國社會學者涂爾幹 (Emile Durkheim,
1858–1917) 指宗教起源於人類的「集體意識」("collective
consciousness")，而瑞士心理學家卡爾‧容格 (Carl Jung, 1875–
1961) 則認為它是一種「集體的無意識」狀態。不論如何，他們
都不相信信仰有其超越性，雖然他們也多承認宗教有其社會與心
理上的功用，這也就是說現代學者對宗教多採「宗教學」
(religious study) 觀點而非「神學」(theology) 理念。

　　同時，歐洲參政權解放，大眾眼中教會的政治立場傾向保守
主義（右派本為上帝信徒而左派乃為無神論者），擁護既得利益而
反對改革，因此不為新興知識階層與工人階級所支持。並且，社
會福利政策與國民教育的實施，使得人民不再需要教會的救濟，
也不受教會思想的灌輸，因而更加深了人們與宗教的疏離。更重
要的是，工業革命至十九世紀後期以後，已具體改善一般人的生
活，而科學發展也給予人對未來的無窮希望，在此情形下，宗教
愈顯得多餘而被人視同迷信。

　　一次大戰後，人們的信仰態度大變。隨著進步觀的崩潰與戰亂的打擊，宗教信仰出現復興的現象。但這個現象不只是亂世的人心表現，它是人類對文明深刻反省的結果，因此它並不因為二十世紀後期的太平或科技進步而消滅。新神學仍以破除神話的觀點批判《聖經》，但這不表示信仰程度的減少，而是對上帝認知的修改。傳統基督教所強調的原罪觀與人的卑微，在戰後的文化氣氛中普獲認同；但傳統基督教的道德倫理教義，並不如《聖經》的末世論和啟示說受到重視。簡單說，這個信仰的復興所表現的是，「人道」日消而「神道」日長的精神。瑞士新教神學家卡爾‧巴特 (Karl Barth, 1886–1968) 可謂代表了二十世紀新信仰觀念，巴特重申十六世紀新教改革的信念，主張神學主旨在探討上帝透過耶穌予人的啟示，他指天人合一為不可能之事，強調人必須對神絕對信仰與服從。戰後不論任何教派皆極力駁斥進步觀的觀念，由此可知二十世紀的宗教信仰將較過去更不受「時代進步」的影響，而強化其超越性的素質與個人化的程度。

　　藝術觀念的改變早在十九世紀前期即已產生，它在理性主義尚為文化主流之時，便開始對古典主義美學進行革命；但這個新藝術風潮隨著一次大戰後整體文化氣氛的改變，而有更為劇烈的表現。1920 年代的藝術改造，確立了現代主義的藝術風格。傳統的藝術表現不外自然主義 (naturalism)、寫實主義 (realism) 與理想主義 (idealism)，藝術家所要表現的是客觀的外在世界真相，故一般人均能鑑賞。現代藝術則重視主觀性，藝術家所要表達的是其個人眼中所見或心中所感的世界，因此其所描繪的對象不必精細、確實、具體、或有目共睹者。甚至為使創作者與觀賞者不受羈絆，而自由想像，名為「無題」("Without Title")的作品成為現代新寵。這樣的藝術表現藝術家的意識，具內省意涵，它是一種知性

美學 (intellectual aesthetics)，非一般大眾所能領略和喜愛；藝術家與外在世界隔離，不為政治、道德或宗教信仰目的而創作，他只「為藝術而藝術」 (art for art's sake)，以致作品可能表現不和諧性，予人缺乏美感甚至不快的「欣賞」感覺。

　　以繪畫為例，十九世紀前期浪漫主義畫風反對古典藝術的形式主義風格 (classical formalism)，而以表現作者心情感觸為要，不刻板重現客觀世界28。稍後（流行於 1830–70 年間）的法國巴比松 (Barbizon) 畫派追求樸拙的鄉間野趣，傳達畫家內心真情29；他們反對古典主義的風景畫傳統形式，主張直接表現自然山川的美感，對十九世紀中後期的印象派 (impressionism) 甚有啟發。印象派畫家善用光影顏色與筆觸，自由構圖，表現創作者對外在事物的個人印象。十九世紀末期的後印象派 (post-impressionism) 更重色彩的應用，與強化視覺效果的技巧，以強烈表達畫家觀感。二十世紀初期的表現主義 (expressionism) 明白聲言藝術應表現作者創作時的情感，不須理會客觀實體的具象；此派畫家善用強烈的色調與原始簡樸的線條形式，來表現他們的情緒與興味。從印象主義至表現主義可說是同一藝術理念所發展出的系列畫風，其趨勢是個人自我表現程度的加劇，抽象化的取向是此一趨勢的自然結果。由此而更趨極端者是立體派 (cubism) 畫風，此派畫家強調顏色與構圖，慣用幾何圖形表現物體，嚴重扭曲與誇張形象，藉以強烈表達創作者主觀感受，自然主義與寫實主義至此已消失

---

28. 法國畫家德拉克洛瓦 (Eugène Delacroix, 1798–1863) 與英國畫家透納 (J. M. W. Turner, 1775–1851) 為浪漫主義畫風的代表人物。

29. 法國畫家盧梭 (Théodore Rousseau, 1812–67) 為巴比松畫派主角，米勒 (J. F. Millet, 1814–75) 則常被列為與此派相關的畫家。

無蹤30。主觀與抽象（反共相）的畫風 (abstractionism) 至一次大戰後更為強化，擁護傳統價值的中產階級世界觀至此早被驅逐至藝術之外。達達主義 (Dadaism) 的藝術常用現成剪貼與拙劣模仿之法「作畫」，刻意激起爭議批評，它的目的其實是對傳統美學觀念的全面摒棄31。其後的超現實主義 (surrealism) 則引佛洛伊德主義入畫，專事表現潛意識情境，捕捉夢幻綺思；此派畫家認為內心世界較自然世界尤為真實，他們已將理性主義拋到九霄雲外32。此後繪畫世界更「無法無天」，藝術家靈感的重要性激增，其個人意境的表現愈來愈不能為大眾所瞭解，審美標準難以劃一；於是藝術與其他學科一樣，高度專業化，常人連鑑賞都甚為不易。

---

30. 比薩羅 (Camille Pissaro, 1830–1903)、馬內 (Édouard Manet, 1832–83)、莫內 (Claude Monet, 1840–1926)、雷諾瓦 (P. A. Renoir, 1841–1919)、希斯理 (Alfred Sisley, 1839–99) 等人皆為印象派大師。賽尚 (Paul Cézanne, 1839–1906)、高更 (Paul Gauguin, 1848–1903)、梵谷 (Vincent van Gogh, 1853–90)、馬堤斯 (Henri Matisse, 1869–1954)、畢卡索 (Pablo Picasso, 1881–1973) 與布拉克 (Georges Braque, 1882–1963) 等人被列為後印象派藝術家，而高更、梵谷、安索 (J. E. Ensor, 1860–1949)、孟克 (Edvard Munch, 1863–1944) 等人則被視為表現主義畫派。其後，立體派畫家以畢卡索和布拉克最為著稱。從印象派到立體派，藝術家的傳承關係極為密切，故同一畫家常被歸屬二類畫派。

31. 達達主義的代表有杜翔 (Marcel Duchamp, 1887–1968) 與格羅斯 (George Grosz, 1893–1959)。達達主義未必引導超現實主義的產生，但卻為超現實主義的發展先開闢一塊與傳統隔絕的淨土。

32. 超現實主義大匠有恩斯特 (Max Ernst, 1891–1976)、馬格烈特 (René Magritte, 1898–1967)、坦戈 (Yves Tanguy, 1900–55)、達利 (Salvador Dali, 1904–89) 等人。

　　與繪畫取向類似的發展亦發生在其他藝術類門。現代建築唾棄古典主義，而越來越強調實用功能與表現材料特性，這是建築業平民化和科技化的呈現。一次大戰後包浩斯學派 (Bauhaus School) 在德國建立，而在美國風行，此派建築設計強調美術、科學與工藝的結合（視藝術家不過為優秀的工匠），著重特殊材料的使用，以求美的形式 (form) 與物的功能 (function) 之兼備[33]。包浩斯風格力求簡潔，其口號是「越少越好」(“Less is more.”)，它反對傳統古典建築的繁複雕琢與裝飾（重視美的形式標準而忽略物的功能特質），講究率直樸素的格調，有幾何抽象藝術的風味，其理念使向不知宮廷之美的平凡人家也有自負（而非附庸風雅）之由，故能於大眾社會中流行不衰。另外，音樂也因反對古典風格而刻意不講求樂音的對位和諧，甚至創新作曲原理，常無曲調 (atonality)，又無諧聲 (dissonance)[34]；現代樂派著重特殊風格與自由精神的表現，為反傳統常轉而採納異文化（非西方世界）的原始旋律與聲韻。因此種音樂常令人有突兀緊張之感，難以順口哼唱或隨心記憶，故甚不受大眾歡迎。建築與音樂較不是圖求「藏諸名山」而與世隔絕的藝術，它本是要為眾人所喜愛與享用，故

---

33. 包浩斯學院 (The Bauhaus School) 在 1919 年時成立於德國威瑪 (Weimar)，由格魯庇斯 (Walter Gropius, 1883–1969) 領導，其造成的爭議性極高，不為德國社會所歡迎，又不迎合納粹政府的藝術政策，終於在 1933 年被勒令關閉。但包浩斯的設計理念卻廣受國際藝壇稱讚，在美國得到新生的機會，由芝加哥設計學院 (Chicago Institute of Design) 發揚光大，盛行許久。

34. 荀伯克 (Arnold Schoenberg, 1874–1951) 與史特拉文斯基 (Igor Strvinsky, 1882–1971) 為反傳統樂派作曲家代表，他們都從事十二音調 (12–tone) 的作曲實驗。

其成就所需依憑的社會接納度亦較高，然建築與音樂在二十世紀初期以來頗有反當時大眾品味的表現，這顯示新文藝風格富有叛逆脫俗的傾向。

雖然 1930 年代出現物極必反而回歸常態的現象，但新文藝風情已經根深蒂固；通俗性儘管仍是大多數作品的取向，然「前衛性」則是藝術家終身的追求。一次大戰以後文化的發展固然有其反動的一面，但也不乏創新的一面；實驗作風從此以後不斷出現，虛偽失敗之作所在多有 35，然富有創意的傑作亦復不少。時代的迅速變遷使得作品的創新源源不絕，總能推陳出新。尤可喜者，文藝的清濁高下在專業化的趨向下，仍可論斷分辨與獲得適切評價（例如透過藝評家），而擁有相當數量的觀賞者，不至於曲高和寡，或受大眾文化的嚴重蒙蔽與侵蝕。雖然上述文藝新風格的發展皆可溯及十九世紀，而二十世紀似乎又缺乏大師通論（尤其是哲學與政治學方面），但這本是文明演進所致「典型在夙昔」的結果，不必視為現代人的失敗或現代文化的貧瘠。在延續十九世紀的成果時，二十世紀的成就即使創意不比前人，但因極限的逼近，其效果往往更為驚人。正如瓦特「改良」蒸氣機，其功勞常被認為超過發明者，二十世紀所表現的「青出於藍而勝於藍」的成績，也比比皆是。經過這番歷練，文化的現代性其實更為確定與強化，因此二次大戰——雖然遠較過去戰爭的破壞力更為嚴重而全面——及後現代主義對現代文明的顛覆作用，並不如一次大戰之巨大。

---

35. 多數文藝學者似過於表現負面與感性的特徵，而缺乏生命力與意義的追求。見 F. L. Baumer, op. cit., p. 409.

三、自由主義的挫敗與重生

自由主義可說集人文主義、個人主義與理性主義之大成，它的主張與精神亦表現在近代民族主義（可謂「國際的自由主義」）與資本主義（可謂「經濟的自由主義」）的發展上，故可視為最具現代性的意識型態及政治社會體制。

如前述36，自由主義的終極目標是實踐個人自由，它要求機會均等，開放競爭，它強調理性精神，相信人的善性，抱持進步觀；它重視教育啟蒙工作，闡揚知識價值，以理性批判傳統；它反對政府權力的擴張，主張自由放任的經濟政策。自由主義者在十九世紀而言大致是中產階級（的上層），他們重視自由勝於強調平等；「一分耕耘一分收穫」的因果報應與勞動倫理，是他們合理化自身既得利益的根據，也是應和其自由競爭主張的自然法則。因此，十九世紀的自由主義者原不主張全民均得參政的普選權 (universal suffrage) 或共和體制，他們支持的是改革保守貴族政治的君主立憲制度 (constitutional monarchy)；中產階級的政府理念類似股份公司，持股與貢獻愈多者，正如一國之中財產與納稅愈多者，應享較大的發言權及與聞公事的權利37。投票權以財產（納

---

36. 參見第八章第一節「革命的時代及其本質」。

37. 憲法本為自由主義者視為一種政治契約，憲法保障自由權力，但也規範享有此權力者的身分。見 L. J. R. Herson, *The Politics of Ideas: Political Theory and American Public Policy* (Homewood, Illinois: The Dorsey Press, 1984), p. 76. 自十九世紀以來，民主政治中的「代表性」問題即是自由主義從政者（如曾任法國外交部長的托克維 Alexis de Tocqueville (1805–59)）一再檢討的觀點。參見 Pierre

稅額）為根據，是自由主義者政治觀點的反映，因為財產之於他
們是能力與努力的成果表現。但是自由主義者要求政治改革時，
訴求人權、平等、自由等普遍性價值38，已使改革成為永續的大
業而無法中止；中產階級援引與運動下層大眾以壯革命聲勢的作
法，啟發了大眾的政治意識，而自由主義者的有限改革與既得利
益者的保守立場，則激使下層階級以「革命尚未成功，同志仍須
努力」的精神，進一步推動自由改革。因此，自由主義不能有大
功告成的安定性與持久性 ，而須不斷面對新的情勢與新的挑戰
者39。本來自由主義的目的在於個人自由的追求，此為其唯一不
變的原則，但獲致自由的手段為何，則因時因地永不能固定不改

Manent (trans. Rebecca Balinski), *An Intellectual History of Liberalism* (Princeton, N. J.: Princeton University Press, 1994), pp. 103–4.

38. 自由較平等更被自由主義者視為一個 「自然之權」。見 H. L. A. Hart, "Are There Any Natural Rights?", in Anthony Quinton ed., *Political Philosophy* (Oxford: Oxford University Press, 1991), pp. 53–55. 關於權力的普遍性之訴求問題， 見 Richard Bellamy, *Liberalism and Pluralism: Towards a Politics of Compromise* (London: Routledge, 1999), p. 167.

39. 法國文學家巴爾札克 (Honoré de Balzac, 1799–1850) 指出，若中產階級推翻貴族，則中產階級與下層大眾的對抗必隨即出現；反對1832 年英國國會改革法案的柯立芝 (S. T. Coleridge, 1772–1834) 亦警告，投票權之開放絕不會終止於中產階級，而必至於全民參政始可停止；英國大儒卡萊爾 (Thomas Carlyle, 1795–1881) 則預言中產階級若未關照好工人大眾，必將導致社會革命的爆發。事實上，極少有學者對中產階級主政下的社會狀況表示滿意或樂觀。見 R. N. Stromberg, op. cit., pp. 241–42.

（此所謂 "culturally dependent"），這是歷史上自由主義必須不斷調整的基本背景。反對政府干預的古典自由主義 (classical liberalism)，至二十世紀一變而為主張政府居間協調管制的新自由主義 (neo-liberalism)，這不只顯示了自由主義內在的困窘與憂患[40]，也說明了近代文明變遷之迅速。

　　自由主義標舉的價值是自由 (freedom)，但追求自由必將犧牲或妨礙安全 (security)；自由與安全不因現代社會的進展而得以兩全，此二者的對立與緊張性其實是現代文明的一大特徵。安全的一大關鍵因素是平等，自由與平等的衝突，也是自由與安全無法兼顧的表現[41]。社會上層階級擁護自由原則，企圖維持其既得利益的競爭優勢，下層大眾則主張安全規範，以求保障與改善弱勢者的生存條件；如此，自由主義與社會主義的對立，不只是價值觀的對抗，也是階級與利益的衝突。而現代文明出現這個問題，就歷史進化而言，正是現代文明所以為「現代」與「文明」的表現，因為這顯示價值多元時代的來臨（傳統社會不可能抱持多元價值觀），以及「平等」這個人類社會長久存在而不能實現的理想，至今已成為一個堅實的政治主張及社會實情；從社會思想來看，弱肉強食（自由）的觀念轉化成濟弱扶傾（安全）的理想，確是文化進步的指標，雖然文明終極的精神是要捨利取義，也就是願以放棄安全為代價追求自由（這顯然無法責求大眾力行）。

---

40. 詳見 David Conway, *Classical Liberalism: The Unvanquished Ideal* (London: Macmillan, 1998), pp. 25–43.

41. 詳見 E. F. Carritt, "Liberty and Equality", in Anthony Quinton, op. cit., pp. 133–40; and John Schwarzmantel, *The Age of Ideology: Political Ideologies from the American Revolution to Postmodern Times* (London: Macmillan, 1998), pp. 76–82.

　　十九世紀可說是自由主義最得勢的時代。1830 年歐洲革命的
方向以及 1832 年英國國會改革法的精神即是自由主義,而十九世
紀流行的激進主義 (radicalism) 簡單說乃是 「追根究底的自由主
義」,其信徒 (中產階級的下層) 在自由主義者志得意滿後,仍繼
續推動自由主義的改革42,1848 年革命的意義即可緣此脈絡加以
理解。至 1870 年代,古典自由主義者的改革要求在中西歐大略已
經落實。因此,自由主義此後呈現極為溫和乃至保守的立場,它
作為社會改造的動力已現疲態 (換言之自由主義革命已走進歷
史),自由主義式微的說法與印象,乃開始浮現。這可驗證前文所
言自由主義的弱點或內在緊張性問題。自由主義此時的主要任務,
成為既有民主政治 (代議制度) 具體運作的技術性問題,它愈來
愈講究實用性與現實精神,理論的闡揚與發明已非所重43。至此,
中產階級與下層大眾的隔閡乃至對立,愈加嚴重。主張「無限革
命」(unlimited revolution) 者痛斥自由主義的「妥協性」與「自私
性」,社會主義乃成為十九世紀後期以後要求改革者的希望所在,
引領風騷數十載。

　　自由主義是一個講求個人自由的哲學與運動,它是一種價值
觀或人生觀,也是一套實際的政治與經濟政策。所以吾人可由文
化風格、政治運作與經濟體制各方面,去檢視自由主義的發展狀

---

42. 今日的激進主義則捍衛常人所忽視的權力課題,如婦女、同性戀
者、與動物的權力問題,乃至生態環境保護的神聖性與重要性。詳
見 Ian Adams, *Political Ideology Today* (Manchester: Manchester
University Press, 1993), ch. 10 (pp. 286–322).

43. David Johnston, *The Idea of a Liberal Theory: A Critique and
Reconstruction* (Princeton, N. J.: Princeton University Press, 1994), p.
186.

況。古典自由主義在十九世紀後期以後的沒落，即表現在文化上個人主義與理性主義受到集體主義與非理性 (irrational) 和反智 (anti-intellectual) 思潮的衝擊、政治上群眾政治（基於普選）取代菁英政治（或專家政治 meritocracy）、以及經濟上自由放任的原則讓步於政府管制的新方案等現象。個人主義原來以解脫外力束縛為論點，然至二十世紀時，在高度互動與緊密相繫的現代複雜社會裡，個人主義轉而倡言透過參與和融入社會群體以求自我認同和自我實現的意義。同時，理性主義也受到強調非理性功能與價值的學派高度質疑（詳見本章首節），甚至新文藝（見上節）也不再擁護中產階級的道德觀與人生觀 44。這些文化趨勢皆使自由主義的理論基礎與價值體系遭遇嚴重挑戰。

　　在政治上，自由主義限制參政權的主張早就備受批判。十九世紀初，英法改革運動中即有普遍選舉權的呼聲 45，而十九世紀後期民主化改革更朝向全民參政邁進，此趨勢即使保守主義者也漸表接受，自由主義者終究不能不妥協。二十世紀初西方主要國家大略已達到成男普選的標準，至一次大戰後，婦女投票權也開始推行。事實上，在社會階級差別逐漸泯除下，原作為中產階級

---

44. Daniel Bell, "Modernism, Postmodernism, and the Decline of Moral Order", in J. C. Alexander and Steven Seidman eds., *Culture and Society: Contemporary Debates* (Cambridge: Cambridge University Press, 1990), p. 322.

45. 1819 年 8 月英國曼徹斯特聖彼得廣場 (St. Peter's Field, Manchester) 的群眾大會上（軍警鎮壓造成流血衝突而被譏為「彼得盧屠殺事件」"Peterloo" massacre），「普遍選舉權」即是四大訴求之一。法國更是世上第一個實施成男普選制的國家，1848 年「二月革命」後，成男普選已立為法國的政治成規。

意識型態的自由主義當然隨之沒落，而須改弦更張，重新開展[46]。此外，現代社會的複雜性、經濟的迅速發展與激烈競爭、群眾運動的興盛、乃至戰爭性質的改變等[47]，皆使政府的職責與權力大為擴張；官僚機構的複雜化、政府雇員的激增、警察與情治保安單位的擴編，只是此種新政局下的幾個現象。傳統自由主義的有限政府觀（「管得越少的政府是越好的政府」），至此不得不有所更改，否則自由主義的「無為而治」立場，在面臨危機變局時（如一次大戰與戰後經濟大恐慌），將成為無能、無效率的政府，為人民所唾棄。一次大戰爆發時，原本講求理性和平精神的自由主義者，大多放棄理想（社會主義者亦然），而積極籌戰與擁護本國的軍事行動，這已顯示自由主義的沉淪；戰爭期間自由主義各項主張自然無從推展，保守主義的政治原則主導戰事的進行，展現其為「老成謀慮」(conventional wisdom) 的現代價值。戰後「回到常態」("return to normalcy") 已無可能，文明的變遷使古典自由主義失去政治舞臺。二十世紀全民民主時代到來，集權主義（大眾時代裡的專制獨裁，如德義法西斯政權與蘇聯共產政權）的出現，以及保守主義政黨持續的執政優勢，均象徵自由主義的挫敗。美國參與一次大戰時標舉「捍衛民主」的戰爭目的 (war aim)[48]，戰

---

46. 參見 John Schwarzmantel, op. cit., pp. 167–68.

47. 現代戰爭已不似傳統戰爭的有利可圖，且朝向全民戰 (total war)、消耗戰 (war of attrition)、心理戰 （psychological war，故為宣傳戰 war of propaganda） 發展；政府在此種戰爭型態下，其所需負責的管制與保護工作，較傳統時代大為增加。

48. 美國總統威爾遜在 1917 年 4 月 2 日向國會演說，說明美國加入歐洲戰場的重要理由是 「促進民主政治」 ("The world must be made safe for democracy.")。

後許多新興國家且紛紛成立共和體制，實行民主制度，自由主義彷彿重新獲得大勝。然不多時，至二次大戰前則大多數歐洲國家又改行保守專制的政治，古典自由主義顯然已不合時宜。事實上，持高度自由主義傳統理想的威爾遜總統，戰後在推動和談與國際聯盟事務上的失敗，只是古典自由主義已成「時代性錯誤」(anachronism) 的現象而已。二次大戰以來，民主政治仍不斷進展，這可說是自由主義重生的勝利。如前言，自由主義唯一不變的立場是追求個人自由，手段與作法是次要的問題；全民民主制度雖非傳統自由主義的主張，但它既已被視為現代人實踐個人自由的基本方式，乃為新自由主義者所支持。自由主義者闡揚人權、自由與理性，民主政治的理念亦是在此，因此說現今民主政治是自由主義的成就，並無不可。

在經濟方面，自由放任的政策自十九世紀後期以後，漸顯窒礙難行。由於國際競爭日熾，自 1880 年代起，歐洲各國紛紛改採高關稅的保護政策。企業界要求政府協助（如融資貸款、保障國產商品、開拓海外市場等）的呼聲，不斷升高，民族主義的經濟立場已逐步取代古典自由主義經濟學說。另一方面，十九世紀後期大型企業 (trust or cartel) 開始形成，市場壟斷成為新經濟問題，它妨礙了自由競爭與個人創業的機會，同時也不利於大眾的生計。如此，政府乃不能不介入經濟活動，以維持一個「合理」的經濟環境與安穩的民生條件。新自由主義的經濟政策主張政府「適當的」規劃與管制經濟，並推行社會福利制度，以保障一般人民的生活條件，社會主義的觀念至此顯然已為自由主義者所採納。傳統自由主義者認為政府所管的事，應是盡量簡化與縮減的政治性事務，而不涉及經濟活動；換言之，政治與經濟問題是井水不犯河水的不同領域[49]，政府的角色是純政治性的，理當謹守分際。

如今政治與經濟二者已經合流互動50，成為政府必須兼顧的事務。甚至可說現代政府的職責主要是在經濟方面，因為在民主政治下，選民最關心的事是關乎其切身利害的民生問題，財政與經濟的興衰成為人民判定政府執政成敗的根本憑據。政黨屬性的區分也常以經濟觀念為標準，政治左右派之別主要依據即是對於財產問題的主張，此在民眾眼中尤然。如前文所述，近代標榜自由主義立國精神的英國與美國，在古典自由主義衰微的過程中，皆知順應時勢，採取相當程度的左傾政策；英國自由黨首相勞合·喬治與美國民主黨總統羅斯福，皆以自由主義主政者的身分從事社會主義式改革，顯示自由主義理想的「調整」，尤其美國「新政」的施行代表西方最後一個大國對新自由主義經濟政策的接受，這無異是正式宣告古典自由主義的覆亡51。

　　不論在文化、政治、或經濟的意義上，十九世紀後期古典自由主義的式微，均可由同時興起的「新帝國主義」(1871–1914) 看

---

49. 事實上，古典自由主義學者即分為政治學與經濟學二流派，彼此頗不相知相惜，政治上的自由主義學者對於古典經濟學家，尤其常抱持輕視的態度。英國學者卡萊爾 (Thomas Carlyle, 1795–1881) 痛恨古典經濟學者的自由放任之說與視人為物（禽獸）的觀點，稱（古典）經濟學為「消沉的學問」(the dismal science)，頗得一般自由主義者的同感。

50. 改善經濟狀況無法純粹靠經濟行為，而須借助政治力量，這是工業革命以後人民的領悟。中產階級積極爭取參政權，道理便在此。十九世紀前期英國的「憲章運動」(Chartist Movement)，即是勞工大眾以政治手段 （尋求投票權與參政機會） 圖謀經濟條件改善的行動。

51. 詳見第七章第四節「近代經濟體制與政策的演變」。

出端倪。自由主義崇尚理性、和平、與個人主義精神，尊重民族
獨立自決的要求，支持市場自由交易與競爭的原則，但這些主張
在近代西方帝國的侵略擴張聲中，已消失殆盡。然而自一次大戰
後，文藝新取向、國際政治新局、以及現代經濟型態的出現，都
有自由主義浴火重生的表現。至今人類文明主流價值仍是自由主
義的幾個基本信念，理性、善意（良心）、個人自由等要素，對於
文明的創造性與高貴性表現，依然是最大的動能。

第十一章

現代化與反現代化：

東西對立與新舊衝突問題

聖馬克教堂：東西融合或東西對抗

威尼斯的聖馬克教堂主體興建於十一世紀，供奉著得自埃及亞歷山大城的基督使徒馬克遺物。聖馬克教堂仿拜占庭建築風格興建而成，其圓弧形拱門、眾多圓頂及拜占庭式的馬賽克鑲嵌圖樣，充分表現東方藝術風味。然正因此，後來義大利人為表示其西方本位精神，不屑與東方為伍，乃在此教堂的圓形拱門之上加蓋尖頂與許多小尖塔，企圖將其轉化為西式（哥德式）風格，其結果便是如此奇特詭異的新風貌。這個作法與十五世紀土耳其人攻滅拜占庭帝國時，將其聖索菲亞（Santa Sophia，建於第六世紀）大教堂改為清真寺，並增建四大回教風格的尖塔以增其東方色彩，動機與想法如出一轍。此二建築雖包含東西不同成分，但有獨特美感，可說象徵東西融合的價值；然而另一方面二者之所以包含東西不同成分，乃因後起者為強調其文化本位，而有增添新建物以改變風貌之舉，此又反映東西對抗的意識。此處所錄聖馬克教堂畫像為十八世紀義大利畫家卡楠利圖 (Canaletto, 1697–1768) 所繪。

日本趣味：千住大橋之雨（仿廣重浮世繪）　梵谷 (Vincent van Gogh)
作 (1887)

西方的「東化」(Orientalization) 向來遠較東方的「西化」
(Westernization) 程度為低，「東化」一詞無論在東在西皆是一個罕見甚
至怪異的用法，而「西化」一詞則在世界各地早已成為耳熟能詳的說
法。同樣地，西方人中愛慕東方文化者極少，故其表現在當地常極為
鮮明與獨特，易於辨識；而在東方，西化論者如今已是主流，一般大
眾充滿西方生活方式的表現，愛慕西方文化者在社會中並無特殊之處，
不易引起側目。無足為奇者，西方人所愛的東方文明多限於藝術、哲
學、宗教信仰等「精神文明」類門，而東方人所愛的西方文明則幾乎
包含一切西式文化。近代西方畫家對中國與日本的藝術風格頗感興趣，
印象派尤其從日本畫風獲得許多啟示。此處所示是梵谷仿十九世紀中
期廣重浮世繪所錄作品，在形式（東方式）的模仿外，畫家的個人特
質（西方式）仍清楚可尋。在同年 (1887) 梵谷也有另一幅油畫（〈開
花的梅樹〉）仿廣重浮世繪創作而成。

教會學校與西化事業

當帝國主義支配著東西世界的關係時，在英國容或有少數殖民官員視傳教士為成事不足而敗事有餘的好事者，然法國、義大利、荷蘭與比利時諸國的政府與教會率皆堅稱其傳教士對亞非落後地區人民，具有偉大的開導教化之功勞。事實上，十九世紀以來傳教士常為非洲尚無文字的部落（如奈及利亞）造字與建立教育事業，還有許多傳教士偏好以介紹西方先進科技與新式器物為宣教的助力，這為東方國家的工業化開啟了一個和平漸進的發展歷程，不同於列強船堅砲利威脅之下亞非國家的改革運動。起初亞非人民對於教會學校疑慮甚深，認為它是帝國主義者推行西化的工具；但漸漸地這種排拒的心理愈來愈少，因為人們發現就學受教者謀職較易，且有機會出任政府公職。在許多地區，教會是唯一的教育機構，而教會學校所訓練的人才更是殖民政府官僚的重要來源。久而久之，在非洲及其他地區，基督教傳教事業促使當地出現了一個類似西方的知識分子階級，成為新的社會菁英與改革動力。在此圖中可見一個中國學生在教會學校中，利用他的辮子去測繪圓周與六角圖形，東西文化的交會於此顯然呈現出西方的優勝。

土耳其的現代化

土耳其帝國在十九世紀被歐洲列強稱為「東方病夫」，一直處於瓦解的危機中，然因列強對於瓜分一事缺乏共識，為免引發國際戰爭，故而聽任其苟延殘喘地維生。英國為抵抗俄國大舉南下侵略，向持維護土耳其帝國主權獨立、領土完整的政策，但在不得已捍衛此衰敗的回教帝國同時，強力要求其進行西化改革，此主張並載入 1878 年的〈英土密約〉中（英國獲得塞普勒斯島控制權，並保證聯土抗俄）。如此，西化的推展成為條約規範，具有法律的強制性，同時它獲得西方的協助建立規制與發展經濟，這在東方的民心中產生複雜的感受——一方面受惠，二方面受辱。一次大戰後土耳其帝國瓦解，但土耳其也因此化為一個民族國家，解脫列強侵佔的夢魘，而更積極從事改革建設。此時土耳其的西化事業變成一種自主自立的運動，而非西方監督下的改制，民族自尊在此西化政策中所受的傷害乃較前時減少。戰後土耳其領導人凱莫爾 (Mustafa Kemal Atatürk) 所倡導的改革要務包括採用羅馬字母以取代阿拉伯文，圖中所示即是這位西化領袖教導其人民如何使用新字母的情形。

一、傳統與現代：新舊衝突

「現代」(modern) 一詞不同於「當代」(contemporary) 一詞，前者不僅指時間上的晚近，並且含有價值判斷的色彩，指涉有別於古代（尤其是中古）的文明觀念與體制，因此帶著進步觀的意向。正如「中古」(medieval or the "Middle" Ages) 一詞帶有價值觀上的輕貶之意——因而有 「中古性」 ("medievalism") 的說法——今人講「現代」時，不僅指時間上的當代而已，而且意味著文明高度發展的水準，因而有「現代性」(modernity) 的說法。因此就內涵而言，「當代」較接近不帶價值批判說法的「近代」，而「現代」一說則暗示歷史發展有其終極的方向，和偉大的目標。不過，在二十世紀進步觀與現代文明價值深受質疑之後（詳見前章），許多學者在使用「現代」一詞（與「中古」一詞）時，特為謹慎與保守，或刻意去除其價值意涵 1。此類作法的用心正似現

---

1. 這種態度反映在許多現代史家在其論著名稱上的考量：以不含批判字眼的「二十世紀」(Twentieth Century) 或「當代」(Contemporary) 為題的史書，遠較使用具有價值色彩的「現代」(Modern) 之作品為多。此一警覺早經學者提出，參見 Geoffrey Barraclough, *An Introduction to Contemporary History* (London: C. A. Watts & Co., 1966), p. 13. 其實，歷史分期的標準並不可能一例施用至各國，此因各地文明發展先後不同，時間上的現代 (contemporary) 未必是文明意義上的現代 (modern)，故若欲以價值標準去論述一個所謂的「世界現代史」，恐怕亦無可行性。參見王世宗，〈選材與解釋：世界現代史的全貌呈現問題〉，《西洋史與國別史課程教學研討會論文集》（臺北：輔仁大學，1999），頁 69。

今學者傾向以較少價值色彩的 "the Middle Ages" 取代 "medieval" 一詞，或淡化後者所帶有的批判性，乃至直接聲明作者使用此類詞彙時的價值中立態度 2。然若就「現代世界的形成」命題的理念來說，前述「現代」一詞的價值觀點實為立論的基礎或（至少為）根據，否則「現代世界」僅指當代世局，而不探討其相對於過去文明歷史的意義或文明發展的取向；如此，這個課題將止於敘述「時事」，而不解釋「時勢」，更不能交代何謂「『現代』世界的『形成』」（內含目的論的立場 teleological）。

當然，以絕對和理想的原則去論述歷史發展，必將加劇「史識」與「史實」之間的差距，這是說民間社會的狀況不可能如上層菁英的表現，或說現實的情形總不及理想水準。在理解所謂「現代」時，吾人尤應警覺「現代」乃相對——而非相抗——於「傳統」；現代與傳統之間並無鴻溝，而是存著無法斷然分割的連續性 (continuity)。以「現代性」對稱「古風」（或「古代性」antiquity）固有利於現代化問題的討論，但也解脫不了誇張簡化的缺失。事實上，不是單憑理性可以結論與評斷高下的道德倫理觀念、政治立場、藝術審美、價值體系、與宗教信仰，皆無法以實證方式論究其「現代化」標準或「進步」的狀況；這些問題的終極真相含有超越性，其解答有賴靈性感受的輔助，故論者於此常有見仁見智的不同認知。此外，絕無一個社會是全面的「現代」或全面的「傳統」，而不存在新舊的衝突或雜混現象（調和之說恐非真相）3。由此可知，以 「已開發」 (developed) 和 「開發中」

---

2. 類似的反省表現在現代史學家對中古歷史較過去學者給予更高的評價，以及對文藝復興與宗教改革的現代性表現較保守的評斷。

3. Gianfranco Poggi, "The Nature of the Modern State", in Malcolm

(developing or underdeveloped) 二詞代替 「現代化」 和 「未現代化」（或「傳統」），去描述國家與社會發展的進程，殊為不當。

中古以來，「現代性」的發現多屬後見之明，當代人於新觀念的提出常不是為「創造時代」(epoch-making)，或進行今人所謂的「現代化」；文藝復興、宗教改革、工業革命等運動皆如是，它們的現代性特質並非從事者有意識地標舉，而是後人觀察的心得或歷史解釋 (historical interpretation)。 依此， 如導論及前述各章所言，西方的現代化歷程是十四世紀以下文藝復興（十四至十七世紀）、民族建國運動（十五至二十世紀）、宗教改革（十六至十七世紀）、科學革命與啟蒙運動（十七至十八世紀）、工業革命（十八至二十世紀）、法國大革命（十八至十九世紀）諸變革；它們揭櫫人文主義、民族主義、個人主義、理性主義、資本主義、與自由主義，作為新世界觀及人類社會體制建構的原則，重新釐定人神關係、 國際關係、 群我關係、 心物關係 （或理性與感性的關係）、人際關係（生活方式）、和官民關係（權力架構）等文明問題，並且透過帝國主義的擴張（十九至二十世紀），推展這些現代性原則至東方世界。若以社會科學的理論概念陳述之，則所謂「現代」 須具世俗化 （secularization， 相對於以神為中心的處世態度）、 專業化與高度分工 （specialization and differentiation，包括反對 「一以貫之」 的單元文化觀與知識觀）、 工業化 (industrialization)、都市化 (urbanization)、普遍性參與 （universal participation，從私事至國事與天下事的民主式議論） 等素質 4。

Waters ed., *Modernity: Critical Concepts*, vol. III: *Modern Systems* (London: Routledge, 1999), p. 270.

4. 詳見 N. J. Smelser, "Toward a Theory of Modernization", in Malcolm

這些素質在實踐時決不能簡化為「民主」與「科學」（所謂「德先生」與「賽先生」）而已，它們具體的落實由前述文藝復興以來的歷史事件來看，遠遠超越政治生活與物質文明的範疇。此種簡化的宣傳其實反映出倡導者（東方人）「西化」之急切，及其視西化為現代化根本的想法，這暗示著「西方」代表「現代」，而「東方」代表「傳統」。許多學者認為東方之所以為「落後」，乃因近代（時間上的現代）的東方特質可見於傳統的西方，而現代西方的特質——由近世的進步變革所致——則不見於或未成熟於東方；簡單而言，此種觀點以為現代的東方處於西方的中古，因此必由西化的過程，才能使得東方現代化。這種看法在東在西均極為常見，雖然在東方唱此見者多不承認東方象徵傳統，而西方代表現代。在西方，尤其是十九世紀後期至一次大戰前，持此看法者則常明白表現出其文化優越感，雖然他們也不承認此為文化本位立場 5。不論如何，至少就思想文化歷史的角度來看，新（現

Waters, op. cit., vol. I: *Modernization*, pp. 149–51.

5. 十九世紀後期時，西方列強常稱中國文化或印度文化為「半文明」（"semi-civilized"），這和他們從稱呼日本為野蠻國家到明治維新後改稱其為文明國家的作法一樣，表示西方視其文明為人類文明的典範，甚至是唯一可能的文明歷程。此種「半文明」的說法正暗指東方文明為「中古性」(medievalism) 的表現，為西方文明歷程中的一個（過渡）階段；十九世紀時，「文明」(civilization) 一詞在西方罕有複數形 ("civilizations") 的用法，這即是前述觀念的表現。由此亦可知，當西方稱東方為「野蠻」(barbarian) 時，其「完全」否定的態度反而顯示此說僅是「氣話」，未足採信，也不必認真看待或生氣；因為在比較東西文明或以西方文明標準衡量東方文明成就時，「野蠻」較「半文明」的說法其實更無理知上的有效性或說服力

代）舊（傳統）衝突、現代化是否等同於西化的爭論、以及東西
對立的情勢三者之間，糾結甚深且互動甚密，實難嚴格區別三項
課題的分野。

二、現代化或西化：東西對立

　　對許多人而言，「現代」無法以客觀絕對的標準加以定義，它
是在文明的接觸、比較、與競爭之下才見分曉的。從近代東西世
界的接觸經驗來說，西方文明顯然呈現較高的競爭優勢和支配力
量，於是視西方為「現代」而東方為守舊落後的想法，便自然地
流行。這種看法將「現代化」視為「適應時勢」的成功，故西方
的勝利為「適者生存」(survival of the fittest) 而非「優者生存」
(survival of the best)，近代的西盛東衰可能僅是歷史的偶然而不具
深義；此說不深思此時代性是否具有恆久與超越性的價值，也就
是傾向認為「現代」是時間意義上的當代，而不肯定「現代性」
具有文明的終極性意義。對這類觀察者，西方既是引領潮流的主
力，現代化即可謂為西化；識時務者為俊傑，萬物變動不居，時
勢常改，無須執著傳統或文化本位。一般大眾與從政者多持此見，
它是東方社會處理現代化問題的主流觀點。另一方面，對於將「現
代化」視為文明最終目的、而「現代性」具有超時空意義的人而
言，現代化絕非技術層面的西化，而是文明性質或文化性格發展

　　（猶如「偽君子」常較「小人」的罵法、或「無知」常較「白癡」
　　的批評，更令聽者激動憤怒）。換言之，「半文明」之說暗示文明是
　　唯一或單元的，而「野蠻」的講法反而可能表示文明是多元發展
　　的──只是不獲說者的感情認同。

「止於至善」的改良和定型。如此，現代化是否等於西化，對於東方學者便造成極大的困擾——兼有心理負擔與學術疑慮；此種困擾因㈠西方在當代的競爭優勢，和㈡東方文明表現西方中古性的事實，而更沉重。

如第九章所說，「歐化」(Europeanization) 觀念的存在早於「西化」(Westernization)，但二者無殊，而推展「西化」的動機是「現代化」 (Modernization) 一詞發明的背景。十九世紀的歐洲自視為「進步」與「現代」，「現代化」對其而言即是「歐化」，不必諱言；於此，「歐洲」乃為文化的概念，而非地理的疆界。但當美國、日本乃至俄國現代化時，「歐化」一詞難免顯得褊狹侷促，令非歐洲人士不快，於是「西化」之說取而代之，成為「開化」的代稱；在此，「西方」一詞同樣是文化的定義，而非空間方位的界定。待至二十世紀中葉，號稱不由西化而可富國強兵的蘇聯在二次大戰後展現其霸權實力，加上西方列強的亞非殖民地紛紛獨立，並積極謀求富強之道，因而「西化」也成為薄弱與討厭的說法。於是乃有「現代化」一詞的出現，一方面其適用性大增（實為無限定義），二方面其字面上不涉東西文化優劣的比較（價值中立色彩），故可去除亞非人民的反感 6。然蘇聯果真是不經由西化而達到現代化（或蘇聯果真已經現代化），或現代化果真不同於西化，便成為學者激辯的問題 7。

---

6. 參見 Couze Venn, *Occidentalism: Modernity and Subjectivity* (London: Sage, 2000), pp. 61–62, 145–50; and Szymon Chodak, *Societal Development* (New York: Oxford University Press, 1973), p. 253.

7. 關於現代化理論的歧異，詳見 J. T. Roberts and Amy Hite eds., *From Modernization to Globalization: Perspectives on Development and*

　　以動機論認定西方帝國主義者採用「現代化」一詞以代「西化」者，自然是認為現代化等同西化；但即使不持此動機論者，或超越此辯論而賦予「現代化」全新意涵以有別於「西化」者，亦常無法在理論之外，具體而實際地指出「現代化」之路如何不同於「西化」之道。這是東方世界面對現代化問題時普遍感受的困境，它顯示區別「現代化」與「西化」的論辯常出於情感認同。其實，「現代化」不同於「西化」的論戰本身，正好說明二者相去不遠，不能截然二分──若然則不能引發廣泛注意也不消費時爭執其差異──因此只能在理念上與細微處辨白，而在學術界（而非政界與工商界）成為爭議性的課題。如此，就實際作為而論，現代化是否即為西化的問題，現在的重點不在於西方是否在「後殖民」(post-colonial) 時代仍帶有侵略東方的陰謀，而是東方世界如何看待自身傳統文化的現代性價值，以及在強烈的全球化趨勢（明顯為西化傾向）下，如何高度自主地建構一個足以長久延續的文化體系，不論它是新的或舊的、東方式的或西方式的。

　　就歷史與實務而論，亞非國家不由西化而能現代化者幾無（這

Social Change (Oxford: Blackwell, 2000), pp. 8–11; and Peter Worsley, The Three Worlds: Culture and World Development (Chicago: University of Chicago Press, 1984), pp. 183–86. 多數社會學家對現代化問題的研究，原是著重於討論一個社會內部的改革過程，然後乃有學者轉而強調引進先進國家現代化經驗的重要性（見 Christopher Chase-Dunn, "The Effects of International Economic Dependence on Development and Inequality: A Cross-National Study", in J. T. Roberts and Amy Hite, op. cit., p. 216.），前者的觀點可說認為現代化是自立的革新，它可以是個別的改造，而後者認為現代化類似西化，於此非西方國家有賴外力援助。

也就是說現代化即是西化）；但就理論與概念而言，「現代化」當
然不等同於「西化」。西化論者主張全盤接受西方文明，而現代化
論者強調自主選擇然後認同的立場。後者指出，西方先進的物質
文明，尤其是科技與工商經濟，固有普遍性的價值，可行諸四海，
但其精神文明，如文藝、哲學、人生觀、與宗教信仰等，則未必
為全人類所共尊，不必也不可能於東方世界現代化時全面採用。
問題是文明是否可能簡單區分為「物質」文明與「精神」文明二
範疇 8 ？事實上，此二者有複雜的互動關係與交集之處，不易追
究其因果或先後輕重。例如科技（尤其現代的高科技）乃是應用
的科學 (applied sciences)，其基礎與源頭為學術知識，而對科技的
重視與推展也是人的價值觀之反映，這些皆屬「精神文明」；反過
來說，追求物質享受也是科學研究的一大動力或誘因，這顯示物
質文明也可引導精神文明的發展 9。由此可知，反西化論者所講

---

8. 有學者將現代性分類為「風情性的現代性」(modernity as mood) 與
「社會文化型的現代性」(modernity as socio-cultural form) 二者 (N.
J. Rengger, *Political Theory, Modernity, and Postmodernity: Beyond
Enlightenment and Critique* (Oxford: Blackwell, 1995), p. 39.)，或區別
「文化的現代性」(cultural modernity) 與「社會的現代化」(societal
modernization) 之差異 (Jürgen Habermas, "Modernity versus
Postmodernity", in Malcolm Waters, op. cit., vol. IV: *After Modernity*,
pp. 8–10.)，但一般皆不認為有「物質性的現代性／化」與「精神性
的現代性／化」之別。

9. 金錢可以代表物質，但拜金主義 (mammonism) 絕非物質，而是一
種精神。一個國家財富多不能簡單說為物質文明高，它必有某種精
神文明為之指導，當然這未必是拜金主義，而可能為資本主義，蓋
有錢的人未必愛財，而愛錢的人未必發財。

的文明分類以及由此所主張的選擇性西化，在實際的現代化工作中，恐難以從事，這使得現代化即為西化的立場更受人肯定。

再者，「精神文明」諸要目（尤如第一節中所提道德倫理、政治立場、藝術審美格調、價值體系與宗教信仰等項）即使無公認的「現代化」標準或普遍性價值，不能判定絕對的「進步」與「落後」，但吾人仍可以某一社會自身的歷史發展進程，去檢視其「精神文明」是否停滯不前或改進不多；這個檢驗若配合與其他地區文明發展歷程的比較，更能深刻有效，而察覺出何者較為高明先進。這也就是說，這類問題的「現代化」較可判斷，而其「現代性」較難論定（並非不存在）。另外，這些不能依形式標準斷定為「現代」或「不現代」的「精神文明」項目，也可置於公認的高度「物質文明」或現代文明的大體之下，檢視其適應狀況（相容或不相容），由此來評估其現代性素質。例如民主與專制不能純以理論評斷其為進步或落後的政治制度，但在將它們放在公認的「現代的」（價值意義的「現代」）自由經濟體制與國際平等合作關係之下，衡量此二者的肆應度，則可判別何者較具現代性特質（姑不論政治為必要之惡的現實性問題）[10]。在獲致民主比專制更為「現代」（二者皆可見於現今政局）的結論後，吾人所須檢討的下個問題是近代民主的觀念和制度是由東方或西方所建立，然後便可在這個課題上去論斷「現代化」是否為「西化」。由此類推所得的結論，似又支持現代化即西化的觀念。

---

10. 以此類推，超現實主義（受佛洛伊德學說啟發）的畫風可說是藝術的現代性表現，因為它是理性主義遭受批判（現代文明的特質之一）的時代裡，才能出現的美學取向。表現新時代性的新文藝風格，請參見第十章第二節「文化新風情」。

　　此外，「現代性」的一個重要表現是文化（不是文明）的多元性 (pluralism) 和豐富性 11，這是人類社會歷經長久演變的結果（古代文化的多樣性顯然不如現代）。文藝很難有先進與落後的區別標準 12，即使其優劣程度清楚可感時，一個「現代的」國家也會努力保存其國中各類的風俗和語言，而不是獨尊單一文化傳統、致力於移風易俗的大一統工作，因為「質」的問題固然重於「量」，但質的追求未必應促成「少量」（在這個問題上天命的安排應予重視）；故今日有識者不僅憂心生物絕種的問題，也憂心弱勢族群語言及習俗快速的消失。同樣地，東西的藝術與哲學何者較為「進步」或「現代」，難以依據當代主流的風格和學派來斷定，但若從東西歷來所發展出的風格與學派種類之多寡，及其對多元性的重視程度去衡量，則可客觀地加以評價。依照這樣的標準來看，則西方藝術形式的豐富性與哲學課題的多樣性，超越東方而居領先地位，以故近代東方學者多有以西方理念創作東方題材的藝術，或據以重新詮釋東方傳統的思想。當東方文藝也可被歸類或定位於西方所建立的學門範疇中時，論者更確信，除了「物質文明」，「精神文明」的問題也一樣，東方的現代化終不能不由西化之路。

　　東方文化中當然有許多不能為西方文化領域所涵蓋的部分，

---

11. 這是一個「量變」造成「質變」的例子：因為有多樣的主張，故而有主張多元性的價值觀。

12. 文學尤其比藝術更難有先進與落後的區別標準，因為文學乃透過語文形式呈現，而語文各地不同，且難以信、達、雅兼備加以翻譯，故各國文學的優美度不易比較高下；如此，世人常有世界音樂重鎮、繪畫重鎮、科學重鎮等說法，卻無世界文學重鎮的講法。諾貝爾文學獎較其他獎項的頒發，更常引起不公的議論，其道理正在此。

例如中國的語文形式和書法藝術，皆為西方所無。然而不幸的是，現代化與世界化是一場以競爭力為判定標準的優勝劣敗文化淘汰賽，以致這類的東方特色也淹沒在洪流中，失其應有的地位與影響力。以中文為例，它是世界上使用人數最眾多（十數億）的語文，但它在國際場合中的重要性顯然「不成比例」。以英語為母語的人口在西元 2000 年時，僅有三億二千萬許 13，但英語卻是眾所公認的「世界語言」，其影響力在全球通訊迅速而密切的現代，更顯非凡（電腦網路的流行使英文更超越其他歐洲語文而勇奪主流之位）。此類現象也反映於英文在印度境內相對於其他眾多印度語文的突出地位，以及操英文者在印度社會中所具有的特權和優勢。論者常謂關於人事的問題，重要的常非真相為何，而是人們認為真相為何；依此而論，世上使用人口最眾的語文為何（中文），並不如世人最想學會的語文為何（英文），來得重要。上述的問題顯示在現代化的過程中，文化的高雅優美與否並非其得勢或失勢的必然原因，強勢與否才是其興衰的關鍵 14，雖然優雅與強盛未必不能同在（此在上層文化中尤然）。如此，在近代東西接觸中，西盛東衰的現象，又使現代化即為西化的論點廣為流行。

現代化的指標或現代性的內涵乃出自西方，它們自然與當代歐美文明精神相仿；現代化在西方看來大體上就是西化，西方人對此容或有所爭議，這主要也是學術性的，而不似東方學者爭議

---

13. 見 *USA Today*, 21 July 2000.

14. 中國人放棄毛筆而使用原子筆，顯然是效率的考量，而不是美感的因素。有謂當今中國傳統文化在西化狂潮衝擊下，能倖存者僅有中餐與中醫而已（中文不論），這是因為中國菜的美味中外人士咸有同感，而中醫的功用能補西醫之不足；然美味不是要務而不足不是錯誤，可見中國文化的現代價值並不高。

此題時帶著高度的民族情感和政治關懷。不論西化是否即是現代化，東方國家的現代化亟需西方的協助或學習西方經驗，這是難以否認的。因此可見，文化本位立場妨礙現代化的可能性，在西方遠較在東方為小，在東方遠較在西方為大。以印度為例，英人統治印度時有直轄區與自治區之分，用以安撫印度民族主義；待印度獨立時，英人直轄區因西化較深，其現代化程度較自治區高出甚多，保守傳統文化的土邦反成落後地帶。中國近代沿海租借地與內地貧富之別，或說臺灣在二次大戰後為中國最現代化的省份，道理亦類此。又如蘇聯的經濟現代化號稱不藉助於西方的人力與資金，但其迅速建設的成績其實仍是假借資本主義的手段才得以造就；史達林的五年計畫為了刺激生產力，亦採用績效獎勵的作法（即 performance-related payment），而不堅持社會主義平等均分的原則（即所謂「有飯大家吃」）。東方國家現代化過程中常見的東西文化論戰，或西化派與本土派（或西化派與現代化派）的對抗，總在一段時日之後消失，這並不是因為孰是孰非的問題獲得解答，而是因為反西化勢力及東方傳統本身的日漸消沉。並且，二十世紀亞非國家脫離西方帝國控制之後，常反而更積極接受與推動西化工作[15]。至此，現代化是否即為西化的學術問題已經變得不重要，當西化路線獲致全面勝利時，在現實中現代化就等於西化。

　　當然，東方世界的西化不可能完整而澈底，而且加入了東方

---

15. T. H. Von Laue, *The World Revolution of Westernization: The Twentieth Century in Global Perspective* (Oxford: Oxford University Press, 1987), p. 305. 當然非西方世界的西化未必全是落後國家自發性的行為，聯合國在其中也扮演了一個全球西化的推手角色 (p. 317)。

因素的現代世界，也不可能維持純粹的西方本質（乃至有東西對抗形勢之繼續16），因此現代化雖以西化為本，但現代化一詞仍較西化一詞為合理而受人歡迎，這是西方人也同意的17。

三、反現代化運動：現代文明的再省

反現代化的表現可分為二類：一是東方國家對西化的抗拒，二是西方國家對現代文明價值的批判和反省。就前者而言，西化即使不等於現代化，但西化勢力是導致東方思考現代化問題的原動力，而現代化的實務包括高度的西化，因此抗拒西化的行為帶有明顯反對現代化的成分。就後者而言，西化即便等於現代化，西方無外來勢力的挑戰和反對，但時代困境（文明發展的困境）

---

16. 例如二十世紀末期，在西方媒體長久滲透與宰制東方人的世界觀後，東方國家因工業化與經濟開發而實力大增，於是開始出現了宣揚本土觀點而反對西方的媒體，這可說是東方西化後的反撲。參見 S. P. Huntington, *The Clash of Civilizations and the Remaking of World Order* (New York: Simon & Schuster, 1996), p. 59.

17. 參見 Serge Latouche (trans. Rosemary Morris), *The Westernization of the World: The Significance, Scope and Limits of the Drive towards Global Uniformity* (Cambridge: Polity Press, 1996), pp. 74–76, 103. 論者有謂「『西方』乃是一個歷史的，而非地理的概念。所謂『西方』是指一個已開發的、工業化的、都市化的、資本主義式的、世俗性高的、現代的社會。具備這些特質的社會皆可說是『西方』，因此『西方』一詞其實等同於『現代』一詞。」見 Stuart Hall, "The West and the Rest: Discourse and Power", in Stuart Hall and Bram Gieben eds., *Formations of Modernity* (Oxford: Polity Press, 1992), p. 277. 事實上，這個觀點在西方極為流行。

以及西方傳統中──尤其是現代──的反傳統精神[18]，終究造成反現代的風潮。

　　近代東方國家因民族自尊心或自卑感而抗拒西化，其例無法勝數，因為這實是難以避免的現代化過程。（西方自發性的現代化歷程是近五百年的改革與革命，其漫長與艱辛不下於東方被迫式的西化。）中國近代倡議西化（與反對西化）者講「西學源出於中國」的論點，彷若「禮失求諸野」的說法，含著文化優越意識，訴求本位立場與古典觀念，以復古為革新，終究不能正視何謂「現代」。此外，「師夷之長技以制夷」的反現代化策略，在東方傳統社會中隨處可見[19]，這個想法僅願以西化為工具反抗西方，而不思考現代性問題；即使其法成功，也只是學習到西方工業與軍事的技巧，或達到暫時的技術性現代化，而不可能造就長久的壯盛富強。蓋現代化須奠基於現代性的文明觀念，它不僅要技術(technical) 層面的現代化，也須有制度 (institutional) 層面與行為心理 (behavioral) 層面的現代化配合；並且這三者的推動並沒有先後次序或輕重緩急之別，而須同時講求、一併發展才能見效，此因其有高度的互動與互生關係，不能單獨提倡[20]，這對於須以西化

---

18. 烏托邦主義便是西方歷史中一股永恆的反現世（或現代）傳統，參見 Karl Mannheim, "Changes in the Configuration of the Utopian Mentality: Its Stages in Modern Times", in Malcolm Waters, op. cit., vol. II: *Cultural Modernity*, pp. 440–62.

19. 參見第九章第三節「定於一的世界文明」。

20. 以民主政治的推展為例，街頭廣播與群眾集會屬於技術層面的要素，一人一票與得票多者當選是制度層面的設計，選賢與能及少數服從多數則為行為心理層面的建設；此三者皆為達成民主理想所需兼備的條件，缺一不可，不應設定輕重緩急而擇要推行、偏廢其

為現代化依據的東方後進國家尤其重要。清末民初的自強運動(技術革新)、戊戌變法與立憲運動(制度改革)、以及五四新文化運動(行為心理改造)均不成功,便可說是因其分割了現代化的三個層面,而各自為政 21。但樂觀地說,這些變革運動一步步邁向對現代性的探求,脫離了膚淺與表面的現代化動作;此種由「反動」(reaction) 改為「反應」(response) 的作法,同時表現了仇外(反西化)情緒的逐漸降低,顯示西化日漸被認同為現代化。甘地在領導印度獨立運動的過程中,倡導不合作政策,亦是以反西化(或反現代化)為手段(如呼籲以本土落後之耕織產業自足而排斥歐洲先進商品),抗拒英國統治;然印度獨立後,繼任的領導人隨即推動以西方為典範的現代化建設。由此可知,東方國家的反現代運動,一方面是源於情感,另一方面是因為認知問題。張之洞的 「中學為體,西學為用」 雖較魏源的 「師夷之長技以制夷」,在東西對立問題的體認上更為深刻,但仍未能瞭解現代性在西化中的本質意義。將西化作為一個手段或工具而非目的的本身,其實是一種反現代化的表現。

在西方,啟蒙運動、工業革命、與法國大革命所建立的理性主義思想主流、資本主義經濟體制、與民主憲政制度,確立了現代文化的基本內涵,但隨後反現代的勢力便一一出現 22。啟蒙運動晚期大將盧梭提倡 「自然人」 (natural man) 的觀念,強調良心善性(人的本性或天性)為思想行為最重要的指引,其說開始與

他,否則必不能真正樹立民主政治。

21. 參見金耀基,《從傳統到現代》(臺北:時報文化公司,1983),頁 183–89。

22. 詳見 P. L. Berger et al., *The Homeless Mind: Modernization and Consciousness* (New York: Vintage Books, 1974), esp. pp. 163–78.

講究理性教化的啟蒙觀點分道揚鑣。十九世紀前期浪漫運動 (Romanticism) 以強調情感、想像、直覺、意志、個性、樸質、古風、乃至中古時代精神等反理性觀點，挑戰啟蒙運動的主張，取代前時信仰與理性 (faith vis-à-vis reason) 對立之局，而造成感性與理性 (emotion vis-à-vis reason) 之爭的文化潮流。至十九世紀末與二十世紀初，馬克思主義、達爾文主義、佛洛伊德學說、與愛因斯坦相對論的宇宙觀等，皆由理性探討出發而展現理性極限的困境，提出非理性 (the irrational) 要素在探索真理真相上的重要性，其效果較浪漫運動的反理性主張更為驚人。同時，反理性化與反世俗化的宗教信仰傳統也從未消滅，如今更有反撲的態勢，成為現代文明的一股批判力量23。

與啟蒙運動的興衰情況類似，工業革命與資本主義經濟體制興起後，也立即遭遇反抗。十九世紀初期所謂「烏托邦社會主義」(utopian socialism)，富於浪漫主義精神，鼓吹理想社會與道德價值，痛斥工業化與資本主義（因其造成「世風日下，人心不古」的社會），號召返回工業革命之前的美好人情。其後的社會主義和共產主義，雖已接受工業化的必要性與必然性，但仍極力攻擊資本主義的弱肉強食競爭弊害。一次大戰後經濟大恐慌導致產業無

---

23. 詳見 Bryan Wilson, *Religion in Sociological Perspective* (Oxford: Oxford University Press, 1982), pp. 148–53. 當然，宗教對現代化發展也有多方的調適，而不是一例反動。見 Mohammed Al-Nowaihi, "Religion and Modernization: The General Problem and Islamic Responses", in R. L. Rubenstein ed., *Modernization: The Humanist Response to Its Promise and Problems* (New York: Paragon House, 1985), pp. 257–59, 263; and R. J. Zwi Werblowsky, "Modernism and Modernization in Buddhism", ibid., pp. 283–84.

限發展的觀念與自由放任的經濟原則深受質疑，反工業革命的返璞歸真思想又起，去除工商而專務農牧的主張雖不可行，但社會主義與資本主義的調和已經成為新經濟潮流。

至於政治民主化的歷程也不乏逆流，這表示民主與共識若不能同時存在，則必有反民主的力量產生。十九世紀前期保守貴族的抗拒改革不足為奇，十九世紀後期中產階級或自由主義者成為既得利益者之後的保守化，尤為社會主義者與下層大眾所不齒。兩次世界大戰期間民權或人權的緊縮，顯示百年來民主化的根基猶不穩固，而反民主勢力仍極易釀成。威爾遜合理化美國參與一次大戰的說法是「維護世界民主發展」(to make the world safe for democracy)，戰後東歐新興國家果紛紛建立民主政制，然至二次大戰前，由於國際情勢緊張，列國須大力動員備戰，二十七個歐洲國家能維持民主政體者僅其十（多屬西北歐）。一次大戰後法西斯政權假民主的形式，建立反民主的傳統式專制極權 24，這尤其是出於現代（憑藉民主運動與現代科技條件）而反現代（反對民主精神與理性觀念）的鮮明例證。法西斯政權是親右派的保守專政，它反對共產主義、拉攏中上階級、強力維護有助於既得利益者的社會秩序、重視種族本位而缺乏大同理想、利用民主政治與群眾心理而不尊重個人價值。不僅如此，在現代化運動中法西斯

---

24. 在傳統的極權統治（authoritarianism，帝王的威權控制方式，有嚴格的官僚階層體制，講求層層服從與節制，對人民的掌控並不直接而徹底，其革命性不強，以維持傳統、現狀與秩序為要）與現代的集權統治（totalitarianism，主張國家至上，一黨專政，富於政治意識型態，箝制個人思想，對人民有高度動員與掌控，使人有無所逃於天地之間的束縛感）之中，法西斯政權其實比較接近前者，而共產主義政權則屬後者。

主義是一種反動精神，它企圖復興貴族威權與舊時價值；法西斯
主義有重農賤商、反對工業革命與物質（都市化）文明的取向，
它訴求人類的原始求生本能，提倡暴力抗爭等反現代性觀點[25]。
另外，共產政權號稱追求真民主，但在其革命過程中專制獨裁的
作風早已出現，其後更皆化為恆常現象，這也可謂為反政治現代
化的特例。再者，對民主化的反動也表現在二次大戰後（尤其是
1970 年代以後） 保守主義勢力的復興 ；「新保守主義」 (neo-
conservatism) 之說在十九世紀後期與二十世紀後期皆有，顯示政
治革新中反動力量的生生不息。

　　二次大戰以來，文化上或文明觀念上最大一股反現代的潮流
當屬「後現代」主義 (post-modernism)[26]。顧名思義，「後現代」
主義宣示了「現代」文明已經或應當結束，雖然它並未明確表示
新時代的精神為何；這個後起的時代本身，其文明特性與要素雖
與現代不同，但尚未發展成熟或完整，因此它只能標示自己為「現
代之後」，而不能樹立取代現代文明的新格局。簡單說，「後現代」
之說的價值在於批判乃至推翻現代性 ， 其擅長為 「解構」

---

[25]. 相對於俾斯麥的「血與鐵」(Blood and Iron) 口號，希特勒的納粹口
　　號是「血與土」(Blood and Soil)，其反現代化或工業化的性質甚明，
　　考量希特勒所處的時代則將更覺如此。

[26]. 後現代一詞最早出現在建築、美學與哲學等較為重視個人觀念的學
　　門。在建築上，後現代主義者聲言空間僅為人所用，無其本身的生
　　命與目的性；故表現此觀念的建築師著重各具特色的空間設計，強
　　調其分散性，反對古典建築展現重心與中央空間的作法（如在平衡
　　對稱形式下「大門」與「正廳」的出現）。後現代主義代表學者包
　　括 Jean-François Lyotard, Jean Baudrillard, Jacques Derrida, Michel
　　Foucault, Nancy Scheper-Hughes, G. E. Marcus 等人。

(deconstruction) 與 「解祕」 (demystification)，然而它的力量尚不足，未能蔚為風氣，建立新文明氣象；或說它的內在弱點在於長於發覺現代文明的弊端，而缺乏取代性、全面性、或建設性的文明建構觀念。(若後現代主義果真有自創新局的能力，則後現代之說必因而消失，因為它至此已不需再以反對現代為號召，而可以自立門戶；事實上後現代主義有如現代文明的寄生蟲，它企圖從宿主身上吸取養分維生，因此當然不急於消滅其所寄生的現代文明。) 也因此，所謂後現代的定義，不易由正面認定的方式下手，以反面的論述為之，反而較為方便有效。換言之，後現代論者的主張未必明確，但其反對的觀點則清楚可知；或說欲瞭解後現代之說為何，須先瞭解後現代主義所欲反對者為何。其所以如此，乃因後現代主義正是 (不過是) 反現代主義。

　　前述各章所論的現代性多為後現代主義者所不喜。後現代論者反對「專家」的概念，亦即反對近代專業化與分工的文明制度與觀念27；其所主張者因而是每個人皆為一個獨立而「全方位」的詮釋者，其個性可不受限地發揮 (反對專業但非超越專業)。後現代主義者質疑傳統的理性與科學的知識觀，強調事物複雜而多層面的因素，以及現實中層層的限制或障礙；其推理方式不是由基礎命題單線出發，而是多面向的網狀 (web-oriented) 思考。他們反對理性主義、超越性思維、普遍性意義、乃至於懷疑一切理論與客觀性 (objectivity)，認為一切的觀點與價值均是人為的 (artificial)。(例如語文只能從社會脈絡中人們的用法加以理解，而不能固守文法正義去解讀。) 他們反抗權威的樹立與普遍標準

---

27. 後現代主義引用 「整體大於部分的總和」 (The whole is more than the parts.) 的哲學說法，強調專業化觀點的得不償失。

的設定，凡事講求「另一方面」(the other) 的存在，企圖顛覆單一性與主客關係，反對所有對立的架構概念（如好／壞、對／錯、主體／客體、主動／被動、作者／讀者、男／女），主張二者間的互動與交流，從而賦予二者各自獨立的價值28。如此，後現代主義者只愛假設，不積極下判斷與選擇，因為這將造成忽略「另一方面」的缺憾。後現代立場是一種反歷史的觀念（至少是反對傳統與學術界所認定的史學取向），因其主張者欲破除事實或真相存在的想法，反對共識與通則的建立，講究個人解釋性的觀點（即個人史觀）或「小歷史」，而非敘述歷史大事本身（或所謂信史）或論斷「大歷史」29；因此他們沒有尊古之情，主張歷史的改寫與不斷的重新解釋，以故亦不重視原始史料或區別一手與二手史料。同理，後現代論者反對直線進步觀甚至是時間觀念，對他們而言，只有「現在」是永恆的，凡人所談只能為「當下之義」(temporality)，不必奢談真理。歷史為其所唾棄正因它號稱可重建

---

28. 後現代主義的口號之一是「讀者的誕生即為作者的消失」，因為以作者為主體而讀者為客體的想法並不恰當，作者的寫作固為創作，讀者的閱讀（文學中的「另外一面」）亦為創作，不是照單全收式的記誦（因為文本並無「原意」或「真意」，因此不能說有「曲解」或「誤解」之事；如高鶚之續曹著《紅樓夢》，或新字新詞的使用，皆無不妥）。後現代論者提倡女權的出發點，也不在於強調女性對男性有重要的貢獻，故應獲得認同與報償（此為一次大戰後女權擴張的背景），而是在於強調女性為人類中的「另一性」，有其獨自的價值，其存在無法為人所漠視。

29. 根據後現代主義，吾人僅可能寫一部個人觀點的史書（如 A History of China），而不是一部描述絕對真相的可信歷史（如 The History of China）。

客觀的真相，因而加深了時空統一性的想法，導致僵化的價值判斷[30]；如此文明累積的價值也不為後現代主義者所重視，「站在巨人肩膀上」所建立的現代文明，自然是他們急於擺脫的負擔。

後現代主義可視為近代歷史中「批判現代文明的傳統」的一個表現，因此它也被許多學者認定為現代文明的一部分，或是現代性的一個現象，而非真正脫離現代文明的批判者[31]。此種說法甚為後現代論者所不同意，但卻是其深感憂慮的後現代主義危機；此因後現代之說本有創造全新格局、用以取代現代文明的氣魄，但前述的內在弱點與自毀性 (self-destructiveness)，使它成為批判有餘而建樹不足的反對力量，難有進一步的成就[32]，以致被輕視

---

30. 例如將某一地區的原住民文化與殖民者的文化置於同一時空標準下去比較，而結論落後與進步之說，此為後現代主義所不同意。

31. 以 Hegel 的正 (thesis) 反 (antithesis) 合 (synthesis) 辯證法為譬喻，後現代主義主張「反」，反對現代文明的「正」或「合」，而後現代主義也只被現代性支持者視為「合」之中的「反」。

32. 事實上「後現代主義」乃至「後現代性」(postmodernity) 的說法（參見 Zygmunt Bauman, "A Sociological Theory of Postmodernity", in Malcolm Waters, op. cit., vol. IV: *After Modernity*, pp. 84–85.）早已出現，但「後現代化」("postmodernization") 的理論卻難以落實或為人所接受。見 Stephen Crook et al., *Postmodernization: Change in Advanced Society* (London: Sage, 1992), pp. 33–36; and Ronald Inglehart, *Modernization and Postmodernization: Cultural, Economic, and Political Changes in 43 Societies* (Princeton, N. J.: Princeton University Press, 1997), pp. 67–68. 另外，學者指出，後殖民主義 (postcolonialism) 的批判對於瞭解與改善當今世界文明，助益無多，正因它也是後現代主義的一個產物而已。見 Ania Loomba, *Colonialism/Postcolonialism* (London: Routledge, 1998), p. 245.

而歸類至其所反對的現代思潮中[33]。例如後現代主義可被解釋為「反理性主義的個人主義」，它不過是現代文明精神的調整、或現代性的重組而已[34]；而其強調「另一方面」的說法，更常被視為對現代文明的一種補充，而非改造。顯然地，後現代主義反對啟蒙運動，但啟蒙運動後反理性潮流早已出現（見前），後現代主義於其中似乎只能別樹一格，而無法從自成一局轉為具有取代性的文明新局。後現代主義反對時空的統一性，反對歷史分期和文明發展的階段進程觀念，但後現代一說正是依託在「現代」文明上，講後現代主義而不講現代性，其結果只有落空。後現代主義究竟為何，其主張者至今仍眾說紛紜，正因為現代性相當明確故可攻擊（此所謂樹大招風），但離開「現代」的反現代主張，很難產生自發性與自覺意識，以致無從定義。而且既然後現代精神是個性（individuality），便難以形成一致的觀念，只能各自抒發，而無群

---

33. 所謂「後現代」乃指「現代之後」，它暗示一個自現代繼續發展而出的「進步」或演進階段；此種概念使後現代之說成為現代性的一個表現而已，因為對許多人而言「現代」即含有無限進化的意涵和潛力。例如 1920–30 年代可說是相對於一次大戰前的「後現代」，而 1950–60 年代亦可說是相對於二次大戰前的「後現代」，如此，「現代」永遠是「後現代的」。見 John Jervis, *Exploring the Modern: Patterns of Western Culture and Civilization* (Oxford: Blackwell, 1998), p. 333.

34. 這即便是簡化乃至誤解了後現代主義，但仍不為過，因為一方面後現代主義究竟為何，後現代主義者說法不一，另一方面講究個人詮釋乃是後現代主義關鍵性的主張，因此，如此的「簡化」或「誤解」仍符合「後現代精神」（可見後現代主義理當不能成為考題，蓋考生的出現即表考官的消失）。

體力量以改造時勢 35。總之，正如近代所見出於理性而反對理性
的文化勢力，它們展現的不是理性的可疑或可滅，而是理性的偉
大力量乃至高貴性；後現代主義的出現也反映現代文明的價值，
它是高度文明才有的產物，也是現代文明自我批判能力的表現。
而經過如此的淬鍊，文明發展是否有其終極性，答案似乎更令人
肯定；這也就是說，「現代性」至此已足以定義為「文明的終極價
值」。

---

35. 個性的發揮及自我認同的強化本是現代文明的一大特點，後現代主
　　義也是這個潮流中的一股力量而非逆流，故後現代主義者所需努力
　　者，是進一步反省如何具體與細部地去實踐這個想法。 參見
　　Anthony Giddens, *Modernity and Self-Identity: Self and Society in the
　　Late Modern Age* (Cambridge: Polity Press, 1991), pp. 74–75.

第十二章

共產革命⋯⋯

東西文明體制之外的另一選擇

馬克思主義的人間天堂 *('The Promised Land' of Marxism)* 　社會主義宣傳漫畫（十九世紀末）

馬克思主義在十九世紀後期成為社會主義的主流，但從未成為政治支配勢力，同時馬克思主義因歐洲工業化改善一般大眾民生的成效日彰，也逐漸流失其作為革命指導原則的號召力。1890 年代時社會主義分裂為馬克思基本教義派與主張議會改革路線的修正派，二者在第二國際 (The Second International, 1889–1914) 中形成普遍的對立，直至一次大戰前夕方休，這一方面耗損了社會主義陣營的力量，另一方面卻也使馬克思信徒更堅定其理想主義的革命立場。此圖顯示馬克思——帶有摩西的形象——一手握著《資本論》，一手指引岸邊各國無產階級群眾登船航向照耀著「自由、平等、博愛」陽光的美好境地；船帆上書「普遍投票權」，這個主張並非十九世紀自由主義者的訴求，它到一次大戰後才在西方世界普遍實現。

社會主義的春天 *(The Springtime of Socialism)* 1889 年英國倫敦碼頭工人與德國魯爾區礦工，均發動大規模的罷工，此後工會運動的影響力便扶搖直上。同年 7 月在巴黎所舉行的國際社會黨大會決議每年 5 月 1 日發動遊行，以紀念 1886 年 5 月 1 日美國政府同意將每日工作時數減至八小時的改革。自 1890 年以後許多國家便將 5 月 1 日訂為勞動節 (Labor Day)，這個假日在後來的共產主義國家中更成為一個大日子。在這張英國十九世紀晚期的宣傳海報中，可見溫和社會主義當時的主要訴求，這包括「生產乃為使用，不為利潤」、「不使用兒童為苦力」、「農耕比工廠更是人類社會的命脈」(此為修正派的觀點)、「在人為食亡的處境中，沒有人能有真正的自由」、「土地應為人民所持有」、「減少工時，延年益壽」、「要合作要比賽但不要競爭」、「人人得享藝術與娛樂」、「財富共享時便有共和民主國」('A Commonwealth When Wealth Is Common.') 等。

革命英雄列寧

馬克思是一個歷史決定論者，只相信「時勢造英雄」，而不喜「英雄造時勢」的「革命家」。列寧雖為馬克思的忠貞信徒，卻在工業化落後西歐甚多的俄國發起超越時代條件的共產革命，成為創造新世界的革命家。為強調馬克思主義理想，以及維護俄國革命成果，列寧在蘇聯建立後透過「第三國際」推動世界革命的志業，希冀造就一個社會主義聯盟。1920 年代時共產勢力的擴張成為歐洲國家的憂慮，影響西方外交政策頗深。這張蘇聯畫家的列寧像極富浪漫主義風格，它不僅美化俄共領導人的形象與共產革命的理想性，而且暗示蘇聯挑戰西方文明體制的意氣。這類宣傳製造了一次大戰後的恐共氣氛，對蘇聯的建國大業實無益處。

一、「科學的」社會主義：馬克思主義

「社會主義」一詞始見於 1830 年代 *1*，但社會主義的均產或共產的理想起源甚早。古代的埃及與斯巴達 (Sparta)、中古歐洲教會政權與封建制度，皆有國家社會主義的政策取向；柏拉圖「共和國」主張、孟子井田論與王莽王田的改制亦富有共產理念。社會主義主張生產工具 (means of production) 公有、物產統一調配；社會主義有明顯的集體主義特質，它所要反對的是私有財產制度，亦即是資本主義立場。資本主義強調競爭原則與個人利益的追求，社會主義則號召群體合作與社會福利，二者的對立在工業革命之前，已隱約成形。在啟蒙運動中，主張自由放任的個人主義經濟政策主流之外，人道主義濟世互助的社會主義思想也同時流傳。盧梭對私有財產制的由來頗感憤慨，他雖不致於主張廢止私有財產，但極為強調均產的重要性，並視追求財富為社會敗壞之源；其「公意」與「社會契約」說，更常引導後人推論至國家社會主義。其實十八世紀的法國，並不乏嚴詞批評私產的學者，例如絕食而死的教士梅里埃 (Jean Meslier, d. 1729 or 1733) 主張教區共產、經濟互助與各取所需的社會型態，倡言「以教士的腸子吊死所有的貴族」；在法國大革命死難的革命志士布里索 (Jacques Pierre Brissot de Warville, 1754–93) 聲稱，在自然狀態下所有財物均屬公產，富人乃奸盜，而私有財產制為一切不義產生的原由

---

1. R. N. Stromberg, op. cit., p. 260. 據考證，"socialism" 一詞為 Saint-Simon 的弟子 Pierre Leroux 所創。見 Harry Hearder, *Europe in the Nineteenth Century, 1830–1880* (London: Longman, 1991), p. 58.

(*Théorie des lois criminelles*, 1871)。其後乃有主張「互助主義」("mutualism") 的法國社會學者普魯東 (Joseph Pierre Proudhon, 1809–65) 之名言「財產即為竊盜」("Property is theft!" *Qu'est-ce que la Propriété?*, 1840) [2]，乃至英國劇作家蕭伯納 (George Bernard Shaw, 1856–1950) 的「財產為組織性掠奪」("Property is organized robbery." *Major Barbara*, 1905) 之說法。

十九世紀初期時，呼應浪漫運動與法國大革命（尤其是其共和主義 republicanism）、不滿自由主義的經濟政策、且有鑑於工業革命所造成的劇烈社會經濟變革，社會主義式的改革計畫風起雲湧，為日後社會主義理論與政策奠定了雄厚基礎。不過十九世紀前期的社會主義實為一種知識或文化運動，與群眾互動極少；社會主義對社會大眾的衝擊與影響，遲至十九世紀後期才發生。早期的社會主義者多是法國人，他們深具淑世的使命感，熱切地推展法國大革命中「平等」(equality) 的精神，在革命失敗後仍奮鬥不懈。社會主義訴求的社會階級雖以下層大眾為主（主張私有財產與自由競爭最力者自然是身為既得利益者的貴族與中產階級），但社會主義者（尤其是早期）主要是出身中上階層的知識分子，他們富有慈悲心與改革理想，而少馬克思所講的階級意識 (class consciousness) 與現實或勢利態度。因此其「烏托邦社會主義」("Utopian Socialism") 的封號，既非誣詞，也非貶稱 [3]。

---

2. B. D. Gooch, *Europe in the Nineteenth Century: A History* (London: Macmillan, 1970), p. 123.

3. 「烏托邦社會主義」一詞為馬克思所創，雖有諷刺前人之意，但從社會主義發展史的觀點來看，其說甚為有效而貼切；而且在此之前，烏托邦 (utopia) 一詞在文化思想史中，不僅沒有貶抑的說法，尚可能有歌頌讚美的意思。

聖西蒙 (Comte de Saint-Simon, 1760–1825)、傅立業 (Charles Fourier, 1772–1837)、歐文 (Robert Owen, 1771–1858) 與白朗 (Louis Blanc, 1811–82) 俱被歸類為烏托邦社會主義者。聖西蒙主張國家應由產業專家領導 (即 technocracy)，政府負責生產與分配工作，建立全國性的經濟互助體，以消滅貧窮問題；傅立業與歐文則認為社會組織應以小型的區域公社為基礎而建立，反對中央集權式的經濟控制；白朗取中間路線，一方面重視政治因素在經濟活動中的主導地位，另一方面提倡由政府協辦而工人自營的社會工廠制度 (social workshops)，建立小型的互助公社。不論如何，他們都排斥資本主義，反對個人在經濟活動中的主導性，而主張由群體——公社或政府——控管經濟。他們質疑私人企業與競爭原則的價值，重視和諧與合作的經濟效用；不重生產的增進，而強調分配的重要性，表現「不患寡而患不均」的平等博愛精神。其主張所以被視為「烏托邦式的」(不切實際的) 4，乃在於主張者高度的理想性，於此，他們結合了啟蒙運動的理性主義與浪漫運動的人道精神。前者表現於他們對自然秩序與人性本善的信念，以及對理性教化功能的信心，因而他們的改革計畫著重人們的互助合作，反對階級鬥爭之法或暴力的革命運動；即由於其說具有高度的理知性，故而不重視群眾運動之利用。後者則表現在他們對工業化與資本主義的痛恨，因為它們帶來唯物取向的人生觀與弱肉強食的社會關係；事實上除了聖西蒙之外，當時社會主義者對於機器與工廠皆不具好感，他們所圖乃在經由物質環境的重建，恢復工業革命前的精神文明 5，因此帶有一種反現代的特質。

---

4. Utopia 一詞原為希臘文「虛境」(no place) 之意。

5. P. N. Stearns, *The European Experience Since 1815* (New York: H. B.

相對於「烏托邦社會主義」，馬克思主義所以為「科學的」社
會主義，至少有二因素：其一是馬克思對人性與人際關係不具唯
心傾向的想像，因此有決定論式的（唯物主義的）判斷 6，主張
階級鬥爭（暴力）為社會革命必然的歷程，而不訴求不可測的良
心或感情；其二是馬克思既然持決定論史觀，工業化或資本主義
時代的到來對其而言乃自然而必然之事，不必以道德觀念或懷舊
之情論其好壞（此為「時代性錯誤」anachronism），而應掌握時
代性並順應時勢，適時回應，採取行動（即無產階級革命）。因此
馬克思主義者雖如同前人撻伐資本主義的惡劣，但不同於烏托邦
社會主義者，他們接受工業化為現代性的表現，積極「迎向未
來」，列寧的「新經濟政策」(New Economic Policy, 1921–28) 與史
達林「五年計畫」(5–Year Plans, 1928–42)，都是如此「識時務」
的行動，雖然這些行動本身未必是社會主義建設，但至少他們相
信其政策是導向社會主義天堂的必要過程 7。

Jovanovich, 1972), pp. 36–37.

6. 馬克思本人對於歷史唯物主義 (historical materialism) 事實上並未
完整地發表其學說，關於馬氏此說的探討，見 Isaiah Berlin,
“Historical Materialism”, in Tom Bottomore ed., *Interpretations of
Marx* (Oxford: Basil Blackwell, 1988), pp. 92–102; Rudolf Hilferding,
“The Materialist Conception of History”, ibid., pp. 111–20.

7. 「新經濟政策」是社會主義與資本主義的「暫時妥協」，列寧雖指
其為「由攻擊轉為包圍」和「退一步以便進兩步」的戰術應用而
已，但事實上這是俄國共產黨在國家尚未進入高度工業化階段前即
提早進行共產革命，所需採行的倒退行動或緩兵之計。其實在
1917 年俄國發生「二月革命」時，大部分俄國社會黨人均欣見此
事的發生，以為是馬克思歷史進化論的應驗；二月革命後中產階級

　　為了顯示其說與烏托邦社會主義不同，馬克思與恩格斯
(Friedrich Engels, 1820–95) 刻意另擇「共產主義」(communism) 一
詞以自明 8，1848 年〈共產主義宣言〉(Communist Manifesto) 定
名的原由即在此 9。共產主義不僅有別於（烏托邦）社會主義，

　　政權的建立，被視為俄國歷史的當然進程，社會黨人相信此後在工
　　業化社會中階級衝突與日俱增，俄國終有共產革命到來的一日。此
　　雖不是短期可見的變化，社會黨人仍極振奮而知足地從事其社會主
　　義思想的教育宣傳工作，以待來日之用。不意列寧竟號召革命黨人
　　把握奪權時機，提前「革命」，使政治社會情勢愈加複雜。俄國二
　　月革命被社會主義者解為中產階級的革命，其實已屬附會誇張之
　　說，「十月革命」號稱「共產革命」尤為不實；故列寧革命後對「無
　　產階級專政」階段應為時多久故意含糊交代，至於推行共產政策也
　　就更無可能，「新經濟政策」便是一個大夢初醒後面對現實的作法。
　　史達林的「五年計畫」乃是「一國社會主義」路線的後續政策，而
　　「一國社會主義」也是妥協之作，它是蘇聯共產黨有感於世界革命
　　的國際主義理想不切實際，因而改採的「從根本做起」之步驟。但
　　不論如何，列寧與史達林皆不認為他們所為是放棄或違背共產主義
　　精神，他們強調這是實現共產主義目標的有效手段。

8. 據稱共產主義一詞乃是流亡法國的日耳曼革命分子在 1840 年代的
　　創作，當時其意與社會主義相去不遠。見 R. R. Palmer and Joel
　　Colton, op. cit., p. 468. 馬克思與恩格斯對於共產主義的觀點仍有局
　　部差異，見 Takahisa Oishi, *The Unknown Marx: Reconstructing a
　　Unified Perspective* (London: Pluto Press, 2001), pp. 155–58.

9. "Communist Manifesto" 全稱為 "Manifesto of the Communist
　　Party"，它是為當時居住於巴黎、布魯塞爾、與倫敦的日耳曼新社
　　會主義職工聯盟所寫，以作為其行動指導。該宣言可見於 J. A.
　　Gladstone ed., *Revolutions: Theoretical, Comparative, and Historical
　　Studies* (New York: Harcourt Brace Jovanovich, 1986), pp. 21–29.

它在馬克思眼中更代表著社會主義的高級階段10。不過當十九世紀後期馬克思主義成為主流的社會主義之後，共產主義一詞即迅速消失，這是因為烏托邦社會主義已不在，此後社會主義一詞其實即是指馬克思主義。共產主義一詞的流行至 1917 年以後才出現，它的用意一樣在區別馬克思主義與其他社會主義的不同，這顯示馬克思主義在社會主義中的獨特性。

提倡社會革命的馬克思主義之要義為：㈠人類歷史乃為一部階級鬥爭史11，社會進化從來就是憑革命運動；㈡生產工具的掌握為階級優勢的關鍵因素，近代科技的進步導致中產階級因掌握生產工具而崛起，下層大眾成為受迫最深的奴隸；㈢資產階級以分工的論調為其權利自圓其說，分工的說法「合理化」資產階級掌握生產工具，主張勞資雙方安分守己，其陰謀實在於維持資方的階級鬥爭優勢；㈣無產階級在如此的剝削下，其數量、勢力與自覺意識將因苦難的加劇而增長，終至於得以且必然推翻資產階級；㈤法律為強者的意志，民主只是一個安撫無產階級的幌子，代議政制其實是資本家的階級統治，只有暴力革命才是下層階級的平反正道與出路，一切投機妥協作法（所謂投機主義 opportunism）終將幻滅；㈥工人受害的問題是階級壓迫的問題，不是國際衝突的問題，工人不應以國家為效忠對象，而應與他國的無產階級團結，共同推翻世上所有資產階級，因此無產階級革命乃是一個世界革命 (universal revolution)；㈦資產階級被推翻後將出現一個「無產階級專政」(dictatorship of the proletariat) 時期，

---

10. Svetozar Stojanovic, "The Ethical Potential of Marx's Thought", in Tom Bottomore, op. cit., p. 185.

11. 此為〈共產主義宣言〉首句。

因經濟條件差異的消除，其後終將形成一個沒有階級的太平社會；
㈧在這個沒有階級的世界中，一切作為階級壓迫的工具如宗教與
政府亦將消失 12。

馬克思強調其說為價值中立，客觀而實際，不訴求富者對貧
者的悲憫，不談道德倫理的標準，只依據事實真相立論；也因此，

---

12. 〈共產主義宣言〉中即說：「所謂的政權不過是一個階級壓迫另一
階級的組織性力量罷了。」對馬克思信徒（如列寧）而言，政府的
組成要素不外是警察、軍隊、法官、官僚、懲戒體系和監獄。(H.
B. Acton, *The Illusion of the Epoch: Marxism-Leninism as a
Philosophical Creed* (London: Routledge & Kegan Paul, 1972), p.
237.) 馬克思主義者雖主張無政府主義 (anarchism) 與無神信仰
(atheism)，但政府與宗教二者僅是其敵人的統治工具而已，資產階
級才是他們急於推翻的真正對象。馬克思主義者常與無政府主義者
衝突（馬克思本人與無政府主義者 Mikhail Bakunin 的爭執導致「第
一國際」的瓦解），因前者視政府為革命大功告成（階級消滅）前
必要的手段與過程，而後者仇視一切政權。至於宗教信仰，馬克思
視之為麻醉大眾階級意識的鴉片，必除之而後快，因其蒙蔽蒼生受
苦的原由與真相，且轉移人民視聽，使人忘懷革命大事，而尋解脫
於死後。然而馬克思主義從某種角度看，亦是一種宗教信仰：對信
徒而言，馬克思可比為教主或上帝，《資本論》 (*Das Kapital*, 3
vols., 1867–94) 猶如《聖經》，歷史決定論為上帝的人間計畫，社會
逐漸惡化的理論彷如人類墮落說，階級鬥爭的說法有如善惡對決的
教義，無產階級專政的階段如同「千年福世」，而絕無階級的終極
社會正似天國的建立。事實上，不論其他，絕對的唯物主義即是一
種信仰，無法完全以理性或經驗加以證實。參見 B. D. Wolfe, *An
Ideology in Power: Reflections on the Russian Revolution* (London:
George Allen & Unwin, 1969), pp. 352–53.

他不相信社會情勢可能劇變或逆轉，亦不求無產階級革命之早到或速成，蓋歷史進化自有其時，人不能抗拒也不能促進。事實上，馬克思既不籌備革命計畫，也未鼓吹工人積極奪權；其說旨在啟蒙大眾，並促其臨事不惑，勇敢應對。1864 年馬克思成立「國際工人協會」(International Workingmen's Association，即「第一國際」 The First International, 1864–76)，其目的是在宣揚其社會主義學說與解釋革命觀念 (對抗巴克寧 Mikhail Bakunin 的無政府主義思想)，而不在號召革命運動，故政治性功能不高。如此，馬克思本身實非革命家——革命家對他來說是個壞事者——而是革命的解說者；但他並不詳述未來社會的風貌，因為細節並不可知亦不必知，預言未來甚至是「反動」(reactionary) 的想法。

馬克思主義雖在十九世紀後期成為社會主義的主流，但 1848 年歐洲革命運動失敗後，二十年間社會主義運動消沉不振，直到 1860 年代末期才見復興。 此期間馬克思主義對現實局勢影響不大，應與其階級革命之說未成事實有關。蓋十九世紀後期歐洲工業革命正蓬勃發展，一般人民雖不如資本家獲利之豐厚，但在經濟環境普遍好轉的情勢下，「水漲船高」，因此受惠亦不少；下層大眾的生活處境與前時相較，改善許多[13]，馬克思的工人困境逐漸惡化之說 (law of increasing misery) 並未實現——固然階級對立的意識與情緒確實可能增加。馬克思主義的社會影響力正如大眾宗教信仰在歷史上的表現，逢亂世則興，遇盛世則衰；在人民生活逐漸改善時，革命之想隨著大眾進步觀的浮現而消散，漸進改革的樂觀期待使階級戰爭遙不可期。同時，無產階級也因產業

---

13. 據統計，1870 至 1900 年間，歐洲工業化國家工人的薪資所得增長了約 50%。

經濟的變革而出現認定困難與位階不明的問題，如 「白領」
(white collar) 的專業技術人才與管理階層，其收入可追中產階級，
其立場可能傾向雇主，但其身分終為雇員，卻不能歸類為無產階
級；而在現代產業中員工入股分紅的情形，也使傳統的勞資對立
關係變得詭異。這些現象乃是馬克思所未預期，於是馬克思主義
開始被批評過於簡化與天真 14，其封閉的想像與溢美的理想，彷
若其所批判的烏托邦社會主義。不僅如此，1870 年以後歐洲各國
相對於前代，內無革命動亂，外無國際戰爭，正是一個太平盛世，
社會主義運動再無昔日攀緣亂局而起事的機會。同時，有鑑於過
去的動盪，各國政府鎮暴的經驗與防備措施充實甚多，軍隊與警
察力量經過整飭，預防和鎮壓暴動的實力大增，十九世紀前期市
民堵街抗爭的場面至此已不可見。顯然地，十九世紀後期社會主
義革命運動，已失去十九世紀前期自由主義革命運動所享有的天
時、地利與人和條件。從另一角度看，當自由主義成為政治主流
時，或者自由主義與保守主義的結合成為政治主力時，社會主義
只能是永遠的反對運動，而喪失了推翻現有政局的潛力。

　　1870 年代歐洲社會主義再度活躍，至 1880 年代末期時社會
黨組織在各國普遍建立，於是乃有國際性社會黨聯盟成立之需要，
此即是「社會主義國際」（Socialist International，或「第二國際」
The Second International, 1889–1914） 形成的背景。但馬克思於
1883 年去世，社會革命亦顯無望，主義的調整不得不成為社會黨
人的關注課題。1871 年巴黎公社 (Paris Commune) 事件與俾斯麥
建國後對社會主義的鎮壓，刺激許多法國與德國社會黨人更加確

---

14. 參見 Philippe Van Parijs, *Marxism Recycled* (Cambridge: Cambridge
University Press, 1993), pp. 78–81.

信現實政權之腐化與激進革命之必要。這批基本教義派的馬克思
信徒與西班牙和義大利的無政府主義者及工團主義者
(syndicalists)，同為激進的革命分子，他們與經濟穩健成長的西北
歐（包括英國）溫和社會主義者（主張勞資協商的工會路線 trade
unionism），形成鮮明對比。但這種對立並不以國度為界，而是逐
漸發展為社會主義意識型態左右二派的分裂；左派即是堅持馬克
思主義的理想立場，右派則是 1890 年代發展出的「修正主義」
(revisionism) 路線。修正派代表為德國社會主義者伯恩斯坦
(Eduard Bernstein, 1850-1932)，其《演化的社會主義》
(*Evolutionary Socialism*, 1898) 旨在批評馬克思的革命說
（evolution 乃對立於 revolution）。伯氏指出資本主義未必有害於
無產階級，歷史顯示工人處境並未日漸惡化，中產階級也逐漸壯
大而非衰退，民主運作為人民增進其權益之法門，階級對抗實非
必需，革命也不可能；因此，社會黨人應與其他改革派合作以推
動政治改良，並將訴求對象由工人擴及農民等所有貧民階級，爭
取大眾投票權，避免罷工與暴力行動，以民主方法促進和平漸進
的社會改造。修正主義另有法國的喬樂斯 (Jean Jaurés, 1859-
1914) 在提倡，他採用唯心論修改馬克思純粹的唯物主義，以圖
中庸之道。

　　修正主義的出現激發馬克思忠誠信徒明志的意氣，令其取向
更為極端，以與溫和派爭衡。1870 年之前，社會主義的爭執概屬
理論之爭，此後則理論與行動結合發展，理論爭議即表行動抗衡，
雙方對立不再只是紙上談兵 15。由於二派嚴重的對峙，政治性目

---

15. F. H. Hinsley ed., *The New Cambridge Modern History*, vol. XI:
　　Material Progress and World-Wide Problems, 1870-1898

的甚為明顯的第二國際深受理念分歧所苦，成為成員論戰的競場。雖然它對於提升歐洲社會立法及社會主義運動貢獻良多，但其最大用心所在——防止戰爭——終究失敗；第一次世界大戰爆發時各國社會黨紛紛響應政府動員，投入國際抗戰，第二國際也因而崩解。然而正如史上宗教與學術思想流派的分化，基本教義派總成為少數黨，而傳統派恆為多數黨，溫和的修正派此後成為社會主義主流，而堅持馬克思理念者成為激進的少數。此趨勢應和著十九世紀後期民主化的擴展而更分明，溫和的社會民主黨 (Social Democrats) 勢力顯然凌駕激進的社會革命派 (Social Revolutionaries) 之上；因此忠貞的馬克思信徒的敵人常非政府或資產階級，而是其「誤入歧途」的投機派 (opportunists) 同志。於是，當「社會主義」一詞通常意指溫和路線的社會主義時，社會主義理想派自然須另用一詞來標示其主張，這便是 1917 年俄國革命成功後，「共產主義」一詞又被引用並賦予新意的由來。

二、俄國大革命的世界意義

當一次大戰行將爆發時，修正派社會主義者率皆支持本國政府備戰，投入國際對抗，而理想派社會主義者（如列寧 Vladimir

(Cambridge: Cambridge University Press, 1962), p. 269. 論者指出，類似烏托邦社會主義與馬克思主義的差別，社會主義與共產主義的差異亦包括前者具有反對工業化的精神，而共產主義只反對工業化的流弊或結果（資本主義），但不反對工業化的本身，因它被視為歷史必經的階段與進步的過程。見 David Thomson ed., *The New Cambridge Modern History*, vol. XII: *The Era of Violence, 1898–1945* (Cambridge: Cambridge University Press, 1960), p. 70.

Ilyich Lenin, 1870–1924 與德國人盧森葆 Rosa Luxemburg, 1871–1919）則堅持社會主義世界革命的理念，反對國與國的戰爭，而主張趁機轉化此國際戰爭為階級戰爭與世界革命，終結資產階級政權。待原來歐洲人民對大戰意義的美好想像與對大戰發展的樂觀預期 （速戰速決），至 1916 年後因戰事的慘烈與膠著而破滅後，當初反戰的正統馬克思信徒現在皆成了先知，激進派社會主義再度獲得認同，西方文明的價值同時遭受嚴重質疑，這是俄國共產革命時的世界局勢背景，而俄國大革命也成為盧森葆所說的「世界大戰中最偉大的一役」 ("the mightiest event of the World War") 16。

　　領導俄國大革命的列寧，是俄國社會民主黨中基本教義派的領袖。此派名為布耳什維克派 (Bolsheviks)，俄文原意為多數派，它相對於溫和路線的少數派——孟什維克派 (Mensheviks)——這種激進派凌駕溫和派的情形是歐洲社會黨歷史上的例外 17。可知

---

16. Rosa Luxemburg, *The Russian Revolution* (Michigan: University of Michigan Press, 1972), p. 25.

17. 關於俄國溫和社會主義者失勢的原因，詳見 Edward Acton, *Rethinking the Russian Revolution* (London: Edward Arnold, 1992), pp. 156–66. 俄國社會民主黨的分裂是在 1903 年於倫敦所召開的黨代表大會中，此會所以在異國召開，乃因俄國的社會主義要角均不見容於國中而流亡異域，可見其激進特質。修正派社會主義在俄國所以不得勢，另一原因是俄國並無西方式的議會民主體制，以致溫和漸進改革的主張無法依附發展。見 R. R. Palmer and Joel Colton, op. cit., pp. 623–24. 具備議會民主制度而朝向激進社會主義路線發展的國家僅有義大利。義大利在一次大戰爆發時，社會黨人多反對參戰，此為歐洲中的特例。

俄國大革命的成功不是社會主義的成功，而是共產主義的勝利，它也暗示俄國在東西世界中的獨特處境。然而列寧的思想與行動並未嚴守馬克思主義，這對列寧而言也是不可能的事，因為俄國必須立即革命，而革命自有其須觀照的形勢與應變的措施。列寧在 1899 年論及俄國社會主義前途時即說：「俄國社會黨人尤應獨自詮釋馬克思主義，因為馬克思主義只談通則概念，且其理論細節勉強可驗證於西歐，但決不適用於俄國。何況我們所要進行的不僅是經濟改造，而且是政治鬥爭。」("Our Programme", 1899) [18]。此外，列寧推動的革命並非無產階級的革命，而是「職業革命家」(professional revolutionaries) 的革命，以英雄造時勢（為此他費心克服布耳什維克黨人的疑慮）[19]；在建國過程中，他倡導菁英主義，工人階級其實不為所重 [20]。相對於法國大革命

---

18. 馬克思堅信西歐國家都會經歷類似英國的工業化社會經濟變遷，然對於俄國他雖特別用心研究，但並不確定情況是否亦將如此。見 B. D. Wolfe, op. cit., pp. 45–46; J. D. White, *The Russian Revolution 1917–1921* (London: Edward Arnold, 1994), pp. 19–20.

19. Jonathan Frankel, "1917: The Problem of Alternatives", in E. R. Frankel et al. eds., *Revolution in Russia: Reassessments of 1917* (Cambridge: Cambridge University Press, 1992), p. 10.

20. J. L. H. Keep, *The Russian Revolution: A Study in Mass Mobilization* (New York: W. W. Norton, 1976), pp. 306–7; B. D. Wolfe, *Three Who Made a Revolution: A Biographical History* (Boston: Beacon Press, 1957), pp. 155–56. 列寧在 1902 年論「下一步行動」("What is to be done?") 時說：「給我們一個革命黨，我們就能顛覆整個俄國！」(Give us an organization of revolutionaries, and we shall overturn the whole of Russia!) 共產革命發生時，俄國人口中僅有 1% 為先進產業的工人，可見當時環境甚不合適社會主義運動。見 C. V. Findley

的「自然」爆發與演進（人民在革命中具有重要的角色），俄國大革命顯有周詳的計畫，人為推動的痕跡處處可尋，領導團體的影響力遠超過大眾。究其原由可見，十九世紀以來，俄國知識分子引進西歐各式意識型態以求改造社會，但這些思想皆難以在俄國生根壯大，這可能與俄國缺乏中產階級有關[21]；尤其是作為中產階級階級意識的自由主義，無法在俄國形成一股洪流，民主改革乃無法成功。相對於自由主義等政治意識型態，社會主義（尤其是馬克思主義）的提倡較不需建立在社會階級的支持或認同上，社會主義者常是來自各階層而具有理想性格的知識菁英，他們以美好的社會遠景為訴求，向下層大眾爭取好感，卻不消詳解社會主義的深刻理論。這可能是馬克思主義能在各類政治思想中脫穎而出，而在俄國發揮革命力量的原因[22]。然馬克思主義醞釀於西方（工業大國）而不得西方接受，列寧採用馬克思主義而據俄國情勢需要加以修改，使得「列寧主義」(Leninism) 成為獨特的策略，超出東西世界的歷史經驗。

在革命成功後，列寧在其《國家與革命》(*State and Revolution*, 1918) 一書中雖重申對馬克思主義的信仰，宣稱國家

and J. A. M. Rothney, *Twentieth-Century World* (Boston: H. Mifflin, 1986), p. 88.

21. C. E. Black and E. C. Helmreich, *Twentieth Century Europe: A History* (New York: Alfred A. Knopf, 1972), p. 192.

22. 馬克思主義所以在俄國得勢的原因，當然應與布耳什維克黨能在俄國崛起並奪權成功的原因相互參照，方見完備。參見 John Dunn, *Modern Revolutions: An Introduction to the Analysis of a Political Phenomenon* (Cambridge: Cambridge University Press, 1989), pp. 26–27.

（或政府）終將消滅，但他卻更強調「無產階級專政」的任務，暗示了（在此期間）蘇聯政權鞏固的必要；他說無產階級統治的廢止——亦即所有政府的消除——只能聽其自然地發生，不能硬性規劃推動。由此可知，俄國大革命雖受馬克思主義的啟發，但共產蘇聯的建國則受列寧主義的指引。現在的共產主義已非十九世紀中葉馬克思所說的共產主義，它在相當程度上，可說是繼伯恩斯坦後另一番社會主義的修正動作。這說明馬克思主義甚富於延展性，有高度推衍的可能。

俄國大革命有其特殊性，但也富有普遍性意義23。二十世紀初期爆發革命的地方不止於俄國，如伊朗在 1905 至 1911 年間掀起要求憲政的革命運動；鄂圖曼帝國在 1908 年時，因青年土耳其黨 (Young Turks) 的革命，恢復了 1876 年頒布的自由派憲法，次年國會迫使皇位易手 （Abdul Hamid II, 1876–1909 去位，其弟 Mohammed V 接任，統治權威大減）；1910 年民主鬥士馬德羅 (F. I. Madero, 1873–1913) 領導革命，推翻墨西哥獨裁者迪雅斯 (Porfirio Díaz, 1830–1915) 的政權；1911 年，中國辛亥革命推翻滿清帝制。這些革命與俄國共產革命皆有反對西方霸權的理念，然其中僅有俄國成功地打倒歐美列強入犯的勢力，取得真正的獨立地位，並進行徹底的社會改造24。這些革命都有強烈的民族主義

---

23. 近代革命理論的建構大多取材自法國大革命、1848 年歐洲革命運動、以及俄國大革命三者，而法國大革命與俄國大革命所以為「大」，乃因其富有世界革命的特質，它們所要推翻與所要建立者，都是超越民族國家本位的普世性體制與價值觀。

24. 革命是否能造成現代化，正如現代化是否導致革命，皆是難以斷定的問題。(S. P. Huntington, "Revolution and Political Order", and Charles Tilly, "Does Modernization Breed Revolution?", in J. A.

情感，以解脫列強的威脅為目的，但俄國共產革命除此之外更具有為東方世界示範與開路的作用；它標舉世界革命的理念（即所謂「輸出革命」），提出建構新社會新文明的新意識型態，並展現如何不經西化而可現代化或與西方抗衡的辦法。

　　十九世紀以來，俄國向為歐洲反革命運動的堡壘，至二十世紀初，它卻成為世界革命的先鋒。1917 年俄國革命（二月革命與十月革命）爆發的背景是俄國在第一次世界大戰中的挫敗。一次大戰可謂為歐洲內戰，它導致歐洲世界霸權的沒落；俄國二月革命後本建立起一個效法西方自由主義制度的新政，但它隨即被十月革命推翻，新生的共產主義政權更向西方文明體制作全面挑戰。約略來說，在政治意識型態上，蘇聯倚靠左派社會主義，排拒西方親右的自由主義；在經濟上，蘇聯採取共產主義，對抗西方的資本主義[25]；在社會關係上，蘇聯主張集體主義，反對西方的個人主義；在人的價值上，蘇聯宣揚歷史命定論，駁斥西方的人本主義；在文明精神上，蘇聯講究行動與鬥爭的價值，批判西方的理性主義與和平主義精神；在現代化的問題上，蘇聯展現獨力而快速建設的可能，對比西方互助與漸進改革的經驗；在宗教立場上，蘇聯堅持無神論，敵視西方基督教世界；在對外關係上，蘇聯號召東方對西方的反抗，討伐西方的帝國殖民政策；在國家問題上，蘇聯強調國際主義理想，攻擊西方的民族主義原則。如此，

Gladstone, op. cit., pp. 39–40, 48.) 俄國共產革命當然可從俄國現代化的歷史去考察其原因，俄國的現代化自也可從共產革命去論證其後來的發展脈絡。

25. 蘇聯共產主義經濟政策「優於」西方資本主義之處，在戰後經濟大恐慌中表現頗為傑出；它沒有嚴重的西方經濟問題如失業、貧富差距、與景氣循環或經濟衰退等現象。

俄國大革命象徵著歐洲霸權時代的結束，或至少是歐化與西化價值的動搖，因為蘇聯共產主義是一套既非西方也非東方的價值體系。這可能是共產黨能在俄國成功的重要因素，因為它為俄國史上長久的東西文化路線之爭，找到一條超越二者的出路，而能自我定位。在史達林五年計畫迅速振興蘇聯工業與軍事實力，並在二次大戰中展現其驚人建設成果後，共產俄國這個第三勢力已經成為對抗西方的另一霸權，將傳統的東西對立局面轉變成「自由世界」與共產集團的對峙。至此，東方世界反淪為「第三世界」，成為美蘇二強競爭的對象與抗衡的籌碼，依然不能獲得完全的獨立地位。然因亞非新興國家新近解脫西方列強的殖民壓迫，其仇視西方的情緒尚強，而蘇聯快速富強與反西方立場的雙重提示（啟示）又極具吸引力，故而第三世界在精神上頗有親共反美的傾向。

三、「世界革命」的進程

「全世界的無產階級工人團結奮起吧！」（"Proletarians of all countries! Unite!"），這是馬克思 1848 年〈共產主義宣言〉的末句，同時印於該宣言封面。從此，「工人無祖國」的共產革命便是馬克思信徒的運動目標，國際主義的性格自然使俄國大革命有超越民族國家發展的取向。依照俄國共產黨的理論與期望，俄國共產革命後將引發無產階級同時並起的世界革命，而在世界各國暫行的無產階級專制政府組成蘇維埃共和國聯盟之後，終極的共產社會才有推展的可能。世界革命對列寧而言，是共產主義整體理論的一個方面，和「澤被四海」的理想，但也有向外求援的意味，而少擴張蘇聯霸權的構想（列寧自稱不是「社會沙文主義者」"social-chauvinist"）。就其現實考量而論，列寧相信俄國落後的狀

況——以農立國而工業初生——使共產革命不可能單獨發生於俄
國而能持久成功，它必須獲得國際（先進工業國家）無產階級的
響應和援助乃能維持和發揚戰績 26。另外，世界革命也非全然是
幻想，在一次大戰末期許多國家（尤其是戰敗國）皆有革命動盪
的跡象，德國、奧國、波蘭、波羅的海地區等皆是列寧預期將爆
發無產階級動亂的地方，而 1918 年末德國與奧匈地區確都發生革
命，中產階級領導的憲政共和政府取代了舊式王政。然而這些革
命並非共產革命之類，無產階級專政未曾出現於其間，而且這些
革命來時已晚，使得共產革命後的俄國政府孤立無援，被迫與德
國簽訂喪權辱國的和約（即 Treaty of Brest-Litovsk, 1918 年 3 月）
27，以退出歐洲戰局。不過，大戰結束後的一、二年間，歐洲工
人大眾對於蘇聯共產新政確有相當的同情，這對於緩和乃至終止
列強介入俄國內戰 (1917–20)，發揮了極大的作用。雖然內有憂
患，但俄國仍輸出大量經費，協助德國、瑞典、義大利等國左派
社會黨人的政治運動。然而至 1921 年時，世界革命在歐洲發展的
希望眼看已經破滅，蘇聯的孤立更激發它去走一條自己的路，非
東亦非西 28。列寧的「新經濟政策」是共產主義對資本主義局部

---

26. 1905 年俄國爆發反帝制的革命以來，列寧對俄國所期其實是一個
　　符合馬克思歷史進程理論的中產階級革命，而不是一個超前發生的
　　無產階級革命。

27. 列寧雖承認此約令俄國損失重大，但仍堅持其必要性，因為俄國須
　　以空間換取時間以圖復興；另外，他認為待世界革命發展至德國
　　後，這些割讓的土地應能失而復得。即使不是如此，列寧淡薄的民
　　族主義觀念，使其不深感「喪國」之痛；重要的是，德俄和約對他
　　而言並不是一個有害革命的決定。

28. 蘇聯的封閉與孤立發展能有成就（亦多弊端），有其內在與外在條

妥協以便自救的策略，史達林的「一國社會主義」（"Socialism in
One Country"，暫時放棄世界革命）是俄國共產革命朝向自力更
生的宣告。

　　1919年，列寧成立「共產國際」（Communist International or
Comintern，即「第三國際」The Third International, 1919–43），以
掌握全世界社會主義團體的領導權；次年，第三國際將堅持革命
路線的社會主義正式正名為共產主義[29]，並著手推動世界革命。
此想並不成功，因為共產黨對溫和社會主義的排斥，使得歐洲社
會主義者大多遠去，而俄國對社會主義領導權的爭取，又使得許
多同情俄國共產革命的左派社會黨人，因不滿俄國創建「國際中
央集權」（international centralization）的霸權架勢而離心離德。在
此同時，歐洲溫和派社會主義者也重建了第二國際，與共產國際
對峙，而不滿第二國際與共產國際的社會主義者，更於1921年成
立了「維也納國際」（Vienna International），形成鼎立局勢。1923
年，第二國際與維也納國際合併為「勞工與社會主義國際」
（Labor and Socialist International，二次大戰後改名為「社會主義
國際」），採中間路線，繼續與蘇聯的國際共產組織抗衡。1921年
共產國際第三次大會決議，各國共產黨可與其他黨派組成「聯合

件（和限制），一般後進小國實難仿效。詳見 Daniel Chirot and R.
　K. Merton, *Social Change in the Modern Era* (New York: Harcourt
　Brace Jovanovich, 1986), pp. 149–50.

29. 1920年共產國際第二次大會通過列寧所提的二十一條計畫，其中
　包括要求信守共產主義之名、排斥改革派（而非革命派）的社會主
　義、運動工會使其左傾、進入軍隊發展共產主義、嚴整共黨紀律、
　鞏固共產國際的中央領導權、運用祕密與非法手段發展勢力、驅逐
　一切反對黨領導的分子等。

陣線」(united front)，以發展政治實力 30。共產黨的擴張行為導致
歐洲中上階級與政府的不安，法西斯黨更以反共為號召而贏得廣
大支持。有鑑於此，加上為求全力投入國內的權力鬥爭，史達林
於 1924 年喊出「一國社會主義」的口號，暫緩對外革命事業。
1934 年，蘇聯加入了國際聯盟 (League of Nations)，降低其與西
方陣營的敵對態勢。1935 年，為了遏止法西斯政權的勢力，蘇聯
透過共產國際號召各國共產黨與社會主義者以及自由主義改革派
人士，共結「人民陣線」(popular front)。由於第三國際並不受各
國社會黨的認同和歡迎，同時為了在戰時向英美同盟國示好，蘇
聯乃在 1943 年將該組織解散。1947 年，共產情報局 (Communist
Information Bureau or Cominform, 1947–56) 成立，暗下接替昔日
共產國際的功能。它隨後協助捷克共產黨奪權成功，鋒芒畢露，
但在國際壓力下，共產情報局的勢力被迫削弱，它於 1948 年後已
改變為蘇聯的宣傳部門，不再積極推動世界革命。

　　整體而言，共產國際推動世界革命並不成功，共產主義對世
界各國的影響力和號召力，主要還是得自蘇聯本身建設的成績及
其國際權勢的壯大 31，這在東方世界而言尤其感受深刻。如所周
知，列寧視帝國主義為資本主義的激化行為，共產俄國向西輸出
革命、打擊資本主義既然無功，乃轉而向東方鼓吹反帝國主義的

---

30. 此時各國共產黨都僅有少部分工人支持，共產國際乃提出「走向群
　　眾」("To the Masses!") 的口號，這是「聯合陣線」策略形成的背
　　景。這個與社會民主派合作的新政策導致共產黨內部左右路線之
　　爭，關於「投機主義」的論戰又起。見 Adam Westoby, *The
　　Evolution of Communism* (Cambridge: Polity Press, 1989), pp. 58–59.
31. 經過三次五年計畫，蘇聯從一個產業落後的國家，躍居全世界第三
　　大工業生產國，僅次於美國與德國，而使英國退居第四位。

另類世界革命。1920 年 9 月，俄共在裏海岸的巴庫 (Baku) 召集「東方被壓迫民族會議」(Congress of Oppressed Eastern Peoples)，共產國際主席芝諾耶夫 (G. E. Zinoviev, 1883–1936) 呼籲東方人「向英國資本主義禽獸」("the wild beasts of British capitalism") 開戰。這種激發民族仇恨以打擊帝國主義的作法，其實已不可避免地開始扭曲世界革命的意義，傷害國際主義的理想32。而且就推動東方的共產革命而言，蘇聯的策略成效亦不佳；在二次大戰之前，除了蘇聯以外，僅有蒙古人民共和國 (Mongolian People's Republic, est. 1924) 建立起共產政權。

然而俄國大革命對二十世紀後半期印度與中國二大民族的命運，卻有深遠的影響。甘地倡導不合作運動爭取印度獨立，其手法雖與列寧革命的方式不同，但印度所以能獲得英國讓步而建國，實與蘇聯興起後改變國際霸權關係有著密切關連33。帝俄時代俄國雖在東方對大英帝國的擴張，造成極大阻礙，但一次大戰後英俄兩國勢力的消長，才使英國的帝國宏圖不得不退縮。除卻英國國力在戰後的衰落，一方面蘇聯大力支持東方國家脫離西方殖民帝國而獨立，二方面帝俄既已滅亡，而共產俄國又高唱平等與國

---

32. 同時在蘇聯國內，史達林也利用民族主義情緒，激發人民對其施政的支持，打擊擁護世界革命理想的老布耳什維克黨人，建立個人獨裁政權，馬列主義僅成為其文過飾非的工具而已。詳見 Ashot Galoian, "Marxism, the Nationality Question and Soviet Leadership: A Comparative Discussion of Western Views and Political Reality", in Bernd Magnus and Stephen Cullenberg eds., *Whither Marxism? Global Crises in International Perspective* (New York: Routledge, 1995), pp. 191–95.

33. C. V. Findley and J. A. M. Rothney, op. cit., p. 88.

際主義精神，使得昔日英國假借俄國南向擴張的嚴重威脅而強化其控印政權的立場頓失。因此，俄國共產革命可說間接促成印度的獨立。在中國，毛澤東領導的中國共產黨效法列寧「提前革命」（中國與俄國在發生共產革命時，同樣不具備馬克思所說工人大眾受資產階級凌虐至不堪的情狀）的策略，鼓動農民（人口主力）向地主抗爭（一如俄共所為），造成社會普遍騷亂，推翻軍事強人政府，而建立另一個共產主義大國。毛澤東雖號稱遵循馬列主義（Marxism-Leninism），然列寧主義已與馬克思主義有別，史達林所解釋的馬列主義更與馬列原意相去甚遠，毛氏所謂的馬列思想只是其所主張的「社會主義」（此所謂「毛主義」Maoism）34，迥非1848年馬克思定義的共產主義。中國共產政權的建立是蘇聯輸出革命最大的成果，但同時它顯示在世界革命過程中，俄國大革命的原始理念不斷遭受簡化與扭曲。1960至1970年代裡，中共與蘇共失和繼而對抗，中國責斥其先前的同志放棄馬列理想而採修正主義（所謂「蘇修」）35，而自詡為正統社會主義之繼承者，這又是馬克思主義具有高詮釋性的例證36。同時，世界革命已不是

---

34. 所謂毛主義與其說是一個意識型態，不如說是一條政策路線。見 Jonathan Spence, "The Contexts of Maoism", in Shlomo Avineri ed., *Varieties of Marxism* (The Hague: Martinus Nijhoff, 1977), p. 83.

35. 1953年史達林死後，蘇聯政府開始放鬆共產主義控制；在1956年蘇共二十屆黨大會中，赫魯雪夫 (N. S. Khrushchev, 1894–1971) 批判史達林主義，而主張回歸列寧主義。

36. 在馬克思而言，歷史發展是命定的，人最多只能為「識時務」的俊傑，不能逆勢而行；列寧超越歷史進程，提前推動共產革命，展現人的角色在歷史演進中具有極重要的作用；至史達林與毛澤東發動狂熱的政治運動與集體化農工經濟建設，豎立個人無上的權威與英

以俄國共產政權為中心的擴張，而是社會主義多邊的發展。

四、共產主義與現代世界的發展

共產政權在 1980 年代後期以後迅速瓦解，新建的政府紛紛採行西化政策，這說明俄國大革命較之法國大革命雖在推廣新價值觀念上，有立竿見影之效，但就長久的成就而言，法國大革命所提倡的自由主義顯然勝於俄國大革命的共產主義，而能獲得普世的接受37。蘇聯崩解後，美國所代表的西方文明再次獲得肯定，它甚至引發「歷史的終結」之讚歎38。但同時它也導致勝利者在敵手退敗後的失落感與茫然心境，這又顯示作為對西方文明挑戰與刺激力量的共產主義，有其本身的價值，而西方文明有其本身的弱點。從這個角度看，共產主義乃是反現代的一個力量，它的問題是在於有批判性但乏取代性，而它的衰微表示現代化（西化）

雄崇拜，宣揚人定勝天的改造自然力量，這簡直將人化為歷史的主宰。這一路對「人的因素」(the human factor) 所作的不同詮釋（逐步強調），顯示馬克思主義如何可能被扭曲。

37. R. R. Palmer and Joel Colton, op. cit., p. 733.

38. Francis Fukuyama, "The End of History?", *The National Interest*, 16 (Summer 1989), pp. 3–18; and cf. F. Fukuyama, *The End of History and the Last Man* (Harmondsworth: Penguin Books, 1992). Also cf. Eric Hobsbawm, "Goodbye to All That", in Robin Blackburn ed., *After the Fall: The Failure of Communism and the Future of Socialism* (London: Verso, 1991), pp. 115, 124. 關於馬克思主義至冷戰結束時是否已滅亡的爭議，參見 Ronald Aronson, *After Marxism* (New York: The Guilford Press, 1995), pp. 41–45.

趨勢的強盛。但共產主義也非全盤失敗或消滅，它促進了西方文明繼續的調整（帝國主義的撤退就是一例）；尤其是社會主義走向溫和的修正路線，亦即融入自由主義體制而被「馴化」("tempered")之後，社會主義對西方社會的挑戰與刺激大減，共產主義的興起乃有繼續驅策西方現代文明再省的功用，這是處於弱勢的東方文化所不具備的衝擊力量。蘇聯的快速崛起，提示了非西化路線的現代化方式，雖然共產集團的瓦解又暗示此道的崎嶇。另外，共產主義雖含有反現代的精神，但共產政權的建立本身其實也是現代性的一種反映或發展結果。蓋現代極權政治之所以可能，一方面是靠意識型態（現代的政治觀念）發揮的號召力量，另一方面則靠現代科技（如無線電）與現代組織（如工會）在動員與宣傳上的神效[39]；換言之，共產主義及其政權無法發生在現代之前的社會，它是現代文明的產物。

　　共產主義遭遇的困境造成馬克思主義進一步的修改，並因此得以再生與維持活力，這使馬克思主義逐漸脫離其基本教義立場(fundamentalism)，而形成一個詮釋傳統(traditionalism)。事實上，原來社會主義主張資源的集體控制與經濟政策的整體規劃，但政府操控的限度應如何，各派看法向來不一；近一、二百年來，各類社會主義計畫叢出，策略各異，僅有共產厚生的目的始終不改（這正如歷來自由主義各派作法不一，但追求個人自由之目的一直不變）。馬克思主義中的無階級社會(classless society)終極目標，與現代世界的大同理想相似，是一個高度的烏托邦精神表現，但這卻是激發社會不斷改革的原動力。二次大戰後新左派興起，

---

39. David Thomson, *Europe Since Napoleon* (New York: Alfred A. Knopf, 1965), p. 689.

繼續推展馬克思的社會主義理想，但如十九世紀晚期的修正主義，新左派對馬克思的學說也作了一番修改。新左派關注馬克思所提出的問題意識，但不取其歷史決定論，而有唯心主義與人本精神取向；不特重政治社會經濟問題（不追求馬克思的階級革命），而較重視文化（哲學與歷史）的觀念；反對絕對的教條立場，主張開放與溝通的態度，探索社會主義各派折衷的可能；抱持個人主義而非集體主義，講求個人魅力與菁英領導；強調資本主義的推翻有賴資本主義經濟體制之外的團體(如青年學生而非工人階級)為之40，並帶有濃厚的無政府主義精神。至此，馬克思主義已由一個社會革命計畫轉變為文化思想體系，政治的變遷對它的衝擊不再像從前巨大，或說它在政治上的影響力已不比舊時，但它已塑造出一個忠實的社會良知，成為批判現代文明的永恆力量，繼續促進現代性的成熟41。

---

40. 1960 年代以後美國與法國的學生運動皆可從新左派思想加以定義。參見 Ehud Sprinzak, "The Student Movement: Marxism as Symbolic Action", in Shlomo Avineri, op. cit., pp. 379–82.

41. Ronald Aronson, op. cit., p. 123.

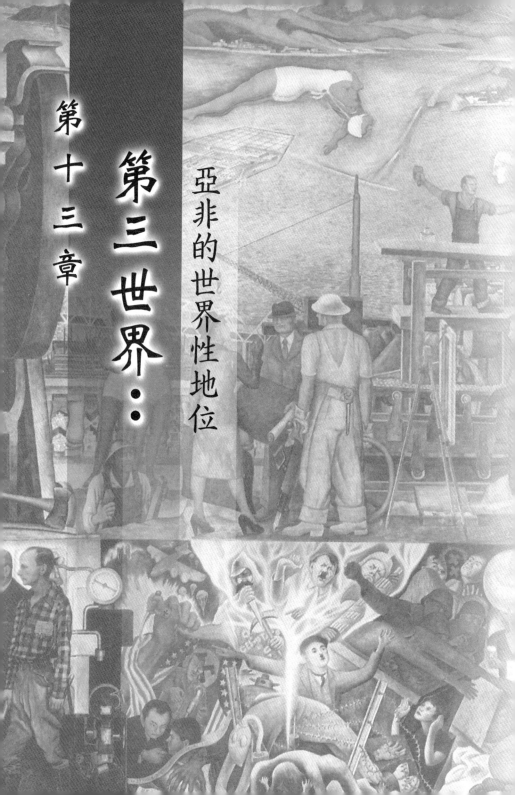

第十三章

第三世界：

亞非的世界性地位

站在十字路口
的大丈夫
*(Man at the
Crossroads)*
李維拉 (J. D.
M. Rivera) 作
(1934)

美洲的團結
*(Pan-American
Unity)*
李維拉作
(1940)

李維拉 (1886–1957) 是近代墨西哥最負盛名的畫家，擅長壁畫創作。
他是一個共產主義者，早年曾在巴黎習畫，甚受後印象主義與立體主
義的影響，但他離法返國 (1921) 之前便已質疑前衛風格的藝術價值。
其後他揚棄藝術的菁英主義，改採親和大眾的畫風，其畫中常見清楚
的人物造型（如馬克思），富含政治理念與教化意識，特別頌揚科技發
展、現代農業生產、醫學進步、乃至其祖國人民的偉大。他在 1933 年
受邀為紐約洛克菲勒中心 (Rockefeller Center) 繪製壁畫，題為〈站在
十字路口的大丈夫〉，但該畫中因描繪了列寧形象而被美方毀棄。次年
李維拉返回墨西哥乃將該圖依樣重繪，僅改動小部分畫面以強調其祖
國歷史與文化的地位，而仍保留列寧頭像（見附圖）。由上述可見李維
拉表現了強烈的反西方政治立場，與第三世界國家鄉土情結。不過他
也接受美國富商的委託而創作讚美資本主義成就(如福特汽車生產業)
的畫作，這又象徵第三世界國家反西方強權、但不能放棄依附富國為
生的困境。此處所錄〈美洲的團結〉是李維拉為舊金山市立學院 (City
College of San Francisco) 成立展覽會所作的巨幅壁畫局部，它所表現
的一方面是南北美洲所共同經歷的苦難，另一方面是泛美地區合作所
產生的建設性力量。墨西哥雖與美國僅一線之隔，但卻有第一世界與
第三世界的天壤之別，李維拉在此傳達的其實是一種美國帝國主義觀
點，以及貧弱小國的辛酸。

巴西的淘金潮 (1980)

1980 年 1 月一個巴西的牧場主人在其深處亞馬遜叢林中的土地上發現了金礦，這個消息立即引發了一陣淘金狂潮。兩萬五千個尋寶者蜂擁而至，在酷熱的天候下，以簡單的工具開鑿出一個巨大的人工峽谷，黃金與糾紛一起快速地出現。隨後巴西政府派員維持礦區秩序，並收購所有黃金。直到當年年底，這個礦區已出產了價值五千萬美元的金條，許多窮人迅速致富，並為這個第三世界中外債最多的窮國，提供了及時雨般的大量資金。然而自然生態因此所受的嚴重破壞也難以估計，只是貧窮的人常視原始林貌為求生困難的反映，而開發為生存的吉兆，他們並不計較綠地的消失與生物的滅絕。這便是南北對抗的微妙處：南方窮國有資源而無資金，北方富國有資金而乏資源，雙方合作則兩利，對抗則兩害，然而二者並非立於平等的地位上，合作與對抗皆難善了。

一、殖民時代的終結

十九世紀的全球化 (globalization) 運動可說是帝國主義擴張 *1* ，而二十世紀第三世界的興起即是殖民時代的終結 *2* 。早在

1. 參見 Andrew Sherratt, "Envisioning Global Change: A Long-term Perspective", in R. A. Denemark et al. eds., *World System History: The Social Science of Longterm Change* (London: Routledge, 2000), p. 116.

2. 「第三世界」一詞據稱是由法國自由派人士在 1950 年代時所發明，其原始意念是企圖在法國左右兩極政黨對峙中去開創一個第三勢力。這個說法很快被引用以表達突破美蘇兩強對抗的國際形勢之要求，因而出現當今通用的「第三世界」觀念。第三世界簡單說即是亞、非、拉丁美洲的國家，它們是經濟較為落後的地區；在政治上，第三世界通常為中立國或不結盟國家（非嚴格準則），它們不太介入第一與第二世界的對抗局勢。第一、二、三世界之分是二次大戰後冷戰形勢的產物（雖然有學者認為十五世紀以來歐洲帝國擴張即已造成第三世界的出現）：第一世界是指歐美等民主化工業化國家，第二世界是指蘇聯共產國家集團，第三世界則是二者之外的地區（中國是否為第三世界國家爭議極大）。第三世界約有 120 國，人口佔全球半數之上。第三世界國家大多原為西方的殖民地，而在二次大戰後獨立。這些國家雖被統稱為第三世界，但其在國際政治與經濟上的立場並不一致，甚至常相互抗爭。「第三世界」的意識成形後，已有獨立存在的政治作用與學術討論價值，故其說不因二十世紀末共產集團的瓦解而消滅。關於第三世界觀念的發展及其特性，詳見 Peter Worsley, *The Three Worlds: Culture and World Development* (Chicago: University of Chicago Press, 1984), pp. 306–15. （1964 年 Peter Worsley 出版 *The Third World* 一書，首先將「第三世界」一詞的概念與這個新世界秩序的觀點引進英語世界。）

美國參與一次大戰時，威爾遜總統即提出民族自決的原則作為戰後秩序重建的基礎，反對帝國主義的擴張。在印度、緬甸、中南半島、荷屬東印度、東地中海與中東等地區，一次大戰對於其民族主義意識均有重大的刺激作用；歐戰的殘殺與破壞，乃至殖民地人民協助母國參戰，對於亞非國家──尤其是歷史文化悠久者──自尊自信的提升，有極大的作用。一次大戰前日本早已被西方國家認同為開化的列強之一，解脫帝國侵略的威脅。戰後鄂圖曼帝國瓦解，土耳其卻成為亞洲首先掙脫西方帝國控制的大國，其治下的阿拉伯地區雖為英國 （獲得巴勒斯坦 Palestine、 約旦 Jordan 與伊拉克 Iraq） 與法國 （獲得敘利亞 Syria 與黎巴嫩 Lebanon） 所瓜分，但其所得僅為託管地 (mandate)，而非永久的領土（即殖民地）或保護地，且這些地區的獨立運動亦因此新局而更興盛，佔領國不能高枕無憂安享其權位。同樣地，英法取得德國在非洲的殖民地（英國佔有德屬東非與西南非，法國佔有科麥隆 Cameroon），但名義上是受國際聯盟委託而治理當地，並無主權 3 。由這個觀點而言，帝國主義至此已無繼續擴展殖民地的條件 4 （雖然實質上帝國勢力仍在擴充），故學者常以 1914 年為

---

3. 在法規上監管國須向國際聯盟負責，然因國際聯盟力量不足，各監管國常自行其是，實際上成為這些託管地的殖民國。

4. 1885 年柏林會議 (Conference of Berlin, 1884–85) 以後，帝國的政治控制型態發展為三類：最高者為具備主權的領土，此即「殖民地」(colony)，其次為間接控制的「保護國」(protectorate)，其下為僅具優越地位的「勢力範圍」(sphere of influence)。（孫中山的「次殖民地」說法僅為警惕國人之用，並無國際公約上的依據。）列強對託管地的控制可能高於保護國，但決不能將之化為殖民地。英國的帝國主義向來傾向間接控制 (indirect rule)，主張所謂「非正式帝國」

「新帝國主義」 (the New Imperialism, 1871–1914) 結束的象徵年代。

再者，列強帝國控制區內人民的反抗運動在一次大戰後日漸嚴重。較為顯著的例子是摩洛哥與敘利亞的反殖民抗爭，它致使法國採取嚴厲的武力鎮壓行動；印度在 1919 年亦發生武力暴動，引發傷亡慘重的屠殺（即 the Amritsar Massacre, 1919），其後類似衝突不斷，激使印度知識菁英對英國統治高度失望，而集結於國會黨 (Congress Party)，遵從甘地的消極反抗策略，積極推動印度的獨立。此外，鄂圖曼帝國治下阿拉伯民族對託管制妨礙其獨立的怨恨，亦使當地日益不安。

殖民時代結束於二次大戰後，這與亞非民族建國風潮同時並起；「殖民地獨立」(decolonization) 不僅是一個運動或政策，甚至發展為一種意識型態和文化思想 5 。學者指出，1815 年至 1940 年間，無一歐洲國家因殖民地人民叛亂而失去海外江山，而在 1945 年後則無一殖民國能贏得殖民地戰爭 6 。在大戰期間亞非人

(informal empire)，此作法較諸德法日等國的殖民政策誠屬寬鬆溫和，故一次大戰後託管制的興起可說象徵著英國經濟型帝國主義的勝利，與領土型帝國主義發展的困境。

5. 所謂殖民解放運動 (decolonization)，不僅指被殖民者爭取獨立的運動，也包括當地殖民者向母國要求殖民地自治的行動，以及殖民國政府主動導引殖民地獨立的政策。新帝國主義並未如舊帝國主義消滅過古老文明，故二十世紀的殖民地獨立亦不同於十九世紀以前的殖民地獨立（如羅馬帝國的瓦解或美國獨立）的性質和意義。參見 Ainslee Embree, "Imperialism and Decolonization", in R. W. Bulliet ed., *The Columbia History of the 20th Century* (New York: Columbia University Press, 1998), p. 148.

民成為列強對抗賽的觀察者，有識者已察覺此戰折損了西方帝國的殖民統治力量；1940 年德國擊潰法國，與 1942 年日本打敗英國與荷蘭在東南亞的軍隊，嚴重打擊了歐洲殖民國的威嚴（大戰結束後日軍仍佔領當地不退），使當地人民興起解脫帝國控制的希望。同時歐洲抗德的激戰也引發人們對民族國家爭取獨立自由的同情，1941 年英美〈大西洋憲章〉(Atlantic Charter) 便宣言人民有選擇政府的權力，預告戰勝國對殖民地的罷手。有感於殖民地獨立運動勢不可擋，英美蘇等國所重在於「因勢利導」；但法國則頗有力挽狂瀾之舉，企圖維護其帝國規模，故多軍事干預行動，然終究徒勞無功。相對於一次大戰後列強對德國殖民地的接收，義大利在非洲的殖民地在二次大戰後並未被瓜分，卻獲得戰勝國的扶持而紛紛獨立。英國在 1950 年代以後便逐漸調整其帝國政策，順應時勢任殖民地獨立 7，其所致力者在於擴張「國協」

---

6. R. O. Paxton, *Europe in the Twentieth Century* (New York: H. B. Jovanovich, 1975), p. 623. 另據統計，1914 年時約有五億亞非人民受歐洲列強統治，至 1970 年時則僅餘二千萬人。

7. 英國殖民部長 Iain Macleod 在 1959 年時說：「我們不可能以武力繼續持有在非洲的領土，我們甚至不可能以強大的武力繼續統治賽普勒斯 (Cyprus) 這個小島，連戴高樂統領（General de Gaulle 法國領導人）也守不住阿爾及利亞，人民邁向自由的步伐已無人可擋，現在我們只能因勢利導。當然，假使我們動作太快，危險必多；但如果我們動作太慢，那危險更大。我們的任務已經完成，而且我們的非洲領土已今非昔比；他們現在的要求和認知極高，其中之一便是民主的價值。」（譯自 Norman Lowe, *Mastering Modern World History* (London: Macmillan, 1988), p. 447.）此說顯示英國對於殖民地獨立運動的迅速調適與接受。

(the Commonwealth of Nations)，以維護英國利益。美蘇冷戰對立時，兩國對第三世界的政策，皆是扶持殖民地建國運動，以爭取新興國家的投靠。美國於 1946 年讓菲律賓獨立，並號召歐洲國家儘早放棄殖民政策；每當重大的殖民地問題發生時，美國往往支持殖民地一方，並透過聯合國對殖民國施壓。共產國際更早於1920 年時即通過〈民族與殖民地問題綱領〉，二次大戰後蘇聯也大舉展現反帝國主義的固有立場。同時，聯合國繼續強調人民有選擇政府的權力，且將此原則載入 1960 年的〈給予殖民地國家與人民獨立的宣言〉(*Declaration on the Granting of Independence to Colonial Countries and Peoples*) 中，並成立特別委員會監督此宣言的執行。

　　不過並非所有的亞非國家均有充分的獨立準備、或成熟的國家意識與民族革命的條件，帝國主義的退卻對亞洲的文明古國而言是復國的運勢，對非洲部落而言則是建國的肇端，而此種突發的局面卻未必是善緣。第三世界在國際政治中一直難以發揮其應有的集體力量，重要的原因即是第三世界國家處境、立場與認知的高度歧異 8。帝國主義退卻後，亞洲國家的政治問題主要是改革傳統，而非洲卻是建構政權。非洲的瓜分迅速而突然 (1885–95)，非洲的解放獨立更為迅速而突然（一次大戰對非洲的政治地圖無甚改變，而二次大戰後獨立的五十餘國大多湧現於 1960 年代初期），建國的需要與時機超越當地民族文化發展的進程而出現，加上殖民帝國統治的遺害一時難去，使得非洲國家獨立後轉型調

---

8. 相對於先進國家之間協調合作的緊密關係，第三世界國家顯然缺乏聯繫與組織。見 Renato Constantino, "Nationalism and the Third World", in Diana Brydon, op. cit., vol. II, p. 488.

適困難,亂象叢生。如此可說西方殖民國對非洲獨立早有所打算,但非洲人民對此卻無多準備。

　　拉丁美洲國家雖早在十九世紀初期即已獨立,不過它們與二次大戰前名義上仍為獨立的少數亞非國家一樣,深受列強的帝國控制與經濟入侵,難以自立自主。同樣地,它們也是在二次大戰後才逐漸脫離外力的干預。拉丁美洲所受的帝國侵害,主要表現在大量輸出原料而進口西方工業成品的貿易型態,其經濟發展受制於人自不在話下。事實上,十九世紀初期時英國援助拉丁美洲國家脫離西班牙與葡萄牙而獨立,其著眼點即在於對當地輸出工業產品,以換取貴重金屬。這些國家的鐵路路線多呈連接港口與內陸產地的放射線狀,而非聯繫各地居民聚落的網狀線,此即是為便利外國資本家的物資運輸。此種經濟掠奪狀況至二十世紀仍無多變化,只不過美國取代了英國成為拉丁美洲的新霸主;至二次大戰時,進出口稅收仍是許多拉丁美洲國家的主要歲入項目。當威爾遜在巴黎和會高喊民族自決原則時,美國本身卻是中美洲實質的統治者。羅斯福在 1933 年後開始推行「睦鄰政策」(Good Neighbor Policy),放棄干預中南美洲內政的作法,但隨之而起的卻是扶持親美政權(常為軍事獨裁)的策略,美國帝國主義仍籠罩美洲不去。然這些國家終究發現若要徹底獨立,殖民式的經濟型態 (colonial economy) 必先除去。經過各國政府推動工業化的努力,至 1960 年代時,墨西哥、阿根廷、巴西等國在民生用品上已漸能自給自足,且開始向國際市場邁進。經由如此的經濟自立運動,拉丁美洲才逐步掙脫帝國主義的陰影。

二、回教世界的復興

　　如上述，一次大戰後土耳其帝國瓦解，而其領地未能獨立建國，卻淪為託管地，成為更強勢的英法帝國的準殖民地，使阿拉伯人的抗爭行動愈演愈烈；十九世紀後期以來回教世界的復興運動，至此不僅未見消沉，反而更為興盛。從歷史趨勢而言，一次大戰後的安排使歷來回教世界的一統性深受打擊，但回教國家的分裂未必削弱其對抗西方的勢力與意志，反而更刺激回教世界的戰鬥精神。由於國際對峙的情勢日漸緊張，英法在二次大戰前已開始放鬆對其中東託管地的控制。伊拉克在 1937 年便已獲得獨立，法國在戰後立即放棄在敘利亞與黎巴嫩的統治權，而約旦也在 1946 年獨立，1954 年起英國更開始自埃及撤軍，結束其 1882 年以來的佔領。戰後當阿拉伯國家紛紛取得獨立之際，泛阿拉伯運動 (Pan-Arabism) 隨即出現 9，而在 1970 年代前期「石油危機」證實阿拉伯國家對世局具有巨大的影響力之後，這個泛阿拉伯運動更朝向推展回教世界整合的方向邁進 10。同時，「回教復興運動」(re-Islamization) 接替左派（馬克思主義）團體，成為回教世

---

9. 1945 年埃及、伊拉克、敘利亞、黎巴嫩、約旦、沙烏地阿拉伯、與葉門等七個國家組成「阿拉伯國家聯盟」(League of Arab States)，其後獨立的阿拉伯國家如阿爾及利亞、科威特等紛紛加入，使它成為一個包括 22 個會員國的大組織。1950 年代泛阿拉伯運動的領導者為埃及首任總統納瑟 (G. A. Nasser)，1980 年代則為利比亞領袖格達費 (Muammar al-Qaddafi)，他們都有一種反西方的精神氣概。

10. 非阿拉伯人的回教國家主要為土耳其、伊朗、阿富汗、巴基斯坦、孟加拉、印尼、馬來西亞等。

界中挑戰西方政治勢力與價值觀的新陣營，使得東西對立的文化
衝突再度惡化11。

　　中東地區自二次大戰以來即是阿拉伯國家與以色列對立之
局。阿拉伯聯盟運動所以得以成形，其實不是因為阿拉伯國家之
間高度的諧和關係（回教國家的一致性在於宗教信仰及語言，然
種族與政治立場上卻多衝突，而地理與文化上的統一性亦不強），
而是因為其共同反對以色列的立場。由於以色列人為猶太教信徒，
而其國際地位有英美西方國家的支持，以阿對抗象徵廣義的基督
教世界 (Christendom) 與回教世界 (Islam) 的鬥爭、東西對立、與
殖民地對帝國強權的反抗，其情勢的變化反映著回教世界復興的
狀況。而回教世界的反西方態勢，不僅與二次大戰後歐美強國在
中東地區的外交政策有關12，更與回教徒對史上回教帝國的輝煌

---

11. 回教世界的許多改革者原先視世俗化 (secularization) 為國家現代
　　化必經的歷程（正如西方現代化的過程），他們將回教信仰斥為阻
　　礙進步的落後思想，於是以工業化問題為中心理念而反宗教的馬克
　　思主義，成為訴求富強改造的意識；但這個作法後來證明為失策，
　　另一派以復古為革新的改革者在 1970 年代後取得優勢，回教世界
　　與西方的對抗乃更富有精神鬥爭的色彩。參見 Gilles Kepel (trans.
　　Alan Braley), *The Revenge of God: The Resurgence of Islam,
　　Christianity and Judaism in the Modern World* (Cambridge: Polity
　　Press, 1994), pp. 13–19; and Nissim Rejwan, *The Many Faces of
　　Islam: Perspectives on a Resurgent Civilization* (Gainesville, Fl.:
　　University Press of Florida, 2000), pp. 115–16. 另外，1960 年代美國
　　黑人民權運動者特意強調信奉回教在民族文化認同上的意義——
　　反對白人的基督教文明——這也可視為回教勢力復興的一環。

12. 在 1960 年代與 1970 年代的以阿衝突中，蘇聯刻意保持不介入美國
　　政策的立場，使美國成為中東問題的仲裁者，因此亦使美國承擔一

傳統之緬懷情感關係密切 13，故所謂回教世界的復興不只意味國
際勢力均衡狀況的改變，也表示回教文化對西式文化的挑戰 14。

　　石油資源的控制與利益爭奪也是阿拉伯世界與西方國家對抗
的關鍵因素。二十世紀初期以來中東的石油產業即控於西方資本
家手中，資源不斷輸出下獲利最多者為外商大賈，而非當地政府
與人民。由於二十世紀前期世界石油需求量不高，中東國家的損
失與獲利皆低，但二次大戰後此需求量大增，利益分配與殖民經
濟的侵害問題乃見惡化。此時歐洲戰後重建須賴大量中東石油輸

切成敗的責任 (W. R. Keylor, *The Twentieth-Century World: An
International History* (Oxford: Oxford University Press, 1992), p.
365.)；回教世界親近蘇聯而敵視美國的態度，與十九世紀以來回教
世界親近俄國而敵視英國的情形類似，其原因皆與英美的冒進干預
作法關係密切。

13. 這也就是說，所謂的「回教復興」實非現代的獨特現象，而是回教
歷史傳統本身的特性表現。參見 A. A. Bagader, "Contemporary
Islamic Movements in the Arab World", in A. S. Ahmed and Hastings
Donnan eds., *Islam, Globalization and Postmodernity* (London:
Routledge, 1994), pp. 114–17; Adeed Dawisha, "Anti-Americanism in
the Arab World: Memories of the Past in the Attitudes of the Present",
in A. Z. Rubinstein and D. E. Smith eds., *Anti-Americanism in the
Third World: Implications for U.S. Foreign Policy* (New York:
Praeger, 1985), pp. 67–69.

14. 近年來由於全球化趨勢、媒體發達、與後現代主義觀念的流行，使
得回教研究 (Islamic studies) 突然大受重視，而回教世界本地學者的
觀點也在西方世界開始廣泛傳布。見 A. S. Ahmed and Hastings
Donnan, "Islam in the Age of Postmodernity", in A. S. Ahmed and
Hastings Donnan, op. cit., pp. 17–18.

入，阿拉伯國家的抗外籌碼因此遽增，而西方石油公司在中東的優勢則漸減。為強化這股力量，1960 年時中東的伊朗、伊拉克、科威特、沙烏地阿拉伯、與中南美洲的石油大國委內瑞拉共組「石油輸出國組織」 (Organization of Petroleum Exporting Countries, OPEC)，以聯合操縱石油價格與產量的方式，追求其世界性的經濟與政治目標。這個手段的有效性頗高，因為歐洲、美國（產量日減而消耗量日增）、 日本等先進國家皆高度仰賴中東石油的進口。1973 年以阿戰爭爆發，其中除了雙方政治衝突的因素外，亦包含阿拉伯國家欲挾石油自重以制裁西方聯盟的動機。由此引發的石油危機 (1973–74) 對世界經濟造成重大衝擊， 這雖終究不利於石油生產國本身，但其震撼舉世的效果給予阿拉伯世界一種可以「玉石俱焚」的強勢感乃至優越感，改變了數百年來西強東弱的形勢。

三、中國的革命

中國向來雄踞東亞，自居世界中心且自命為上國，不承認有可與平等交往的國家，故無外交觀念與執行外交政策的部門。中國傳統政治中的禮部兼具籌辦 「夷務」 ——藩屬與蠻邦的來朝——的權責，清廷視外交不過為通商（1861 年成立的「總理衙門」 欽定全名為 「總理各國通商事務衙門」），大臣視出使為畏途 15，此誠可謂中國式的「光榮孤立」。鴉片戰爭後中國被迫承認

---

15. 詳見王曾才，〈從中英關係看中國對近代國際政治的適應〉，收入《中英外交史論集》（臺北：聯經，1979），頁 1–16；與〈中國駐英使館的建立〉，收入《清季外交史論集》（臺北：商務印書館，

國家主權平等的原則（1842 年〈南京條約〉），英法聯軍後清廷被迫接受使館駐節的慣例（1858 年〈天津條約〉）[16]，可知中國進入國際社會乃是敗戰的結果；中國因拒不接受國際平等關係，在被迫接受平等原則時乃產生一種不平等感，由是不久便簽下「不平等條約」[17]，這不僅因其國力衰弱，亦因其無知而輕與外人特權（如最惠國待遇、領事裁判權、協定關稅等嚴重損害國家主權的事項）。因此若論清代以前中國的「國際地位」，此恐為錯誤的命題或問題意識，因為中國向來自外於國際政治，且缺乏此認識。自十九世紀中葉以來，中國在東西接觸中的劣勢展露無遺[18]，民

1978），頁 52–75 與 97–109。

16. 英國駐華使館成立於 1861 年，中國駐英使館建立於 1876 年。後者是「馬嘉理 (A. R. Margary) 案」爆發後，英國政府強力促成的，而非中國自主或樂意的決策；由兩國互設使館的時間差距，可見其外交觀念差別之大。

17. 中西之間的不平等條約系統 (unequal treaty system) 大致承襲列強與鄂圖曼帝國的條約形式，但其害則有過之而無不及。十八世紀時全中國僅有廣州一地開放與外商貿易，至十九世紀末，迫於條約規定而開放通商的口岸（此所謂 "treaty port"）已達五十。1942 年英美與中國改定平等新約，自〈南京條約〉(1842) 以來百年的不平等條約桎梏終於解除。

18. 十九世紀列強口中的「病夫」("sick man") 不外土耳其與中國二者，然因兩國皆有悠久而與基督教文明迥異的傳統文化，且列強對瓜分一事無法達成共識，故兩國均未亡於外患，但實際上兩國皆遭受列強具體而微的瓜分。1878 年柏林會議 (Berlin Congress) 後土耳其帝國已形同解體，而 1884–85 年討論非洲殖民擴張的柏林會議 (Berlin Conference) 決議的「勢力範圍」(sphere of influence) 一原則，本為緩和與避免列強瓜分非洲所致衝突，結果在十年之間非洲迅速被搶

國成立後「外交部」建立，顯示中國對國際社會與外交體制的進一步認知，但中國國際地位仍極低下，且不因一次大戰的發生而提升，清末以來中國國際地位的改觀乃在二次大戰之後。

太平天國之亂 (1851–64) 對於中國的世界地位之改變，並無重要影響。鴉片戰爭失敗的刺激、滿漢敵視的情緒、與貧富懸殊差距等問題，雖然是洪秀全起事的重要背景，但追求國際平等、民族主義與社會主義等革命概念，在這個運動中極不成熟 19，而它也絕無 「世界革命」 (universal revolution) 或 「無限革命」 (unlimited revolution) 的理想。太平天國領導人對中國傳統文化瞭解甚少，對西方文化也無常識，其「拜上帝會」的信仰不中不西，既令傳統士大夫痛心，亦不能引進西方文明。這個求變卻無方向感的造反運動，為訴求傳統價值觀與道德觀的曾國藩湘軍所擊潰，象徵中國革命缺乏現代理念的弱點，另一方面卻又給予反西化的

佔一空，該設計並無大用，反而被援引至遠東，在列強有感清朝行將瓦解時，成為其瓜分中國與保障各自利益的方案。

19. 在清廷與列強因外交衝突而發兵（英法聯軍）時，太平天國實有機會以外交政策壯大其反政府力量（何況洪氏以拜上帝會發難，其基督教色彩易得西人同情），但洪氏等人顯然沒這個認識。太平軍佔領南京後一心北上爭天下，不圖上海，也不與外國建立正式的外交關係，以求國際認同與協助。〈天津條約〉(1859) 與 〈北京條約〉(1860) 簽訂前，清廷與英法交惡甚深，英法對太平天國革命雖表中立，然實有意聲援之以挾制清廷；待約成之後，諸國為保既得利益，乃轉而協助清軍消滅太平天國。1860 年（咸豐十年）後李秀成雖佔領蘇杭，謀取上海，但時機已失，太平天國此時要求外國承認洪秀全至高無上的地位（彷若昔日天子）與盲目攻打上海，反而引起外國惡感。洋槍隊協防上海，殲滅太平軍勁旅，是太平天國失敗的主因之一。

保守勢力一個自視不凡的錯覺。

　　四十年後的義和團事件是中國仇外的行動表現，而其所恃則是儒家主流文化所不論的怪力亂神傳統，對尋求中國在國際社會或世界文明中的定位，更無正面意義。論者常謂中國人自尊自信的民族性經庚子事變後，已為懼外媚外的崇洋心理所取代，此說雖有誇大簡化之嫌，但所述趨勢並無差誤。若以中國融入國際政治的歷程而論，拳亂確有其關鍵性的影響。八國聯軍——英人所諷喻的「在華的歐洲協調」（"Concert of Europe in China"）——逼使中國瞭解所謂的國際社會並非虛構，而是依存於國際公法（雖未必為公理正義），且可能具體出現在一國之境內。〈辛丑條約〉(1901) 將清廷的總理衙門改為「外務部」，且班列六部之前，使中國「正名」為國際社會的成員，不得自外於世界（單一世界）。因此，清廷也開始自動改革政制，應和國際常規，自救之外亦圖尋求新中國的世界角色定位。清末的立憲運動在世界史中，可視為效法十九世紀以來自由主義改革者追求君主立憲體制 (constitutional monarchy) 的後續發展，雖然清廷仍乏尊崇憲法的誠意（既無瞭解自不能有敬意），也無放棄帝國 (empire) 之實而改建為王國 (monarchy) 的意念。

　　依政治理念而言，主張革命者是對立憲運動（主張王政主義monarchism）絕望之人，他們多是共和主義 (republicanism) 的擁護者[20]，因此辛亥革命建立中華民國為一共和國，乃當然之理。

---

20. 在十九世紀的歐洲，王政主義的改革者大略是中產階級上層，而共和主義革命者則為中產階級下層。在清末的中國，上述的區別並不適用，蓋中國傳統的士大夫與知識分子並非西方中產階級之屬；主張維護清朝而推行改革者，未必是基於君主立憲的政治理念，而投身推翻清朝的革命家，亦未必理解共和之義。

清末革命的理念不僅包含政治民主化（共和而非帝制），也有民族革命的要求（滿漢易位）。興中會誓詞曰「驅除韃虜，恢復中華，創立合眾政府」(1895)，已昭示孫中山所謂「畢其功於一役」的雙重革命目的。至同盟會時期，革命綱領擴充為「驅除韃虜，恢復中華，創立民國，平均地權」(1905)，共和主義更加明顯，而社會主義革命精神也躍然紙上。法國大革命的「自由、平等、博愛」口號在此時已經成為中國革命的宣言，而法國大革命從復舊到開創的理念轉變歷程，也出現在中國革命運動中。「驅除韃虜，恢復中華」是一種回復舊狀的傳統政治運動概念，「創立民國，平均地權」則展現帶有進步觀的前瞻性革命觀念；而且其所號召者為全民的運動──即所謂「國民革命」──而不是革命家的革命21。中國的革命至此匯入近代西方革命潮流，開始表現世界革命與無限革命的性質，這也暗示中國文明的前途（現代化）將在西化的路線上。這個親西方的革命運動不同於反西方的太平天國或仇外的庚子事變，引發前所未有的西方同情，同時民國政府推翻滿清的事實與對國際社會積極的融入（新政府對外強調「大同」與和平，且概括承受前清對外條約），使列強在外交上採取對民國

---

21. 〈中國同盟會軍政府宣言〉稱：「維我中國開國以來，以中國人治中國，雖間有異族篡據，我祖我宗常能驅除光復，以貽後人。今漢人倡率義師，殄除胡虜，此為上繼先人遺烈，大義所在，凡我漢人當無不曉然。惟前代革命，如有明太祖及太平天國，衹以驅除光復自任，此外無所轉移。在我等今日與前代殊，於驅除韃虜、恢復中華外，國體民生尚當變更。雖經緯萬端，要其一貫之精神，則為自由、平等、博愛。故前代為英雄革命，今日為國民革命。所謂國民革命，一國之人皆有自由、平等、博愛之精神，即皆負革命之責任，軍政府特為其機關而已。」

政權的友善默認，方便新中國取得其國際身分。

　　然革命理想多不能實現。民國肇建後共和的敵人所在多有，軍閥的政權爭奪大戰方酣，改革與鬥爭同步進行時便只有鬥爭之實，而無改革之義。袁世凱的帝制未必為列國所同情，然其掌控中國政局的軍事強人地位，則為列強期望中國安定的寄託所在。清朝覆亡之後的中國革命進程顯然陷於困境，五四新文化運動顯示知識分子對此之不滿。辛亥革命的政治革命僅達成國體國號的變更，民主化了無進展；其民族革命只恢復漢人政權，「驅除韃虜」後的「五族共和」新國族塑造政策並不成功，非漢人族群（尤其蒙藏）離心離德，而中國解脫帝國控制的指望則仍遙遙無期（日俄更進一步侵奪）。這個含有世界革命與無限革命理想的辛亥革命，可說變成極其封閉而有限的政治運動，其後的軍閥混戰與中國史上改朝換代的逐鹿中原，本質上並無不同。孫中山所說「革命尚未成功，同志仍須努力」的遺訓，暗示了中國仍待巨變而時勢可造英雄的環境。

　　中國共產黨的革命姑不論其善惡，確在滿清推翻後呼應著人民求變的時代風潮，造成普遍而深遠的社會與文化改造，給人真正的革命感受。中國共產黨的革命訴求正如列寧革命，其對象主要在農民大眾而非工人階級　（中俄皆為農業社會而非工業化社會22），這說明其運動的深廣度自不同於傳統改朝換代的軍事鬥爭，也比國民黨政府親中上階級的立場更具全民政治的取向；所

───────────────

22. 1930 年代中國政府泰半的歲收來自於關稅所得，這是一個國家財政不佳與經濟發展落後的表徵。同時期的美國關稅所得僅佔歲入的1%。見 G. V. Findley and J. A. M. Rothney, *Twentieth-Century World* (Boston: Houghton Mifflin Co., 1986), p. 247.

謂「以農村包圍城市」除戰略意義外，更富有社會革命的意涵。
同時共產黨所號召的革命主張，顯然較國民黨模糊的「三民主
義」，更為具體、清晰而有吸引力。不論如何，中國肆應現代化的
改造顯然極為困難，自清末以來經歷自強運動、戊戌變法、辛亥
革命、至共產革命，中國的改革仍多止於形式，文化教養的灌輸
仍極欠缺。論者比較同為東方古國的印度在現代化的表現，常注
意其不經革命而能建立民主政治，發展現代經濟與科技，而中國
則屢經內戰與革命，在推翻儒家傳統之外，竟遲遲無法建立足以
生根茁壯的新文化23。如今中國固然普遍被視為新世紀潛在的強
權大國，但此預言的實現似乎表示在經濟與軍事力量的強大之外，
中國的富強並無樹立文明典範的意義，或具有類似西方帝國擴張
時「教化使命」的功能，而只是表現中國「師夷之長技以制夷」
的最終勝利；故而如此的新中國只教人畏，而不令人愛。若然，
則中國革命的失敗是否代表西方現代化的勝利，或者中國革命的
成功是否表示西方現代化標準的重大價值，實在引人深省。

四、南北對抗

二次大戰後美蘇的富強不表，歐洲的經濟復興亦極快，敗戰
的日本其經濟發展也令人稱羨。不論勝敗，二次大戰主要的交戰
國在戰後多能迅速復原，經濟持續發展，此與一次大戰後的情況
殊異。反觀第三世界國家，不論是否遭受戰火蹂躪，乃至是位居
戰勝國之列者（如中國），在戰後大多仍經濟困窘，難以自強。非
洲的狀況尤劣，其經濟發展不僅不如中南美洲，且在獨立後竟有

---

23. G. V. Findley and J. A. M. Rothney, op. cit., p. 426.

三分之一國家的經濟不進反退，連人民基本的溫飽都不能顧全，
雖然非洲國家政府多號稱採行社會主義路線 （有謂 Afro-
Marxism） 24 。 1960 年代被稱為 「發展的十載」 (development
decade)，各式建設與生產在開發中國家也積極展開；起初各地成
效卓著，許多第三世界國家的經濟成長率均達百分之五、六之譜，
人民所得增加而死亡率普降，一時之間頗有新氣象新希望。然而
相對於富國經濟更快速的發展，開發中國家的劣勢困境其實不減
反增，蓋貧富本非財產多寡的絕對值，而是相對比較的結果，或
其差距的效果所致之感受。

　　自 1970 年代中期以來，第三世界國家不斷在聯合國等國際場
合中強調其所面臨的經濟困境 25 ，要求富國有所回應，因為貧國

---

24. 1960 年代時許多新興國家政府皆喜奢談社會主義， 因為如此可以
　　宣示其與昔日殖民帝國關係的斷絕，並且在強調與資本主義強權對
　　抗時，這些新政府也可藉此宣傳其與民眾立於同一陣線的態度。見
　　Peter Worsley, op. cit., p. 302.

25. 1930 年代以後第三世界人民的死亡率即開始下降， 人口膨脹問題
　　隨之而起，其對國家經濟的危害立即浮現。例如拉丁美洲在 1930
　　年代時是世界最大的糧食出口區，但至 1970 年代時已變成糧食進
　　口區。非洲地區的人口增加速度為全球之冠，據估計 1950 年時非
　　洲人口約有二億二千萬，至 1990 年代初則已達六億五千萬。人口
　　遽增的另一現象是大都市的出現。 1960 年代後第三世界裡超大的
　　城市不斷形成，其規模遠勝於先進國家（例如全世界人口最多的墨
　　西哥市在 1970 年時有八百萬人，至 1991 年時已超過二千萬之眾。
　　另據統計，全球前二十大都市有泰半位於開發中窮國），然其基礎
　　建設與生活品質則極差。許多非洲大城乃是歐洲列強殖民的產物，
　　其設施本為因應殖民者需求而相當有限與偏廢，然而在非洲獨立後
　　其民生條件的改善仍不多，可見此種都市化現象顯然不是現代化的

認為昔日的殖民侵略是造成其今日困頓貧窮的重要原因；他們常義正辭嚴地爭取外國的資金援助、技術轉移、與最惠國待遇的地位，欲藉此重新分配全球資源與財富，建立所謂的「新國際經濟秩序」("New International Economic Order") 26。在第三世界國家的鼓譟下，1974 年聯合國大會通過了〈國家經濟權力與義務憲章〉(*Charter of Economic Rights and Duties of States*)，主張先進國家應對開發中貧國多與援助的道德責任 27。第三世界國家宣稱已開發與開發中國家之間的經濟差異，較民主與共產國家之間的政治性差異，是更為重要而危急的國際問題。於是，在冷戰對峙局勢之外，它們另組非結盟國家陣營 (bloc of nonaligned states)，開始喊出「南（貧國 the "have-not nations" or the "have-nots"）北（富國 the "have nations" or the "haves"）對抗」(North-South contest) 28，以取代第一、二、三世界對立的說法，並且進一步衝

成就表微。

26. 1974 年 5 月聯合國「原料與發展特別會議」(UN Special Session on Raw Materials and Development) 通過〈建立新國際經濟秩序宣言〉(*Declaration on the Establishment of a New International Economic Order*)，表達對世界性貧富不均問題的高度關切。

27. 富國對窮國的經濟援助不僅含有道德責任問題，也涉及法律權力問題，而殖民侵略的遺害與新國際經濟秩序對第三世界的潛在不利，都是這些問題共同的爭議點。詳見 H. W. Singer, "The Ethics of Aid", in Moorhead Wright ed., *Rights and Obligations in North-South Relations: Ethical Dimensions of Global Problems* (London: Macmillan, 1986), pp. 88–90; and Noam Chomsky, *World Orders Old and New* (London: Pluto Press, 1997), pp. 129–39.

28. 富國大約是「經濟合作與發展組織」(Organization for Economic Cooperation and Development, or OECD, est. 1961，由「歐洲經濟合

擊歐洲中心主義 (Eurocentrism) 立場[29]。這個陣營的成員從 1960 年代初的二十五國，發展至 1980 年代時已壯大為百國。粗略估計，所謂富裕的北國大約佔有全球人口的四分之一，卻具有全球財富的四分之三和全球產業的十分之九。但貧窮的南國數大人眾，其與北方的對抗在和平時期一時不易分出勝負，因為這是一場長久的政治戰或經濟戰，而非迅速的軍事戰[30]。

　　由於工業化富國——不論民主或共產陣營——多居於北半球，而貧國多為位於南半球的第三世界國家，南北對抗可說是第一與第二世界共同和第三世界的對峙（雖然不結盟陣營對於最為

　　作組織」Organization for European Economic Cooperation 改制而來）的成員，而貧國則常被慣稱為 LDC (Less Developed Country)，這顯示貧富國家的對立意識甚強，雖然二者的定義與具體所指國家為何並不明確。另外，南北對抗的地理界定顯然較東西對立的地理界定來得具體而清晰，東西對立所含有的文化衝突或意識型態的對立，超過南北對抗甚多，南北對抗本質上是經濟性與政治性的對峙；因此所謂東西常為 「想像的地理」（"imaginative geography"，見 Edward W. Said, "Orientalism Reconsidered", in Diana Brydon ed., *Postcolonialism: Critical Concepts in Literary and Cultural Studies* (London: Routledge, 2000), vol. III, p. 847.），不易根據自然地理去區分，而南北則是貧富國度實際所在，其判定標準與分布區域明確甚多。

29. 參考 Samir Amin, "The Construction of Eurocentric Culture", in Diana Brydon, op. cit., vol. IV, pp. 1676–77.

30. 南半球貧國的世界觀是要建立一個 「第三世界烏托邦」，其實現所需克服的強權壓迫問題不僅為殖民控制而已，而且包括帝國文化的 「遺毒」，故非輕易可成。參見 Ashis Nandy, "Towards a Third World Utopia", in Diana Brydon, op. cit., vol. IV, pp. 1750–51.

富有的歐美國家顯然較對共產世界更仇視）*31*，它衝擊了美蘇兩極化的世界秩序，顯示貧富為國際對立的關鍵，而非意識型態問題。這個態勢隨著冷戰的結束而更彰顯，似乎說明物質文明的高級問題不過是消除飢餓後的「不患寡而患不均」，而南北對談與互助至今績效有限 *32*，顯示利益衝突常較觀念歧異更難化解。

五、後殖民時代的國際關係

1945 至 1960 年間是殖民帝國瓦解的時期，然而在政治上，第三世界國家雖脫離西方列強而獨立，但在經濟上卻仍高度仰賴工業化先進強國，此種依附關係常被稱為「新殖民主義」（neo-colonialism，或「新帝國主義」neo-imperialism），它顯示國際平等新局仍遙不可及 *33*。根據此「依附理論」(dependency theory)，

---

31. A. Z. Rubinstein and D. E. Smith, "Anti-Americanism: Anatomy of a Phenomenon", in A. Z. Rubinstein and D. E. Smith, op. cit., pp. 28–30.

32. 局部與單方面的南北合作成效不佳，是妨礙南北進一步合作的因素，但全面性的南北合作至今仍只是理想，難以推動。參見 G. O. Barney and M. G. Jenner, "Development, Security and North-South Relations: A Look into the Future", in C. J. Jepma ed., *North-South Co-operation in Retrospect and Prospect* (London: Routledge, 1988), pp. 53–54.

33. 加納 (Ghana) 總統克魯瑪 (Kwame Nkrumah, 1909–72) 早在 1965 年時即指出：「新殖民主義的真相就是一個號稱具有主權而獨立的國家，其政策實質上是被外國所決定。」 Quoted in Marc Ferro, *Colonization: A Global History* (London: Routledge, 1997), p. 349. 如此，後殖民主義觀點僅對當代政治理論有所啟示，但對現實的國際政治影響甚少。見 Duncan Ivison, "Postcolonialism and Political

開發中國家通常只能仰賴農礦產物的輸出，以換取工業產品，由
此一步步耗損國家資源而勉強維生；另一方面它們大舉引進外國
資金，以求協助本國產業發展（此所謂「邀約式工業化」手段
"industrialization by invitation"）34，然終不免受制於人或無法解脫
依賴而建立「民族產業」。此種狀態不僅有利於原先的殖民強國，
也符合這些獨立新國的權貴階級之利益。此種「共犯結構」之下
的政權，不是行軍人專政便是採愚民政策，或兼而有之，以防止
工人與知識分子的反對，以此其政治改革與民主化遲遲不前。這
種情形在中南美洲甚為常見，而在非洲，軍人獨裁的暴虐程度雖
較低，但歐洲列強的殖民開發，對於當地國家邁向獨立並無助益，
反而造成其永久落後的劣勢，形成譏諷者所謂的「開發中的開發」
("development of underdevelopment")，似無掙脫對列強依附的希
望35。即使是較早獲得獨立且較仇視西方的阿拉伯國家，也發現
在其政治獨立之後仍有賴外國的支助方能立足。不過這個局面自
1980 年代以來已見轉機，文人政府與民間力量在這些國家日漸出
頭，而第三世界融入國際社會但不失其自我認同的警覺，也逐漸
增加，「後殖民時代」(the post-colonial age) 的文明進化發展（所
謂 "post-coloniality"）至此才見生機36。

Theory", in Diana Brydon, op. cit., vol. V, p. 2036.

34. 詳見 J. E. Goldthorpe, *The Sociology of the Third World: Disparity
and Development* (Cambridge: Cambridge University Press, 1984), pp.
137–42.

35. 詳見 A. G. Frank, "The Development of Underdevelopment", in J. T.
Roberts and Amy Hite eds., *From Modernization to Globalization:
Perspectives on Development and Social Change* (Oxford: Blackwell,
2000), pp. 159–61, 167–68.

　　殖民時代終結後國際關係的重建，有賴亞非新興國家自我定
位的反省37，與西方強國對世界政局發展趨勢的評估38。事實上，

36. 「後殖民時代」一詞的說法正如「後現代」，含有一種文明發展的
　　進步觀暗示：相對於「前殖民時代」與「殖民時代」，「後殖民時
　　代」代表歷史進程的一個晚近階段，有其時代特性。詳見 Anne
　　McClintock, "The Angel of Progress: Pitfalls of the Term 'Post-
　　Colonialism'", in Diana Brydon, op. cit., vol. I, pp. 175–78.

37. 事實上，殖民地獨立運動 (decolonization) 的重要課題是殖民地觀點
　　的自我表述 (self-representation)，用以取代歐美強權對殖民地文化
　　與定位的錯誤表述 (misrepresentation)。見 David Scott, *Refashioning
　　Futures: Criticism After Postcoloniality* (Princeton, N. J.: Princeton
　　University Press, 1999), p. 11; and Rosalind O'Hanlon and David
　　Washbrook, "After Orientalism: Culture, Criticism, and Politics in the
　　Third World", in Diana Brydon, op. cit., vol. III, pp. 897–901. 印度首
　　相尼赫魯 (Jawaharlal Nehru, 1889–1964) 認為印度將成為現代世界
　　中的大國與亞洲的領導，於是他檢討印度應扮演國際性角色，並對
　　東西關係的發展提出建言。他說：「當代一大問題是如何調整亞洲
　　與歐洲之間的關係。……印度在亞洲必須扮演一個重要的角色，這
　　是因為它特殊的地理位置與歷史傳統，而不是因為印度有什麼野
　　心。……印度乃是東西世界交會之地。……在過去，西方國家一直
　　忽視亞洲，也不給予亞洲它所應得的重要地位。……現在，亞洲的
　　改變總算受到相當的注意了，但是這個注重的程度仍然不夠。……
　　現在，這個世界逐漸朝向一個世界一家的方向在發展……。印度在
　　國際事務中的重要性之提升，也是世界整體歷史發展的結果。我們
　　這些印度的執政者，也只不過是渺小的人。但是正當這個印度再度
　　成為世界大國之際，我們自應有所作為。」（引自 W. T. de Bary
　　ed., *Sources of Indian Tradition* (New York: Columbia University
　　Press, 1964), vol. I, pp. 352–53.）民族主義在二次大戰後勃興，但同

「第三世界」一說若有其分析價值與政治作用，乃必須置於單一世界中始能見得其大義[39]。二次大戰後非洲民族主義運動最初曾以建立英語系、法語系或西非區域等大聯邦為目標，顯示殖民地人民對西方霸權秩序仍有揮之不去的依戀（催眠效果），和自我定位上的困難。這可說是帝國殖民的「遺毒」，也可說是非洲步入國際社會時角色認知的「糊塗」。而冷戰形勢的出現則使第三世界國家又為美蘇兩國所收編，分隸二陣營，成為超級強權的鬥爭籌碼，而少獨立建國的條件。這個情勢在中南美洲極為明顯，二次大戰後當地國家大多在美國的威脅利誘下，與蘇聯斷絕關係，成為防禦共產勢力的美國聯盟。蘇聯則在非洲以軍事援助的方式發展其影響力，然因蘇聯對非洲經濟發展的協助不大，雙方合作關係並

時世界一家的趨勢也在發展；印度固然可能復興，發揮其對世局的重要影響力，但它也必須體察世界形勢的變化，確認自己的定位，扮演恰當的角色，而不是尋求霸權，或重新掀起東西的對抗。上文可以顯示現代政治不同於十九世紀的強權政治，並表現「全球時代」共識的興起。

38. 國際關係曾被學者指為一種「美國的社會科學」(S. Hoffmann, "An American Social Science: International Relations", *Daedalus*, 106 (1977), pp. 41-61.)，這不僅意指大部分國際關係學者皆為美國人或在美國工作，而且表示國際關係常為美國這類超級強權所操控。據估計，全球研究國際關係的學者集中於十國之內，且多為西方人；而學習此課題者幾乎都受教於這些國家中，或使用這些強國所出版的國際關係書籍。不論好壞，強國對於世人的世界政治觀點顯然有重大的影響。參見 Chris Brown, *Understanding International Relations* (London: Macmillan, 1997), p. 186.

39. Christopher Clapham, *Third World Politics* (London: Croom Helm, 1985), p. 12.

不密切。反而美國後來居上，逐步在非洲佔得商業利益，但也由此捲入當地許多政治糾紛中，難以脫身 40。冷戰結束代表霸權政治 (superpower politics) 的式微，但這是否表示講究平等的國際政治 (international politics) 乃至崇尚大同的世界政治 (world politics) 得以出現，仍不得而知。蓋政府為必要之惡，而外交原則不過為國家權益，若強國不滅而弱國不自強，期待世界性的政治改革只似癡人說夢。

---

40. 美國對非洲的援助遠少於對中東地區、東亞、或拉丁美洲國家，這與文化的考量自然關係密切。

第十四章

大眾社會…

現代人的權力意識與生活方式

巴黎婦女的示威遊行　普林瑟 (Val Prinsep, 1838–1904) 作

1789 年 10 月 5 日巴黎婦女——主要為市場女工、賣魚婦、女帽業者乃至中產階級貴婦——聚集，在雨中徒步數十哩，向凡爾賽宮前進遊行，要求國王降低麵包售價。次日，她們迫使法王路易十六皇室（遊行者所謂的「麵包師傅、麵包師傅的妻子、以及麵包師傅的小孩」）隨隊伍移居巴黎（國民會議亦隨之），彷如人民的人質，法國政府的運作因此陷於民眾的監控下。這是法國大革命中巴黎市民政治勢力高張的表現，也是近代群眾政治與婦女運動的先聲。不過此時的群眾政治是一種暴民運動，女權的爭取也無成果，大眾社會的出現仍待十九世紀後期之時方有其重大影響。

上學途中　克勞森 (George Clausen) 作 (1880)

婦女教育在十六世紀宗教改革提倡個人解經的理念下獲得關注，又在十八世紀啟蒙運動的理性教化主張下被強調，但事實上婦女教育的推廣仍遲至十九世紀後期因民主政治的發展才實現，然而超越公民教育的中等與高等教育仍極少有女性學生。這張 1880 年的英國畫作描繪年輕女子結伴上學的情形，實際上它不是當時街道常見的景象；畫中左側上工途中的老婦人轉頭凝視著這群少婦新貴（從其穿著打扮及背景的高級住宅街區可見）時，臉上的好奇與迷惑感，正反映出新舊世代的差異與──更重要的──貧富差距，右側向此隊伍招呼的賣花女，更強化著這個對照性。

兩張大戰期間婦女動員的海報

一次大戰前婦女運動成效不彰,大戰期間此類運動與工會運動一樣銷聲匿跡。此時婦女在後方大量取代平時男性所司之職,軍需品的製造尤其有賴女性勞力 (從事此業的女工甚至獲得 「軍火專家」 "munitionettes" 的暱稱),其他粗重工作在戰時亦多婦女從事,這個新局面開啟了戰後女性就業的趨勢,並且使婦女運動者長期抗爭的投票權終於成為事實。從這段歷史看來,權力實非天賦,而是憑實力爭取而得。

維納斯的誕生 *(The Birth of Venus)*　卡布尼爾 (Alexandre Cabanel) 作 (1863)

卡布尼爾這幅〈維納斯的誕生〉較諸四百年前波堤伽力的作品，顯然相當煽情而討喜；這是法國沙龍畫的典型風格，有高貴之風，但無孤傲之氣（卡布尼爾甚反印象主義畫風），極符合中產階級的品味。事實上，該畫曾為「自由帝國」（'Liberal Empire'，富有中產階級資本主義精神）的領袖拿破崙三世所收藏。它在 1863 年贏得法國沙龍獎，而正如其他沙龍畫一樣，不斷為畫家本人所複製，使它在具有藝術品的地位之外，也具有裝飾品（商業）的功能，廣受上層人士及附庸風雅者所喜愛，這可說是近代流行業的濫觴，就如卡布尼爾 (1823–89) 本人在其時代的「大眾畫家」形象。

櫥窗裡的新鞋 *(New Shoes for H)* 彤·艾迪 (Don Eddy) 作 (1973–74)
這幅令人炫目的畫作是美國畫家與攝影師艾迪的作品,其景物視覺效果與色彩應用甚有新意。在繪製此畫之前,他在紐約曼哈頓商業區拍攝了一系列陳列新鞋的商店街景,以為創作的參考(此稱光感寫實主義 photorealism 或超寫實主義 hyperrealism)。大眾文化的流行時尚之風正如此畫所表現的感覺:一切都不真實,不確定,不平衡,絢爛奪目,有如幻影,瞬間即逝。

伍茲塔克文化

1969 年 8 月 15 日至 17 日四十萬青年男女聚集在紐約州北部一個小鎮農場（事實上是在貝社 Bethel 而非伍茲塔克 Woodstock），舉辦一場音樂盛會，許多流行音樂歌手與樂團在此盡情歡唱，學生運動、青年運動、婦女運動、與黑人民權運動乃至嬉皮雅皮等新世代不滿分子，皆共襄盛舉（吸毒縱慾者亦側身其間）。此後每年夏季伍茲塔克均有大小不同的聚會（1994 年在原地附近舉辦的二十五週年紀念大會尤見盛況），創造出一個不分族群的反傳統反主流的青年次文化，它在冷戰對抗的局勢中，標舉和平合作的精神（「做愛而不作戰」 "Make love not war." 成為響亮的口號）、自由解放的觀念、與另類獨特的生活方式。漸漸地，所謂的伍茲塔克文化已成為一個追求永遠青春無邪的精神傳承（或神話）。

一、威權的瓦解

　　權力向來是武力征服的果實，君權神授的說法只是世俗強人掌權後的合理化論調。古羅馬的自然法 (natural law) 概念 *1*，開始追論人人可憑理性發覺的法律原則。自然法有其普遍性與永恆性，它相對於因人設政的王法（即制定法 positive law），是一種法學精神，故為不成文法 (unwritten law)；人間的律法隨政權更迭與文化差異而規定各異 *2*，自然法則是表現「人同此心，心同此理」或「公理正義自在人心」的天道。因此，自然法對於暴政威權形成一種挑戰和節制，成為保護人權的一道防線。例如二十世紀德義法西斯極權統治雖然暴虐無道，但其得權乃依據憲政，並無違法，而其政策也依法推行，符合所謂的「程序正義」；因此，

---

1. 自然法的概念可溯及希臘化時期斯多噶學派 (Stoicism) 的哲學人生觀，此派學者認為一切國家的法律之道德基礎皆為自然法則；至羅馬時代統治者確實將這個概念轉化為法律原則，具體施行。十七世紀格魯秀斯 (Hugo Grotius, 1583–1645) 闡揚其國際公法時，即以自然法為理論（哲學）基礎，哲學家史賓諾沙 (Baruch Spinoza, 1632–77) 與萊布尼茲 (G. W. von Leibniz, 1646–1716) 等人也根據自然法分析倫理道德的觀念，盧梭的學說與法國大革命更以自然法作為主張民主與平等原則的依據。

2. 傳統的政治智慧即認為法律不能改變文化，因為文化與政治相互依存，而且文化是政治行為的規範。見 Barbara Cruikshank, "Cultural Politics: Political Theory and the Foundations of Democratic Order", in Jodi Dean ed., *Cultural Studies and Political Theory* (Inthaca, N. Y.: Cornell University Press, 2000), p. 67.

有志推翻此暴政者，竟無合法途徑可循，而須訴諸非法手段（如暗殺行動）3，這是十九世紀以來，講究實證與嚴格引經據典的 (legalistic) 法律制度，所造成的悲劇 4。事實上，依據不成文的自然法，仍可對合乎世俗法規但不合道理的惡政，進行批判；於是，自然法的價值在實證主義文化觀念無法通行無阻的情形下，再次受到現代人的重視。在自然法精神之下，「惡法亦法」的弊端，終可除去。自然法乃是政治中人道精神的體現與道德力量的發揮，尤其在基督教興起以後，自然法由「自然之法」(law of nature) 提升至「天道」乃至「神意」的境界，具有更高的神聖性 5。十七世紀以下，國際法的逐步形成與人權民主的追求，均建立在自然法的基礎上，自然法對不合情理的威權構成永恆的責難。

　　「自然權力」（即一般所譯「天賦人權」6）的說法，不必比「君權神授」說更合理，但權力之說向來是一種假設，以假說攻

---

3. 希特勒曾遇炸彈謀殺，但逃過劫難，事後則又「依法」逮捕涉事者，大開殺戒。若依法論事，希特勒並無過錯。

4. 自然法既為一種抽象概念與信仰觀點，其影響力在十九世紀時乃因實證主義 (positivism)、經驗主義 (empiricism) 與唯物主義 (materialism) 的流行而沒落。

5. 基督教神學家如阿奎納 (Thomas Aquinas) 等人將自然法的觀念推崇為一個具有超越性價值的真理信念，他們強調自然法可通用於全體人類社會（不論是否為基督教世界），它是《聖經》戒律（此為神示之法 revealed law）之外的行為準則，即人可以自覺的公理。

6. 中文翻譯中所謂的「天賦人權」和「天擇」說，深究之下皆可說是誤譯，因為此處所謂的「天」，其原文與原意乃是「自然」，而不是中國文化概念下的「天」（寓有信仰觀點）。所謂「天擇」其實是「自然的選擇」(natural selection)，而所謂「天賦人權」，是建立在自然法則上的「自然的權力」(natural rights)。

假說，在辨理上並無功用，然就政治發展歷程而言，它的意義是破除握權者的政治神話，與闡揚人民的權力自覺意識（人權）。權力事實上是爭取而來，不是神授，亦非天賦。自洛克以下學者的基本人權與革命之說，正是先設定目標（人權假說），再擬定追求的方法（革命進程）。十八世紀啟蒙運動在政治史上的價值，即是現代人權力意識的啟發以及權力項目的提出；法國大革命及十九世紀革命運動的任務，則是在實現前代的權力假說。於此，權力依然是武力征服的果實。爭取而得的權力，論其本質，仍是假設性主張，因而將繼續遭遇他人（反對者）的質疑和威脅，故須加以合法化，方能鞏固；所以人民權力的入憲與立法，就是革命時代的具體目的，而習慣法（不成文法）也同時轉化為成文法。權力化作法律條文後，便成為法治 (rule of law) 社會下具有神聖性與標準的信條，由此又成為取代舊權威的新權威；保守貴族的威權此後逐漸顛覆，繼之而起的先是英國自由主義的「議會至上」(sovereignty of parliament) 觀念，然後是法國共和主義的「主權在民」（即人民至上，sovereignty of the people or popular sovereignty）思想。所謂「君主立憲」，其實是由憲法規範君王的施政（即 constitutional monarchy），它是傳統君主專制受現代法律節制的產物；而依盧梭所言，法律是人民公意的表現，故憲政王國是民權發揚的政治體。「主權在民」或馬克思主義者所謂的「無產階級專政」(dictatorship of proletariat) 是現代人權力意識的展現，民主政治在今日已是政治左右派所共同接受的制度，它是人民革命成功的果實。保守主義的立場自古有之，然保守主義一詞及保守主義意識型態完整的提出，乃是在十九世紀初期，這正說明傳統舊權威在現代（始）遭受嚴重挑戰與威脅的現象。因為保守人士向為政治社會的既得利益者與佔優勢者，在未遇普遍批判及反抗時，

他們無須提出一套思想體系為其權勢合理化；直到保守分子受到中下階級大力攻擊時，始須為自己全力辯護 (to defend)，而有保守主義思想的定義 (to define)。

　　不過，值得注意的是，不論「議會至上」、「主權在民」或「無產階級專政」，雖皆可破除舊威權，展現新權力意識，但這不是也不能建立新威權，因為真正的民主不會塑造獨裁極權，而善變的民意不會支持恆常的統治威權。換言之，在自由平等的精神與多數決及定期改選的原則下，傳統式的威權將不能再造，雖然吾人可說民主是現代的權威。正如貴族社會消失後，長久維持的傳統風習與社會規範也隨之衰微，新社會文化不能定於一尊，各種流行風尚皆只是一時的熱潮；「偶像」與「明星」難以引領兩代風騷，其起伏全視群眾的愛憎變化而定，新興的風格與人物乃不斷出現（所謂「江山代有才人出，一代新人換舊人」），這正顯示威權時代已成過去。威權 (authority) 是一種人為蓄積的勢力，它與訴諸天性理念（基本假設）的權力 (right) 並非同一事，現代權力意識一出，傳統威權便無存在的條件。換言之，現代的民本社會 (civil society) 或公民權概念 (citizenship)，與特權 (privilege) 行為乃不相容之事 7。

　　如前文所言，權力既然是出於假設，乃不斷有新權力呼聲出現的可能，因為假設可一再推演。近代人權提倡者最早主張的權力是生命、財產與自由，其後隨著民主化與工業化的變遷，新權力的提出已成「司空見慣」之事。例如十七世紀時有「革命權」

---

7. Ralf Dahrendorf, "Economic Opportunity, Civil Society and Political Liberty", in C. H. de Alcántara ed., *Social Futures, Global Visions* (Oxford: Blackwell, 1996), p. 21.

(the right of revolution) 的提出，至十九世紀時超越「反抗權」，進一步有「選擇政府的權力」(the right to choose government) 之主張（威爾遜「民族自決」的觀點亦類此）；工作權 (the right to work) 提出（大略是在工業化發展前期當人民工作保障不佳時，如十九世紀前期的法國）之後，又有休閒權（即 the right to work less，如最高工時的規定）的要求（大略是在工業發展程度已不低而人民經濟狀況大幅改善後，如十九世紀中期的英國），乃至現在有「不工作的權力」(the right not to work) 之概念 8 ；教育權由接受基礎教育的主張，逐步擴張至要求接受高等教育的權力 9 ，同時受業年限逐漸延長和放寬；參政權由資產階級投票權擴展為成男普選權，再推廣為全民普選乃至公民投票等制度。權力的「發明」（或「發散」）在近二百年間，是政治歷史的一大特色 10 ，此與前

---

8. 工作權的主張由「選擇職業的自由」，延伸至要求「享有公平的工作條件」和「免於失業的保障」及「失業救濟」。社會福利政策使自由業者 （尤其自由作家 freelancer） 盡可能追求自我實現 (self-realization)，而失業者不致飢不擇食地求事做，這說明現代文明擁護個人主義與自由主義的價值。 參見 Steven Pinch, "Knowledge Communities, Spatial Theory and Social Policy", in C. J. Finer ed., *Transitional Social Policy* (Oxford: Blackwell, 1999), pp. 114–15.

9. 聯合國 〈世界人權宣言〉 (*Universal Declaration of Human Rights*, 1948) 第二十六條第一款說：「每一個人都有受教育的權力。基礎教育應免費提供，且強迫就學。技術和職業教育應普及推展，高等教育則應公平開放給所有人，而以成績優劣為錄取標準。」 1960 年代以來世界各國普遍廣設大學，至二十世紀末其風猶熾，高等教育幾有轉變為義務教育與職業教育一環的趨勢。

10. 因人們對權力種類和範圍的要求因時因地而不同，當今的自由主義者乃傾向放棄以普遍性標準作為其主張的基礎，見 Gary Browning,

文所述「前瞻性的」（forward-looking，即「進步觀的」）革命觀乃同時發展。代表現代權力意識「集大成」的成果，是 1948 年 12 月聯合國發布的 〈世界人權宣言〉 (*Universal Declaration of Human Rights*)。同時，歐洲自有其人權宣言 （即〈歐洲人權宣言〉 *European Declaration on Human Rights*）；1958 年時更有「歐洲人權法庭」(European Court of Human Rights) 的成立，人民可上訴該法庭以推翻其本國政府違背人權的法令與司法裁判。由這兩套人權標準與說法的並陳，以及跨國上訴的體制，可見人權的保障是歷史的建構物，人權觀點不是各地皆同的共識 *11*，但以權力

"Contemporary Liberalism", in Gary Browning et al. eds., *Understanding Contemporary Society: Theories of the Present* (London: Sage, 2000), p. 157.

11. Rolando Gaete, "The West, Its Other and Human Rights", in Tracey Skelton and Tim Allen eds., *Culture and Global Change* (London: Routledge, 1999), pp. 196–97. 人權觀念的相對性也表現在公民權 (citizenship) 的概念與標準隨時空不同而改 （詳見 Patricia Kennett, *Comparative Social Policy: Theory and Research* (Buckingham: Open University Press, 2001), pp. 116–19.），因人權標準與人民的國家認同關係甚為密切 （參見 David Jacobson, "The Global Political Culture", in Mathias Albert et al. eds., *Identities, Borders, Orders: Rethinking International Relations Theory* (Minneapolis: University of Minnesota Press, 2001), p. 176; and M. O. Heisler, "Now and Then, Here and There: Migration and the Transformation of Identities, Borders and Orders", ibid., pp. 240–41.），故精詳而一致的世界性人權主張無法產生。聯合國的 〈世界人權宣言〉 被戲稱是「世上最大的祕密」 ('the world's best kept secret')，因為它充滿自由主義的理想，忽略各國民情差異，以致難以普遍施行；但它仍是各國人權受

挑戰權威則是現代社會共有的理念。

　　威權不僅是政治勢力，也可能是文化性與社會性的勢力；除了人權的提升以外，種族關係、世代關係、與兩性關係的調整，均涉及威權的推翻。1960 年代及 70 年代在美國發起而推廣至全球的黑人民權運動、青年運動以及婦女運動，都進一步造成威權（白人、長輩、與男性主導的社會）的瓦解，而有助於人際平等關係的建立和大眾社會與下層文化的發展（有謂「動員性文化」"mobilization cultures"）12，這是繼十九、二十世紀之間階級社會崩解後，另一波社會平等化的浪潮。在「弱勢團體」的集體自覺意識萌發後，威權即使不能盡除，也再無理直氣壯的威風。1970 年代以來，保守主義雖有反撲的情狀，但這只是社會變遷過程中的調整現象，畢竟菁英主義與大眾立場在現代社會中，仍須取得平衡或不相互威脅的關係。

二、大眾社會的形成

　　大眾社會 (mass society) 相對於傳統的貴族或菁英社會，它在十九世紀後期以後，伴隨著社會流動 (social mobility) 的加速與社

難者最後的寄託，而推動世界性標準的人權項目，以及強制違背這些規範的國家服從「國際公意」，也一直是聯合國人權委員會 (UN Commission on Human Rights) 的工作目標。

12. Hank Johnston and Bert Klandermans, "The Cultural Analysis of Social Movements", in Hank Johnston and Bert Klandermans eds., *Social Movements and Culture*, vol. IV: *Social Movements, Protest, and Contention* (Minneapolis: University of Minnesota Press, 1995), p. 9.

會階級的消解而興起。一次大戰是一場患難與共的全民戰爭，它對社會平等化與一致化的促進，尤為有功；平等精神、婦女權力（尤其是投票權）與工會地位，在戰後皆有明顯的增進，故大眾社會的特徵在二十世紀以後，表現特為明顯。同時，大眾生活方式亦隨著大眾社會的確立，而成為現代文化的主流。在現今大眾社會下，大多數人的性格、價值觀與行為方式相似，少個性特質的發揮[13]；人際關係淡薄，親屬關係疏離；工作與生活作息規律而平常；宗教信仰的影響力大不如前，道德與價值觀亦不如傳統時代受到重視，但意識型態的狂熱卻常出現；人民對政治關懷不深，又常為政治宣傳所左右[14]；文化品味庸俗，文藝作品商業化取向濃厚。

　　大眾社會是近代民主化與工業化的產物，論者對其評價不一。肯定者強調大眾社會中人民普遍參與 (universal participation) 的價值，質疑者則慨言大眾社會下群眾彼此刺激與附和盲從之害。但執中批判者指出，現代社會並非如此單純，專業化分工使社會充滿多元觀點與對立團體；民智漸開後，社會亦不乏反對與抗議運動，而不是聽從在上位者指引擺布；社會的再整合過程使社群關係凝聚，家庭關係亦富有新力量。顯然，大眾社會是貴族菁英

---

13. 現代社會是一種「非個人性」(impersonal) 的社會，個人反而需要一種精神想像將自己與群體連結，以產生認同感。參見 T. H. Von Laue, *The World Revolution of Westernization: The Twentieth Century in Global Perspective* (Oxford: Oxford University Press, 1987), p. 366.

14. 現代政治愈來愈關注民生問題，可謂是「生活政治」(life politics)，人民當然容易為政治宣傳所動，雖然大眾對政治本身多無興趣與瞭解。參見 Anthony Giddens, "Affluence, Poverty and the Idea of a Post-Scarcity Society", in C. H. de Alcántara, op. cit., pp. 158–59.

社會推翻後的新局,它自然表現與傳統不同的社會組織、生活方式與價值觀念。但大眾社會決不是人類社會發展的終極階段(理想的社會不是大眾的社會而是君子的社會),它也如同傳統時代,有持續的變遷與調整,以使各類價值與利益得以共存。例如大眾社會下的文藝作品大部分雖有流俗傾向,但少數曲高和寡的創作,仍因藝評專家與制度的存在(專業化分工的結果),而得以獲致極高的評價,不致於埋沒紅塵,難以為繼。

大眾社會的形成與民生經濟的改善、人口的增加及其結構的改變、義務教育的推行、以及民主政治的擴充等關係密切,因此大眾社會的發展與現代化一樣,各地先後不同。十九世紀後期時,西方工業革命已逐漸脫離初期高污染、高傷害、深受社會經濟問題困擾的階段,而進入清潔、便利、與造福大眾的成熟期15;它開始造就一個有錢有閒的下層大眾(相較於過去而非相較於上層階級),並使人口因死亡率大減而迅速增加16,建構了形成大眾社

---

15. 十九世紀前期工業革命的結果,究竟是提升或惡化大眾生活的水準,學者爭議極多;但十九世紀後期工業化對民生的改善,則是世所公認的事。十九世紀前期的城市,常被視為惡劣的生活環境,它是威脅人們健康的疾病溫床、暴力與犯罪的淵藪、與令人倍感生存壓力的地方。但到了十九世紀後期,城市成為整齊清潔而安全適宜的生活空間,中下階層居民群聚市區,富有的中上階級反而往郊區發展,這是工業化開始造福一般大眾的一個表徵。

16. 死亡率的遽降在人口增加的因素中,恆較出生率的增加更為重要。十九世紀工業革命與科技的進步使得糧食產量激增,種類更多,又因交通運輸便利,糧價大降;尤其1875年後因食品的罐裝與冷藏新技術的發明,食物價格更為平穩而低廉。糧食問題的改善與醫學的進步,對於人類壽命延長與人口增加的貢獻,顯而易見,無庸贅

會所需的有形條件。據估計，1650 年時歐洲人口大約是一億，1800 年時約為一億八千七百萬，1850 年時約為二億六千六百萬，至 1900 年時已達四億，1914 年時則有四億九千萬；而雖經一次大戰的摧殘（約有一千萬人死於戰火），歐洲人口在此時仍繼續增加，顯示大勢之所趨。1815 年時歐洲人口約佔全球的五分之一，至 1914 年則增加為四分之一，若計算海外歐人（包含其後裔）在內，則達三分之一。1841 年至 1870 年間，歐洲至海外的移民（主要來自英國、愛爾蘭與日耳曼地區）約有一千三百萬，1871 年至 1914 年間則有三千四百萬（主要來自南歐與奧、俄等國），這是人類史上最大的一股移民潮。1815 年時海外歐人約有二千萬，至 1914 年時則為二億，而全球歐人共有七億。經過十九世紀，歐洲人口成長一倍有餘，而同時的世界人口增加程度亦與此相當（1800 年時世界人口約為八億，1900 年時則為十六億）。就歐洲人口的年增率而言，十九世紀後半期約為 8%，而二十世紀初期（1900 至 1913 年）則達 13%。（此與二十世紀末葉全球人口年成長率不及 2% 的水準相較，幾有天壤之別 17。）此外，平均壽命

言。一般來說，一個國家人口成長的演變會經歷三個階段：第一階段是高出生率和高死亡率，第二階段是高出生率和低死亡率，第三階段是低出生率和低死亡率。這個說法的出現顯示它在許多地區早已成為事實。

17. 1990 年時全球人口約為五十三億，其中亞洲佔三十二億，歐洲僅佔七億，非洲有六億五千萬，南北美洲共有七億三千萬；時年增率全球為 1.7%，非洲為 3.0%，亞洲為 1.7%，歐洲僅 0.4%，北美洲為 1.5%，南美洲為 2.2%。英國經濟學者馬爾薩斯 (Thomas Robert Malthus, 1766–1834) 在其 《人口論》 (*An Essay on the Principle of Population*) 中說：「動物和植物的繁殖問題是很簡單的，它們只求

的增加在十九世紀後期也甚為明顯。例如十九世紀初法國人平均壽命約為四十歲,至二十世紀初則增為五十歲;義大利人在 1871 年時平均壽命統計為三十五歲,至 1905 年時則增為四十四歲。

　　大眾社會的政治舞臺與生活空間主要是都市,故大眾社會的形成大略與都市化 (urbanization) 的發展同時。若以都市人口超越鄉村人口作為都市化指標,則英國在 1851 年、德國在 1891 年、法國在 1931 年時,均已達到此水準。整體而言,十九、二十世紀之交歐洲城市居民人數逐漸超過鄉居人口 18。都市化的明顯現象

其本身物種不斷的繁衍,而不會顧及是否有足夠能力養育後代。……但人的情形就不是這麼簡單了。人雖然也有無限生養下一代的本性,但是他的理智會對此加以節制,他在生小孩的時候,會想想自己是否有能力養活他們。……假如他沒考慮這問題,人口就會繁衍過多,而有存活的困難。食物取得的困難便是人口永遠不能超出人的供養能力、而無限增加的緣故。……人類史上從沒有一個國家會任其人口無限制地成長。」(轉引自 R. L. Greaves et al., *Civilizations of the World: The Human Adventure* (New York: Longman, 1997), p. 790.) 馬爾薩斯研究人口問題時,世界人口正開始大幅度增加,身為教會中人的他認為,人口增加的壓力會使得社會改良的努力,化為烏有;為了避免這個災難,只有節制性慾、減少生育一途。這個觀點從後見之明來看,顯然過於悲觀。近一、二百年來,人口的快速增加與社會經濟同時的發展,顯示現代文明相當程度上可以使人生得多又過得富足(雖然這不是文明的目的),大眾進步觀的流行跟這個現象有相當密切的關係。

18. 歐洲社會的都市化在 1900 年以後繼續不斷地發展,在 1871 至 1911 年間,英國都市人口從全國人口的 62% 增加至 78%,法國則由 33% 增加為 44%,德國更因其工業化進展快速,都市人口增加最快——由 36% 突增為 60%(此時期德國全國人口的增加,有 90%

是城市郊區的擴大及其人口的增加，同時工人（市民）在人口中的比例大增，而農民（鄉民）人口則大減。同樣重要的是，大眾平均收入在十九世紀後期大幅增加（此與馬克思預期工人大眾苦難日增的說法大相逕庭）；在人民的經濟能力提升時，大眾文化逐漸展現其特徵，政府施政亦隨之革新。十九世紀後期歐洲各國政府開始推動各式迎合新市民文化的都市計畫，「都會型社會主義」(municipal socialism) 成為城市建設的基本理念，都市設施著重為一般市民服務，而不再為中上階級所獨享19。在民主的趨勢下，

是降生於都市）。在一般生活層面上，西歐的文化自此以後可以說已變成了都市文化。根據世界銀行的統計，1992 年時全球城居人口所佔比例為42%；不過在二十世紀第三世界中都市化迅速發展時，常無工業化的相對進展，故都市化所滋生的問題特為嚴重。參見 J. E. Goldthorpe, *The Sociology of Post-Colonial Societies: Economic Disparity, Cultural Diversity, and Development* (Cambridge: Cambridge University Press, 1996), p. 135; and Krishan Kumar, *The Rise of Modern Society: Aspects of the Social and Political Development of the West* (Oxford: Basil Blackwell, 1988), p. 16.

19. 十九世紀後期以來，都市裡的公園與林蔭大道成為一般民眾所共享的「公共空間」(public space)，而不再是中上階級的「勢力範圍」。在一般的大都市裡，基層建設包括污水排放系統、自來水的供應管道、保安與消防設施和組織等，這些基礎建設在十九世紀中期時，歐洲的主要都市大多已經完成，並且不斷在擴充和改進。法國第二帝國期間（拿破崙三世主政期），巴黎在侯斯曼 (Baron Haussmann) 的規劃下，進行大規模都市重建計畫，經此更新的新巴黎，成為歐洲其他城市重建時效法的模範，例如巴黎的林蔭大道設計，是維也納都市改建時所特意模仿者。倫敦與柏林在 1870 年代時，均在市中心區進行大規模整建工程，其他先進地區的都市規劃此時也積極

大眾人數的增加意味選民的增加，這迫使各國政府調整其政策方向與行政重點，社會經濟問題成為政治要務。至二十世紀初，歐洲各國社會立法雖未盡完備，但已甚為普及，福利國家 (welfare state) 的觀念逐漸盛行，基層建設 (infrastructure) 成為民生政策的主要工作。至此，大眾社會的出現可謂是「量變造成質變」。當然，大眾社會或大眾文化的形成，不能只憑大眾在數量或政經勢力上的增加，它也靠大眾教養素質的提高。

　　大眾社會的民智啟蒙主要依賴義務教育。大眾基礎教育的推行與十九世紀後期投票權的擴張，息息相關；此因民主政治須得有識見的公眾，始能運作良好，故政治民主化與教育改革常一齊實施。英國教育家兼政治家羅勃‧勞和 (Robert Lowe, 1811–92) 於1867 年英國國會改革法通過後，大聲疾呼：「我們必須教育我們的主人。」 ("We must educate our master.") 這表示改革時代理想與現實整合的重要性，其說連最保守的政治人物亦深有同感。國民教育體制乃在大學與中上級教育建立許久之後，終於在十九世紀後期積極規劃20；法國與普魯士是世上最早建立義務教育制度

展開。至十九世紀末時，因為工程科技、建材、與建築技術的進步，都市景觀出現巨大轉變；強化的混凝土和鋼鐵使得高樓大廈成為城市新地標，美國都市的摩天大樓與巴黎艾菲爾鐵塔等高聳建築，象徵著新都市崢嶸的氣象。下水道系統、人行道的規劃、與電燈的使用，使得都市成為更舒適的工作與居住環境，吸引鄉間居民不斷遷入。當都市化迅速發展時，各城市彼此仿效學習的情形非常普遍，它們大多採用倫敦的公園設計與郊區規劃、巴黎的林蔭大道與咖啡廳風格、和紐約的方格街道規模，並且大多有宏偉的公共建築和文化中心，如歌劇院、音樂廳、博物館、與圖書館等。

20. 教育與考試的目的在取才，不在培養國民常識，此乃傳統教育的菁

的國家，其他歐洲各國在 1870 年代時也大都設有基礎教育學
制[21]。

　　至二十世紀後，義務教育更朝延長就學時間、普設地方性學
校、增加教育經費等方向發展，而高等教育、職業教育、特殊教
育、成人教育、乃至當前電腦網路教學等教育類門，皆有長足的
發展。在此情形下，全球學生人數激增，足以稱為教育史上的奇
蹟。根據聯合國教科文組織 (UNESCO) 的統計，全世界在 1950
至 1970 年的二十年間，基礎教育學生人數成長二倍（達三億四千
萬人），中學生人數成長三倍（達一億一千萬人），而大學生則成
長四倍（達二千六百萬人）。在 1980 年代晚期，全球有九億多的
各級學生，教師人數則有四千多萬人。可見教育不論作為一個事
業或企業，都是一件大事。

　　大眾社會的政治型態為民主或群眾政治 (mass or popular
politics)。構成群眾政治的要素包括投票權的開放、集會結社與新
聞言論的自由、以及政策的公開與公評等。1871 年時，除了俄
國，歐洲主要國家均已建立民主體制，具有（成文）憲法、國會、
人身自由保障、與相當普遍的參政權。至二十世紀初，成男普選
制已甚為流行，同時大眾政治下的政黨，也不再是傳統的政治菁
英團體，而是民間組織力量的代表。祕密投票制自 1880 年代以後

英主義表現，也是貴族社會的常態。政府辦學的目的原在訓練治國
人才（公務員），故國民基礎教育制度的建立，在世界各地大都晚
於中等和高等教育體系。

21. 至二十世紀初，大多數國家的義務教育僅施及十歲以下的學童，其
中女學童的教育尤少學術性，而著重家務操持的技術；整體而言，
當時大眾教育致力於中產階級價值觀念（如勤勞節儉）的灌輸，可
知其目的是在訓練遵守紀律且能自立自重的國民。

興起，更進一步保障選民的自主權。北美與其他白人殖民國家（如澳洲、紐西蘭）在發展民主政制上的腳步，甚至先進於歐洲舊世界。在集會結社權與言論自由方面，比利時於 1831 年憲法早有規定，歐洲其他國家在 1880 年代時，也多已立法保障。十九世紀末葉工會的叢出與工會運動的興盛，是集會結社自由提升的明證；同時報紙雜誌發行的盛況，則是言論自由與大眾教育普及的成果。除了傳統上專供中上階級人士閱讀的報紙（多正經的政治經濟新聞）外，大眾報業的象徵是「小報」(tabloid，多娛樂性與煽情的報導）的流行；同時，各類政黨社團（尤如社會主義團體）也普遍發行其機關報，以宣傳理念和吸收支持者。

在大眾政治下，政策的公開化與廣泛討論成為常情；當政治變成真正的眾人之事時，政治激情也隨之而起。1870 年俾斯麥發布有名的「艾姆斯電訊」(Ems telegramme)，引發日耳曼人民仇法情緒，被世人解為「製造」普法戰爭的計謀 22，這是近代主政者利用輿情助長施政聲勢的顯著例證，也是大眾政治來臨的先聲。1879 年至 1880 年，英國自由黨首相格蘭斯敦 (W. E. Gladstone, 1809–98) 奔走全國，以前所未有的競選策略——攻訐維多利亞女王——大動人民視聽，贏得大選，論者指出這是英國群眾政治出

---

22. 1868 年西班牙發生政變，女王伊莎貝拉二世 (Isabella II) 被逐，王位懸缺。1870 年時普魯士王族成員李奧波德王子 (Prince Leopold) 被選為繼位者，引起法國強烈反對。為息事寧人，李奧波德之父以監護人身分，出面宣布其子不接受西班牙王位。然法國駐普大使仍受訓令前往艾姆斯 (Ems) 晉見普王威廉一世 (William I)，請其保證普魯士王族將永不出任西班牙國王。俾斯麥將此事記錄特意修訂，以提供新聞報導，令普法雙方大眾讀來均感國家尊嚴嚴重受辱。7 月 14 日（法國國慶）電訊刊出，不數日，普法即宣戰。

現的前兆。1894 年至 1906 年間，法國猶太軍官德雷福遭誣陷案 (Dreyfus Case) 之所以喧騰擾攘不休，即因大眾政治下，全國目光焦點集中，人人注意而立場判分，以致個人司法案件演成全國性的政治爭議，激起左右派勢力全面的對立 23。與德雷福案同時的

23. 德雷福上尉 (Capt. Alfred Dreyfus, 1859–1935) 為猶太裔的法國參謀軍官，他在 1894 年被控叛國罪，判處降級並終生流放。此案為法方人員對德國的洩密事件，有事證但犯案者身分不明；此時法國軍方領導人多為反第三共和的王政主義者及天主教徒，反猶情緒甚高，德雷福其實是這個事件的代罪羔羊。德雷福極力為自己的清白辯護，但無效果；而大眾不查，對審判結果多表滿意。1896 年法國情報部門發現該案洩密者實另有其人，但軍方極力隱瞞，不願重開審判，然次年德雷福家人亦發覺內幕而要求平反。1898 年真正的洩密者 (F. W. Esterhazy) 被軍事法庭審判，但隨即無罪開釋。知名作家左拉為此發表一封給總統的公開信，控訴法官聽從軍方指示而撤銷對犯案者的起訴。為此左拉被判毀謗罪，因而避罪逃至英國。至此，德雷福案變成驚動全國的政治事件，國家分裂為二陣營，王政主義者、軍方、與民族主義者認為國家權益重於個人名節，德雷福不應犧牲大我以成全小我；另一方面，共和主義者、社會主義者、與反教會人士則支持德雷福，強調個人權力及自由的價值不容侵害。然雙方皆帶有黨爭的意氣，是非對錯的論辯常轉為政治立場的申述，以致對抗意味常大於事理的探求，而人民也為此分化騷動。因此，支持德雷福的一派雖逐漸得勢，但他們最關心的卻不是立即營救陷於冤獄中的德雷福，反而是打擊政府中右派的政治勢力。1898 年中，調查發現將德雷福入罪的證據其實是情報人員所偽造，偽造者 (Colonel Henry) 於該年 8 月自殺，而洩密者 (F. W. Esterhazy) 在此時也亡命至英國，於是重開德雷福案乃成為不得不然的急事。1899 年軍事法庭複審時依然不肯認錯，仍將德雷福判處十年徒刑，消息傳出舉世譁然。法國總統 (Émile Loubet) 乃下令

美西戰爭 (Spanish-American War, 1898) 和南非波耳戰爭 (Boer War, 1899–1902)，亦皆有強烈的群眾激情為其背景，使是非曲直益為模糊不清，而帝國主義氣勢則更為囂張。

在傳統上，外交向為貴族政治的重心，平民大眾不得與聞；外交官例為貴族出身，不是一般文官仕進之階[24]。至大眾社會出現，民主政治與外交政策的互動關係大為加強，更增外交政策的變數，外交的躁進與政策的前後不一，成為世局和平安定的隱憂。十九世紀末葉至一次大戰前，歐洲各國的武備競賽，大體上即是大眾社會的外交政治表現，這在傳統保守而封閉的貴族外交世界中，是不易形成的。一次大戰爆發後，美國總統威爾遜以祕密外交為國際大戰的禍根，倡議建立公開外交 (open diplomacy)，以防止戰禍再起[25]。殊不知 1914 年以前歐洲的外交早已深受大眾政治影響，對外政策常公開討論，依民意歸向決定行動，於是乃有「祕

特赦，以為救濟。1906 年最高上訴法庭判定德雷福為清白，同時德氏進階為少校，並獲頒勳章。德雷福案的直接影響是使得法國左派政治勢力團結而取得政權，右派人士則不僅失勢，且蒙上不義之污名。

24. 例如英國政府向以引薦辦法任官，文官考選委員會 (Civil Service Commission) 雖在 1855 年成立，然甄試取才之制一直遭遇反對。1870 年格蘭斯敦改革文官任用制度，以公開考試選任官僚，但外交官仍為例外。

25. 威爾遜〈十四點計畫〉(The Fourteen Points) 的第一點為「以公開協商方式達成公開和約，再無任何私下的國際密約，外交必以公開方式進行。」("Open covenants of peace, openly arrived at, after which there shall be no private international understandings of any kind, but diplomacy shall proceed always frankly and in the public way.")

密外交總無祕密 ，亦乏外交籌略」 （"Secret diplomacy is never secret and seldom diplomatic."）之譏。一次大戰究竟是公開外交抑或祕密外交之害所致，其實大有商榷的必要。1906 年時為解決第一次摩洛哥危機 （德法殖民衝突） 而召開的阿爾吉斯拉會議 (Algeciras Conference)，是史上首度有新聞記者入會採訪的國際外交大會，這代表大眾時代外交新紀元的到來。雖然國際條約文字仍可能保密，但外交方略在大眾政治之下，其實已不能脫離人民的監督或批評。近世戰爭常被解釋為外交的延伸，而外交受民意影響，於是軍隊國家化的意義乃如同外交的民主化，此即政治的大眾化。因軍事不再是貴族的特權，將帥漸有出身平民者，而軍隊（徵兵所得）須得人民支持乃能壯大，軍事行動須有民意為後盾，方能名正言順而事成。至此，軍隊國家化直可謂為人民的武裝，對外戰爭則為民眾意志的發揮；而大眾政治下的外交，可說是人民政治權力與權力意識的極致表現。

三、大眾文化表現

中產階級的世界觀在十九世紀後期，已因社會主義、達爾文主義、佛洛伊德學說、及現代藝術觀的出現，而遭受嚴重的衝擊。社會主義批判資本主義，並宣稱中產階級的得勢只是歷史階段性的現象而已，終將為無產階級時代所取代；達爾文主義顯示生物進化只是憑藉偶然的機會，而非個體的意志或努力結果，這與中產階級對因果成敗的看法顯有不同；佛洛伊德學說指出非理性因素對人的思想與行為，具有高度的支配作用，此與中產階級對理性的強調背道而馳；藝術家的創作理念轉向「為藝術而藝術」與個人化表現，而不再頌揚或傳達中上階級的審美標準與價值觀[26]。

　　然而這些質疑中產階級人生觀的力量，事實上仍是出自知識分子本身或理性知識，而不是中產階級以外的反智運動。大眾文化的興起並非源於十九世紀後期菁英文化中非理性主義對抗理性主義的論戰，大眾文化的出現乃是文化史中由傳統信仰轉向理性思潮發展的產物27；換言之，大眾文化的形成並不是為了打擊中產階級的理性主義思想體系，它只是大眾的自覺意識與行為方式之展現，而這相當程度確是受中產階級教育啟蒙的結果。

　　自工業革命造就一個「工業社會」以來，大眾的生活型態即愈來愈相似，再加上大眾傳播 (mass communication) 的作用，通俗文化更趨於一致化。同時，表現地方性特色的民俗文化 (folk culture) 逐漸消失，於是大眾文化 (mass culture) 興起，與上層文化 (high culture) 形成對比28。大眾文化所表現的是一種價值體系 (value system) 而非意識型態 (ideology)，它得自個人社會化 (socialization) 的經驗，常在青少年時期即已成形而長久不變29，

---

26. 詳見 P. L. Ralph et al., *World Civilizations* (New York: Norton, 1997), vol. II, ch. 31: "The Middle Class Challenged", pp. 417–50.

27. P. N. Sterns, *The European Experience Since 1815* (New York: H. B. Jovanovich, 1972), p. 170.

28. 「大眾文化」一詞是由社會學者 Theodor Adorno 與 Max Horkheimer 二人在 1940 年代初期率先採用，其意是指現代先進媒體科技與娛樂產業所造就的標準化與庸俗虛浮的流行文化；他們強調大眾文化並非大眾所創造，而是大眾消極接受業者所推廣的文化商品所致。不過現在看來，大眾對於大眾文化的塑造其實扮演一個相當重要的積極參與角色，而非單純的觀察者與消費者。參見 Jim McGuigan, *Culture and the Public Sphere* (London: Routledge, 1996), p. 76.

故大眾文化的同質性——不論在個人之間或社會之間的表現——
甚高。大眾文化在十九世紀後期初起時，呈現幾個顯著現象：一
是追求個人自由的風氣，二是宗教信仰熱度的降低，三是進步觀
的流行。

　　十九世紀後期由於義務教育的推廣、民生經濟的改善、與參
政權的擴張等，工農大眾的個人意識逐漸浮現，自我追求和個性
的發揮遠較傳統時代為盛。十九世紀末至二十世紀初，西方兩個
平民爭取權力的運動——勞工運動與婦女運動——大為興盛，正
是這個風氣的表現。大眾文化性格的改變，迅速反映在群眾運動
與日常生活的特徵上，消費、休閒、與福利成為人們重視的問題。
運動風氣的出現就是這個現象的明顯指標，甚至服飾與打扮朝向
輕便開放風格的轉變，也是「大眾化」力量的展現。十九世紀中
期腳踏車開始流行，至十九世紀末年，腳踏車的設計大致已改良
成現在的機型，操控容易而安全便利；它很快成為大眾的個人交
通工具，帶給人們前所未有的自由（行動）感受，因而被許多人
譽為十九世紀最偉大的發明。同時，鐵路網的完整興築，使得大
眾的遊歷範圍及見聞大為擴增，例如向為中上階級專屬的海濱休
憩，現在已成為一般大眾的旅遊活動。

　　就一般人而言，當生活逐漸豐裕舒適時，信仰的需求度便降
低。正當十九世紀後期基督教受到知識分子嚴厲批判時[30]，大眾

---

29. 參見 Ronald Inglehart, "Values, Ideology, and Cognitive Mobilization
　　in New Social Movements", in Malcolm Waters ed., *Modernity:*
　　Critical Concepts, vol. IV: *After Modernity* (London: Routledge,
　　1999), p. 373.

30. 例如法國社會學者孔德 (Auguste Comte, 1798–1857) 指宗教信仰為
　　「人類所特有的完全和諧狀態」 ("that state of complete harmony

也因物質生活的大幅改善，而失去宗教熱忱。另一方面，教會的
保守立場常為人民視為阻礙改革進步的反動勢力，以致不受大眾
歡迎。由歷史的後見之明可知，宗教信仰的式微益增現代生活的
緊張性與疏離感，但這並非一般人所能察覺者。雖然自一次大戰
以來，宗教又有復興的跡象，但整體而言，宗教信仰在大眾間的
重要性已不如十九世紀之前 31。

　　大眾宗教熱度降低的同時，「人定勝天」的進步觀信仰則越來
越興盛。前文已指出，進步觀在十八世紀啟蒙運動以來，即已在
知識階層間興起，但大眾的進步觀信念則遲至十九世紀後期，因
日常生活的具體改善而日漸流行。由於人們對未來生活抱持樂觀
期望，許多下層勞工開始以人工避孕的方式，減少生育子女數。
這同樣反映前文所言大眾追求個人自由的熱切希望。大眾進步觀
在十九世紀末以後的流行，也表現在 1900 年前後，西方大眾傳播

---

peculiar to human life", *Système de Politique Positive*, 1851）；佛洛伊
德稱宗教信仰為「普遍性的神經官能症」(universal neurosis)；而德
國蘭克 (Leopold von Ranke, 1795–1886) 的史學研究法則引發歷史
學家對《聖經》的學術批判 (biblical criticism)；馬克思直指宗教為
腐蝕大眾心志的鴉片 ("Religion is the sob of the oppressed creature,
the heart of a heartless world, and the soul of soulless conditions. It is
the opium of the people", *Critique of Hegel's Philosophy of Right*,
1844)；而尼采 (Friedrich Nietzsche, 1844–1900) 更聲稱「上帝已死」
(*Joyous Wisdom*, III, 1910)。十九世紀後期以後，反猶運動 (Anti-
Semitism) 復興，它被某些人解為基督教教會為振興大眾信仰熱忱
而發起的聖戰。參見 Robert Gildea, *Barricades and Borders: Europe
1800–1914* (Oxford: Oxford University Press, 1987), p. 351.

31. 關於近代宗教信仰熱度的降低，詳見第十章第二節「文化新風情」。

媒體上出現眾多回顧十九世紀文明成就、以及預期二十世紀人類文明進步的報導（如新式機器的發明、女權的提升、太空旅行等）[32]。英國文學家沃芙 (Virginia Woolf, 1882–1941) 感嘆「人性改變於 1910 年」("Human character changed in 1910.") 這可說明大眾文化的形成，迥異於長久的人類文化傳統。不過，值得注意的是，正當大眾進步觀流行之際，即有不少知識分子發出反對進步觀的警訊；上層階級與下層大眾之間文化認知的差距，早已是大眾時代的一大特徵，它加劇了現代社會的衝突性與文明發展的困境（樂觀者當然可視此為「多元性」）。

　　大眾文化發展至二十世紀，因現代政府——包含民主與集權（尤其是法西斯主義與共產主義）二類——文化政策的推波助瀾、大眾教育的推廣、以及現代傳播媒體的進步與普及，而更顯強勢。在現代民主政治下，宣傳是政府與各政黨及利益團體的重要工作，政府的文化政策自然需支持大眾主張，各方政治團體的媚俗取向亦在所難免，於是「文化的民主化」("democratization of culture")繼政治的民主化而興起。在另一方面，德義俄等集權主義政府重視社會一致性的增進，故皆提倡眾人容易賞識的通俗文藝（即所謂「普羅文化」"proletarian culture"），而排斥菁英取向與表現個人風格的上層文化創作（如抽象畫派、意識流小說、實驗風格的樂曲和現代主義的建築）。大眾文化至此可說是政治教育的工具，而文化已成為一種「產業」(culture industry)[33]。二十世紀前期主

---

32. 1900 年前後大眾傳播界的「跨世紀」報導情形，相較於 1800 年時無疑是「熱鬧」甚多；而相對於 1900 年時，2000 年前後大眾傳播的回顧與展望報導，顯然充滿了悲觀、憂慮與警世的氣氛。

33. 詳見 Alan Swingewood, *The Myth of Mass Culture* (Atlantic Highlands, N. J.: Humanities Press, 1977), pp. 10–18. 「文化產業」

(culture industry) 一詞最早出現於 Theodor Adorno 與 Max Horkheimer 二人在 1947 年所出版的 *Dialectic of Enlightenment* 一書中，其說是強調大眾文化乃是上層人士——媒體企業——製作的商品，不是大眾本身的創作。見 T. W. Adorno, "Culture Industry Reconsidered", in T. W. Adorno (J. M. Bernstein ed.), *The Culture Industry: Selected Essays on Mass Culture* (London: Routledge, 1991), p. 85. 納粹德國宣傳部長戈貝爾 (Josef Goebbels, 1897–1945) 就職不久後，對廣播電臺在納粹建國運動中的地位與角色，曾有如下的訓示：「無線電廣播是屬於我們所有，這點我們可以毫不忌諱地說。而我們也將利用廣播來宣傳我們的理念，其他的意識型態都別想在我們的電臺，得到任何宣揚的機會。廣播電臺一定要為政府的革命目標服務，而政府也會適時給予電臺指示。我認為無線電廣播是左右民眾思想，最現代化與最有效的工具，我也相信電臺廣播終將取代報紙的地位。為達成我們的目的，廣播最應注意的原則是，切勿讓聽眾感到無聊。……你們一定要宣揚民族主義的藝術和文化，這是最符合現代生活與時代精神的。我們當然應該促進人民正確的態度，但是那不表示我們的節目要變得正經八百般的無趣。……你們必須善用你們的想像力和各種辦法，去吸引聽眾，讓你們要說的事既有趣且有教育效果，但千萬不能變成像在說教一樣。……你們掌握了影響大眾觀念的利器，你們是創造輿論的人。假如你們能依照這些指示，做好你們的工作，我們就能贏得民心，不然的話，人民將會唾棄我們。」Quoted in Donald Kagan et al., *The Western Heritage Since 1300* (Englewood Cliffs, New Jersey: Prentice Hall, 1995), p. 1049. 在兩次大戰期間，無線電廣播造成傳播媒體的一大革命，當經濟大恐慌摧殘著各種產業時，電臺廣播卻一枝獨秀地持續發展。此時電臺廣播也自然地成為政治宣傳的重要工具，尤其是在集權主義的政權下（德、義、俄等國）。早期的廣播電臺皆歸政府所有，且為公營；政治領袖透過廣播向人民灌輸支持政府的觀

政者所謂的新古典主義其實乃是拙劣的傳統美學，此種藝文在集權國家政府的倡導下，將十九世紀後期以來興起的現代主義文藝，排擠至文化邊緣地帶，「說教」（號稱「寫實主義」）的藝術成為官方宣傳部門的寵兒。

　　至二十世紀，全球的大眾文化發展可說是「美國化」(Americanization) 的過程，美國的流行文化成為世界性的文化，在各國被引進與模仿，為美國賺取大量財富（但這其實是一般人性趨向所致而非美國本身的成就）。這個情勢從一次大戰後即可看出端倪，在二次大戰後更為明顯。尤其 1960 年代至 1970 年代間，美國式的大眾文化大舉進入歐洲及其他非共產主義國度，隨之而至的美國產品、速食店、流行音樂與服飾等，引發當地（尤其是法國）衛道之士及擁護上層文化者的高度反感；但他們終究不能抵擋這股潮流，曾受大力排斥與抵制的麥當勞 (McDonald's) 餐廳與迪士尼樂園 (Disneyland)，其後也在歐洲大行其道。美式大眾文化在冷戰結束後，亦順利進佔原蘇聯共產集團地區與中國大陸，1980 年代末期以後美式商品在這些地方，迭創銷售佳績。因一般人的價值觀與品味相近，各國大眾文化的表現同質性甚高，一個世界性的文化首先出現在大眾社會中，實不足為奇 34，至於

念，從此成為重要的政治活動。電臺廣播所以異軍突起，成為重要的宣傳工具，不僅是因為其傳播訊息的速度與普及性驚人，而且因為它不像報紙一樣，只有受過教育的識字讀者才能接受，廣播是真正全民的媒體。上文所說有趣味的政治宣傳，至今仍是政治人物極為注重的技巧，顯示大眾為大眾文化的主人，故大眾時代的政府自然支持大眾文化，而非上層文化。

34. 文化不是由政治塑造，世界性文化無法由國際政府促成，而是首先出現在展現一般人性的大眾文化中，此乃是自然之事。參見 Bhikhu

上層文化則異國對立的情形仍清楚可見 35。

　　大眾傳播媒體與通訊科技的發達，對於大眾文化的興盛，貢獻之大無庸贅言。報紙、雜誌、收音機、電影、電視、電話、乃至新近興起的電腦網路與行動電話等，均是大眾文化傳播的利器。在此情形下，時尚 (fashion) 之風成為大眾文化的一大特色 36。例如通俗音樂（相對於古典音樂）、偶像明星的崇拜、流行服飾、減肥、美容整型、與創（破）紀錄的行為等風潮，皆是大眾文化下

Parekh, *Rethinking Multiculturalism: Cultural Diversity and Political Theory* (London: Macmillan, 2000), p. 222.

35. 參見 Terry Eagleton, *The Idea of Culture* (Oxford: Blackwell, 2000), p. 125. 若論全球性的大眾文化面貌，大致可說這是美國化的表現，但若論世界性的上層文化主流，則這是美國化抑或是歐化 (Europeanization) 的表現，尚大有爭議的餘地。見 John Tomlinson, "Globalised Culture: The Triumph of the West?", in Tracey Skelton and Tim Allen, op. cit., pp. 23–25.

36. 法國是近代流行風尚的創始者，而百貨公司是早期時尚業的據點。早在路易・菲力普 (Louis Philippe) 執政之下 (1830–1848)，創造流行風潮的法國百貨公司行業即開始興起；在第二帝國之下，它更蓬勃發展，並在第三共和時期大展鴻圖，不僅百貨公司數量大增，其規模更為驚人。根據 1891 年的徵稅紀錄，當時巴黎的大百貨公司有 12 家，共雇用 1,708 個人，總市值約 2,159,000 法郎，其中最大的一家有 542 個員工；這些百貨公司至 1901 年時，員工人數已達 9,784 人，其中最大一家有超過 2,000 人的員工，次大者有 1,600 人，而這些公司的總市值成長了一倍 (Donald Kagan, op. cit., p. 883.)。百貨公司的興起與都市化發展關係密切，它也是資本主義社會下的產物，所以它開始流行的時間正是歐美國家都市化與資本主義成熟的十九世紀後期。

的新現象。由於訊息的快速流通，造成人們相互的模仿與較勁，而易於形成一時並起的風尚。論其性質，大眾文化有標準化、單調化、世俗化、商業化37、簡單化、情緒化、唯物化、與逸樂化諸傾向38，它的快樂主義 (hedonism) 取向明顯，重視速成效果，以求消遣煩悶無聊與解脫生活壓力。從歷史進程來看，大眾文化代表文明發展已進入較高級的階段，這可從「無聊」問題的出現、以及解決「無聊」問題眾多的出路和憑藉得知，因為這決不是苦於營生的初級文明之現象。但諷刺的是，大眾文化在消遣常人鬱悶的同時，也因塑造一致的價值觀和審美觀，而為許多人帶來新的壓力和苦悶。例如纖細苗條的身材，透過電影電視明星的「示範」，成為美的標準，引發眾多觀眾「自慚形穢」的自卑感，於是乃有現代減肥（不為健康而為美感）風氣的流行。現代文明的能力之一是解決它所造就的新問題(如現代化的生活導致肥胖者眾，於是乃有減肥技術之發展)，而這卻使人有恃無恐地製造新問題（如因有減肥技術可求而更飲食無度），這確是現代文明的矛盾現象。

---

37. 文化的商業化傾向導致現實生活與文化活動之間的差異逐漸消失，高雅的「純文化」自然不易生存和發展。見 Theodor W. Adorno, op. cit., p. 53.

38. 大眾文化現象相當程度可以「福特主義」（Fordism，乃至「後福特主義」post-Fordism）代稱之，蓋福特汽車公司首創的大量生產體制，至二次大戰後在各行各業愈來愈普及，幾乎成為一種大眾社會的生活方式，此類生產模式與消費行為培養出一套「新、速、實、簡」的人生價值觀，與大眾文化取向契合。參見 David Harvey, *The Condition of Postmodernity: An Enquiry into the Origins of Cultural Change* (Oxford: Blackwell, 1992), pp. 125–40.

　　與民主政治一樣，大眾文化的盛行對於文明發展的利弊與影響如何，一直是一個高爭議性的課題。義大利政治與社會學家巴利圖 (Vilfredo Pareto, 1848–1923) 強調菁英分子對大眾的引導性；德國社會學家韋伯重視官僚結構擴充下，具有群眾魅力 (charisma) 的個人性領導；西班牙哲學家歐地加‧加賽 (José Ortega y Gasset, 1883–1955) 則力言大眾文化為導致文明墮落的惡緣。類似的批判在二十世紀經常可見39。知識階層自然對大眾文化的流行憂心忡忡，但由於人民教養的提升，上層文化與下層文化並非截然二分而彼此對抗；而且在多元社會中，各類人才皆有其安身立命的條件，菁英文化仍有發揮的餘地40。大眾文化是大眾社會的必然現象，如果大眾社會相對於傳統階級社會，是現代化的表徵，則大眾文化的存在，不必視為洪水猛獸，而應期許其來日的長進41。

---

39. 參見 Reinhard Bendix, "Individual Initiative and the Problem of Bureaucracy", in Bernard Rosenberg et al. eds., *Mass Society in Crisis: Social Problems and Social Pathology* (New York: Macmillan, 1971), pp. 367–68.

40. 新近研究顯示大眾文化的「災難」並不如預期嚴重，見 Paul DiMaggio, "Market Structure, the Creative Process, and Popular Culture: Toward an Organizational Reinterpretation of Mass-Culture Theory", in Lyn Spillman ed., *Cultural Sociology* (Oxford: Blackwell, 2002), p. 161.

41. 現代文明的要務恐非加速現代化腳步，而是重新調和文明各要素，或檢討主流價值的推展。論者有謂，繼社會性民主 (social democracy) 建立之後，文化性民主 (cultural democracy) 的建設必須推動，以免觀念立場的分化對立導致庸俗價值觀——即大眾文化——獨霸，妨礙良性民主與多元社會的發展。參見 Alain

Touraine, "Democracy: From a Politics of Citizenship to a Politics of Recognition", in Louis Maheu ed., *Social Movements and Social Classes: The Future of Collective Action* (London: Sage, 1995), pp. 270–71.

第十五章

世界一家…

近代世界秩序的變遷與重整

戰火中的聖保羅教堂 *(1940)*

空軍雖在一次大戰中已經出現，但其作用尚不大，至二次大戰期間制空權已成為戰場決勝的重要關鍵。從 1941 年至 1942 年間，德國發動一連串對倫敦與其他英國城市的空襲，其規模遠勝前時。雖然在戰前早有觀察指出，此類空襲將癱瘓英國抗戰的能力與士氣，但事實上英國人民仍堅持到底，並不投降，倫敦地下鐵車站成為人民避難的防空洞，「照常營業」("Business as usual") 的告示牌是許多商家在戰火蹂躪後的幽默與鬥志表現。此處照片所示是德軍燃燒彈襲擊下的倫敦聖保羅教堂（建於十七世紀晚期），當時駐守在教堂旁的消防隊員勇敢地保護它免於大火破壞，而當這張照片出現在 1941 年 1 月份的美國《生活》(Life) 雜誌時，它激發了許多美國人支持英國作戰的熱情（美國的參戰乃在 1941 年底時），日後它成為代表英倫戰役最有名的記錄照之一。

華沙猶太人的末路

二次大戰期間納粹德國迫害猶太人的惡行，如今已是世人盡知的事。這兩張照片是德軍在華沙驅離猶太居民前往集中營的情形，富有戲劇性美感的鏡頭畫面使人以為是電影劇照，不能信其為真。其中小孩驚惶無助、高舉兩手的照片，是當時一個納粹精衛隊幹部呈送其長官的報告附件，戰後它成為紐倫堡 (Nuremberg) 大審中用以判定德軍暴行的證據。為使德國人民瞭解其政府在戰時的罪行，盟軍在解放納粹集中營之後，曾強迫許多德國民眾集體觀看被迫害至死的猶太人屍體，此種「二度傷害」──對德國人民與猶太人皆然──誠為人間正義難伸的無奈表現。

冷戰的旗幟 *(1945)*

冷戰可說是史上最大規模的人類社會對立。冷戰的源頭可追溯至 1917
年蘇聯退出一次大戰而美國加入之時，戰後勝利國對東歐的政治安排
含有高度的防共考量。不過後來美國外交政策回歸孤立主義，蘇聯亦
放棄世界革命而致力於內部建設工作，美蘇的對立態勢緩和甚多。至
二次大戰末期，雙方較勁的角力又逐漸加重，戰後乃有全面的對抗。
此處兩張照片一是 1945 年 2 月美軍攻佔西太平洋硫磺島 (Iwo Jima)
的日軍基地後，豎立美國國旗的情景（這是有關太平洋戰爭流傳最廣
的一張紀錄照，照片中六人有三者在稍後的戰役中喪生），另一是同年
5 月蘇聯軍隊進佔柏林後，在殘破的高樓上揮舞蘇聯國旗的情形。國
與國的對抗不是抽象的政治概念或沙盤推演，而是陌生人與陌生人相
殘，這是二十世紀的震撼之一。

一、近百年國際政治的演進

　　二十世紀相對於過去，是一個快速變遷而高度互動的時代，它被學者稱為「動力的時代」(Dynamic Age) 或「全球的時代」(Global Age)，由於這樣的特質，它給許多人的感受是一個「憂慮的時代」(Age of Anxiety)、「不確定的時代」(Age of Uncertainty)、「極端的時代」(Age of Extremes)，但同時它也可能是一個「希望的時代」(Age of Hope)。總之，這一百年是一個變化萬千而令當代人難以預測的時代，其間傳統的文明價值與世界秩序不斷遭受巨大的挑戰。例如保守主義與改革主張的新舊之爭，普遍發生在各國的現代化運動中；貴族及中產階級的優勢及價值觀念逐漸式微，大眾社會與大眾文化以主流之勢取代上流之風；科技進步改造了社會關係及人與自然的關係，衝擊人類長久以來所持的宗教信仰觀點。如此的巨變引發了二十世紀末關於人類文明眾多而深刻的反省及批判，這與一百年前西方人信心十足預期二十世紀文明進步的樂觀態度，形成強烈對比。

　　近百年的國際關係可用不同的理念加以定義及解釋，例如列強（帝國）與殖民地的關係（較適用於二十世紀前半期）、南北對抗（較適用於二十世紀後半期）、東西對立（文化觀點）、已開發國家與開發中國家的關係（經濟觀點）、歐美自由國家、共產集團與第三世界的關係（較適用於國際政治社會的討論）、以及「核心」與「邊緣」地區的相對關係等 *1*。不論那一個說法皆有其特

---

1. 參見 Peter Worsley, "Models of the Modern World-System", in Mike Featherstone ed., *Global Culture: Nationalism, Globalization and*

別適用的時空，而不能涵蓋全面，可見二十世紀世界秩序的多變性與複雜性。這使歷史學者對於自己身處的時代常感捉摸不易，此正是「不識廬山真面目，只緣身在此山中」。此外，上述這些理論也都試圖解釋世界全體，而不是個別陳述單一國家或地區，因為學者皆深切體會到二十世紀的歷史是一個真正的「世界史」，而非「西方文明史」或各國歷史的總合。各民族社會之間交互的影響在現代既快且深，少有國家（尤其是大國）能自外於國際政經趨勢，維持孤立或力求自保。例如兩次世界大戰的發生皆是源於區域性的衝突，然牽一髮而動全身，終於演變成全面性的大戰；其間美國原本雖欲保持中立，置身事外，但最後卻都捲入戰火（雖非積極卻非無奈）。另外，1930 年代的經濟大恐慌，由美國開始而波及世上主要國家，造成全球性的景氣蕭條。這些都說明在單一世界迅速的發展中，任何重大事件的發生皆令「地球村」(Global Village) 中的居民「無所逃於天地之間」2；而迴避之害又常甚於主動介入可能招致之禍，故世局變動特多且快。

大體而言，近百年的世界政治發展經歷了歐洲霸權的衰落、美蘇兩極化對抗、以及多元的世界政局等階段。「新帝國主義」時期 (1871–1914) 是歐洲霸權盛世，「歐化」可說是此時的世界秩序，歐洲的「勢力均衡」(balance of power) 3 決定著國際政治的安

Modernity (London: Sage, 1990), pp. 83–89.

2. 在此地球村中，由於資訊流通快速而媒體傳播的報導時有失誤與偏執，常造成嚴重的誤解與衝突，反較消息不通的舊世界禍患更多。詳見 Ulf Hannerz, *Transnational Connections: Culture, People, Places* (London: Routledge, 1996), pp. 112–24.

3. 勢力均衡是透過敵對列強之間勢均力敵的平衡狀態，達到維持國際安定與避免任一國家稱霸的目的。欲維持勢力均衡，列強政府須隨

危。至第一次世界大戰前夕，歐洲（僅佔全球陸地的十五分之一）仍控有三分之一的世界領土，廣義的歐洲人佔有世界人口的三分之一。但歐洲優勢的式微在十九世紀末已有徵兆。雖然歐洲當時仍佔有世界貿易量一半以上，但此後其比例不增反減；另一方面，從十六至十九世紀，歐洲人口成長率均超越其他各洲，但 1900 年以後情況已開始逆轉。美國與日本的崛起，使得歐洲不再專美於前，代表先進的「歐洲」一詞，不得不逐漸為廣義的「西方」一詞所取代。同時亞洲民族主義的興起，使得歐洲帝國主義的擴張與統治遭遇重重困難。1917 年俄國發生共產革命，並退出一次大戰戰場，其後經史達林領導，經過幾次五年經濟建設計畫 (1928–42)，至二次大戰前已經將蘇聯建設為軍事與經濟強國。蘇聯不受1930 年代世界經濟大恐慌的牽連，又在二次大戰中展現其強盛的軍力，甚令世人側目與第三世界國家欽羨。同樣在 1917 年，美國加入一次大戰，打破纏鬥數年而不分勝負的戰局，為協約國贏得最後的勝利，這證實了美國自南北內戰以來工業化與政治社會改革的成功。美國總統威爾遜 (Woodrow Wilson, 1856–1924) 於戰爭

國際情勢的變化，而調整其與他國結盟的關係，使得勢均力敵的現象不被顛覆。現代的勢力均衡發展起於十七世紀中葉，當法國路易十四世在位時，歐洲其他國家為防止法國獨霸，而開始推展一個勢力均衡的國際關係。在十八、十九世紀時，英國的外交政策宗旨即是維持歐洲的勢力均衡；1815 年至 1914 年間，歐洲的國際政治更可說是建立在勢力均衡的原則上。一次大戰後，追求國際社會合作關係者，開始批判勢力均衡的觀念與運作；二次大戰後，美蘇兩極化對抗終於使固有的勢力均衡消滅。然 1960 年代以來，歐洲勢力重振，而中國大陸又逐漸成為另一個國際強權勢力，使得勢力均衡體系似乎又重新出現。

末期提出「民族自決」(National Self-determination) 的和談原則，正可顯示美國自居於世界政局意見領袖的地位，以及反對歐洲霸權的立場 4。一次大戰後美國深感參戰之不智，未批准〈凡爾賽和約〉(*Treaty of Versailles*) 且不參與國際聯盟 (League of Nations)，再次退回孤立的外交政策。同時蘇聯輸出革命不成，內部又經共產主義路線與權力的鬥爭，然後致力於工業化與軍事建設，無暇兼顧國外世局。凡此均使歐洲又得以主導世界政局，但這僅是假象，歐洲霸權的衰落以及美蘇強權的興起早已為有識之士所共見。1920 年代末期至 1930 年代的世界經濟大恐慌，起源於美國產業與金融市場的蕭條，然後引發全球性的經濟不景氣，此正說明美國對世界秩序的重大影響力。二次大戰的戰局亦因蘇聯與美國的參戰（1941 年）而扭轉，使盟軍獲勝，這也是歐洲沒落的輔證。

　　第二次世界大戰後，歐洲殖民帝國宣告結束，亞、非國家紛紛脫離西方控制，獨立建國。事實上歐洲殖民擴張在十九世紀末年瓜分非洲後，即已接近極限，不易再有發展。一次大戰後，德國戰敗，英法兩國瓜分其海外殖民地。但美國反對歐洲帝國主義的進一步發展，威爾遜總統的〈十四點計畫〉(*The Fourteen Points*) 之一主張合理處置殖民地問題，因此英法並不能將這些領土佔為己有，而是以「託管」(mandate) 5 的名義控制它們，以待

---

4. 列寧早在 1914 年即已提出民族自決的主張 (V. I. Lenin, "The Right of Nations to Self-Determination", in V. P. Pecora ed., *Nations and Identities: Classic Readings* (Oxford: Blackwell, 2001), pp. 220–28.)，但此乃革命家的理想，不是強國領袖的政策宣示，故作用不大。

5. 託管制是根據〈國際聯盟約規〉(*Covenant of the League of Nations*) 第二十二條而建立，其規劃是為解決一次大戰後原土耳其帝國領土

來日令其獨立。民族主義聲浪在此後不斷高漲，殖民地中的民主自治呼聲亦日漸響亮，歐洲帝國控制愈來愈困難。二次大戰期間，日本重創英國、法國與荷蘭在遠東的勢力，高喊「大東亞共榮圈」，激發東方民族反歐情緒。戰後殖民地紛紛運動獨立，歐洲列強不論如何均不能再維持其殖民統治。其中英國較能接受此一變局，而讓其殖民地能以平和方式取得獨立（印度和緬甸在 1948 年、馬來亞在 1957 年、非洲各國在 1957 年以後，紛紛獲得獨立）；反之，法國與荷蘭的殖民地則經過武力抗爭之後，才得以解脫帝國控制（例如法國為保中南半島與阿爾及利亞的統治權，血戰八年不成後才善罷干休）。

　　美國與蘇聯兩強對峙的時代於歐洲帝國瓦解後正式展開。所

與原德國殖民地的處置問題。託管制主要是南非政治家司馬資 (Gen. Jan Christian Smuts) 所設計的，它是國際法的一大創新，與先前的保護國 (protectorate) 或勢力範圍 (sphere of influence) 等概念皆不相同，它對於戰後殖民地問題的處理影響極大。託管地依其政治與經濟發展狀況及所在地理位置分為三級，由列強各自管理。第一級包括伊拉克、巴勒斯坦、敘利亞、與黎巴嫩，前二者為英國所管，後二者為法國所管；這些地區是昔日土耳其帝國的領土，它們現在擁有不小的自主權，英法兩國的監督是為協助其發展，使其來日得以獨立。事實上 1949 年之前，這些國家都已經完全獨立。第二級託管地是原德國在非洲的殖民地，依規定英法等託管國不得在此建立軍事基地，這些託管地人民享有基本人權，及平等的商業貿易權利。第三級託管地包括德國在太平洋地區的殖民地，同樣地，這些地區不能加以武裝，當地基本人權也須加以尊重，但託管國可將其納入自己的帝國體系內，加以治理。託管制運作由國際聯盟的一個常設委員會所監督，其後聯合國成立，託管制乃改為信託制 (trusteeship)，繼續推展。

謂「冷戰」是指以美國為首的西方民主陣營與以蘇聯為首的共產
陣營之間的對抗，這個對抗不只是政治與軍事上的衝突，而且是
經濟上的競爭 6。冷戰期間雙方均致力於軍武整備，核子武器的
研發與裝備是其要項 7，經濟利益的爭奪與敵對的外交政策亦是
重要戰線。美蘇二集團首次公開的衝突起於二次大戰後德國統一
的問題，雙方溝通未獲共識，終於裂土分治，互相較勁。美國以
「馬歇爾計畫」(Marshall Plan) 8 援助歐洲戰後重建，又建立「北

---

6. 邱吉爾於 1946 年 3 月 15 日在密蘇里州富爾頓西敏學院
　　(Westminster College, Fulton) 著名的 「鐵幕」 ("iron curtain") 演講
　　（講詞可見 Albert M. Craig et al., *The Heritage of World Civilizations*
　　(New York: Macmillan, 1994), p. 1161.） 中說道：「我並不相信蘇聯
　　會想發動戰爭，他們想要的其實是戰利品，以及擴張他們的勢力、
　　推廣他們的共產主義。」 美蘇冷戰的源頭可以追溯到一次大戰後
　　期，但它全面的爆發是在二次大戰以後，這個演說則可視為冷戰公
　　開的宣告。

7. 愛因斯坦在 1939 年 8 月 2 日致函美國總統羅斯福，預告了核子戰
　　爭時代的來臨 （信函全文可見 Perry M. Rogers ed., *Aspects of
　　Western Civilization: Problems and Sources in History* (Upper Saddle
　　River, New Jersey: Prentice Hall, 1997), pp. 382–83.）。六年後（1945
　　年 8 月 6 日），美國在日本廣島擲下第一顆原子彈，核子時代正式
　　揭幕。由於杜魯門總統相信原子彈可以使同盟國士兵的生命不再無
　　謂地犧牲，因此他批准了兩天之後在長崎拋下第二顆原子彈，以逼
　　迫日本投降，其結果正如美國所望。原子彈的使用引起爭議甚多，
　　邱吉爾在戰後對於美國此舉，曾經強力辯護。二次大戰後，核子武
　　器競賽成為美蘇冷戰的焦點，前後達四十年之久。

8. 「馬歇爾計畫」 或稱 「歐洲復興計畫」 (European Recovery
　　Program)， 它是美國在 1947 年 7 月巴黎經濟會議 (Paris Economic

大西洋公約組織」(North Atlantic Treaty Organization) 9 ，聯合西歐國家對抗蘇聯，並且籌組許多區域性組織，圍堵共產國家集團。蘇聯則強化對其附庸國家的控制，支援中國、東南亞、及古巴等

Conference) 中所提出的，其目的在協助二次大戰後歐洲國家（主要是西歐）的經濟重建。馬歇爾計畫概念最初的成形，是當美國國務卿馬歇爾 (George C. Marshall, 1880–1959) 於 1947 年 6 月時呼籲歐洲國家具體說明它們的經濟需求，以便美國可以統整其對歐洲的援助行動。次年 4 月，杜魯門總統批准此案，成立經濟合作組織 (Economic Cooperation Administration)，開始執行馬歇爾計畫。該組織的主要任務是協助歐洲提高生產力、支撐歐洲貨幣市值、促進國際貿易等。馬歇爾計畫的另一目的其實是藉此防止蘇聯共產勢力在歐洲國家繼續的擴張，尤其是在捷克、法國及義大利等地。從 1948 年至 1951 年之間，美國支援了歐洲一百二十億美元來推動此計畫，對歐洲戰後經濟的復甦貢獻極大。馬歇爾計畫於 1952 年結束。

9. 北大西洋公約組織是由 1949 年在華盛頓所簽訂的〈北大西洋公約〉(*North Atlantic Treaty*) 所成立。一開始參與此組織者是美國、加拿大與西歐國家共十二國；1952 年希臘與土耳其加入，1955 年西德加入，1982 年西班牙加入。此組織乃是冷戰期間西方國家為對抗蘇聯集團擴張而採取的反制措施。1949 年時西歐國家的國防力量甚弱，難以自我保衛，而 1948 年時蘇聯控制了捷克並封鎖柏林，使西方國家極為擔心蘇聯可能以武力攻取西歐，1950 年韓戰爆發，更使西方國家的憂慮加深。在此情形下乃有北大西洋公約組織的建立與擴增，這是美國歷史上第一次在平時參與捍衛歐洲安全的國際軍事聯盟。依此約，對此組織任一成員國的攻擊行為，將被視為對所有成員國的攻擊行為，也就是說北大西洋公約組織是一個集體安全的防禦機制。此公約另外一個功用是，推動加盟國家之間的經濟、政治與社會的合作關係。

國的共產革命，並建立「華沙公約組織」(Warsaw Treaty Organization) [10]，對西方陣營進行反制。冷戰中又有熱戰，此即是韓戰 (1950–53) [11] 與越戰 (1954–75) [12]。1960 年代及 1970 年代時，

10. 華沙公約組織是在 1955 年 5 月時，由蘇聯與阿爾巴尼亞、保加利亞、捷克、東德、匈牙利、波蘭、羅馬尼亞等八個國家簽訂的協防條約（即〈華沙公約〉*Warsaw Pact*）所成立，它是相應於北大西洋公約組織的共產集團軍事體系；事實上，當此約簽訂時，簽約國即明白表示此舉是在回應北大西洋公約組織的成立。此組織的軍事指揮部設於莫斯科，指揮官由蘇聯將領擔任。1968 年時阿爾巴尼亞退出該組織。同年，華沙公約組織派遣軍隊佔領捷克，以鎮壓當地的民主運動。

11. 韓戰發生於 1950 年 6 月至 1953 年 7 月。它是共產勢力與反共勢力在韓國的軍事對抗。二次大戰後，韓國以北緯三十八度線分裂為南北韓；北韓時為蘇聯佔領區，南韓為美國佔領區。當北韓軍隊入侵南韓時，聯合國授命會員國支援南韓，於是爆發韓戰。聯合國軍隊由麥克阿瑟將軍 (Gen. Douglas MacArthur) 指揮，1951 年以後則改由李濟威將軍 (Gen. Matthew B. Ridgway) 指揮。1950 年 10 月，中共軍隊加入北韓陣營參戰。戰事主要集中於北緯三十八度線附近。1951 年以後雙方開始停戰談判，而於 1953 年 7 月 27 日達成停火協議。

12. 越戰發生於 1954 年至 1975 年，它是美國所支持的南越與北越共產勢力的軍事對抗。二次大戰後，法屬中南半島發生戰事 (1946–54)，法國戰敗，越南乃依 1954 年的日內瓦會議 (Geneva Conference) 之協議，分割為南北越。然隨後因為越共游擊隊企圖推翻南越政府，戰爭立即在南越爆發。自 1961 年起，美國派遣軍隊支援南越，而在東京灣決議 (Tonkin Gulf Resolution) 之後，戰況馬上激烈化。至 1969 年時，美軍在越南的人數已達五十五萬之眾。1968 年之後，美國國內反對越戰的聲浪越來越激昂。在尼克森總

冷戰情勢趨於緩和（此所謂「低盪」Détente）13，但 1979 年蘇聯
入侵阿富汗，同時強力鎮壓波蘭民主運動，為此美國總統雷根

統的政策下，戰機轟炸行動加劇，同時美軍則開始撤出越南。1973
年〈巴黎停戰協議〉簽訂，美軍正式撤退，但越南問題仍無解決跡
象。至 1975 年，越共獲得最後勝利，殲滅南越軍力，越戰終於結
束。

13. 低盪是指 1960 年代與 1970 年代時，美國與蘇聯冷戰情勢的緩和與
雙方關係的改善。原來在此時日本與西歐國家經濟成長，使其開始
重新採取較為獨立自主的外交政策，而不處處配合美國的要求。同
時，中共在政治與經濟上的實力也有所增長，而與蘇聯發生許多對
立、摩擦、乃至軍事衝突（1969 年邊境戰事爆發）。正當冷戰雙方
陣營都產生內部鬆解的情況時，雙方乃開始調和敵對關係。低盪的
表現之一是美國、加拿大、日本等國，都開始派遣外交使團到中
國，這是 1949 年以來首見；1971 年中共更加入了聯合國，1979 年
美國正式與中共建立外交關係。低盪達到盛期時，雙方簽訂了〈禁
止核子武器擴散條約〉(*Nuclear Non-proliferation Treaty*, 1969)、〈戰
略武器限制條約〉(*Strategic Arms Limitation Treaty*, 1972)、與〈赫
爾辛基協議〉(*Helsinki Accords*, 1975)。然而至 1979 年時，蘇聯入
侵阿富汗，美蘇關係再度惡化。蘇聯對波蘭民主運動的鎮壓、武器
競賽的惡化、與雷根總統的堅決反共立場，終於使低盪在 1980 年
代初期結束。美國國務卿季辛吉 (Henry A. Kissinger) 在 1980 年 1
月的評論指出，區分戰後國際政治為冷戰期與低盪期，是一個過於
簡化的觀點；他警告西方世界不要對共產集團有過度的敵意、也不
要有輕忽放鬆的心態，過猶不及，皆非善策。(見 Henry Kissinger,
For the Record: Selected Statements, 1977–1980 (Boston: Little,
Brown, 1981), p. 262.）季辛吉發表這個言論時，美蘇冷戰關係正處
於由低盪緩和氣氛轉趨於緊張之際。不過至 1980 年代後期，共產
集團情勢大變，冷戰隨即結束。

(R. W. Reagan) 又採取強硬的反共立場，使得冷戰情勢再度緊張。
1980 年代末期及 1990 年代初期，蘇聯在戈巴契夫 (M. S.
Gorbachev) 主政下，逐漸採行改革開放政策，放棄對東歐共產衛
星國的控制，聽任兩德統一 (1990)，美蘇關係大獲改善，冷戰於
是終止。

　　蘇聯於 1991 年瓦解，代之而起的是十餘個獨立共和國，共產
陣營至此已是分崩離析，國際政局大為改觀，美蘇兩極化
(bipolar) 的時代成為過去。1989 年初世上計有二十三個共產國家，
五年之後只剩五國，而且這些國家紛紛改弦更張，進行自由化改
革。冷戰結束後（或者說美國贏得了冷戰），世界政局對許多美國
人而言似乎變得簡單許多，不僅俄國不能再嚴重威脅美國，中共
亦積極從事西化的改革開放，美國價值儼然成為世界文明主流。
1991 年美國總統布希 (George Bush) 便說：「在將來新的世界秩序
裡，自由與人權將為所有國家民族所擁護。」至此，有人認為二
十世紀歷史已可蓋棺論定，它的主題就是共產主義的興亡，它起
於 1917 年俄國共產革命，終於 1991 年蘇聯瓦解；另外有些人甚
至視冷戰的結束為「歷史的終結」 ("the end of history") 14，因它

---

14. 劇作家與捷克前總統哈維 (Vaclav Havel) 對於 1980 年代末期以來，
　　共產主義政權在東歐與蘇聯的崩潰，曾評論說：「共產主義的終結
　　對人類是一個強烈的訊息，但這個訊息我們至今都未能清楚瞭解。
　　就其最深的意義而言，共產主義的結束使得歷史上一個重要的時代
　　成為過去，它不只是終結了十九、二十世紀，它其實結束了現
　　代。」（見 R. L. Greaves et al., *Civilizations of the World: The Human
　　Adventure* (New York: Longman, 1997), p. 1164.）哈維代表某些人以
　　「歷史的結束」的觀點看待共產主義的消滅，但另一方面他也提出
　　人類文明再出發的觀念；這種複雜的感受，在二十世紀末年普遍存

表示人類文明的發展目標若非已經達到、至少也已完全確定。但實際上這並不意味美國獨霸或「一極」("unipolar") 時代的開始，美式的民主政治與資本主義經濟體制並未在世界各地真正落實，而世界政局的複雜性也沒有因此減少，美國的外交與國防政策仍如從前，改動無多15。冷戰結束以後，美國依然面對許多勢力的挑戰和競爭，其中之一即來自同屬自由陣營的歐洲。1960 年代以來，歐洲——特別是法國——便企圖打破美蘇二元化領導的世界政局，再度尋求「勢力均衡」，其氣勢在二十世紀末頗為可觀。同時，國際社會中的 「次國際政治」 (sub-international politics) 在 1989 年後也蓬勃興起，使任何霸權政治難以維持16，聯合國在冷戰結束後並未成為美國專擅的外交工具，即是一項明證17。

事實上早在二次大戰結束後，昔日歐洲強權即有感於其國際影響力的式微，在面對美蘇超級強國的挑戰、以及經濟復原與發展的要求下，乃有歐洲統合的呼聲。傳統外交政策上向來傾向孤立與反對歐陸統一的英國，自二次大戰以來對於歐洲統合運動極表關注，這顯示了世界政治巨大的變化。邱吉爾在 1946 年即宣揚

在於歷史觀察者，它是人類文明發展困境的反映。

15. P. D. Miller, "Leadership in a Transitional World: The Challenge of Keeping the Peace", in D. N. Nelson ed., *After Authoritarianism: Democracy or Disorder?* (London: Praeger, 1995), p. 136.

16. Martin Shaw, *Global Society and International Relations: Sociological Concepts and Political Perspectives* (Cambridge: Polity Press, 1994), p. 124.

17. 參見 P. M. Jones, "Is There Any Moral Basis to "New World Order"?", in Barry Holden ed., *The Ethical Dimensions of Global Change* (London: Macmillan, 1996), p. 90.

「歐洲合眾國」(United States of Europe) 的想法，主張歐洲各國多方面的合作。1948 年歐洲十六國合組 「歐洲經濟合作組織」(Organization for European Economic Cooperation) [18]，1950 年代歐洲各國經濟上的合作更加積極進行。1958 年 「歐洲共同市場」(Common Market or European Economic Community) [19] 成立，企圖整合西歐經濟力量，促進生產。1967 年歐洲共同市場與其他兩個歐洲合作組織共同組成 「歐洲共同體」 (European Community)，使歐洲統合更進一步。1991 年歐洲共同體成員簽署〈馬斯垂克條約〉(*Maastricht Treaty*)，將歐洲共同體改組為合作關係更為緊密的「歐洲聯盟」(European Union)，形成美國之外另一個強大的政經勢力。它朝向共同的經濟政策與外交政策發展，對於任何單一的世界霸權，形成重大挑戰。

　　除了歐洲以外，區域性團結組織在其他各洲亦極多，其著名

---

18. 「歐洲經濟合作組織」成立於 1948 年，1961 年時改為「經濟合作與發展組織」(Organization for Economic Cooperation and Development)，此組織有二十四個會員國，包括澳洲、英國、加拿大、法國、德國、日本與美國等。其宗旨是提升各國工商生產，協助開發中國家發展經濟，擴展世界貿易等，其總部設於巴黎。

19. 歐洲共同市場是 1958 年由比利時、法國、義大利、盧森堡、荷蘭與西德等國簽約成立，其總部設於比利時首都布魯塞爾。1961 年起，英國、愛爾蘭、挪威、與丹麥等國，開始申請入會，但過程並不順利，直到 1972 年才受邀成為會員，但挪威終未加入。此會是發展歐洲共同體非常重要的一步，它的目的是組成一個經濟聯合體，從而建立一個政治聯盟。其法是先逐步廢除各會員國之間的關稅，然後建立一個共同的關稅體系，同時促進會員國之間勞力與資金自由流通，消滅財閥大企業，成立互惠的農工業、社會福利、交通運輸及對外貿易等政策。

者如美洲國家組織 (Organization of American States) [20] 、 國協
（Commonwealth of Nations，原大英國協）[21] 、 東南亞國協
(Association of Southeast Asian Nations) [22] 、 阿拉伯國家聯盟
(League of Arab States) [23] 、 非洲團結組織 (Organization of Africa

---

20. 美洲國家組織成立於 1948 年，其目的是促進美洲地區的和平與發
　　展。它的前身是泛美聯盟 (Pan-American Union)，現在此聯盟成為
　　美洲國家組織的祕書處。該組織致力於解決會員國之間的糾紛，與
　　防止外國勢力對美洲的干預。美洲國家組織有三十五個會員國，然
　　自 1962 年以來，古巴一直被拒於門外。

21. 國協乃是英國與其曾經統治的國家所自由結合的聯盟。國協原始的
　　理念是十九世紀的自治領制度，它正式成立於 1931 年（據〈西敏
　　法〉 Statute of Westminster），其原名是 「大英國協」 (British
　　Commonwealth of Nations)，1949 年以後，改稱國協。國協總部設
　　於倫敦，其中心理念是協商與合作。二次大戰後英國殖民地紛紛獨
　　立，但幾乎都加入國協。它現有五十個會員國，但國協決議對其會
　　員國並無約束力，這些國家可以自由來去，不受限制。會員國視英
　　國國王為國協象徵性的領袖。國協會員國彼此聯繫的力量是經濟關
　　係，不過自從 1973 年英國加入歐洲共同市場以後，國協的優惠關
　　稅制度已無法繼續維持，這對國協的結合不免有所妨害。

22. 東南亞國協是由 1967 年的〈曼谷宣言〉(Bangkok Declaration) 所成
　　立，它包括印尼、馬來西亞、菲律賓、新加坡、與泰國等會員國，
　　其總部設於印尼首都雅加達。東南亞國協的宗旨是促進各會員國社
　　會經濟的發展和政治安定，其法是建立各國在金融、貿易、科技、
　　農業、工業、與觀光業各方面的合作關係，它的區域性色彩頗濃。

23. 阿拉伯國家聯盟成立於 1945 年，其目的是爭取阿拉伯國家共同的
　　權利。它有二十一個會員國，幾乎包含了所有的阿拉伯國家，乃至
　　於巴勒斯坦解放組織 (Palestine Liberation Organization)，其總部設
　　於開羅。由於阿拉伯人對於以色列在巴勒斯坦建國的共同反對，該

Unity) 24 等。另外，還有國際性利益團體的出現，如 1960 年成立的「石油輸出國組織」 (Organization of Petroleum-Exporting Countries) 25。這些組織依種族、地理、政治或經濟因素發展而成，對於外來的威脅別具抵抗力。此外，新興國家（如東亞）的現代化在戰後急起直追，對歐美國家採取挑戰態勢，且其民族自覺強烈，不再任憑強國操縱 26。反觀 1950 年代以來歐美國家長期

聯盟在 1948 年發起對以色列的進攻，此即是以阿戰爭。1979 年至 1989 年間，埃及因為與以色列達成和平協議，而被阿拉伯國家聯盟取消會員身分，而該組織總部也因此遷移至突尼斯。阿拉伯聯盟的主要任務之一，是改善阿拉伯地區的經濟狀況。

24. 非洲團結組織成立於 1963 年，其目標是提升非洲國家的團結、發展和國防安全，掃除歐洲帝國主義，促進經濟與衛生政策合作等。這個組織原有三十個會員國，其影響力逐漸擴張，它現有五十二個會員國。它解決了許多非洲國界衝突問題，協助許多非洲國家脫離白人統治，但該組織內部問題亦多，使其應有的實力未能充分發揮。

25. 石油輸出國組織成立於 1960 年，它的目的是協調第三世界大部分產油國的石油政策。這些國家的石油儲量，大約佔有世上可開採石油的三分之二強，故此組織具有強大的經濟影響力。該組織會員國包括阿爾及利亞、印尼、伊朗、伊拉克、科威特、利比亞、奈及利亞、沙烏地阿拉伯、委內瑞拉等共十三國。在 1970 年代中，該組織國家聯合大舉提高石油價格，造成世界性的石油危機與通貨膨脹；不過自從這次風波後，石油輸出國組織左右石油價格的能力已經大不如前，1983 年該組織甚至首度降低石油價格。

26. 參見 Stanley Hoffmann, "Nationalism and World Order", in Kjell Goldmann et al. eds., *Nationalism and Internationalism in the Post-Cold War Era* (London: Routledge, 2000), pp. 209–12.

的經濟繁榮，至 1980 年代時已顯露疲態，通貨膨脹、經濟成長的
遲滯、以及社會抗議事件，深深困擾這些先進國家。1980 年代中
期美國已成為世界上最大的債務國，二次大戰以來美國資金輸出
的大勢，至此開始改觀。同樣在 1980 年代，中共結束其數十年的
內部革命紛擾，致力於經濟發展，重新躍入國際舞臺，爭取其為
大國的一席之地。以上這些發展都使國際政治趨於多元化，美國
並不能建立類似十九世紀大英帝國的威權，或維持二次大戰以來
主導世界政局的優勢，而現代的勢力均衡也不再建立在共同或單
一的文化基礎上——如十九世紀歐洲的勢力均衡——故此均衡關
係與溝通合作更難維繫 27。更何況核子武器的發展使戰爭型態產
生重大改變，全面戰與玉石俱焚的毀滅，都使得大國與小國（亦
可能擁有核子武器）的關係產生微妙的變化 28，在所謂「恐怖的
平衡」(balance of terror) 及「核子僵局」(nuclear stalemate) 中，並
無趾高氣昂、戰無不克的一方，卻有委曲求全的優勢者 29。國際

---

27. Hedley Bull, "The Balance of Power and International Order", in
　　Richard Little and Michael Smith eds., *Perspectives on World Politics*
　　(London: Routledge, 1991), p. 122.

28. 核子武器常為弱勢的民族國家維護其主權與刺激愛國情緒的工具，
　　但其效果其實甚為有限。 參見 T. W. Luke, "New World Order or
　　Neo-World Orders: Power, Politics and Ideology in Informationalizing
　　Glocalities", in Mike Featherstone et al. eds., *Global Modernities*
　　(London: Sage, 1995), p. 105.

29. 季辛吉於 1980 年初評論冷戰形勢時說：「西方國家與蘇聯集團的關
　　係應該建立在兩個基本的原則上，第一是我們必須武力夠強大、意
　　志夠堅定，力抗蘇聯一切的擴張行為；第二是既然雙方都掌握了破
　　壞性驚人的武器，我們恐怕注定了要與我們的敵人共存，如此，我

政治至二十世紀末已不是百年前列強與殖民地的主從關係，而是透過協商以尋求「雙贏」的藝術。

二、民主的追求

　　就政治潮流而言，民主化是當代世界最明顯的現象，但這並不是一帆風順的發展。民主改革自法國大革命以來持續在西方推展，然而第一次世界大戰爆發，使民主政治不能如平時運作，除了社會主義者之外，大多數人皆能接受這個變局而配合政府集權的措施。因此，一次大戰前歐洲風起雲湧的社會運動（如工會運動與婦女運動），在大戰爆發時大多瞬間停止，民眾率皆共赴國難，不再高喊自由平等之權。一次大戰後，民主政治在西方世界大有進展。事實上美國參戰的口號之一正是「捍衛民主」，而戰後德國、奧地利、土耳其、俄國等四大帝國崩潰，許多新興國家紛紛建立民主制度，成立共和國體、頒布憲法、建立國會、組織政黨、實施全民普選等。但義大利卻在墨索里尼 (Benito Mussolini, 1883–1945) 領導下，於 1922 年成立了法西斯主義 (Fascism) 極權政府 30 。 在經濟大恐慌及各種社會問題的衝擊下 ， 德國納粹

們應該找出一個可以長久相處之道，以免相互傷害，甚至可以有些建樹。追求和平不應該變成一種恐嚇的方式（案：此指恐怖平衡），而反抗敵人擴張的決心也不應該變成挑釁的作法 。」 (Henry Kissinger, op. cit., p. 262.) 可見 「恐怖平衡」 並不是一種 「恐怖統治」，而是一種 「平衡的政治」。

30. 法西斯主義是一種強調民族國家至上的政治學說，它主張個人應為國家無條件犧牲奉獻。法西斯反對民主思想與社會主義，主張種族主義 （例如反對猶太人），採取黷武的軍事外交政策，對國家領袖

(Nazi) 隨後建立另一個法西斯式的極權政府31。1930 年代民主政治的發展中輟，至二次大戰前，歐洲二十七國中僅餘十國仍堅持民主制度。諷刺的是，德義二國獨裁者均是透過民主程序得權（不是奪權），而宣稱建立「真正的」民主政治。事實上，另一極權國

絕對效忠。法西斯主義在一次大戰後，逐漸在義大利與德國受到支持，因為它高喊社會正義的原則，承諾協助勞工大眾與中產階級改善其生活與社會地位，對於工商企業界則承諾恢復社會秩序。事實上，法西斯政權依然袒護資本家與地主的既得利益，它以政治考量控制所有經濟活動，並執行恐怖統治的政策。法西斯主義一詞原指墨索里尼的政權，但它也廣泛被使用，指涉其他右派極權統治，例如德國納粹政權與西班牙佛朗哥 (Francisco Franco, 1892–1975) 政權。墨索里尼在 1931 年要求義大利全國的大學教授宣誓效忠法西斯政府與宣揚法西斯主義，其誓詞曰：「我發誓效忠國王，效忠其繼承者，效忠法西斯政府，絕對遵守憲法及其他國家法令。我發誓以訓練忠於國家與法西斯政府的勤勞誠實公民，作為我從事教育與學術研究工作的宗旨。我發誓我決不參與任何與我的職責相違背的團體或政黨。」 (Herman Finer, *Mussolini's Italy* (New York: Henry Holt and Company, 1935), p. 482.) 以政治干預學術，莫此為甚。但據說在將近一千二百個教授中，只有十二人拒絕宣誓效忠，而其下場是失業。

31. 1920 年希特勒與其黨羽組成「國家社會勞工黨」(National Socialist German Workers' Party)，這就是一般所謂的納粹（納粹一詞的出現是根據德文「國家的」之發音而來）。在希特勒的領導下，納粹鼓吹激進的民族主義，極端反對猶太人，堅決反共，對大眾與工商企業界皆給予許多政治承諾，並以恢復日耳曼人光榮的歷史為號召。納粹政權於 1933 年至 1945 年間，以一黨專政及各種恐怖手段（如蓋世太保 Gestapo）統治德國，它對二次大戰的爆發無疑需負重大責任。

家蘇聯，同樣駁斥西式民主制度，與號稱將建立真正的民主政治。二次大戰後，民主政治隨著亞非民族革命與獨立運動而蓬勃興起。1950 年聯合國教科文組織 (UNESCO) 召開世界民主政治會議，與會五十餘國皆堅稱其為民主國家。冷戰時期共產國家的國號常為「民主共和國」(democratic republic)，雖然其人民並無基本的自由權力（如言論自由、出版自由或開放的選舉）。

　　發展至今，世上幾無一國家自稱為非民主，可見民主是二十世紀主流的政治思潮，其價值幾無人置疑，然而民主的定義及其實踐問題卻眾說紛紜，而且民主的手段亦可能造就專制的實情。過去的歷史顯示，經濟發展與政治民主化常同時並進，但如今經濟現代化的社會是否即朝向政治民主化發展，實不可知 32。另外，在一個不（夠）民主的國際社會中，一個國家是否可能不受外力干預而自然地發展其民主政治，亦令人質疑 33；同時，民主化有助於避免戰爭與維護國際和平的論調，卻早已遭人推翻 34。近一、

---

32. Francis Fukuyama, "Capitalism and Democracy: The Missing Link", in Larry Diamond and M. F. Plattner eds., *Capitalism, Socialism, and Democracy Revisited* (Baltimore: Johns Hopkins University Press, 1993), p. 98.

33. Norberto Bobbio, "Democracy and the International System", in Daniele Archibugi and David Held eds., *Cosmopolitan Democracy: An Agenda for a New World Order* (Cambridge: Polity Press, 1995), p. 32; also cf. David Held, "Democracy and the New International Order", ibid., pp. 99–101.

34. Ernst-Otto Czempiel, "Governance and Democratization", in J. N. Rosenau and Ernst-Otto Czempiel eds., *Governance without Government: Order and Change in World Politics* (Cambridge:

二十年來，民主政治在西方世界之外確有長足的進步，但民主的隱憂即便是甫獲參政權的大眾也能感受幾分。尤其現代民主必為代議政治 (representative politics)，它並不能實現民粹主義 (populism) 的理念35，公民投票（包含具有法律效用的 plebiscite 及徵詢民意之用的 referendum）亦不能有效救濟此缺失，可知民主政治絕無可能徹底實踐，絕對要求民主原則正如絕對追究民族主義，都將導致不斷的緊張關係與衝突36。

　　民主化的另一個表現是社會福利制度的建立。社會福利制度簡單說就是政府對於貧苦老弱與失業者所施的撫卹救濟政策。在歷史上，政府極少擔負濟貧的工作，急難救助多出於親戚朋友、鄉里鄰居、或宗教慈善團體。現今已有完備福利制度的英國，在十九世紀以前政府對待窮人之道甚為苛刻。十四世紀時英國曾有〈勞工法〉禁止慈善救濟，以防止人民怠惰而不勤於工作；其後

Cambridge University Press, 1992), p. 263.

35. 反過來說，民粹主義可視為對代議民主的一種反動。詳見 Paul Taggart, *Populism* (Buckingham: Open University Press, 2000), pp. 109–11; and Immanuel Wallerstein, "The Insurmountable Contradictions of Liberalism: Human Rights and the Rights of People in Geoculture of the Modern World-System", in V. Y. Mudimbe ed., *Nations, Identities, Culture* (Durham: Duke University Press, 1997), pp. 186–87.

36. 真正的民主要求本不容中央集權或文化的一致性（同化政策），它對於地方特色且有保護作用，故區域性對立在所難免。見 Ferran Requejo, "Democratic Legitimacy and National Pluralism", in Ferran Requejo ed., *Democracy and National Pluralism* (London: Routledge, 2001), p. 166.

英國雖頒布〈濟貧法〉(*Poor Law*)[37]，但其救濟政策實帶有教訓乃至懲罰的意味（以宣揚一分耕耘一分收穫的自救觀念）。十九世紀後期大眾社會興起，同時社會主義逐漸衝擊自由主義思想與資本主義制度，而影響政府施政，福利國家 (welfare state) 的觀念逐漸為世人所重。至一次大戰時，歐洲主要國家已普遍採行帶有社會主義理想的社會福利措施，美國在羅斯福總統的新政 (New Deal, 1933–41) 下，亦建立起大型國家的福利制度（福利制度向被認為較適用於小型國家），其他國家在隨後也大多朝此方向跟進。在保障大眾安全與利益的前提下，古典自由主義的自由放任與競爭原則，在二十世紀已大幅被修改（節制）；這個政治經濟新趨勢的發展，顯然與大眾社會的興起息息相關。

十九世紀末年以來，西方國家政治權力逐漸解放，人民的投票權與參政權提升，同時義務教育開始推行，大眾的集會結社（尤其是工會與政黨）合法化，新聞出版自由與言論自由亦得保障。大眾政治與大眾社會與時並進，一次大戰對此更有推波助瀾的效果。原來由於戰時普遍徵兵制的實施、中上階級的高傷亡率、民

---

37. 早期西方的濟貧法只為掃除街頭乞丐與窮人所致亂象，它的善意實在不多。1601 年英國通過〈濟貧法〉，承認政府濟貧的責任，但在救濟窮人之時，它也要求身體健康的窮人須勞動工作，而小孩須受職業訓練，才能領取救濟金；至於老弱婦孺則集中於救濟院，以方便管理。十八世紀以後英國政府興建許多工廠 (workhouse)，令貧窮者工作以供養自己。十九世紀以下〈濟貧法〉仍不斷修訂，但其立法觀念總以為貧窮乃因懶於工作所致，而非缺乏就業機會，因此政府濟貧政策中，總帶著處罰與教訓之意，救濟金永遠不足以維持基本生活。這種情形至二十世紀才有改善，因此社會上私人與宗教團體的濟貧工作，一直是民間重要的慈善事業。

生物資的匱乏（故有配給制的實施）、患難與共的處境與情感、全民戰爭的出現等等，皆使得一次大戰後社會的平等化大有進展，最明顯的便是婦女投票權的施行。而戰時各國政府經濟管制的經驗，對於福利制度的繼續推動，也有重大的貢獻。其後經濟大恐慌發生，它被視為資本主義發展的弊害（景氣興衰循環），加上傳統自由主義（主張管得越少的政府是越好的政府）經濟政策的紓難無方，更使得人民寄望政府對經濟社會問題能加以干預與規劃，以便保障大眾生活。於是「大有為政府」的觀念逐漸流行，政府更積極控制工商活動，整頓稅制，推行福利措施（美國的「新政」簡單來說不過如此）。因此，二十世紀的經濟社會制度並非十九世紀時那般純粹的資本主義或自由主義，而是資本主義或自由主義與社會主義的混合體。二次大戰重複且加深一次大戰的經驗，更強化上述的發展，使得福利制度成為世界性的大趨勢，直到 1980 年代以後才有檢討之聲（可見經濟好轉時社會主義便受忽視）。

　　值得注意的是，官辦的救濟事業常使得人們的勞動精神或人生觀有所扭曲，使「急難相扶持」的本意和美意變質；另一方面，當民主政治在二十世紀快速進展時，平等與人權固然增進不少，但民選政府因對人民責任大增，其職權也同時擴張，於是政府與人民的距離越來越近，政府為執行確實的保安與救助措施，它對人民事務的管制與介入也就更高，這對個人隱私與個性主張當然有所妨礙。民主與自由是否能共存兼顧，確是現代文明的難題之一。過去帝王專制時代，人民的權利不受重視，但他們在按時繳糧納稅之餘，卻可能享有「天高皇帝遠」的自由；在現代民主法治下，複雜而嚴格的官僚制度與社會規範，則是人人皆須瞭解與遵守的，吾人可以對個別的執法者表示不滿，卻不能對全面的體制加以抵抗。這是眾多現代文明的「迷思」之一（民族主義的興

起與發展困境是另一個明顯的例子），難怪十九世紀後期以來所流行的「進步觀」（今勝於古的歷史觀念），在二十世紀一方面被肯定，另一方面又深受質疑。

三、世界一家的促進

　　一次大戰後，〈巴黎和約〉成立國際聯盟，這個組織與二次大戰後的聯合國 (United Nations) 宗旨一樣，皆在促進人類社會的和平與安全，而二者成立的動機也相同，也就是防止大戰浩劫再度發生。當一次大戰結束時，許多世局觀察者開始鼓吹世界一家的理念，威爾遜總統尤其積極奔走，其〈十四點計畫〉中最後一項即主張建立一個國際組織以保障各國的基本權利與安全。在他的努力下，國際聯盟成立的規約載入〈巴黎和約〉，而在和會結束後成立，致力於處理「任何有關世界和平的事務」。國際聯盟的大會（Assembly 由所有會員國組成）及理事會（Council 由列強所組成）的決議均需全體一致通過，顯示這個國際組織的高度理想性，因它主張列國平等的地位，而不顧強權政治仍在的事實。國際聯盟在 1920 年代前期頗有作為，解決了許多中歐與東歐地區的危機和紛爭，對人道救援、衛生保健、財政救濟、國際合作等事項貢獻良多。然而國際聯盟對於大國的一意孤行卻常無可奈何，例如 1923 年法國以德國未能履行戰債賠款為由，進佔德國魯爾區 (the Ruhr)，國際聯盟對此無力處置。在 1930 年代裡，國際聯盟的挫敗更為明顯而嚴重。1931 年日本侵略中國東北，國際聯盟僅能聲討而無力制止；1933 年日本退出國際聯盟，更使其威信盡失。同年德國亦撤出國際聯盟，1935 年義大利侵略衣索匹亞，1936 年希特勒重新武裝萊因區（此為〈凡爾賽和約〉所不許）並宣布不承

認〈凡爾賽和約〉，1938 年德國併吞奧國，凡此種種，國際聯盟都未能有效採取行動制裁。在國際衝突愈來愈緊張的情形下，國際聯盟終於瓦解；1946 年它自行宣告解散，其業務與財產轉移至聯合國。國際聯盟最大的成就當在於樹立人類第一個常設性的世界統合組織，這是聯合國建立的基礎；而它的失敗主要是因為大國各行其是的自利政策，以及國際聯盟組織上未切實際的弱點。

聯合國承繼國際聯盟的理念38，但在行動與組織上力圖改

---

38. 詳見 F. P. Walters, *A History of the League of Nations* (London: Oxford University Press, 1969), pp. 811–14. 在 1945 年 6 月〈聯合國憲章〉於舊金山簽訂，其導言說：「我們這些聯合國的人民決意要力保我們的子孫免於再次戰爭的浩劫，因為過去的兩次世界大戰，已經使我們承受了不可言喻的苦難。我們堅信基本的人權、人的尊嚴與價值、男女的平等、以及國家的平等，不論其大小。我們要建立一個理想的環境，讓正義公理可以長存、國際條約受到尊重、而國際公法的規範可以維持。我們要促進社會進步，改善世人的生活水準，使其享有更大的自由。為此，我們要彼此包容，和平共處。我們要團結我們的力量，維護世界和平與安全。我們要尋求共識與方法，以保證武力不再被使用，除非是為了人類共同的利益。我們要應用國際機制來提升全人類的經濟社會狀況，我們決定整合我們的力量，來達成這些目標。因此，我們這些群聚舊金山的各國與會者所代表的政府，一致同意〈聯合國憲章〉，並據此成立一個國際組織，名曰聯合國。」（全文見 Amry Vandenbosch and W. N. Hogan, *The United Nations: Background, Organization, Functions, Activities* (New York: McGraw-Hill, 1952), pp. 337–58.）聯合國繼承了一次大戰後的國際聯盟，但更進一步強化其功能與精神。聯合國成立的信念是，國際合作不僅是必須，而且也較過去更為可能。聯合國成立以來，褒貶不一。肯定它的人認為，聯合國對於維護世界

進39。聯合國與國際聯盟主要的差異有二。其一是所有的軍事強國自一開始便加入了聯合國,相反地,許多強國不是未加入國際聯盟,便是日後撤出,可見聯合國的「代表性」遠勝於國際聯盟;另一方面亦可說聯合國安全理事會 (Security Council) 的「常任理事國」設計,正式承認強權政治的現實40,這使聯合國不致於因「不切實際」而形同虛設或早夭,避免了國際聯盟「太好以致不真」("too good to be true") 的命運。其二是聯合國在政治之外對於經濟社會問題投注的心力極大,使它的功能與權責超過國際聯盟甚多,而獲得更多支持和期望。聯合國成立時會員國僅五十一國,五十年後已達一百八十五國,其數目所以激增主要是因為二次大戰以來日本、歐洲列強、蘇聯等帝國相繼崩解,而由此獨立的新

和平與解決國際糾紛,貢獻良多;否定它的人則指出聯合國僅是一個空洞的組織,缺乏實際行動的能力,雖然它尚不至於淪為霸權的工具。不論如何,這種國際政府 (international government) 的理念和理想是高度的文明精神表現,但它也反映了二十世紀國際衝突的嚴重性,以及人類文明的深切危機。

39. 詳見 L. M. Goodrich, "From League of Nations to United Nations", in L. M. Goodrich and D. A. Kay eds., *International Organization: Politics and Process* (Madison: University of Wisconsin Press, 1973), pp. 4–5.

40. 早在 1941 年時,英國外交部即認為羅斯福總統對〈大西洋憲章〉只抱持敷衍的態度,其真正用心仍在追求美國霸權。1945 年 11 月英國外交部長貝凡 (Ernest Bevin, 1881–1951) 說:「我看我們現在所面對的情勢正是赤裸裸的強權政治鬥爭。」 (Keith Robbins, *The World Since 1945* (Oxford: Oxford University Press, 1998), p. 22.) 聯合國有強權的支持自然易於有為,但因此正義之難維持也就不足為奇。

國紛紛入會（以昭示其獨立地位）所致；這些新會員國許多在聯
合國成立時（1945 年）仍是殖民地，所以聯合國會員國的增加可
象徵世界大同的進展。世界各國無不希望參與聯合國，可見它的
成功和重要性。一開始時，聯合國對國際合作推動甚力，但冷戰
爆發以後，這個理想頓時破滅，聯合國許多組織的運作陷於困境。
不過聯合國仍為各國所重，它是辯論國際糾紛的是非曲直之重要
戰場，有如國際政治的視聽中心，而且它對開發中國家的經濟與
科技支援貢獻極大，非常受到小國歡迎。冷戰結束以來，聯合國
對於維護世界和平的重要性更為增加，在其解脫美蘇霸權對抗的
陰影之後，聯合國趨於合理有效的國際政府之地位，更受期待與
信任。1991 年初聯合國武力介入波斯灣戰事，遏止伊拉克對科威
特的侵略，這對聯合國公正嚴明的聲望頗有提升。同時，在其他
陷入亂局的地區如柬埔寨、索馬利亞等，聯合國軍力亦發揮了維
護和平的相當效果。一般相信聯合國對防範第三次世界大戰，具
有重要的功用，因它不僅維持和平 (peacekeeping)，也企圖建構和
平 (peacebuilding) 41。然而同時聯合國和平部隊所需的經費與人力
（靠各國贊助），卻也逐漸不易取得，顯示各國仍不能放棄以國家
利益為最高原則的外交政策 ， 國際政府 (intergovernmental or

---

41. D. J. Whittaker, *United Nations in Contemporary World* (London:
　　Routledge, 1997), p. 55. 由於大國的利益衝突，聯合國至今無法建立
　　一個有效的國際安全體系。見 Michael Howard, "The United Nations
　　and International Security", in Adam Roberts and Benedict Kingsbury
　　eds., *United Nations, Divided World: The UN's Roles in International
　　Relations* (Oxford: Clarendon Press, 1990), p. 44; and Danilo Zolo
　　(trans. David Mckie), *Cosmopolis: Prospects for World Government*
　　(Cambridge: Polity Press, 1997), pp. 153–54.

international) 的理念顯然尚不能深植人心，更遑論超國家 (transnational or supranational) 的世界政治觀 42。

　　世界人口在 1900 年時約有十六億，至 2000 年時已近六十億。這固然代表人類文明的進步，因為人口增加的主因不在於出生率的增加，而在於死亡率的降低，這是科技與生產進步的結果，而此種結果並非物質文明本身的發達可以造就；但另一方面，人口的激增也造成文明嚴重的危機，這不僅是指物資利用與經濟發展的問題，更是關乎人類社會終極的價值取向（菁英主義或大眾文化）問題。人口爆炸、食物與能源的匱乏、環境生態的破壞、貧富對立、以及核子武器大戰等禍患，對現代人類文明發展造成極大威脅，然禍福與共的憂患意識使得世界一家的認知，在二次大戰以後漸為世人所強調，成為國際秩序重建的理想。世界史的概念經四十年的提倡，如今已成為歷史教育的共識；共產集團的

42. 這也就是說，「國際」(international) 的觀念和立場必須為「全球」(global) 的概念所取代，方可謂為單一世界 (one world) 的實現。參見 Anthony Payne and Andrew Gamble, "The Political Economy of Regionalism and World Order", in Andrew Gamble and Anthony Payne eds., *Regionalism and World Order* (London: Macmillan, 1996), p. 15; and S. P. Huntington, "Transnational Organizations in World Politics", in Richard Little and Michael Smith, op. cit., pp. 222–27. 國際政府的觀念固然有助於國際合作，但也常是國際衝突的原因（見 R. O. Keohane, "Cooperation and International Regimes", ibid., p. 108.），故非政治性的超國際社會之建立被認為是另一條出路（見 Alejandro Portes, "Globalization from Below: The Rise of Transnational Communities", in Don Kalb et al. eds., *The Ends of Globalization: Bringing Society Back in* (New York: Rowman & Littlefield, 2000), pp. 253–54.）。

崩解及共產國家的改革，使東西對立的緊張性降低，而世界文明的一致性提高；資訊的暢通（如近年電腦網路與行動電話的流行）使人際與國際關係更為緊密，促進交流溝通的意願。但這些進展並不一定表示世界一家已成事實，利益衝突仍是難以化解的現實問題，而且種族、宗教信仰、性別、階級、乃至世代之間的差異，至今仍嚴重為害人類社會的安定。面對人類當前的文明問題，困難實不在於解決方法的缺乏，而是在於實踐的意志；可喜的是，在經歷近百年的教訓和苦難之後，這個認知至少是強化了不少。

第十六章

結論⋯⋯

現代世界的形成及其崩解危機

托雷多之景 *(View of Toledo)*　葛雷科 (El Greco) 作 (c. 1610)
現代人常因現代文明問題與觀點重新肯定過去的價值，現代藝術亦不
例外。西班牙畫家葛雷科 (1541–1614) 曾名震一時，但其作品奇幻而
富個人特質，非他人可依循或發揚，故在後世迅速為人遺忘。直到十
九世紀末與二十世紀初因現代藝術（尤其是表現主義）的崛起，才又
獲得世人重視。葛雷科的作品充滿神祕氣氛與宗教熱情，這也與現代
文化精神相似。在這幅〈托雷多之景〉（托雷多城在西班牙中部）中，
所有景物皆被延展，並依畫家自己意念重新布局，烏雲反射著光源（閃
電），然光線破雲而出之處，卻無太陽也無月亮，難分晝夜，似有預
言，一片懸疑怪象，有美感也有緊張性，無怪它被人視為西方藝術傳
統中最為詭異神祕的畫作之一，又因其風格與現代文明氣氛吻合，廣
受當世喜愛。

死亡的形象

人對死亡的觀感不因文明的「進步」而有相應的重大改變，死亡觀常為現世的、個人的、神祕的、恐懼的、無奈的、自然的、茫然的、或充滿期望的。就歷史而言，「死有重於泰山」的時代常為亂世，「死有輕於鴻毛」的時代則為盛世；二十世紀卻是一個兼而有之的奇異時代，人處處皆可以有為，自覺能力偉大，但又時時深感無可如何，於事無補。世人對於天堂的觀念也反映現世的榮衰，天堂觀念愈清晰者則愈具體現實而包含人間的美好，它表現人對現世的滿意樂觀；天堂觀念愈抽象者則愈模糊超脫而少有人間興味，它表示人對現世的反感悲觀。此情在二十世紀又兼而有之，人常滿意物質文明的美好，但又感其不過爾爾，常慶幸躬逢盛世，又感慨生不逢時；因為物質享受有其極限，而極限常出，故又訴諸精神感覺以延伸樂趣，於是虛榮的表現其實兼有物質與精神二條件。矛盾衝突與緊張乃為現代文明的特徵——若非特質。此處所錄為兩種不同的生命觀表現，一是哲羅達 (Girodet de Roucy) 富有浪漫美感的〈雅特拉的下葬〉(*The Burial of Atala*, 1808)，另一是一次大戰壕溝裡未得善後的德軍枯屍照片。

喪禮 (The Funeral Procession)　**格羅斯 (George Grosz) 作 (1917)**

格羅斯 (1893–1959) 這幅作品創作於一次大戰末期，畫家於此應用未來主義的風格表達他對這個亂世的不滿。格羅斯在 1916 年入伍服役，但不久後精神崩潰，因襲擊長官而被勒令退伍，戰後他建立起柏林的達達主義團體，並加入共產黨，可見他對這場大戰的憎恨。在 1920 年代間，他更不斷以尖銳的諷刺畫譴責時代的腐化墮落，畫中常用鮮明的色彩和誇張的手法傳達他的政治觀點，為此他也遭受世人嚴厲的批評，曾三度被法院審判。這幅〈喪禮〉描繪一個送葬隊伍陷入瘋狂的情狀，於此死亡反敗為勝，人們因自作自受而墮入地獄。它企圖表現當時社會普遍的憤怒和痛苦，可說是一件反戰之作。該畫的出現與一次大戰時社會主義者反戰聲浪的爆發，約略同時。

珍珠港事件 *(1941)*

殘酷的戰爭竟可以塑造如此美麗的畫面，文明的意義何在，真教人困惑。這是 1941 年 12 月 7 日清晨日軍突襲美軍珍珠港海軍基地的情形，照片中爆炸燃燒的是一艘美國驅逐艦 (Shaw)。此役中有 2330 名美軍及 100 名平民喪生，日軍有 64 人死亡。這可說是日本的勝利，人類的失敗。

哭泣的天使
(Weeping Angels)
格 雷 瑟
(Milton Glaser) 作
(1992)

天使若哭泣，必為人類，因為祂不可能為上帝、也不會為自己哭泣；人若哭泣，必為自己，因為他不可能為上帝、也不會為天使哭泣。古代希臘有描述神為人哭泣的作品，那是

一種人本精神的表現；現代文明有描繪天使為人哭泣的作品，那是一種人類自責自憐的表現。文明終極的意義為何，人類或許永遠不能知曉，然文明的發展若不能消滅人的苦難，它至少使人的受苦富有意義。

現代世界的形成及其崩解危機

　　現代世界的發展指示了文明終極取向——即現代性——但這些取向在實現時常陷於衝突乃至自毀的困境，顯示文明依此發展可能導致的紛擾乃至墮落；這表示人類社會是一個不完美的世界，企圖將人間化為天國既不可能且更壞事，蓋偉大的理想必為超越現實，固執功利效益或尋求周全圓滿，終將成事不足而敗事有餘。這是說追求文明終極的意義須判別事理的高下輕重，並有所犧牲（付出代價），乃能有所成就，然其結果絕非十全十美。

　　現代世界的發展在國際交往上塑造了一個全球緊密互賴互動的關係，但這個關係發展的背景卻是一個物資匱乏而利害糾結的時代，因此在這個局面下，有權者未必有勢，貧國未必為弱者，而富國不必然為強者 1。玉石俱焚的恐怖運動常有其效用，故而暴虎馮河者能勇往直前，而既得利益者則瞻前顧後；可致全面性毀滅的核子武器競賽（此所謂 MAD: Mutual Assurance Destruction），造成恐怖平衡，反而使威脅和平的利器成為和平維持的因素。這是現代國際社會形成後與天下大同未達成前的「亂中有序」現象。

　　現代世界所求價值又難免矛盾。文明初期致力爭取的是安全(security)，高度文明所要維護的則是自由 (freedom)，而安全與自

---

1. 《史記》〈廉頗、藺相如列傳〉載趙使藺相如為迫使秦王屈從而演奏秦聲，疾詞曰：「五步之內相如請得以頸血濺大王矣。」由於藺相如的視死如歸，秦王雖人多勢眾，仍勉強順應其意。由此可見，強者與弱者在心態與意志上的不同，可致強弱情勢的逆轉；韓戰與越戰勝負的分曉不是以軍力大小為憑，這亦顯示上述問題的複雜性。

由不能兼得，卻常衝突。法西斯政權的興起，代表現代人享有自由權力（民主）之餘對安全（有效率且有能力的政府）的永恆渴望，而其推翻與所受批判，則顯示人們在安全之外對自由權力的根本需求；但這不表示自由之義高於安全而可獨立於其外，法西斯主義有其不斷的擁護者，不因德義集權政府的覆滅而消失，正說明二者缺一不可。文明發展的價值在此而言，是在於使人有多種選擇，而不是汲汲謀求其一（安全），無法他顧（自由）。因此，在二者皆可取的條件下，乃有近代社會主義（講求安全）與自由主義（強調自由）的整合，此企圖為中間路線的嘗試，然此種整合也可謂兩失。中間路線不即是中庸之道，在此甚為明顯，安全與自由二義如何協調恐為現代文明永難解決的課題 2 ，而若必有取捨，則犧牲安全以求自由無疑是「文明的」(civilized) 抉擇。

　　以經濟與科技文明而言（愛因斯坦的物質世界觀已是科學的極限），在資本主義下的消費社會中，生產不再視人們的根本需求而定，卻以刺激需求（慾望）作為市場開拓的起點，因此資本家的商業宣傳旨在造成時尚風潮，一切助長購買慾的付款方式亦不

---

2. 近來所見死刑的廢除與恢復，即顯示自由與安全價值的衝突，蓋死刑的廢除代表自由主義的發揚，而死刑的恢復則反映人們對安全保障的渴求。美國最高法院在 1972 年時判定死刑為不義與不當之舉，理應廢止，當時美國的自由主義精神高張，故美國的社會福利政策（講求安全的價值）亦從此逐漸沒落。然因社會福利減少，貧民「飢寒起盜心」，犯罪率日漸高升，至 1990 年代初期美國政府又開始推動治亂世用重典的措施，增加罪可致死的犯法項目，並增設刑場。由此可見文明發展有其追求亦有其犧牲，它不是完美主義的實現，而是理想主義的展現。參見 Zygmunt Bauman, *Postmodernity and its Discontents* (Cambridge: Polity Press, 1997), pp. 42–44.

斷推陳出新；依其見，既然慾望無限，則生產似可無限，經濟成長乃得永續不墜。這個想法在經濟大恐慌中已經幻滅，然需求的意義也不再是達成根本的生活條件，帶有貪念的需求仍是促進經濟發展的動力，這使人質疑高級文明的發展基礎是否仍是原始的人性，抑或經濟發展根本不是高級文明的追求。貧窮問題若是生存條件 (means of survival) 的滿足問題，則它在先進國家大體可說已經解決；然而貧窮問題現在更像是富足程度的比較後果，它是一個知足與否的心理問題，因此不論社會如何富裕，貧窮問題也沒有消失的一日。同樣地，科技本為服務人生而存在，然科技的發展關乎人與自然的關係之調整，若無人文精神為之指導，則科技的發達不僅無利，且可能有害樂生的追求。環境污染與破壞是常人皆知的科技之害，墮胎、安樂死、與基因改造等科技所致的爭議，則是常人不解的道德問題。為應付科技發展所造成的社會經濟迅速變遷，使人常處於「未來的衝擊」("future shock") 之下而深感焦慮，至此，人性的扭曲與「物化」——人成為物或為物質之奴而非主（亦即人拋棄其為「萬物之靈」的地位與責任）——成為前所未見的文明災難，人對大自然的藝術性想像因科學的昌明而扼殺，只是其中一個可惜（尚非可怕）的損失而已 3。

---

3. 例如登陸月球一事早在十九世紀末即為有識者對二十世紀成就的預期之一，但登陸月球的必要性或價值早遭人質疑，事實上美國登陸月球之舉乃是美蘇冷戰競爭對抗的產物，其政治性意義極高，科學與軍事上的用處則無多，而這也是登陸月球前專家所預知的。然而登陸月球對文藝美感想像則有難以估計的傷害，成為「文化資產」的一大損失，甚至當大眾對登陸月球也失去看新聞的興趣時（太空人最後一、二次登陸月球的消息媒體報導極少，或有完全不提及者），它的政治性與社會性價值都已所剩無幾。冷戰結束後，

　　有鑑於高度文明創造高度危機，文明發展是否有其終極性（非指世界末日的到來，而是現代性的確立），似為高級文明的高級問題。於此，向古人求智慧的單純復古顯然不是捷徑 4，超越時空的信仰之重要性則廣為人所體會，反文明或反現代化的思想自然成為現代文明的特色。

　　現代性一旦確立即有崩解的危機，畢竟人即使有理性也常不講理，有經驗但不覺其可靠，有感情卻常言不由衷，有信仰仍永不安心，因此現代性在落實時，總有理想與現實嚴重的差距，而導致多方調整更改，現代性於是不再是幾個清晰可別的原則，而是理念混合錯雜的現象。在文化的表現上，二十世紀缺乏史上輩出的大師，其主因可能是結構性的問題，蓋學術各流派觀點多已經被提出，後人只能從事整合或批判的工作，難有開創性或典範性的表現。二十世紀為意識型態終結的時代，因為政治上已無法堅持理想的為政之道，而須調和各方立場，新政治理論在現代幾不可能，政治學者論政的重點成為施政技術與細節的問題。在哲學上（康德的知識觀已是哲學的極限），二十世紀流行的是存在主義 (existentialism) 與邏輯實證論 (logical positivism)，一為極端的非理性主義，一為極端的理性主義，同屬對現代文化理性主流的反應，並非獨自創造的新學說；二次大戰後興起的「新左派」只是一種「新馬克思主義」，同樣缺乏原創性。此外，現代世界的形成必塑造單一的世界文化或至少是一個主流文化（不幸這是一個傾向庸俗化的文化），這對文化的豐富性自是一種傷害，難以彌補；在文明終極意義未辨明之前，多元文化存在的可貴性不僅在

　　學者回顧美國登陸月球的「政策」，頗多批判。

4.「見山是山」的第三階段，不能等同於「見山是山」的第一階段。

於美感表現的紛陳羅列，更在於解答真理的多種可能性或嘗試之提供，故而多樣傳統文化的消滅是一種後人難以判斷的損失。並且，文化的推廣傳播必致簡化與一致化的缺失，古代亞歷山大帝國的「希臘化」事業利弊得失兼有的教訓已甚明顯，近代不論歐化、西化、或美國化皆有同樣的問題；因此現代文化的興起未必代表歐洲、西方、或美國的勝利，與非西方世界的失敗 5，而可能是「兩敗俱傷」──雖尚不至於「全盤皆輸」，但絕不是所謂的「雙贏」。固然此種新文化在主流文化之外，內含多種民族的文化要素，但這種多重文化性 (multiculturalism) 的表現既不是文化立場的中間路線，更不是文化精神的中庸之道或集大成，故亦非文明的終極價值。

　　事實上，文藝復興以來所樹立的各項現代性，如今皆受到批判，普遍與永恆的文明標準至今難以確定：宗教信仰的重要性在人本精神發揚後仍受肯定，天下一家的期望降低了民族主義的價值，群我融合的需要調整了個人主義尋求解脫團體束縛的看法，感性與非理性的重要性使理性主義的適用性大受懷疑，社會均平的要求改變了資本主義的經濟原則，複雜的現代生活使自由主義變為擁護政府的控制力。此外，現代藝術使美學意涵超越美感體

5. 故說現今美國化趨勢之流行實不足懼，因為美國文化本是多民族文化，更何況是雜糅各國文化的世界性美式文化；美國化較歐化或西化更不帶有民族文化相抗互殘的性質，美國化所以流行，部分原因即在於它不具消滅異文化的嚴重威脅，甚至可說美國化的興起是全球人民參與大眾文化活動的表現，也就是人性化的表現。參見 M. A. Bamyeh, *The Ends of Globalization* (Minneapolis: University of Minnesota Press, 2000), p. 141; and Scott Lash, *Another Modernity: A Different Rationality* (Oxford: Blackwell, 1999), p. 13.

會，美的標準益為模糊（米開朗基羅的天人交戰創作觀已是藝術的極限），而科學的發達使一般人更不確定其所處的世界定位為何。在現代文明的發展過程中，可見不斷有具備批判性與取代性的新時代精神之提出，如文藝復興思想反對中古觀念、宗教改革理念（神本）反對文藝復興立場（人本）、啟蒙運動主張（理性）反對宗教改革信仰（神性）、法國大革命作為（以力服人）反對啟蒙運動作風（以德服人）、浪漫運動訴求（靈性）反對科學革命追求（物性）、工業革命建設反對封建社會秩序、乃至二十世紀文化反對傳統文明價值，此種更替若非進化現象，則為鬥爭亂象，或為宇宙無常真相。這種種困惑引發「後現代」之說，但此類批評與反省對於追求原有價值的融會整合、或新價值的塑造，仍不成功；於是「後現代主義」不能展現「現代之後」的新猷，只能呈現「現代晚期」（"late modern"）的困境 6。二十世紀末的「全球化」(globalization) 說法雖新，但其趨勢其實由來已久，故於全球化的觀念裡假象或期望的成分甚高 7，它仍不是現代性的綜合呈現，或造就 「現代世界」 的真功夫 8。擴張時代 (age of

---

6. 參考 Johan Fornäs, *Cultural Theory and Late Modernity* (London: Sage, 1995), pp. 36–37.

7. Philip McMichael, "Globalization: Myths and Realities", in J. T. Roberts and Amy Hite eds., *From Modernization to Globalization: Perspectives on Developments and Social Change* (Oxford: Blackwell, 2000), p. 278.

8. 「全球化」一說興起於 1980 年代中期，而成為 1990 年代的流行概念。由於近來科技（尤其是數位傳播、電腦、與電訊）的發達與貿易的興盛，學者預言超越國際化 (internationalization) 之上，一個無國界的全球經濟體系即將形成，從此一個真正的人類社會與世界文

化亦將出現。全球化之說迅速成為人文社會各領域專家討論的焦點，幾乎變成一個新的意識型態，有關的爭議亦隨之叢生，並與現代化問題糾結難分。若就經濟層面而論，全球化不同於過去商業國際化之處不僅在於當今世界貿易量的激增，且其興盛原因不同以往，此即是通訊（而非貨物轉運）成本的大幅降低與資金（而不只是貿易）的自由化；在這個全球經濟體系中，全球性分工使得國際競爭的意義大失。不過即使是經濟性的全球化說法也有誇張之處，因為世上大部分地區所受的此類衝擊並不深刻或程度不一，而全球化若有其好處，各國受惠情形也大不相同，貧窮國家在全球化過程中可說陷入了「邊緣化」(marginalization) 的困境。（詳見 Jan Reijnders and J. L. van Zanden, "Globalization and the New Inequality: A Classical View", in Don Kalb et al. eds., *The Ends of Globalization: Bringing Society Back In* (New York: Rowman & Littlefield, 2000), pp. 170–82.）從文化層面而言，全球化其實多半是過去世界大眾文化的美國化之發揚而已。然而文化的全球化也刺激區域化 (localization) 與民族意識的進一步發展。例如英語雖因電腦網路的流行而成為更強勢的世界語文，但弱勢族群也因此更增危機感，故而同樣利用電腦網路以推廣其語文（如威爾斯文），其效果亦佳。另外，各國在西式文化潮流衝擊下，也產生保護本國傳統或特有文化的警覺，故表現本土觀點的媒體紛紛在第三世界成立，以抵抗帶有「文化帝國主義」的西方媒體，同時興建國家博物館之類的「文化遺產產業」(heritage industry) 也成為開發中國家的政策，以強化民族認同。又如美式速食連鎖餐廳在世界各地開張，但頗多配合不同民情文化而有因地制宜的特殊經營型態，並不嚴守美國的標準作風。這些都顯示文化的全球化恐為奢談，多重文化性的表現仍不能發展為世界單一文化；其實各國回應全球化潮流的表現殊異，即已說明全球性文化尚非必要。（參見 David Reynolds, *One World Divisible: A Global History Since 1945* (New York: Norton, expansion) 的結束似乎也造成探索時代 (age of exploration) 的結束，甚至「文明」的觀念開始遭受唾棄 9。文明的危機是它提升人的力量，而這個力量使人感受極限，不能無窮發展；換言之，文明指引方向，但目標過於遙遠以致方向迷失，使人僅餘方向感。

論者常認為文化是一股保守的勢力，不利於一切改革 10，然

2000), pp. 650–57; Mike Featherstone, "Global Culture", in Mike Featherstone ed., *Global Culture: Nationalism, Globalization and Modernity* (London: Sage, 1990), p. 10; and Eli Zaretsky, "The Birth of Identity Politics in the 1960s: Psychoanalysis and the Public/Private Division", in Mike Featherstone et al. eds., *Global Modernities* (London: Sage, 1995), pp. 244–45.) 事實上，許多學者——不論左右派——均指出文化衝突將為二十一世紀世界主要亂源。(參見 Victor Roudometof and Roland Robertson, "Globalization, World-System Theory, and the Comparative Study of Civilizations", in S. K. Sanderson ed., *Civilizations and World Systems: Studying World-Historical Change* (London: Altamira Press, 1995), p. 289.)

9. Roland Robertson, *Globalization: Social Theory and Global Culture* (London: Sage, 1992), p. 115. 文明的標準在十九、二十世紀之交由西方推展至全世界，但一次大戰後此標準已深受質疑，二次大戰後在國際公法中已不論文明的標準一事。當今在某些學科領域中，文明一詞甚至受到排斥，而不通行。例如英國社會學協會 (British Sociological Association) 要求凡是在其主辦的期刊與學術會議中發表論文者，應盡量不使用文明一詞，若必欲使用則須嚴格界定其義。(Ibid., p. 123.)

10. Ronald Inglehart, *Modernization and Postmodernization: Cultural, Economic, and Political Change in 43 Societies* (Princeton: Princeton University Press, 1997), p. 18.

「現代性」不是一個歷史階段的特性 11，而是超時空的理想，具有止於至善的動能，唯至善非人可達，因此現代文明實無停滯與自閉之虞。「現代世界的形成」一題帶有目的論的理念，它肯定文明發展的終極性價值，然而在實踐上，這個理想只能為指引，不能為標準，因此其目標明確，但旅程無限。這是說歷史是直線的發展，而不是週期性的循環；問題是人類活動的紀錄甚短，恐不足以論斷這個大觀念。因此講現代世界之形成者，必懷文明進化史觀，但這是一個方法論上的樂觀，而未必是生命經驗上的樂觀，如何克服末世論 (eschatology) 觀點或「退化史觀」，乃是現代化論者的一大挑戰。回顧文明發展的歷史，現代世界的形成確有其軌跡和動力，至於前景雖不可知，但這正是無限革命的生機活力所在。

　　即便悲觀去看，現實與理想之間的緊張性雖未必是文明發展或人的上進之動力，而此緊張性也不是真理本身，但若不存有此種緊張性，則安逸自滿的表現多是反其道而行的結果，而非通達文明終極意義或生命最高價值的表現，蓋「止於至善」為永不停息的探究與奮鬥過程，因為至善永不可能在人間達成。真理的獲致是人類文明的最終目標，但這是一個不可能的夢 (*the* impossible dream)。正因如此，人的高貴——而非偉大——方才顯露。現代文明的弊害令人懷疑文明是否有其目的性或方向，但這個懷疑表示人的良知良能使我們始終具有一個方向感，即使方向無法確定；

---

11. 將現代性視為特定歷史時代（近幾世紀）之特性者，亦不乏人（參見 Jonathan Friedman, *Cultural Identity and Global Process* (London: Sage, 1994), p. 214.），但這不是本書的命題觀念，也非現代化論者的立場（見 Agnes Heller, *Can Modernity Survive?* (Cambridge: Policy Press, 1990), p. 146.）。

即使方向無法確定，原地踏步也好，有心人總不放棄這個永恆的
追尋而坐以待斃。人類文明的問題就如生命意義的問題，一時甚
至永遠不能解決並不意味墮落或結束為合理：我們活著不是因為
我們知道生命的意義是什麼，我們活著所以我們可以追問生命的
意義，或者創造生命的意義。如此，文明的意義若非在於減少人
的苦難，即在於使人的受苦富有意義！

參考書目

1. 王世宗，〈選材與解釋：世界現代史的全貌呈現問題〉，《西洋史與國別史課程教學研討會論文集》，臺北：輔仁大學，1999 年。

2. 王世宗，〈「教化的使命」：傳教事業與新帝國主義擴張〉，《歷史月刊》155 期，2000 年 12 月。

3. 王世宗，〈「自由派的帝國主義」：英國對埃政策，1893–94〉，中央研究院《歐美研究》31 卷 3 期，2001 年 9 月。

4. 王曾才，〈中國駐英使館的建立〉，收入《清季外交史論集》，臺北：商務印書館，1978 年。

5. 王曾才，〈從中英關係看中國對近代國際政治的適應〉，收入《中英外交史論集》，臺北：聯經，1979 年。

6. 金耀基，《從傳統到現代》，臺北：時報文化公司，1983 年。

7. Wang Shih-tsung （王世宗），"Revolution and Progress: Nineteenth-Century Europe"，臺大《文史哲學報》四十四期，1996 年 12 月。

8. H. B. Acton, *The Illusion of the Epoch: Marxism-Leninism as a Philosophical Creed*, London: Routledge & Kegan Paul, 1972.

9. Ian Adams, *Political Ideology Today*, Manchester: Manchester University Press, 1993.

10. T. W. Adorno (J. M. Bernstein ed.), *The Culture Industry: Selected Essays on Mass Culture*, London: Routledge, 1991.

11. A. S. Ahmed and Hastings Donnan eds., *Islam, Globalization and Postmodernity*, London: Routledge, 1994.

12. Mathias Albert et al. eds., *Identities, Borders, Orders: Rethinking International Relations Theory*, Minneapolis: University of Minnesota Press, 2001.

13. Rene Albrecht-Carrie, *A Diplomatic History of Europe Since the*

Congress of Vienna, New York: Harper & Row, 1973.

14. J. C. Alexander & Steven Seidman eds., *Culture and Society: Contemporary Debates*, Cambridge: Cambridge University Press, 1990.

15. Peter Alter, *Nationalism*, London: Edward Arnold, 1994.

16. Robert Anchor, *The Enlightenment Tradition*, New York: Harper & Row, 1967.

17. Benedict Anderson, *Imagined Communities: Reflections on the Origins and Spread of Nationalism*, London: Verso, 1991.

18. M. S. Anderson, *The Eastern Question, 1774–1923: A Study in International Relations*, London: Macmillan, 1991.

19. Stanislav Andreski ed., *Max Weber on Capitalism, Bureaucracy and Religion: A Selection of Texts*, London: George Allen & Unwin, 1984.

20. Daniele Archibugi and David Held eds., *Cosmopolitan Democracy: An Agenda for a New World Order*, Cambridge: Polity Press, 1995.

21. Ronald Aronson, *After Marxism*, New York: The Guilford Press, 1995.

22. Shlomo Avineri ed., *Varieties of Marxism*, The Hague: Martinus Nijhoff, 1977.

23. Jean Baechler et al. eds., *Europe and the Rise of Capitalism*, Oxford: Basil Blackwell, 1988.

24. Gopal Balakrishnan ed., *Mapping the Nation*, London: Verso, 1996.

25. M. A. Bamyeh, *The Ends of Globalization*, Minneapolis: University of Minnesota Press, 2000.

26. Ernest Barker et al., *The European Inheritance*, London: Oxford University Press, 1954.

27. Geoffrey Barraclough, *An Introduction to Contemporary History*,

London: C. A. Watts & Co., 1966.

28. Geoffrey Barraclough ed., *Eastern and Western Europe in the Middle Ages*, London: H. B. Jovanovich, 1970.

29. Zygmunt Bauman, *Postmodernity and its Discontents*, Cambridge: Polity Press, 1997.

30. F. L. Baumer, *Modern European Thought: Continuity and Change in Ideas, 1600–1950*, New York: Macmillan, 1977.

31. Ali Behded, *Travelers: Orientalism in the Age of Colonial Dissolution*, London: Duke University Press, 1994.

32. Richard Bellamy, *Liberalism and Pluralism: Towards a Politics of Compromise*, London: Routledge, 1999.

33. P. L. Berger et al., *The Homeless Mind: Modernization and Consciousness*, New York: Vintage Books, 1974.

34. L. R. Berlanstein ed., *The Industrial Revolution and Work in Nineteenth-Century Europe*, London: Routledge, 1992.

35. Isaiah Berlin, *The Age of Enlightenment: The Eighteenth-Century Philosophers*, Oxford: Oxford University Press, 1979.

36. Geoffrey Best, *War and Society in Revolutionary Europe 1770–1870*, Leicester: Leicester University Press, 1982.

37. Geoffrey Best ed., *The Permanent Revolution: The French Revolution and its Legacy 1789–1989*, Chicago: University of Chicago Press, 1989.

38. C. E. Black and E. C. Helmreich, *Twentieth Century Europe*, New York: A. A. Knopf, 1972.

39. Jeremy Black, *Eighteenth Century Europe 1700–1789*, London: Macmillan, 1990.

40. Robin Blackburn ed., *After the Fall: The Failure of Communism and*

the Future of Socialism, London: Verso, 1991.

41. R. M. Blake et al., *Theories of Scientific Method: The Renaissance through the Nineteenth Century*, New York: Gordon & Breach, 1989.

42. T. C. W. Blanning ed., *The Rise and Fall of the French Revolution*, Chicago: University of Chicago Press, 1996.

43. Tom Bottomore ed., *Interpretations of Marx*, Oxford: Basil Blackwell, 1988.

44. John Breuilly, *Nationalism and the State*, Chicago: University of Chicago Press, 1985.

45. Anthony Brewer, *Marxist Theories of Imperialism: A Critical Survey*, London: Routledge, 1990.

46. Asa Briggs and Patricia Clavin, *Modern Europe 1789–1989*, London: Longman, 1997.

47. Crane Brinton et al., *A History of Civilization*, Englewood Cliffs, New Jersey: Prentice-Hall, 1962.

48. Crane Brinton ed., *Age of Reason*, New York: Viking Press, 1972.

49. Chris Brown, *Understanding International Relations*, London: Macmillan, 1997.

50. David Brown, *Contemporary Nationalism: Civic, Ethnocultural and Multicultural Politics*, London: Routledge, 2000.

51. Gary Browning et al. eds., *Understanding Contemporary Society: Theories of the Present*, London: Sage, 2000.

52. Diana Brydon ed., *Postcolonialism: Critical Concepts in Literary and Cultural Studies*, London: Routledge, 2000.

53. R. W. Bulliet ed., *The Columbia History of the 20th Century*, New York: Columbia University Press, 1998.

54. Jakob Burckhardt, *The Civilization of the Renaissance in Italy*,

Oxford: Phaidon, 1981.

55. Peter Burke, *The Renaissance*, London: Macmillan, 1992.

56. E. M. Burns et al., *Western Civilizations*, New York: Norton, 1980.

57. A. L. Burt, *The Evolution of the British Empire and Commonwealth*, Boston: Heath, 1956.

58. J. B. Bury, *A History of Freedom of Thought*，臺北：虹橋翻印本，1966。

59. Herbert Butterfield, *The Origins of Modern Science*, New York: The Free Press, 1997.

60. P. J. Cain and Mark Harrison eds., *Imperialism: Critical Concepts in Historical Studies*, London: Routledge, 2001.

61. Euan Cameron, *The European Reformation*, Oxford: Clarendon Press, 1991.

62. E. H. Carr, *Nationalism and After*, London: Macmillan, 1945.

63. J. R. Censer ed., *The French Revolution and Intellectual History*, Chicago: The Dorsey Press, 1989.

64. Vere Chappell ed., *Essays on Early Modern Philosophers from Descartes and Hobbes to Newton and Leibniz*, vol. 7: *Seventeenth-Century Natural Scientists*, New York: Garland, 1992.

65. André Chastel et al., *The Renaissance: Essays in Interpretation*, London: Methuen, 1982.

66. Daniel Chirot and R. K. Merton, *Social Change in the Modern Era*, New York: Harcourt Brace Jovanovich, 1986.

67. Szymon Chodak, *Societal Development*, New York: Oxford University Press, 1973.

68. Noam Chomsky, *World Orders Old and New*, London: Pluto Press, 1997.

69. Christopher Clapham, *Third World Politics*, London: Croom Helm, 1985.

70. L. A. Clarkson, *Proto-Industrialization: The First Phase of Industrialization?*, London: Macmillan, 1991.

71. F. Claudin, *The Communist Movement: From Comintern to Cominform*, vol. I (trans. B. Peasce), New York: Monthly Review Press, 1975.

72. Irene Collins, *The Age of Progress: A Survey of European History from 1789–1870*, London: Edward Arnold, 1964.

73. D. S. Collier and Kurt Glaser eds., *Western Integration and the Future of Eastern Europe*, Chicago: H. Regnery, 1964.

74. David Conway, *Classical Liberalism: The Unvanquished Ideal*, London: Macmillan, 1998.

75. Frederick Cooper and A. L. Stoler eds., *Tensions of Empire: Colonial Cultures in a Bourgeois World*, Berkeley, Calif.: University of California Press, 1997.

76. A. M. Craig et al., *The Heritage of World Civilizations*, New York: Macmillan, 1994.

77. Stephen Crook et al., *Postmodernization: Change in Advanced Society*, London: Sage, 1992.

78. Colin Crouch and Wolfgang Streeck eds., *Political Economy of Modern Capitalism: Mapping Convergence and Diversity*, London: Sage, 1997.

79. Omar Dahbour and M. R. Ishay eds., *The Nationalism Reader*, New Jersey: Humanities Press, 1995.

80. J. C. K. Daly, *Russian Seapower and "The Eastern Question", 1827–41*, London: Macmillan, 1991.

81. Fred Dallmayr, *Beyond Orientalism: Essays on Cross-Cultural Encounter*, New York: State University of New York Press, 1996.

82. C. H. de Alcántara ed., *Social Futures, Global Visions*, Oxford: Blackwell, 1996.

83. W. T. de Bary ed., *Sources of Indian Tradition*, New York: Columbia University Press, 1964.

84. Jodi Dean ed., *Cultural Studies and Political Theory*, Inthaca, N. Y.: Cornell University Press, 2000.

85. Peter Dear ed., *The Scientific Enterprise in Early Modern Europe*, Chicago: University of Chicago Press, 1997.

86. R. A. Denemark et al. eds., *World System History: The Social Science of Long-term Change*, London: Routledge, 2000.

87. Larry Diamond and M. F. Plattner eds., *Capitalism, Socialism, and Democracy Revisited*, Baltimore: Johns Hopkins University Press, 1993.

88. A. G. Dickens and John Tonkin, *The Reformation in Historical Thought*, Cambridge, Mass.: Harvard University Press, 1985.

89. C. S. Doty ed., *The Industrial Revolution*, New York: Holt, Rinehart & Winston, 1969.

90. John Dunn ed., *Contemporary Crisis of the Nation State?*, Oxford: Blackwell, 1995.

91. Terry Eagleton, *The Idea of Culture*, Oxford: Blackwell, 2000.

92. E. N. Eisenstadt ed., *Patterns of Modernity*, London: Frances Pinter, 1987.

93. Geoff Eley and R. G. Suny eds., *Becoming National: A Reader*, New York: Oxford University Press, 1996.

94. J. H. Elliott, *Europe Divided, 1559–1598*, London: Fontana, 1985.

95. G. R. Elton, *Reformation Europe, 1517–1559*, London: Fontana Press, 1985.

96. Norman Etherington, *Theories of Imperialism: War, Conquest and Capital*, London: Croom Helm, 1984.

97. E. J. Evans, *The Forging of the Modern State: Early Industrial Britain 1783–1870*, London: Longman, 1996.

98. Peter Faulkner, *Modernism*, London: Methuen, 1977.

99. J. R. Fears ed., *John Emerich Edward Dalberg-Acton, First Baron Acton*, Indianapolis: Liberty Classics, 1985.

100. Mike Featherstone ed., *Global Culture: Nationalism, Globalization and Modernity*, London: Sage, 1990.

101. Mike Featherstone, *Consumer Culture and Postmodernism*, London: Sage, 1991.

102. Mike Featherstone et al. eds., *Global Modernities*, London: Sage, 1995.

103. Ferenc Fehér ed., *The French Revolution and the Birth of Modernity*, Berkeley, Calif.: University of California Press, 1990.

104. W. K. Ferguson, *The Renaissance in Historical Thought: Five Centuries of Interpretation*, New York: The Riverside Press, 1948.

105. W. K. Ferguson and Geoffrey Bruun, *A Survey of European Civilization*, New York: Houghton Mifflin, 1969.

106. D. K. Fieldhouse, *Colonialism 1870–1945*, London: Macmillan, 1983.

107. D. K. Fieldhouse, *The Colonial Empires: A Comparative Survey from the Eighteenth Century*, London: Macmillan, 1991.

108. G. V. Findley and J. A. M. Rothney, *Twentieth-Century World*, Boston: Houghton Mifflin Co., 1986.

109. C. J. Finer ed., *Transitional Social Policy*, Oxford: Blackwell, 1999.

110. Herman Finer, *Mussolini's Italy*, New York: Henry Holt and Company, 1935.

111. Ronald Fletcher ed., *The Science of Society and the Unity of Mankind*, London: Heinemann, 1974.

112. Johan Fornäs, *Culturäl Theory and Late Modernity*, London: Sage, 1995.

113. Jonathan Friedman, *Cultural Identity and Global Process*, London: Sage, 1994.

114. Michael Freeden, *Ideologies and Political Theory: A Conceptual Approach*, Oxford: The Clarendon Press, 1996.

115. Francis Fukuyama, "The End of History?", *The National Interest*, 16 (1989).

116. Francis Fukuyama, *The End of History and the Last Man*, Harmondsworth: Penguin Books, 1992.

117. J. G. Gagliardo, *Enlightened Despotism*, New York: Thomas Y. Crowell Co., 1969.

118. Andrew Gamble and Anthony Payne eds., *Regionalism and World Order*, London: Macmillan, 1996.

119. Peter Gay, *The Enlightenment: An Interpretation, The Rise of Modern Paganism*, New York: Alfred A. Knopf, 1973.

120. Peter Gay, *The Enlightenment: An Interpretation, The Science of Freedom*, New York: Norton, 1996.

121. P. J. Geary, *The Myth of Nations: The Medieval Origins of Europe*, Princeton: Princeton University Press, 2002.

122. Ernest Gellner, *Encounters with Nationalism*, Oxford: Blackwell, 1994.

123. Norman Geras and Robert Wokler eds., *The Enlightenment and Modernity*, London: Macmillan, 2000.

124. B. A. Gerrish, *Continuing the Reformation: Essays on Modern Religious Thought*, Chicago: University of Chicago Press, 2002.

125. Leo Gershoy, *From Despotism to Revolution, 1763–1789*, New York: Harper & Brothers, 1944.

126. Anthony Giddens, *The Consequences of Modernity*, Cambridge: Polity Press, 1990.

127. Anthony Giddens, *Modernity and Self-Identity: Self and Society in the Late Modern Age*, Cambridge: Polity Press, 1991.

128. Robert Gildea, *Barricades and Borders: Europe 1800–1914*, Oxford: Oxford University Press, 1987.

129. C. C. Gillispie, *The Edge of Objectivity: An Essay in the History of Scientific Ideas*, Princeton, N. J.: Princeton University Press, 1990.

130. J. A. Gladstone ed., *Revolutions: Theoretical, Comparative, and Historical Studies*, New York: Harcourt Brace Jovanovich, 1986.

131. F. M. Gocek, *East Encounters West: France and the Ottoman Empire in the Eighteenth Century*, New York: Oxford University Press, 1987.

132. Kjell Goldmann et al. eds., *Nationalism and Internationalism in the Post-Cold War Era*, London: Routledge, 2000.

133. Thomas Goldstein, *Dawn of Modern Science: from the Ancient Greeks to the Renaissance*, New York: Da Capo Press, 1995.

134. J. E. Goldthorpe, *The Sociology of the Third World: Disparity and Development*, Cambridge: Cambridge University Press, 1984.

135. J. E. Goldthorpe, *The Sociology of Post-Colonial Societies: Economic Disparity, Cultural Diversity, and Development*, Cambridge: Cambridge University Press, 1996.

136. B. D. Gooch, *Europe in the Nineteenth Century: A History*, London: Macmillan, 1970.

137. Anthony Goodman and Angus MacKay eds., *The Impact of Humanism on Western Europe*, London: Longman, 1990.

138. L. M. Goodrich and D. A. Kay eds., *International Organization: Politics and Process*, Madison: University of Wisconsin Press, 1973.

139. R. L. Greaves et al., *Civilizations of the World: The Human Adventure*, New York: Longman, 1997.

140. H. J. Grimm, *The Reformation Era, 1500–1650*, London: Macmillan, 1971.

141. A. R. Hall, *The Revolution in Science 1500–1750*, London: Longman, 1989.

142. Stuart Hall and Bram Geiben eds., *Formations of Modernity*, Oxford: Polity Press, 1992.

143. T. L. Hankins, *Science and the Enlightenment*, Cambridge: Cambridge University Press, 1989.

144. Ulf Hannerz, *Transnational Connections: Culture, People, Places*, London: Routledge, 1996.

145. David Harvey, *The Condition of Postmodernity: An Enquiry into the Origins of Cultural Change*, Oxford: Blackwell, 1991.

146. Adrian Hastings, *The Construction of Nationhood: Ethnicity, Religion and Nationalism*, Cambridge: Cambridge University Press, 1997.

147. B. J. H. Hayes, *The Historical Evolution of Modern Nationalism*, New York: Macmillan, 1955.

148. Paul Hazard, *European Thought in the Eighteenth Century: From Montesquieu to Lessing*, New Haven, Conn.: Yale University Press,

1954.

149. Paul Hazard, *The European Mind, 1680–1715*, New York: The World Publishing Co., 1969.

150. D. R. Headrick, *The Tools of Empire: Technology and European Imperialism in the Nineteenth Century*, New York: Oxford University Press, 1981.

151. Harry Hearder, *Europe in the Nineteenth Century, 1830–1880*, London: Longman, 1991.

152. Agnes Heller, *Can Modernity Survive?*, Cambridge: Policy Press, 1990.

153. John Henry, *The Scientific Revolution and the Origins of Modern Science*, London: Macmillan, 1997.

154. L. J. R. Herson, *The Politics of Ideas: Political Theory and American Public Policy*, Homewood, Illinois: The Dorsey Press, 1984.

155. Frederick Hertz, *Nationality in History and Politics: A Psychology and Sociology of National Sentiment and Nationalism*, London: Routledge, 1957.

156. E. L. Higgins ed., *The French Revolution as Told by Contemporaries*, Boston: Houghton Mifflin, 1966.

157. F. H. Hinsley ed., *The New Cambridge Modern History*, vol. XI: *Material Progress and World-Wide Problems, 1870–1898*, Cambridge: Cambridge University Press, 1962.

158. E. J. Hobsbawm, *Nations and Nationalism Since 1780: Programme, Myth, Reality*, Cambridge: Cambridge University Press, 1991.

159. Ulrich Im Hof (trans. W. E. Yuill), *The Enlightenment*, Oxford: Blackwell, 1994.

160. S. Hoffmann, "An American Social Science: International

Relations", *Daedalus*, 106 (1977).

161. Barry Holden ed., *The Ethical Dimensions of Global Change*, London: Macmillan, 1996.

162. Gerald Holton, "Johannes Kepler's Universe: Its Physics and Metaphysics", *American Journal of Physics* 24 (May 1956).

163. Gerald Holton, *Thematic Origins of Scientific Thought: Kepler to Einstein*, Cambridge, Mass.: Harvard University Press, 1988.

164. Tony Howarth, *Twentieth Century History: The World Since 1900*, Harlow, Essex: Longman, 1982.

165. R. Po-chia Hsia, *Social Disciple in the Reformation: Central Europe 1550–1750*, London: Routledge, 1992.

166. Lynn Hunt, *Politics, Culture, and Class in the French Revolution*, London: Methuen, 1986.

167. Samuel P. Huntington, *The Clash of Civilizations and the Remaking of World Order*, New York: Simon & Schuster, 1996.

168. Joel Hurstfield ed., *The Reformation Crisis*, New York: Harper & Row, 1966.

169. Ronald Inglehart, *Modernization and Postmodernization: Cultural, Economic, and Political Changes in 43 Societies*, Princeton, N. J.: Princeton University Press, 1997.

170. M. D. Intriligator and Hans-Adolf Jacobsen eds., *East-West Conflict: Elite Perceptions and Political Options*, London: Westview Press, 1988.

171. Bernard James, *The Death of Progress*, New York: Alfred A. Knopf, 1973.

172. De Lamar Jensen, *Reformation Europe: Age of Reform and Revolution*, Lexington, Mass.: D. C. Heath, 1981.

173. C. J. Jepma ed., *North-South Co-operation in Retrospect and Prospect*, London: Routledge, 1988.

174. John Jervis, *Exploring the Modern: Patterns of Western Culture and Civilization*, Oxford: Blackwell, 1998.

175. David Johnston, *The Idea of a Liberal Theory: A Critique and Reconstruction*, Princeton, N. J.: Princeton University Press, 1994.

176. Hank Johnston and Bert Klandermans eds., *Social Movements and Culture*, vol. IV: *Social Movements, Protest, and Contention*, Minneapolis: University of Minnesota Press, 1995.

177. Peter Jones ed., *The French Revolution in Social and Political Perspective*, London: Arnold, 1996.

178. R. F. Jones, *Ancients and Moderns: A Study of the Rise of the Scientific Movement in Seventeenth-Century England*, Berkeley, Calif.: University of California Press, 1965.

179. Donald Kagan et al., *The Western Heritage Since 1300*, Englewood Cliffs, New Jersey: Prentice-Hall, 1995.

180. Don Kalb et al. eds., *The Ends of Globalization: Bringing Society Back in*, New York: Rowman & Littlefield, 2000.

181. Mary Kaldor ed., *Europe from Below: An East-West Dialogue*, London: Verso, 1991.

182. H. J. Kaye ed., *History, Classes and Nation-States: Selected Writings of V. G. Kiernan*, Oxford: Polity Press, 1988.

183. Elie Kedourie, *Nationalism*, Oxford: Blackwell, 1993.

184. Tom Kemp, *Industrialization in Nineteenth-Century Europe*, London: Longman, 1990.

185. Paul Kennedy, *The Rise and Fall of the Great Powers: Economic Change and Military Conflict from 1500 to 2000*, New York:

Random House, 1987.

186. Patricia Kennett, *Comparative Social Policy: Theory and Research*, Buckingham: Open University Press, 2001.

187. Gilles Kepel (trans. Alan Braley), *The Revenge of God: The Resurgence of Islam, Christianity and Judaism in the Modern World*, Cambridge: Polity Press, 1994.

188. W. R. Keylor, *The Twentieth-Century World: An International History*, Oxford: Oxford University Press, 1996.

189. Thomas Khun, *The Copernican Revolution*, Cambridge, Mass.: Harvard University Press, 1957.

190. V. G. Kiernan, *Imperialism and its Contradictions*, New York: Routledge, 1995.

191. R. M. Kingdon ed., *Transition and Revolution: Problems and Issues of European Renaissance and Reformation History*, Minneapolis, Minnesota: Burgess, 1974.

192. James Kirk ed., *Humanism and Reform: the Church in Europe, England, and Scotland, 1400–1643*, Oxford: Blackwell, 1991.

193. Henry Kissinger, *For the Record: Selected Statements, 1977–1980*, Boston: Little, Brown, 1981.

194. Hans Kohn, *Prophets and Peoples: Studies in Nineteenth Century Nationalism*, New York: Macmillan, 1946.

195. Jill Kraye ed., *The Cambridge Companion to Renaissance Humanism*, Cambridge: Cambridge University Press, 1996.

196. P. O. Kristeller, *Renaissance Thought: the Classic, Scholastic, and Humanist Strains*, New York: Haper Torchbooks, 1961.

197. P. O. Kristeller and P. P. Wiener eds., *Renaissance Essays*, New York: Harper & Row, 1968.

198. Krishan Kumar, *The Rise of Modern Society: Aspects of the Social and Political Development of the West*, Oxford: Basil Blackwell, 1988.

199. B. A. Kümin ed., *Reformations Old and New: Essays on the Socio-Economic Impact of Religious Change, c. 1470–1630*, Hants, England: Scolar Press, 1996.

200. D. F. Lach, *Asia in the Making of Europe*, Chicago: The University of Chicago Press, 1971.

201. Scott Lash, *Another Modernity: A Different Rationality*, Oxford: Blackwell, 1999.

202. Robert Latham, *The Liberal Movement: Modernity, Security, and the Making of Postwar International Order*, New York: Columbia University Press, 1997.

203. Serge Latouche (trans. Rosemary Morris), *The Westernization of the World: The Significance, Scope and Limits of the Drive towards Global Uniformity*, Cambridge: Polity Press, 1996.

204. T. H. Von Laue, *The World Revolution of Westernization: The Twentieth Century in Global Perspective*, Oxford: Oxford University Press, 1987.

205. Bernard Lewis, *The Middle East and the West*, New York: Harper & Row, 1966.

206. Gwynne Lewis, *The French Revolution: Rethinking the Debate*, London: Routledge, 1993.

207. Carter Lindberg, *The European Reformations*, Oxford: Blackwell, 2000.

208. Catharina Lis and Hugo Soly, *Poverty and Capitalism in Pre-Industrial Europe*, Atlantic Highlands, N. J.: Humanities Press, 1979.

209. Richard Little and Michael Smith eds., *Perspectives on World Politics*, London: Routledge, 1991.

210. Ania Loomba, *Colonialism/Postcolonialism*, London: Routledge, 1998.

211. W. R. Louis eds., *The Oxford History of the Twentieth Century*, Oxford: Oxford University Press, 2000.

212. C. J. Lowe, *The Reluctant Imperialists: British Foreign Policy 1878–1902*, London: Routledge & Kegan Paul, 1967.

213. Norman Lowe, *Mastering Modern World History*, London: Macmillan, 1988.

214. A. L. Macfie, *The Eastern Question, 1774–1923*, London: Longman, 1991.

215. Bernd Magnus and Stephen Cullenberg eds., *Whither Marxism? Global Crises in International Perspective*, New York: Routledge, 1995.

216. Louis Maheu ed., *Social Movements and Social Classes: The Future of Collective Action*, London: Sage, 1995.

217. Pierre Manent (trans. Rebecca Balinski), *An Intellectual History of Liberalism*, Princeton, N. J.: Princeton University Press, 1994.

218. F. E. Manuel, *The Religion of Isaac Newton*, Oxford: Oxford University Press, 1974.

219. John Marks, *Science and the Making of the Modern World*, London: Heinemann, 1983.

220. Peter Mathias and J. A. Davis eds., *The First Industrial Revolutions*, Oxford: Basil Blackwell, 1990.

221. A. E. McGrath, *The Intellectual Origins of the European Reformation*, Oxford: Blackwell, 1993.

222. A. E. McGrath, *Reformation Thought*, Oxford: Blackwell, 1999.

223. Jim McGuigan, *Culture and the Public Sphere*, London: Routledge, 1996.

224. W. H. McNeill, *The Rise of the West*, Chicago: the University of Chicago Press, 1966.

225. W. H. McNeill, *History of Western Civilization: A Handbook*, Chicago: University of Chicago Press, 1969.

226. John Merriman, *A History of Modern Europe*, New York: Norton, 1996.

227. John Miller ed., *Absolutism in Seventeenth-Century Europe*, London: Macmillan, 1990.

228. Robert Mollenauer ed., *Introduction to Modernity: A Symposium on Eighteenth-Century Thought*, Austin, Texas: University of Texas Press, 1965.

229. W. J. Mommsen (trans. P. S. Falla), *Theories of Imperialism*, Chicago: University of Chicago Press, 1982.

230. W. J. Mommsen and Jürgen Osterhammel eds., *Imperialism and After: Continuities and Discontinuities*, London: Allen & Unwin, 1986.

231. Colin Mooers, *The Making of Bourgeois Europe: Absolutism, Revolution, and the Rise of Capitalism in England, France and Germany*, London: Verso, 1991.

232. V. Y. Mudimbe ed., *Nations, Identities, Culture*, Durham: Duke University Press, 1997.

233. B. G. Nauert, Jr., *Humanism and the Culture of Renaissance Europe*, Cambridge: Cambridge University Press, 1995.

234. D. N. Nelson ed., *After Authoritarianism: Democracy or Disorder?*,

London: Praeger, 1995.

235. Robert Nisbet, *The Making of Modern Society*, Brighton, Sussex: Wheatsheaf Books, 1986.

236. Robert Nisbet, *History of the Idea of Progress*, London: Transaction Publishers, 1994.

237. R. A. Nisbet, *Social Change and History: Aspects of the Western Theory of Development*, New York: Oxford University Press, 1969.

238. H. A. Oberman, *Forerunners of the Reformation: The Shape of Late Medieval Thought*, New York: Holt, Rinehart & Winston, 1966.

239. B. C. O'Brien, *GodLand: Reflections on Religion and Nationalism*, Cambridge, Mass.: Harvard University Press, 1988.

240. P. K. O'Brien ed., *The Industrial Revolution in Europe*, Oxford: Blackwell, 1994.

241. S. C. Ogilvie and Markus Cerman eds., *European Proto-industrialization*, Cambridge: Cambridge University Press, 1996.

242. Takahisa Oishi, *The Unknown Marx: Reconstructing a Unified Perspective*, London: Pluto Press, 2001.

243. R. C. Olby et al., *Companion to the History of Modern Science*, London: Routledge, 1990.

244. M. J. Osler ed., *Rethinking the Scientific Revolution*, Cambridge: Cambridge University Press, 2000.

245. Dorinda Outram, *The Enlightenment*, Cambridge: Cambridge University Press, 1995.

246. Roger Owen and Bob Sutcliffe eds., *Studies in the Theory of Imperialism*, Harlow Essex: Longman, 1972.

247. Steven Ozment, *The Age of Reform 1250–1550: An Intellectual and Religious History of Late Medieval and Reformation Europe*, New

Haven, Conn.: Yale University Press, 1980.

248. R. R. Palmer, *The Age of the Democratic Revolution: A Political History of Europe and America, 1760–1800*, Princeton, N. J.: Princeton University Press, 1964.

249. R. R. Palmer and Joel Colton, *A History of the Modern World*, New York: McGraw-Hill, 1992.

250. Bhikhu Parekh, *Rethinking Multiculturalism: Cultural Diversity and Political Theory*, London: Macmillan, 2000.

251. Philippe Van Parijs, *Marxism Recycled*, Cambridge: Cambridge University Press, 1993.

252. R. O. Paxton, *Europe in the Twentieth Century*, New York: Harcourt Brace Jovanovich, 1975.

253. V. P. Pecora ed., *Nations and Identities: Classic Readings*, Oxford: Blackwell, 2001.

254. Jaroslav Pelikan, *The Christian Tradition: A History of the Development of Doctrine*, vol. 4: *Reformation of Church and Dogma (1300–1700)*, Chicago: University of Chicago Press, 2000.

255. Marvin Perry, *Western Civilization*, Boston: Houghton Mifflin, 1997.

256. Andrew Pettegree ed., *The Early Reformation in Europe*, Cambridge: Cambridge University Press, 1992.

257. John Plamenatz, *Man and Society: Political and Social Theories from Machiavelli to Marx*, vol. III: *Hegel, Marx and Engles, and the Idea of Progress*, London: Longman, 1992.

258. Andrew Porter, *European Imperialism, 1860–1914*, London: Macmillan, 1994.

259. Bernard Porter, *The Lion's Share: A Short History of British Imperialism, 1850–1983*, London: Longman, 1992.

260. Roy Porter, *The Enlightenment*, London: Macmillan, 1990.

261. Roy Porter and Mikulas Teich eds., *The Scientific Revolution in National Context*, Cambridge: Cambridge University Press, 1992.

262. Gyan Prakash ed., *After Colonialism: Imperial Histories and Postcolonial Displacements*, Princeton, N. J.: Princeton University Press, 1995.

263. Stephen Pumfrey, P. L. Rossi & Maurice Slawinski eds., *Science, Culture and Popular Belief in Renaissance Europe*, Manchester: Manchester University Press, 1991.

264. Anthony Quinton ed., *Political Philosophy*, Oxford: Oxford University Press, 1991.

265. P. T. Ralph et al., *World Civilizations*, New York: Norton, 1997.

266. B. M. G. Reardon, *Religious Thought in the Reformation*, London: Longman, 1995.

267. Nissim Rejwan, *The Many Faces of Islam: Perspectives on a Resurgent Civilization*, Gainesville, Fl.: University Press of Florida, 2000.

268. N. J. Rengger, *Political Theory, Modernity and Postmodernity: Beyond Enlightenment and Critique*, Oxford: Blackwell, 1995.

269. Ferran Requejo ed., *Democracy and National Pluralism*, London: Routledge, 2001.

270. David Reynolds, *One World Divisible: A Global History Since 1945*, New York: Norton, 2000.

271. Volker Rittberger ed., *International Regimes in East Politics*, London: Pinter, 1990.

272. Keith Robbins, *The World Since 1945*, Oxford: Oxford University Press, 1998.

273. Adam Roberts and Benedict Kingsbury eds., *United Nations, Divided World: The UN's Roles in International Relations*, Oxford: The Clarendon Press, 1990.

274. J. T. Roberts and Amy Hite eds., *From Modernization to Globalization: Perspectives on Development and Social Change*, Oxford: Blackwell, 2000.

275. Roland Robertson, *Globalization: Social Theory and Global Culture*, London: Sage, 1992.

276. Perry M. Rogers ed., *Aspects of Western Civilization: Problems and Sources in History*, Upper Saddle River, New Jersey: Prentice-Hall, 1997.

277. J. N. Rosenau and Ernst-Otto Czempiel eds., *Governance without Government: Order and Change in World Politics*, Cambridge: Cambridge University Press, 1992.

278. Bernard Rosenberg et al. eds., *Mass Society in Crisis: Social Problems and Social Pathology*, New York: Macmillan, 1971.

279. H. H. Rown ed., *From Absolutism to Revolution, 1648–1848*, New York: Macmillan, 1969.

280. R. L. Rubenstein ed., *Modernization: The Humanist Response to Its Promise and Problems*, New York: Paragon House, 1985.

281. A. Z. Rubinstein and D. E. Smith eds., *Anti-Americanism in the Third World: Implications for U.S. Foreign Policy*, New York: Praeger, 1985.

282. Anne Sa'adah, *The Shaping of Liberal Politics in Revolutionary France: A Comparative Perspective*, Princeton, N. J.: Princeton University Press, 1990.

283. S. K. Sanderson ed., *Civilizations and World Systems: Studying*

World-Historical Change, London: Altamira Press, 1995.

284. George Sarton, *A Guide to the History of Science*, Waltham, Mass.: Chronica Botanica, 1952.

285. George Sarton, *The History of Science and the New Humanism*, Bloomington: Indiana University Press, 1962.

286. T. J. Schlereth, *The Cosmopolitan Ideal in Enlightment Thought: Its Form and Function in the Ideas of Franklin, Hume, and Voltaire, 1694–1790*, Notre Dame, Indiana: University of Notre Dame Press, 1977.

287. John Schwarzmantel, *The Age of Ideology: Political Ideologies from the American Revolution to Postmodern Times*, London: Macmillan, 1998.

288. David Scott, *Refashioning Futures: Criticism After Postcoloniality*, Princeton, N. J.: Princeton University Press, 1999.

289. H. S. Scott ed., *Enlightened Absolutism: Reform and Reformers in Later Eighteenth-Century Europe*, London: Macmillan, 1990.

290. B. C. Shafer, *Nationalism: Myth and Reality*, New York: Harcourt & Brace, 1968.

291. Steven Shapin, *The Scientific Revolution*, Chicago: University of Chicago Press, 1998.

292. Martin Shaw, *Global Society and International Relations: Sociological Concepts and Political Perspectives*, Cambridge: Polity Press, 1994.

293. I. R. Siani, *The Challenge of Modernization: The West's Impact on the Non-Western World*, New York: Norton, 1964.

294. Tracey Skelton and Tim Allen eds., *Culture and Global Change*, London: Routledge, 1999.

295. Done Slater, *Consumer Culture and Modernity*, Oxford: Polity Press, 1997.

296. N. J. Smelser, *Social Change in the Industrial Revolution: An Application of Theory to the British Cotton Industry*, Aldershot, Hampshire: Gregg Revivals, 1994.

297. A. D. Smith, *Nationalism and Modernism: A Critical Survey of Recent Theories of Nations and Nationalism*, London: Routledge, 2000.

298. T. C. Smout ed., *The Search for Wealth and Stability*, London: Macmillan, 1979.

299. Ray Spangenburg and D. K. Moser, *On the Shoulders of Giants: The History of Science in the Eighteenth Century*, New York: Facts On File, 1993.

300. Oswald Spengler (trans. C. F. Atkinson), *The Decline of the West*, New York: Modern Library, 1962.

301. Lyn Spillman ed., *Cultural Sociology*, Oxford: Blackwell, 2002.

302. P. N. Stearns, *The Impact of the Industrial Revolution: Protest and Alienation*, Englewood Cliffs, N. J.: Prentice-Hall, 1972.

303. P. N. Stearns, *The European Experience Since 1815*, New York: H. B. Jovanovich, 1972.

304. Bailey Stone, *The Genesis of the French Revolution: A Global-Historical Interpretation*, Cambridge: Cambridge University Press, 1994.

305. Leo Strauss (T. L. Pangle ed.), *The Rebirth of Classical Political Rationalism*, Chicago: University of Chicago Press, 1989.

306. R. N. Stromberg, *An Intellectual History of Modern Europe*, Englewood Cliffs, New Jersey: Prentice-Hall, 1975.

307. Alan Swingewood, *The Myth of Mass Culture*, Atlantic Highlands, N. J.: Humanities Press, 1977.

308. Alan Swingewood, *Cultural Theory and the Problem of Modernity*, New York: St. Martin's Press, 1998.

309. Richard Sylla and Gianni Toniolo eds., *Patterns of European Industrialization: The Nineteenth Century*, London: Routledge, 1991.

310. Paul Taggart, *Populism*, Buckingham: Open University Press, 2000.

311. F. B. Tipton and Robert Aldrich, *An Economic and Social History of Europe, 1890–1939*, London: Macmillan, 1987.

312. T. R. Tholfsen, *Ideology and Revolution in Modern Europe: An Essay on the Role of Ideas in History*, New York: Columbia University Press, 1984.

313. David Thomson ed., *The New Cambridge Modern History*, vol. XII: *The Era of Violence 1898–1945*, Cambridge: Cambridge University Press, 1960.

314. David Thomson, *Europe Since Napoleon*, New York: Alfred A. Knopf, 1965.

315. S. E. Toulmin, *Cosmopolis: The Hidden Agenda of Modernity*, Chicago: University of Chicago Press, 1992.

316. A. J. Toynbee, *Civilization on Trial*, New York: Oxford University Press, 1948.

317. Clive Trebilcock, *The Industrialization of the Continental Powers 1780–1914*, London: Longman, 1990.

318. Charles Trinkaus, *The Scope of Renaissance of Humanism*, Ann Arbor, Michigan: University of Michigan Press, 1985.

319. B. S. Turner, *Orientalism, Postmodernism and Globalism*, London: Routledge, 1994.

320. Amry Vandenbosch and W. N. Hogan, *The United Nations: Background, Organization, Functions, Activities*, New York: McGraw-Hill, 1952.

321. Couze Venn, *Occidentalism: Modernity and Subjectivity*, London: Sage, 2000.

322. Milton Viorst ed., *The Great Documents of Western Civilization*, New York: Barnes & Noble, 1965.

323. Bruce Waller ed., *Themes in Modern European History 1830–90*, London: Unwin Hyman, 1990.

324. Christine Walsh ed., *Prologue: A Documentary History of Europe, 1846–1960*, Cassell Australia Ltd., 1968.

325. F. P. Walters, *A History of the League of Nations*, London: Oxford University Press, 1969.

326. Bill Warren, *Imperialism: Pioneer of Capitalism*, London: Verso, 1980.

327. E. R. Wasserman ed., *Aspects of the Eighteenth Century*, Baltimore, Maryland: Johns Hopkins Press, 1965.

328. Malcolm Waters ed., *Modernity: Critical Concepts*, vol. III: *Modern Systems*, London: Routledge, 1999.

329. Malcolm Waters ed., *Modernity: Critical Concepts*, vol. IV: *After Modernity*, London: Routledge, 1999.

330. Alfred Weber (trans. R. F. C. Hull), *Farewell to European History*, Westport, Connecticut: Greenwood Press, 1977.

331. Adam Westoby, *The Evolution of Communism*, Cambridge: Polity Press, 1989.

332. A. N. Whitehead, *Science and the Modern World*, New York: Mentor Books, 1948.

333. D. J. Whittaker, *United Nations in Contemporary World*, London: Routledge, 1997.

334. Bryan Wilson, *Religion in Sociological Perspective*, Oxford: Oxford University Press, 1982.

335. Kevin Wilson and Jan van der Dussen eds., *The History of the Idea of Europe*, London: Routledge, 1995.

336. Moorhead Wright ed., *Rights and Obligations in North-South Relations: Ethical Dimensions of Global Problems*, London: Macmillan, 1986.

337. B. D. Wolfe, *An Ideology in Power: Reflections on the Russian Revolution*, London: George Allen & Unwin, 1969.

338. Peter Worsley, *The Three Worlds: Culture and World Development*, Chicago: University of Chicago Press, 1984.

339. Danilo Zolo (trans. David Mckie), *Cosmopolis: Prospects for World Government*, Cambridge: Polity Press, 1997.

索　引

古代文明的開展——文化絕對價值的尋求
王世宗／著

當代政治人物狹隘的權力思考，常結合逐利的商業思想，而透過全球化包裝，營造出大量看似合理的「單一新文明」，使得現代人在物質生活日益豐富，精神生活卻倍感空虛。現代世界的種種樣貌，根源於歷史演變的陳跡，從古代文明的開展，吾人可以從中理出當下發生事物的前因後果。因此，透過對過往人事的考察，省思現代文明的得失利弊，是本書最大的關懷。

必然之惡——文明觀點下的政治問題
王世宗／著

人是政治動物而善心不足，因此在追求治世之道時，一則現實上不為善必作惡，二則權力鬥爭擴大人性之惡的作用，故下達群眾的政治成為舉世最大的惡勢力，並隨著民主風尚惡化，顯現文明的末世之兆。作者抱持著人性本善的期許，以本書揭示政治為必然之惡的無奈，願與您共同省思政治的終極目的，提昇人之所以為萬物之靈的層次，共同追求人的天職——「道」與「真」！

真理論述——文明歷史的哲學啟示
王世宗／著

本書藉由歷史所見說明真理的意涵，然其所論並非史上的真理論述，而是真理在史上的呈現；因歷史既包含所有人事，歷史所見的真理其實是人所能知的終極真相。本書前部依序為上帝、神意、真理、靈魂、生命、求道、道德、美感諸題；後部則就學術的範疇論述，分別檢討宗教、知識觀、哲學、史學、科學等領域在真理追求上的得失，藉此驗證前部論述的通貫性與一致性。

歷史與圖像——文明發展軌跡的尋思
王世宗／著

本書藉由史上遺蹟與藝術作品，闡述文明發展的脈絡以及「真、善、美」的義理。書中論述起於史前時代，終於十世紀，它顯示人類文明在超越求生圖存的層次(上古)之後，發覺永恆與絕對的文化價值體系(古典)，然後陷入退縮、懷疑、否定的階段(中古)，再重新確認與發揚文明終極意義(現代)的發展軌跡，期望尋思文明發展之餘，也能幫助我們重新找回至善的心靈。

東方的意義——中國文明的世界性精神
王世宗／著

文明為普世不二的進化取向，故中國文明在形式上與西方對立，實則與之一致，不可能發展文明而與異域文明背道而馳，此即中明具有世界性的精神。中國文明的最高境界與希臘古典精神相仿，其間差異則顯示中國為東方代表的特徵，這表示中國在近代的落後是其發覺世界文明真諦的必要經歷，因為中國文明與西方本質無殊，其困境必反映人類求道的癥結與答案。

文明的末世——歷史發展的終極困境
王世宗／著

文明歷史在十九世紀後大眾化興起，菁英主義敗壞，反理性思潮盛行，人格物化，文化的素質日漸低落，甚至「後現代」主義當令，一切道學正統均遭質疑，末世亂象叢生同時物質文明發達，科學、工商掛帥，民生經濟改善，令人深感「時代進步」，殊不知這是末世的誤導性現象，其效是更增愚者的迷惘與智者的虔誠。文明的末世有礙傳道卻有利求道，是生活感受不佳但學習條件最佳的時機，仁人君子於此當思「生於憂患而死於安樂」之義，以「通古今之變」的歷史知識獨善其身且兼善天下，雖然濟世者不能認為其力可以改變時勢。

古代文明的開展——文化絕對價值的尋求
王世宗／著

當代政治人物狹隘的權力思考，常結合逐利的商業思想，而透過全球化包裝，營造出大量看似合理的「單一新文明」，使得現代人在物質生活日益豐富，精神生活卻倍感空虛。現代世界的種種樣貌，根源於歷史演變的陳跡，從古代文明的開展，吾人可以從中理出當下發生事物的前因後果。因此，透過對過往人事的考察，省思現代文明的得失利弊，是本書最大的關懷。

必然之惡——文明觀點下的政治問題
王世宗／著

人是政治動物而善心不足，因此在追求治世之道時，一則現實上不為善必作惡，二則權力鬥爭擴大人性之惡的作用，故下達著眾的政治成為舉世最大的惡勢力，並隨著民主風尚惡化，顯現文明的末世之兆。作者抱持著人性本善的期許，以本書揭示政治為必然之惡的無奈，願與您共同省思政治的終極目的，提昇人之所以為萬物之靈的層次，共同追求人的天職——「道」與「真」！

真理論述——文明歷史的哲學啟示
王世宗／著

本書藉由歷史所見說明真理的意涵，然其所論並非史上的真理論述，而是真理在史上的呈現；因歷史既包含所有人事，歷史所見的真理其實是人所能知的終極真相。本書前部依序為上帝、神意、真理、靈魂、生命、求道、道德、美感諸題；後部則就學術的範疇論述，分別檢討宗教、知識觀、哲學、史學、科學等領域在真理追求上的得失，藉此驗證前部論述的通貫性與一致性。

歷史與圖像——文明發展軌跡的尋思
王世宗／著

本書藉由史上遺蹟與藝術作品，闡述文明發展的脈絡以及「真、善、美」的義理。書中論述起於史前時代，終於十世紀，它顯示人類文明在超越求生圖存的層次(上古)之後，發覺永恆與絕對的文化價值體系(古典)，然後陷入退縮、懷疑、否定的階段(中古)，再重新確認與發揚文明終極意義(現代)的發展軌跡，期望尋思文明發展之餘，也能幫助我們重新找回至善的心靈。

東方的意義——中國文明的世界性精神
王世宗／著

文明為普世不二的進化取向，故中國文明在形式上與西方對立，實則與之一致，不可能發展文明而與異域文明背道而馳，此即中明具有世界性的精神。中國文明的最高境界與希臘古典精神相仿，其間差異則顯示中國為東方代表的特徵，這表示中國在近代的落後是其發覺世界文明真諦的必要經歷，因為中國文明與西方本質無殊，其困境必反映人類求道的癥結與答案。

文明的末世——歷史發展的終極困境
王世宗／著

文明歷史在十九世紀後大眾化興起，菁英主義敗壞，反理性思潮盛行，人格物化，文化的素質日漸低落，甚至「後現代」主義當令，一切道學正統均遭質疑，末世亂象叢生同時物質文明發達，科學、工商掛帥，民生經濟改善，令人深感「時代進步」，殊不知這是末世的誤導性現象，其效是更增愚者的迷惘與智者的虔誠。文明的末世有礙傳道卻有利求道，是生活感受不佳但學習條件最佳的時機，仁人君子於此當思「生於憂患而死於安樂」之義，以「通古今之變」的歷史知識獨善其身且兼善天下，雖然濟世者不能認為其力可以改變時勢。

世界通史（三版）
王曾才／主編

本書作者以科際整合的手法及宏觀的史學視野，用流暢可讀的文字，以深入淺出的方式，敘述並分析自遠古以迄近代的世界歷史發展。內容包括史前文化、埃及和兩河流域的創獲、希臘羅馬的輝煌，以及經過中古時期以後，向外擴張並打通東西航路，其後歐洲及西方歷經自我轉型而累積更大的動能，同時亞非和其他地域歷經漸變，到後來在西方衝擊下發生劇變的過程。最後整個地球終於形成「一個世界」。本書不僅可做大學教科書，亦適合社會人士閱讀。

國家圖書館出版品預行編目資料

現代世界的形成：文明終極意義的探求／王世宗著.
——修訂四版一刷.——臺北市：三民，2024
面；　公分
參考書目：面
含索引

ISBN 978-957-14-7803-6　（平裝）
1. 世界史 2. 近代史

712.4　　　　　　　　　　　　113006511

現代世界的形成──文明終極意義的探求

作　　者｜王世宗
創 辦 人｜劉振強
發 行 人｜劉仲傑
出 版 者｜三民書局股份有限公司 (成立於 1953 年)

三民網路書店
https://www.sanmin.com.tw

地　　址｜臺北市復興北路 386 號　（復北門市）　(02)2500-6600
　　　　　臺北市重慶南路一段 61 號 (重南門市)　(02)2361-7511

出版日期｜初版一刷 2003 年 1 月
　　　　　修訂三版一刷 2019 年 1 月
　　　　　修訂四版一刷 2024 年 6 月
書籍編號｜S710380
I S B N｜978-957-14-7803-6